KB057703

시원스쿨 토익
기출 문법 공식
119

시원스쿨 **LAB**

시원스쿨 토익
기출 문법 공식 119

초판 1쇄 발행 2019년 11월 18일
초판 7쇄 발행 2024년 8월 1일

지은이 이윤우 시원스쿨어학연구소
펴낸곳 (주)에스제이더블유인터내셔널
펴낸이 양홍걸 이시원

홈페이지 www.siwonschool.com
주소 서울시 영등포구 영신로 116 시원스쿨
교재 구입 문의 02)2014-8151
고객센터 02)6409-0878

ISBN 979-116150-2717
Number 1-110701-13130400-02

머리말

토익 전문가의 통찰력을 모든 수험자와 공유하다.

15년 이상 현장에서 토익을 가르쳐온 필자가 토익 전문가로서 늘 목격하는 가장 안타까운 사실은 아주 단순한 토익 문법에 발목을 잡혀 고생하는 학습자들이 너무도 많다는 것입니다. 저는 이런 학습자들을 오랫동안 가르쳐오면서 토익 문법을 쉽게 해결할 수 있는 노하우를 전수하는 비법서를 만들고 싶었고, 드디어 제 이런 소망이 시원스쿨어학연구소를 만나서 이루어지게 되었습니다.

토익은 시험 영어입니다. 영문법 규칙들 중에서 사지선다형으로 출제 가능해야 하며, 논란이 되지 않을 명확한 규칙만 사용해야 하기에 100여 가지의 규칙으로 출제 범위가 한정되어 있으며, 또한 자주 출제되는 것들이 반복해서 등장합니다. 그러므로 이 반복되는 출제 패턴만 제대로 익힌다면, 문장이 아무리 복잡하게 구성되어 있더라도 정답을 쉽게 고를 수 있습니다.

이 책은 토익 문법 문제에서 최소한의 단어만을 읽고 정답을 맞춤으로써 문제 풀이 시간을 최대한 절약할 수 있는 전략을 학생들에게 전수하기 위해 집필되었습니다. 지난 10년 이상의 기출 문법 문제들을 철저히 분석한 시원스쿨어학연구소의 빅데이터를 근거로 문제 풀이의 핵심 원리를 제시하고, 해당 원리로 출제된 정답 용례들까지 제공함으로써 단기간에 목표 점수에 쉽게 도달할 수 있도록 구성하였습니다. 특히, 이 책의 모든 예제는 기출문제와 최대한 가깝게 변형함으로써 마치 실제 시험장에서 문제를 푸는 듯한 느낌을 갖도록 만들었습니다.

이 책은 영문법의 모든 규칙들을 무작정 나열한 문법 이론서가 아니라, 토익에서 반복해 출제되는 문법 규칙들만 추려 패턴을 만들고 공식화함으로써, 학습자들에게 토익 문제를 꿰뚫어보는 통찰력을 길러주는 전략서입니다. 토익 수험생들이 이 책의 공식들을 한번 읽어 보기만 해도 토익 전문가처럼 정확하고 빠르게 모든 토익 문법 문제를 해결할 수 있을 거라고 감히 확신합니다.

「적을 알고 나를 알면 백번을 싸워도 위태롭지 않다(知彼知己百戰不殆)」라는 고사성어처럼 토익도 마찬가지라 생각합니다. 토익 문법 문제 패턴들을 미리 알아 둔다는 것은 어떤 문제가 나오더라도 바로 해결할 수 있는 준비가 되어있다는 뜻입니다. 토익을 공부하시는 모든 분들이 이 책을 통해 토익이라는 시험에서 반드시 승자가 되시길 진심으로 기원하고 응원합니다.

저자 **이윤우**

목차

Unit 01   명사

Unit 02   형용사

Unit 03 부사

Unit 12   고난도 구문

부록
- 실전 모의고사 Test 1, 2
- [미니북] 기출 빅데이터 Part 5&6 최빈출 정답 어휘 400 별책

온라인 lab.siwonschool.com
- 실전 모의고사 Test 1, 2 정답 및 해설
- 실전 모의고사 Test 1, 2 해설 강의(QR 코드)
- Unit별 기출 공식 실전 테스트 오답 기록표
- 기출 빅데이터 Part 5&6 최빈출 정답 어휘 400

왜「시원스쿨 토익 기출 문법 공식 119」인가?

1 **3년간 가장 많이 출제된 문법 공식 119개 제공**

▷ 최근 3년간의 토익 시험을 면밀히 분석해보면 RC Part 5&6의 문법 문제의 경우 문법 포인트가 매월 반복해서 출제되고, 출제 범위가 한정되어 있으며, 어려운 문법 사항을 묻는 문제는 거의 출제되지 않고 있음을 알 수 있습니다. 그렇기 때문에, 자주 나오는 빈출 문법 포인트만으로 119개의 문법 공식을 정리한 본 교재로 학습한다면 단기간에 점수를 올릴 수 있습니다.

2 **단 1주일 만에 Part 5&6 빈출 문법 공식 정복**

▷ 토익 점수가 급하지만 공부 시간은 한정되어 있는 학습자들이 단기간에 Part 5&6 빈출 문법 공식을 정리할 수 있도록 구성하였습니다. 단기간에 높은 점수를 얻기 위해서는 출제 범위가 한정되어 있는 Part 5&6 문법 영역을 집중적으로 학습하는 것이 좋습니다.

▷ 속성으로 시험 전 단1주일 만에 Part 5&6 빈출 문법 공식을 정복할 수 있도록 구성하였습니다.

▷ 하루에 기출 문법 공식 20개씩 학습하여 6일만에 교재 한 권을 끝내고, 마지막 날에는 실제 시험을 치듯이 실전 모의고사 Test 1, 2회를 푸는 것으로 1주일 만에 본 교재를 끝낼 수 있습니다.

▷ 꼭 필요한 내용만 담아 각 기출 문법 공식이 부담 없는 분량으로 구성되어 있어, 하루에 기출 문법 공식 20개라도 가볍게 공부할 수 있습니다.

▷ 속성 1주 완성 학습 플랜을 제공하여 매일의 학습 진도를 한 눈에 볼 수 있게 하였습니다.

3 **이윤우 강사의 족집게 강의**

▷ 10년 이상의 토익 강사 경력을 바탕으로 전타임 마감 신화에 빛나는 이윤우 강사가 Part 5&6 기출 문법 공식으로 가장 빠르고 쉽게 토익 문법 만점을 받을 수 있도록 족집게 강의를 제공합니다. 토익 초급 ~ 중급 단계의 학습자들에 대한 깊은 이해를 바탕으로 빈출 문법 공식을 효과적으로 습득할 수 있도록 빈출 포인트만을 골라 콕콕 집어 주며, 특히 초·중급 학습자들이 약한 부분을 시원하게 긁어드립니다.

4 **시험 영어 연구 전문 조직이 공동 개발**

▷ 텝스/토익 베스트셀러 집필진, 토익 990점 만점자, 시험영어 콘텐츠 개발 경력 10년의 원어민 연구원, 미국/ 영국/호주의 명문대학원 석사 출신 영어 테스트 전문가들이 포진한 영어시험 연구 조직인 시원스쿨어학연구소와 공동 개발하였습니다.

▷ 시원스쿨어학연구소의 연구원들은 매월 토익 시험에 응시하여 시험에 나온 모든 문제를 철저하게 해부, 분석함으로써 최신 출제 경향을 정확하게 꿰뚫고 있으며, 기출문제 빅데이터 분석을 통해 가장 빠르고 효율적인 고득점이 가능한 학습 솔루션을 개발하고 있습니다. 이러한 노하우를 바탕으로「시원스쿨 토익 기출 문법 공식 119」의 컨텐츠 개발과 검수를 완료하였습니다.

5 [미니북] 기출 빅데이터 Part 5&6 최빈출 정답 어휘 400

▷ 지난 3년간 토익에서 정답으로 가장 자주 출제되었던 어휘들을 빈출순으로 목록화하여 Day별로 구성하였습니다. 특히, 최빈출 단어가 앞부분에 오도록 배치하여 절반만 공부해도 점수 향상에 도움이 되도록 하였습니다. 기출 변형 예시를 포함한 단어들을 하루에 20개씩 매일 외운다면, 단 20일만에 최빈출 정답 어휘 400개를 모두 정복할 수 있습니다.

▷ 기출 변형 예시가 들어 있는 기출 포인트 코너를 통해, 학습자들이 해당 어휘가 실제 시험에서 어떻게 출제되는지 확인할 수 있도록 하였습니다.

▷ 휴대가 간편한 미니북 형태로 제작하여 언제 어디서나 자주 들여다보며 외울 수 있도록 하였습니다.

6 실전에서 바로 통하는 실전형 전략서

▷ 속성으로 Part 5&6 문법 문제에서 가장 많이 출제되었던 문법 공식을 정복하는 것이 목표이기 때문에, 자주 출제되지 않은 내용은 과감히 배제하였습니다.

▷ 그 대신, 빈출 문법 문제 유형과 빈출 문법 공식의 완벽 정리를 위해 풍부한 기출 변형 예시와 문제를 담았습니다.

▷ [기출 문법 공식 → 기출 확인 → 기출 공식 실전 테스트 → 실전 모의고사] 순으로 본서를 구성하여 공부한 내용을 실전에서 바로 적용할 수 있도록 하였습니다.

▷ 본서의 모든 예문, 문제, 그리고 실전 모의고사까지 최신 기출 변형 문제로 구성되어 있습니다.

7 최신 경향 실전 모의고사 2회분

▷ 최종 마무리 학습을 위해 최신 토익 시험과 난이도 및 유형이 유사한 실전 모의고사 2회분을 본서에서 제공합니다.

▷ QR코드를 활용하여 이윤우 강사의 명쾌한 해설강의를 무료로 수강할 수 있도록 하였습니다.

이 책의 구성과 특징

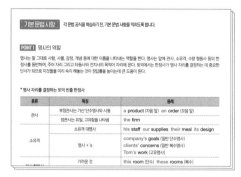

기본 문법 사항

Unit별 기출 문법 공식을 학습하기 전 기본적으로 알아야 하는 문법 사항을 담았습니다. 이를 통해, 토익 초·중급 학습자들이 기본기를 탄탄히 다지고 기출 문법 공식을 학습하여 효과적인 학습이 가능하도록 하였습니다.

기출 문법 공식

기출 빅데이터 정밀 분석을 바탕으로 토익 Part 5&6에서 가장 자주 출제되는 문법 포인트를 100% 확인하여 기출 문법 공식을 수록하였습니다. 특히, 출제 빈도가 높은 문법 공식을 앞 부분에 배치하여 절반만 공부해도 점수를 많이 올릴 수 있도록 내용을 구성하였습니다. 또한, 기출 문법 공식을 학습한 날짜를 쓰고, 학습 완료 여부를 박스에 체크하도록 하여 학습자가 주도적으로 학습 관리를 할 수 있도록 하였습니다.

핵심 문법

문법 문제를 특정 단어 한 두개만 보고 빨리 풀어낼 수 있도록 정답을 알려주는 힌트어를 포함한 직관적인 핵심 문법 포인트를 제공하였습니다. 또한, 기출 들여다보기를 활용하여 출제 유형을 확인할 수 있으며 [해설]을 통해, 문제 풀이 시간을 단축할 수 있는 풀이법을 학습할 수 있도록 하였습니다.

기출 확인

힌트어를 강조한 기출 변형 연습 문제를 통해 답을 정확하고 빠르게 찾는 연습을 하고, 기출 문법 공식을 완벽하게 체득할 수 있도록 하였습니다. 또한, 각 예문마다 수험생들이 가장 헷갈려 하는 오답 선택지를 함께 제시하여 실전에서 헷갈리지 않고 정답을 고를 수 있도록 하였습니다.

고득점 비법 노트

기본적인 학습 내용에서 더 나아가, 고난도 문제도 공략 가능하도록 하는 학습 내용을 고득점 비법 노트에 정리하여 제공하였습니다. 750점 이상의 고득점을 원하는 학습자들은 반드시 챙겨 봐야 하는 부분입니다.

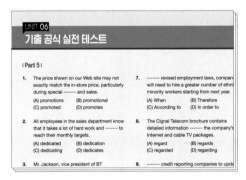

기출 공식 실전 테스트

학습자들이 배운 기출 문법 공식을 적용해보고, 이에 대한 이해도를 바로 확인할 수 있도록 기출 변형 문제로 구성된 Part 5&6 기출 공식 실전 테스트를 Unit별로 수록하였습니다.

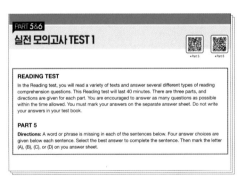

실전 모의고사 Test 1, 2

최종 마무리 학습을 할 수 있도록 토익 최신 경향을 반영한 Part 5&6 실전 모의고사 2회분을 제공합니다. 또한, QR코드를 활용하여 이윤우 강사의 명쾌한 해설강의를 무료로 수강할 수 있도록 하였습니다.

[미니북] 기출 빅데이터 Part 5&6 최빈출 정답 어휘 400

지난 3년간 토익에서 정답으로 가장 자주 출제되었던 어휘들을 빈출순으로 목록화하여 Day별로 구성하였습니다. 특히, 최빈출 단어가 앞부분에 오도록 배치하여 절반만 공부해도 점수 향상에 도움이 되도록 구성하였습니다.

TOEIC이란

TOEIC은 ETS(Educational Testing Service)가 출제하는 국제 커뮤니케이션 영어 능력 평가 시험(Test Of English for International Communication)입니다. 즉, 토익은 영어로 업무적인 소통을 할 수 있는 능력을 평가하는 시험으로서, 다음과 같은 비즈니스 실무 상황들을 다룹니다.

기업일반	계약, 협상, 홍보, 영업, 비즈니스 계획, 회의, 행사, 장소 예약
제조	공장 관리, 조립 라인, 품질 관리
금융과 예산	은행, 투자, 세금, 회계, 청구
개발	연구, 제품 개발
사무실	회의, 서신 교환(편지, 메모, 전화, 팩스, E-mail 등), 사무용품/가구 주문과 사용
인사	입사 지원, 채용, 승진, 급여, 퇴직
부동산	건축, 설계서, 부동산 매매 및 임대, 전기/가스/수도 설비
여가	교통 수단, 티켓팅, 여행 일정, 역/공항, 자동차/호텔 예약 및 연기와 취소, 영화, 공연, 전시

토익 파트별 문항 구성

구성	파트	내용		문항 수 및 문항 번호		시간	배점
Listening Test	Part 1	사진 묘사		6	1~6	45분	495점
	Part 2	질의 응답		25	7~31		
	Part 3	짧은 대화		39 (13지문)	32~70		
	Part 4	짧은 담화		30 (10지문)	71~100		
Reading Test	Part 5	단문 빈칸 채우기 (문법, 어휘)		30	101~130	75분	495점
	Part 6	장문 빈칸 채우기 (문법, 문맥에 맞는 어휘/문장)		16 (4지문)	131~146		
	Part 7	독해	단일 지문	29	147~175		
			이중 지문	10	176~185		
			삼중 지문	15	186~200		
합계				200 문제		120분	990점

접수부터 성적 확인까지

접수

▷ TOEIC 위원회 인터넷 사이트(www.toeic.co.kr)에서 접수 일정을 확인하고 접수합니다.

▷ 접수 시 최근 6개월 이내에 촬영한 jpg 형식의 사진이 필요하므로 미리 준비합니다.

▷ 토익 응시료는 (2024년 7월 기준) 정기 접수 시 52,500원입니다.

▷ 시험 30일 전부터는 특별추가접수에 해당하여 5천원의 추가 비용이 발생하니 잊지 말고 정기 접수 기간에 접수하도록 합니다.

시험 당일 할 일

▷ 아침을 적당히 챙겨 먹습니다. 빈속은 집중력 저하의 주범이고 과식은 졸음을 유발합니다.

▷ 고사장을 반드시 확인합니다.

▷ 시험 준비물을 챙깁니다.

  – 신분증 (주민등록증, 운전면허증, 기간 만료 전 여권, 공무원증만 인정. 학생증 안됨. 단, 중고등학생은 국내학생증 인정)
  – 연필과 깨끗하게 잘 지워지는 지우개 (볼펜이나 사인펜은 안됨. 연필은 뭉툭하게 깎아서 여러 자루 준비)
  – 아날로그 시계 (전자시계는 안됨)
  – 수험표 (필수 준비물은 아님. 수험번호는 시험장에서 감독관이 답안지에 부착해주는 라벨을 보고 적으면 됨)

▷ 고사장으로 이동하는 동안에는 LC 음원을 들으며 귀를 예열합니다.

▷ 최소 30분 전에 입실을 마치고(오전 시험은 오전 9:20까지, 오후 시험은 오후 2:20까지) 지시에 따라 답안지에 기본 정보를 기입한 뒤, 가져온 시원스쿨 토익 기출 문법 공식 119 목차 및 부록 「기출 빅데이터 Part 5&6 최빈출 정답 어휘 400」을 천천히 훑어봅니다.

▷ 안내 방송이 끝나고 시험 시작 전 5분의 휴식시간이 주어지는데, 이때 화장실에 꼭 다녀옵니다.

시험 진행

오전 시험	오후 시험	내용
9:30 – 9:45	2:30 – 2:45	답안지 작성 오리엔테이션
9:45 – 9:50	2:45 – 2:50	수험자 휴식 시간
9:50 – 10:10	2:50 – 3:10	신분증 확인, 문제지 배부
10:10 – 10:55	3:10 – 3:55	청해 시험
10:55 – 12:10	3:55 – 5:10	독해 시험

성적 확인

▷ 시험일로부터 9일 후 낮 12시에 한국 TOEIC 위원회 사이트(www.toeic.co.kr)에서 성적이 발표됩니다.

TOEIC Part 5&6 학습 전략

Part 5&6 학습 전략 7계명

1 LC Part 1과 Part 2의 지시 사항이 나올 때, 그 시간을 활용하여 Part 5의 문법 문제(보기가 비슷한 형태의 단어로 구성된 문제)를 푼다.

2 보기를 먼저 살펴보고 문법 문제인지 해석 문제인지를 빨리 결정하여 시간 낭비를 줄인다. 예를 들어, 보기가 비슷한 형태의 단어로 구성되어 있으면, 해석 없이 빈칸이 문장에서 어떤 자리에 왔는지를 파악하여 문제를 푼다.

3 어휘를 학습할 때는, Part 5와 Part 6 문제의 많은 비중을 차지하는 품사를 반드시 외운다.

4 Part 5(101번~130번)와 Part 6(131번~146번) 문제는 항상 시간을 정해서 푸는 연습을 한다.

목표점수	권장 문제 풀이 시간
600⁺~700⁺	약 25분 (Part 5: 17분, Part 6: 8분)
800⁺	약 18분 (Part 5: 12분, Part 6: 6분)

5 Part 6는 전체 지문을 다 읽으면서 문제를 푸는 연습을 한다. 맥락을 이용하여 푸는 문제가 대부분이기 때문에, 앞뒤의 문맥을 파악하며 읽는 습관을 기르는 것이 좋다.

6 어휘는 숙어 형태로 외우는 것이 좋다. 특히, 최근에 전치사 어휘가 많이 출제되고 있으므로 전치사로 구성된 빈출 숙어들을 공부하는 것이 효과적이다. 800점 이상의 점수를 받기 위해서는 문법 문제 외에 어휘 문제를 얼마나 많이 맞히느냐가 관건이다.

7 틀린 문제에 틀린 이유를 메모해두고, 취약 영역을 파악하여 반복 학습한다.09

점수대별 문법 확인 사항

문법 유형		600⁺~700⁺ 기본 문법 확인 사항	800⁺ 고난도 문법 확인 사항
기본 품사	명사	· 주어 자리 · 목적어 자리	· 명사 vs. 동명사 · 가산명사 vs. 불가산명사
	형용사	· 형용사+명사 · 2형식 동사+형용사(=주격보어)	5형식 동사+목적어+형용사(=목적격보어)
	부사	형용사, 부사, 동사 수식 부사	· 문장 수식 부사 · 접속부사 (절과 절 연결 불가)
	동사 / 조동사	· 자동사 vs. 타동사 · 조동사+동사원형 · 3형식 타동사+to부정사(=목적어) · 3형식 타동사+동명사(=목적어)	· 4형식 동사+간접목적어+직접목적어 · 5형식 동사+목적어+동사원형(=목적격보어) · 5형식 동사+목적어+to부정사(=목적격보어)
태		· 능동태 vs. 수동태 → 뒤에 목적어 유무 확인	· 4형식 수동태: 1) 수동태(be+p.p.)+직접목적어 2) 수동태(be+p.p.)+전치사+간접목적어 · 5형식 수동태: 수동태(be+p.p.)+형용사(=목적격보어)
시제		· 기본 시제 (현재/과거/미래) → 시간 부사 확인	· 완료 시제 → 기간이나 시점 확인 · 시제 일치 예외: 시간/조건 부사절에서는 현재시제가 미래시제를 대신함

수 일치	· 주어가 3인칭 단수일 때 동사 뒤에 's'나 '-es'를 붙임 · there is/are → 뒤에 나오는 명사에 수 일치 · 수 형용사+가산 단·복수명사 · 양 형용사+불가산명사	· 수 일치의 예외: 1) 주장, 요구, 명령, 제안의 동사+that+주어+(should) 　+동사원형 2) 당위성을 나타내는 형용사+that+주어+(should) 　+동사원형 · 수량 형용사 all, some, most+가산 복수명사/불가산명사 · 수량 형용사 any+가산 단·복수명사/불가산명사
분사	· 명사를 뒤에서 수식하는 분사 → 뒤에 목적어 유무 확인	· 명사를 앞에서 수식하는 분사 → 명사와 분사의 관계(능동/수동) 파악
전치사/ 접속사	· 전치사+구 · 절+접속사+절 · 등위 접속사: 앞 뒤 같은 품사를 연결 · 숙어처럼 외우는 상관 접속사	부사절 접속사 vs. 명사절 접속사
대명사	· 지시 대명사 · 대명사 자리 (주격 vs. 소유격 vs. 목적격)	· 소유 대명사 · 재귀 대명사
관계대명사/ 관계부사	· 관계대명사 자리 　(주격 vs. 소유격 vs. 목적격) · 주격/목적격 관계대명사+불완전 문장 · 소유격 관계대명사+완전한 문장 · 관계부사+완전한 문장	· what: 선행사 없이 명사절을 이끄는 관계대명사 · 전치사+목적격 관계대명사(which/whom)
복합관계대명사/ 복합관계부사	X	· 복합관계대명사 (주격 vs. 목적격) · 복합관계부사 However+형용사/분사/부사+주어+동사
원급/비교급/ 최상급	· 원급: as+형용사/부사+as · 비교급: 1) 형용사/부사+-er+(than) 　　　　 2) more+형용사/부사+(than) · 최상급: 1) the+형용사/부사+-est 　　　　 2) the+most+형용사/부사	· 원급 강조 부사 · 비교급 강조 부사 · 최상급 강조 부사
to부정사	· 3형식 타동사+to부정사(=목적어) · 명사+to부정사(형용사적 용법) · 완전한 문장+to부정사(부사적 용법) · 가주어(it)-진주어(to부정사)	· 5형식 동사+목적어+to부정사(=목적격보어) · to부정사의 의미상의 주어: 1) of+명사/대명사 　　　　　　　　　　　　 2) for+명사/대명사
도치 구문	X	· if 생략 도치 구문: 1) should+주어+동사 　　　　　　　　 2) had+주어+p.p. · Only 도치 구문: 1) Only+부사, 부사구, 부사절, 전치사구 　　　　　　　　+have[has]+주어+과거분사 　　　　　　　　 2) Only+부사, 부사구, 부사절, 전치사구 　　　　　　　　+do[does, did]+주어+동사원형 · 주격보어 도치 구문: 과거분사(=주격보어)+동사+주어 · 부정어구 도치 구문: 부정어구+동사+주어 · so 도치 구문: so+동사+주어

TOEIC Part 6 공략법

1 Part 6 구성 및 출제 경향

총 16 문제가 출제되며, 보통 한 지문 당 어휘 2문제, 문법 1문제, 문장 삽입 1문제로 총 4문제가 출제된다.

2 학습 전략

맥락을 이용하여 푸는 문제가 대부분이기 때문에, 처음부터 끝까지 지문을 정독하면서 문제를 풀어야 한다. 또한, Part 6의 대부분의 문법 문제들이 Part 5의 문법 문제들과 비슷한 유형이므로 Part 5를 푸는 방식으로 접근한다.

3 Part 6 최신 빈출 문법 유형

1) 시제 문제

주어진 문장 외의 문장을 통해 시간의 전후 관계를 파악하여 정답을 찾는다.

> At the press conference, Ford Hotel Group announced that it will open three more locations in Seattle next week. During the conference, the founder ------- that the first 50 guests to check in will get a bottle of wine and two coupons for a full body massage for free.
>
> (A) will mention
> (B) is mentioning
> (C) mentions
> (D) mentioned

해설 각 선택지에 동사 mention이 모두 다른 시제로 되어 있으므로 시점과 관련된 단서를 찾아야 한다. 빈칸이 속한 문장 맨 앞에 쓰인 During the conference는 앞 문장에 언급된 the press conference를 가리킨다. 그런데 이 문장의 동사 announced가 과거 시제이므로 그 기자 회견이 과거 시점에 열렸음을 알 수 있다. 따라서 빈칸에 쓰일 동사도 그 기자 회견 중에 있었던 일을 나타내는 과거 시제가 되어야 알맞으므로 (D) mentioned가 정답이다.

해석 기자 회견에서 포드 호텔 그룹은 다음 주에 시애틀에 세 지점을 더 개장할 것이라고 발표했다. 그 회견 중에, 설립자는 투숙하는 첫 50명의 손님들이 와인 한 병과 전신 바디 마사지를 무료로 받을 수 있는 두 장의 쿠폰을 받게 될 것이라고 말했다.

어휘 press conference n. 회견 announce v. ~을 발표하다 location n. 지점 during prep. ~동안 founder n. 설립자 check in v. ~에 투숙하다 for free 무료로 mention v. ~라고 말하다

정답 (D)

① 지문 시작 부분에 글의 주제를 밝히는 공지나 기사 유형은 시작 부분에 시제 단서가 포함되는 경우가 많다.

> Please be informed that major remodeling is scheduled for February 22 through February 23 in the HR Department on the fifth floor. During this time, all staff members from the department ------- to work in the main conference room located on the sixth floor.
>
> (A) will be required
> (B) have been required
> (C) were required
> (D) requiring

해설 첫 문장을 보면, 미래 시점을 암시하는 표현인 Please be informed that(~을 알아 두시기 바랍니다)으로 시작하고 있다. 그리고, 첫 문장 that절의 동사 is scheduled(예정되어 있다)를 통해 미래 상황에 대한 공지임을 재확인할 수 있다. 빈칸이 속해 있는 문장의 시점 부사 During this time에서, this는 바로 앞에 제시된 기간을 가리키므로 미래 시점의 일을 나타내는 문장이 되어야 한다는 것을 알 수 있다. 그러므로, 미래를 나타내는 (A) will be required가 정답이다.

해석 5층 인사부에서 2월 22일부터 2월 23일까지 대규모 리모델링 공사가 예정되어 있다는 것을 알아 두시기 바랍니다. 이 기간 동안 그 부서의 전 직원들이 6층에 위치한 대회의실에서 일하는 것이 요구되어 질 것입니다.

어휘 be informed that v. ~을 알아 두다 major a. 대규모의, 주요한 be scheduled for v. ~이 예정되다 through prep. ~까지 HR department n. 인사부 during prep. ~동안 main conference room n. 대회의실 located on ~에 위치한 be required to do v. ~하는 것이 요구되다

정답 (A)

② 이메일, 공지, 회람 등은 쓴 날짜를 파악하여 정답을 찾는다.

December 31
PC Bargain Inc.
1510 11th Avenue
Seattle, WA 98122

To whom it may concern,

On December 20, I received an invoice from your company, which says that I owe $250 for a laptop purchased from your Web site in November. Please note that I ------- the laptop in the mail at the beginning of December.

(A) receive
(B) will receive
(C) received
(D receiving

해설 편지 상단을 보면, 12월 31일에 편지가 쓰였다는 것을 알 수 있고, 노트북 컴퓨터를 받은 12월 초는 편지가 쓰여진 날보다 더 과거이므로 과거 시제인 (C) received가 정답이다.

해석
12월 31일
피시 바게인 주식회사
11번가 1510 번지
워싱턴주 시애틀 98122

관계자분께,

제가 11월에 귀사의 웹 사이트에서 구매했던 노트북 컴퓨터에 250달러를 지불해야한다고 하는 청구서를 12월 20일에 귀사로부터 받았습니다. 제가 그 노트북 컴퓨터를 12월 초에 우편으로 받았다는 것에 유의해주시기 바랍니다.

어휘 receive v. ~을 받다 invoice n. 청구서, 송장 owe v. ~을 지불해야할 의무가 있다, 빚지다 purchase v. ~을 구매하다 note v. ~을 유의하다, ~에 주목하다 mail n. 우편 at the beginning of ~의 초반에

정답 (C)

2) 대명사 또는 지시사 문제

빈칸에 들어갈 대명사가 받을 수 있는 명사를 앞 문장에서 찾아, 그 명사가 사람/사물인지, 남성/여성인지, 단수/복수인지를 파악하여 정답을 고른다.

> According to the company, the CEO, Yuki Goizmi thanked her employees for improving the quality of service. ------- also said the company would further enhance its service efficiency.
>
> (A) We
> (B) It
> (C) They
> (D) She

해설 | 동사 said의 주어를 고르는 문제로, 보기에 대명사가 나와 있으므로 빈칸 앞에서 이를 받을 수 있는 명사를 찾아야 한다. 여기서 무언가를 말할 수 있는 대상은 사람이고 앞에서 언급된 유일한 사람은 대표이사인 유키 고이즈미 씨이다. 앞 문장에서 유키 고이즈미 씨를 her로 받고 있으므로 대명사 (D) She가 정답이다.

해석 | 회사에 따르면, 대표이사인 유키 고이즈미 씨가 서비스 품질 향상에 대해 그녀의 직원들에게 감사를 전했다. 그녀는 또한 회사가 더 나아가 서비스 효율성도 향상시킬 것이라고 말했다.

어휘 | according to prep. ~에 따르면 CEO n. 대표이사 thank v. 감사하다 employee n. 직원 improve v. ~을 향상시키다 quality of service 서비스 품질 further ad. 더 나아가 enhance v. ~을 향상시키다 service efficiency n. 서비스 효율성

정답 | (D)

3) 연결어 문제

빈칸 뒤에 콤마와 절이 있고, 빈칸 앞에 마침표가 나와 있거나 물음표가 있으면 접속부사가 정답이다. 선택지에 접속부사가 두 개 이상 있으면 해석을 통해 풀어야 한다.

> Since 2010, Giant Electronics has invested about 600 million dollars to expand its production facilities in its Beijing factory. -------, Giant Electronics announced that it would invest approximately 800 million dollars more into its Beijing factory in the near future.
>
> (A) Only if
> (B) In comparison
> (C) To demonstrate
> (D) In addition

해설 | 빈칸 앞에 마침표가 있고, 빈칸 뒤에 콤마와 절이 있으므로 접속부사인 (B)와 (D) 모두 정답으로 가능하다. 하지만, 빈칸 앞에 투자를 이미 했다는 내용이 나오고, 빈칸 뒤에도 더 투자할 것이라는 내용이 나오므로 앞 문장과 맥락이 비슷한 내용을 추가할 때 사용하는 추가 접속부사 (D) In addition이 정답이다.

해석 | 자이언트 엘렉트로닉스 사는 2010년 이후로 베이징 공장에 있는 자사의 생산 시설들을 확장하기 위해 약 6억 달러를 투자해 왔다. 게다가, 자이언트 엘렉트로닉스 사는 가까운 미래에 자사의 베이징 공장에 약 8억 달러를 더 투자할 것이라고 발표했다.

어휘 | since prep. ~이후로 invest v. ~을 투자하다 expand v. ~을 확장하다 production facility n. 생산 시설 factory n. 공장 announce v. ~을 발표하다 approximately ad. 약, 대략 in the near future 가까운 미래에 only if 오직 ~인 경우에만 in comparison 비교하면 to demonstrate ~을 입증하기 위해 in addition 게다가

정답 | (D)

- 아래 캘린더의 학습 진도를 참조하여 매일 학습합니다.
- 해당일의 학습을 하지 못했더라도 앞으로 돌아가지 말고 오늘에 해당하는 학습을 합니다. 그래야 끝까지 완주할 수 있습니다.
- 본문의 학습을 모두 마치면 토익 최신 경향이 반영된 실전 모의고사를 꼭 풀어보고 QR코드로 제공되는 이윤우 강사의 명쾌한 해설강의를 들어보세요.
- 1주, 3주 완성 학습 플랜을 참고하여 자신만의 기출 문법 공식 학습 분량과 학습 완료일을 기입하여 나만의 학습 플랜을 만들어 보세요.

⊘ 1주 완성 학습 플랜

Day 1	Day 2	Day 3	Day 4	Day 5	Day 6	Day 7
기출 문법 공식 001~020	기출 문법 공식 021~040	기출 문법 공식 041~060	기출 문법 공식 061~080	기출 문법 공식 081~100	기출 문법 공식 101~119	실전 모의고사 Test 1~2
완료 □	완료 □	완료 □	완료 □	완료 □	완료 □	완료 □

⊘ 3주 완성 학습 플랜

Day 1	Day 2	Day 3	Day 4	Day 5	Day 6	Day 7
기출 문법 공식 001~006	기출 문법 공식 007~011	기출 문법 공식 012~020	기출 문법 공식 021~029	기출 문법 공식 030~036	기출 문법 공식 037~043	기출 문법 공식 044~050
완료 □	완료 □	완료 □	완료 □	완료 □	완료 □	완료 □
Day 8	**Day 9**	**Day 10**	**Day 11**	**Day 12**	**Day 13**	**Day 14**
기출 문법 공식 051~057	기출 문법 공식 058~065	기출 문법 공식 066~071	Unit 01~06 복습	기출 문법 공식 072~077	기출 문법 공식 078~083	기출 문법 공식 084~089
완료 □	완료 □	완료 □	완료 □	완료 □	완료 □	완료 □
Day 15	**Day 16**	**Day 17**	**Day 18**	**Day 19**	**Day 20**	**Day 21**
기출 문법 공식 090~093	기출 문법 공식 094~102	기출 문법 공식 103~111	기출 문법 공식 112~119	Unit 07~12 복습	실전 모의고사 Test 1	실전 모의고사 Test 2
완료 □	완료 □	완료 □	완료 □	완료 □	완료 □	완료 □

★ _____ 의 1주 완성 학습 플랜

Day 1	Day 2	Day 3	Day 4	Day 5	Day 6	Day 7
기출 문법 공식 _____	기출 문법 공식 _____	기출 문법 공식 _____	기출 문법 공식 _____	기출 문법 공식 _____	기출 문법 공식 _____	실전 모의고사 Test 1~2
학습 완료일 /	학습 완료일 /	학습 완료일 /	학습 완료일 /	학습 완료일 /	학습 완료일 /	학습 완료일 /

UNIT
01

명사

각 문법 공식을 학습하기 전, 기본 문법 사항을 익히도록 합니다.

POINT 1 명사의 역할

명사는 말 그대로 사람, 사물, 감정, 개념 등에 대한 이름을 나타내는 역할을 한다. 명사는 앞에 관사, 소유격, 수량 형용사 등의 한 정사를 동반하며, 주어 자리 그리고 타동사와 전치사의 목적어 자리에 온다. 토익에서는 한정사가 명사 자리를 결정하는 데 중요한 단서가 되므로 이것들을 미리 숙지 해놓는 것이 정답률을 높이는데 큰 도움이 된다.

* 명사 자리를 결정하는 토익 빈출 한정사

종류	특징	용례
관사	부정관사는 가산 단수명사와 사용	a product (자음 앞) an order (모음 앞)
	정관사는 유일, 고유함을 나타냄	the firm
소유격	소유격 대명사	his staff our supplies their meal its design
	명사 + 's	company's goals (일반 단수명사) clients' concerns (일반 복수명사) Tom's work (고유명사)
지시 형용사	가까운 것	this room (단수) these rooms (복수)
	멀리 있는 것	that person (단수) those people (복수)
수량 형용사	가산 단수명사와 함께 사용	each applicant every day another way any person
	가산 복수명사와 함께 사용	any people many offices various[a variety of] sources
	불가산명사와 함께 사용	any information much money some advice
의문 형용사	소유자, 특정·불특정한 것을 나타냄	which book (특정한 것) whose book (소유자) what book (불특정한 것)

POINT 2 명사의 종류

종류	특징	용례
가산명사	· 명사가 와야 할 자리 앞에 부정관사(a, an)가 있으면 단수명사가 오는 문제로 출제 · 명사가 와야 할 자리 앞에 부정관사(a, an)가 없으면 복수명사가 오는 문제로 출제	an accountant 회계사 accountants 회계사들
불가산명사	· 명사가 와야 할 자리 앞에 부정관사(a, an)가 없으면 불가산명사가 오는 문제로 출제	accounting 회계
복합명사	· 동사와 동사 바로 뒤에 온 명사와의 해석이 어색할 때, 명사 뒤에 또 다른 명사가 오는 문제로 출제	hire sales representatives 판매 직원을 고용하다

001 ᐧ 주어 자리가 빈칸이면 명사가 정답

주어 자리에 올 수 있는 품사는 명사이다.

🎯 기출 들여다보기

It is true that all ------- is available in English at museums all over the world.

(A) inform
(B) informative
(C) informed
(D) information

| 핵심 문법 | 주어 자리

all information is

수량 형용사   주어   동사

[해설] 접속사 that이 이끄는 명사절에서 동사 is 앞의 주어 자리가 비어 있으므로 주어 자리에 올 수 있는 명사 (D) information이 정답이다.

[해석] 전 세계의 박물관에서 모든 정보를 영어로 이용 가능한 것은 사실이다.

[어휘] **available** a. 이용 가능한 **museum** n. 박물관 **all over the world** 전 세계의, 세계 곳곳에서 **inform** v. ~을 알리다, 통보하다
informative a. 정보를 주는, 유익한 **information** n. 정보

[정답] (D)

| 기출 확인 |

• (Restore / Restoration) of the old building has begun. 낡은 건물의 복원이 시작되었다.
  ✔ 전치사구 앞에 명사가 필요하다.

• (Access / Accesses) to Main Street will be limited. Main Street의 통행이 제한될 것이다.
  ✔ 전치사구 앞에 명사가 필요하다.
  ✔ Access는 불가산명사로 사용되므로 Accesses는 복수명사가 아니라 3인칭 단수 동사이다.

• Every job (apply / applicant) is asked to submit a résumé. 모든 구직 지원자는 이력서를 제출하도록 요청받는다.
  ✔ 명사 job이 주어 자리에 있지만 제출하도록 요청받는 동사와 어울리려면 사람을 나타내는 또 다른 명사가 필요하다.

• (Employees / Employs) will be expected to record their work hours.
  직원들은 자신들의 근무 시간을 기록할 것으로 예상된다.

[어휘] **restore** ~을 복원하다 **restoration** 복원 **access** n. 통행, 접근 v. ~에 접근하다, 접속하다 **limit** ~을 제한하다 **apply** ~에 지원하다
applicant 지원자 **be asked to do** ~하도록 요청받다 **submit** ~을 제출하다 **résumé** 이력서 **employee** 직원 **employ** ~을 고용하다
be expected to do ~할 것으로 예상되다

기출 문법 공식

002 ᐟ 관사 뒤가 빈칸이면 명사가 정답

◎ 기출 들여다보기

Maxwell Supermarket's new employee training program begins with an ------- to the store's history in the community.

(A) introductory　　　　　　　　　(B) introduces

(C) introduction　　　　　　　　　(D) introduce

| 핵심 문법 | 관사 + 명사

an introduction

부정관사　　명사

해설　관사 뒤에는 반드시 명사가 와야 하므로, 해석할 필요도 없이 빈칸이 명사 (C) introduction이 올 자리라는 것을 알 수 있다.

해석　맥스웰 슈퍼마켓의 새 직원 교육 프로그램은 지역 사회에서 그 가게의 역사에 대한 소개로 시작된다.

어휘　employee n. 직원　begin v. 시작하다　history n. 역사　community n. 지역 사회, 주민　introductory a. 서두의, 소개용의　introduce v. ~을 소개하다　introduction n. 소개, 도입

정답　(C)

| 기출 확인 |

• offer a (variety / various) of options　다양한 선택권을 제공하다

• send you a (notify / notification)　통지서를 보내다

• This is a (remind / reminder) to register for~　~에 등록하라는 안내이다

• the (installation / install) of a photocopier　복사기의 설치

어휘　offer ~을 제공하다　a variety of 다양한　various 다양한　notify ~에게 …을 통지하다　notification 통지서　remind ~에게 …하라고 상기시키다　reminder 안내, 상기시키는 것　register for ~에 등록하다　installation 설치　install ~을 설치하다

003 ｜ 앞에 부정관사가 있으면 단수명사가 정답

부정관사(a, an)는 복수명사 또는 불가산명사와 상극이다.

🎯 기출 들여다보기

The government announced yesterday that organizations should request a ------- to host events in the downtown area.

(A) permitted　　　　　　　　　　　(B) permission

(C) permitting　　　　　　　　　　　(D) permit

| 핵심 문법 | **부정관사** + 단수명사

---

a permit to host
부정관사　단수명사

해설　선택지에는 두 개의 명사가 있는데, 부정관사 뒤에는 단수명사만 올 수 있으므로 (D) permit이 정답이다. (B) permission은 불가산 명사이기 때문에 빈칸에 올 수 없다.

해석　정부는 어제 단체들이 시내 지역에서 행사를 개최하려면 허가증을 신청해야 한다고 발표했다.

어휘　government n. 정부　announce v. ~을 발표하다　organization n. 단체, 조직　request v. ~을 신청하다, 요청하다　host v. ~을 개최하다 permit v. ~을 허가하다 n. 허가증　permission n. 허가, 승인

정답　(D)

| 기출 확인 |

• **a** small (**crowd** / crowds)　소수의 군중
• **a** slight (**possibility** / possibilities)　약간의 가능성
• must complete **an** internal (audits / **audit**)　내부 회계 감사를 마쳐야 한다

어휘　crowd 군중　slight 약간의　possibility 가능성　complete ~을 마치다, 완료하다　audit 회계 감사

🔔 기출 문법 공식

004 | 앞에 부정관사가 없으면 복수명사/불가산명사가 정답

단수명사만 앞에 부정관사(a, an)를 동반한다.

🎯 기출 들여다보기 1

------- may be finding the Fantasy 7 not much different from other smart phones.

(A) Customer

(B) Customize

(C) Customers

(D) Customizing

| 핵심 문법 | 부정관사 뒤에 올 수 없는 복수명사

( ) **Customers** **may be**

부정관사x   복수명사   조동사   be동사

[해설] 빈칸은 주어 자리이므로 명사가 와야 한다. 선택지에 단수명사 (A) Customer와 복수명사 (C) Customers가 있는데, 앞에 부정관사 가 없으므로 복수명사인 (C) Customers가 정답이다.

[해석] 고객들은 판타지 7 제품이 다른 스마트폰들과 크게 다르지 않다고 생각할지도 모른다.

[어휘] find v. ~이 …하다고 생각하다 different a. 다른 customer n. 고객 customize v. ~을 주문 제작하다

[정답] (C)

| 기출 확인 |

• carry (load / **loads**) of up to 3,000 kilos 최대 3,000 킬로까지의 짐을 싣는다
• is responsible for fulfilling (**requests** / request) ~은 요청을 이행할 책임이 있다
• (**Participants** / Participant) will receive~ 참석자들은 ~을 받게 될 것이다

[어휘] load 짐 be responsible for -ing ~하는 것에 책임이 있다 fulfill ~을 이행하다 request n. 요청 v. ~을 요청하다 participant 참석자 receive ~을 받다

기출 들여다보기 2

| 핵심 문법 | 부정관사 뒤에 올 수 없는 불가산명사

$$(\quad) \underline{\text{Production}} \text{ in~}$$

부정관사x   불가산명사

해설 명사 앞에 부정관사가 없으면 복수명사 또는 불가산명사가 와야 하므로, 선택지에 나온 불가산명사 (B) Production과 단수명사 (C) Producer 중 (B) Production이 정답이다.

해석 와이드통계 사에 의해 공개된 자료에 따르면, 제조업의 생산량이 6월에 10퍼센트 상승했다.

어휘 manufacturing industry n. 제조업 rise v. 상승하다, 오르다 according to prep. ~에 따르면 publish v. ~을 공개하다, 출판하다 productive a. 생산적인 production n. 생산량, 생산 producer n. 생산자, 제작자

정답 (B)

| 기출 확인 |

- offers helpful (advisor / advice) for~ 유용한 조언을 ~에게 제공하다
- provides (assistant / assistance) to new employees 신입 사원들에게 도움을 제공하다
- (analysis / analyst) of the lab results revealed that~ 실험 결과의 분석은 ~라는 것을 보여줬다
- (Competitor / Competition) in the automotive industry is expected to increase next month.
  다음 달에 자동차 업계에서 경쟁이 증가할 것으로 예상된다.

어휘 offer ~을 제공하다 helpful 유용한 advisor 조언자 advice 조언 provide ~을 제공하다 assistant 조수 assistance 도움 employee 사원 analysis 분석 analyst 분석가 reveal ~을 보여주다 competitor 경쟁자 competition 경쟁 industry 산업 be expected to do ~할 것으로 예상되다 increase v. 증가하다 n. 증가

고득점 비법 노트

☆ 토익 빈출 불가산명사

access 접근, 접속	luggage[baggage] 수화물, 짐
attention 주의, 주목	research 연구
advice 조언, 충고	news 뉴스
economics 경제학	staff 직원
equipment 장비	traffic 교통
information 정보	work 일

☆ 불가산명사로 착각할 수 있는 토익 빈출 가산명사

increase[rise] 증가	negotiation 협상
discount 할인	mistake 실수
reservation 예약	description 설명, 기술, 묘사
revision 수정	review 검토, 평론
refund 환불	department 부서
price 가격	division 사업부
order 주문	organization 기관, 조직

☆ 토익 빈출 사람명사(가산) vs. 사물/행위명사(불가산)

사람명사(가산)	사물/행위명사(불가산)
accountant 회계사	accounting 회계
advisor 조언자	advice 충고, 조언
analyst 분석가	analysis 분석
applicant 지원자, 신청자	application 신청, 지원
architect 건축가	architecture 건축
assistant 조수	assistance 원조, 도움
attendant 안내원 / attendee 참석자	attendance 참석
competitor 경쟁자	competition 경쟁
consultant 상담원	consultation 상담
correspondent 기자, 특파원	correspondence 서신
distributor 배급업자	distribution 배급, 배포
donor 기증자	donation 기증
enthusiast 애호가	enthusiasm 열정
financier 자본가, 재무가	finance 재무
founder 설립자	foundation 설립

illustrator 삽화가	illustration 삽화
inspector 검사자	inspection 정밀검사
manufacturer 제조사	manufacture 제조
negotiator 협상자, 교섭자	negotiation 협상
recipient 수령자, 수혜자	receipt 영수증, 수령
researcher 연구원	research 연구
resident 거주자	residence 주택, 거주
representative 직원, 대표자	representation 표현, 대표
server 근무자	service 서비스
subscriber 구독자	subscription 구독
supervisor 관리자, 감독관	supervision 관리, 감독
supplier 공급업자	supply 공급
supporter 후원자	support 후원, 지원
technician 기술자	technology 기술

☆ 토익 빈출 가산 사물명사 vs. 불가산 행위명사

가산 사물명사	불가산 행위명사
certificate 증명서	certification 증명
estimate 견적서	estimation 견적
permit 허가증	permission 허가, 승인

☆ 토익 빈출 가산명사 vs. -ing형 불가산명사

가산명사	-ing형 불가산명사
account 설명, 계좌	accounting 회계
advertisement 광고	advertising (집합적) 광고
engineer 공학자	engineering 공학
fund 기금, 돈	funding 자금 제공
house 집	housing 주거
manufacturer 제조사	manufacturing 제조업
market 시장	marketing 마케팅
plan 계획	planning 기획
process 과정	processing 처리
seat 좌석	seating (집합적) 좌석

🔔 기출 문법 공식

005 ' 형용사 뒤가 빈칸이면 명사가 정답

형용사의 핵심 기능은 명사를 수식하는 것이다.

🎯 기출 들여다보기 1

The vice president is expected to give very specific ------- about the merging of the sales and marketing departments.

(A) instructional
(B) instruct
(C) instructions
(D) instructive

|핵심 문법| 형용사 + 명사

specific instructions

형용사   명사

해설 형용사의 핵심 기능은 명사를 수식하는 것이므로 형용사 뒤에 빈칸이 있다면, 해석할 필요도 없이 명사가 올 자리이므로 (C) instructions가 정답이다.

해석 부사장님께서는 영업부와 마케팅부의 합병에 관해 매우 구체적인 지시사항들을 주실 것으로 예상된다.

어휘 vice president n. 부사장 be expected to do v. ~할 것으로 예상되다 specific a. 구체적인 merge v. ~을 합병하다 sales n. 영업 department n. 부서 instructional a. 교육용의 instruct v. ~을 지시하다, 가르치다 instruction n. 지시사항 instructive a. 유익한

정답 (C)

|기출 확인|

• the scheduled (replace / replacement) of machinery 기계의 예정된 교체
• an experienced (administrator / administer) 유능한 행정가
• a bonus for outstanding (achieve / achievement) in~ ~에서의 뛰어난 성과에 대한 보너스

어휘 scheduled 예정된 replace ~을 교체하다 replacement 교체, 대체 experienced 유능한, 경험이 많은 administrator 행정가 administer ~을 운영하다, 집행하다 outstanding 뛰어난 achieve ~을 성취하다 achievement 성과, 성취

🎯 기출 들여다보기 2

Mr. Cooper announced that the recent ------- with KAO's construction material suppliers progressed smoothly.

(A) negotiates
(B) negotiate
(C) negotiable
(D) negotiations

| 핵심 문법 | 관사 + 형용사 + 명사

---

the recent negotiations
정관사   형용사   명사

해설   형용사 뒤에는 형용사의 수식을 받는 명사가 와야 하므로 명사인 (D) negotiations가 정답이다. 형용사 앞의 관사도 명사 정답의 단서가 된다.

해석   쿠퍼 씨는 KAO 사의 공사 자재 공급업체들과의 최근 협상이 순조롭게 진행되었다고 발표했다.

어휘   announce v. ~을 발표하다 recent a. 최근의 construction material supplier n. 공사 자재 공급업체 progress v. ~을 진행하다 smoothly ad. 순조롭게, 부드럽게 negotiate v. ~을 협상하다 negotiable a. 협상의 여지가 있는, 절충 가능한 negotiation n. 협상

정답   (D)

| 기출 확인 |

- near the main (enter / **entrance**) 정문 근처에
- inspect the new (equip / **equipment**) 새 장비를 점검하다
- A **slight** (**adjustment** / adjusted) was made. 약간의 조정이 이루어졌다.
- Please provide the **requested** (**information** / inform). 요청된 정보를 제공해주세요.

어휘   entrance 입구 inspect ~을 점검하다 equip 장비를 갖추다 equipment 장비 slight 약간의 adjustment 조정 adjusted 조정된 provide ~을 제공하다 requested 요청된 information 정보 inform ~에게 알리다

🎯 기출 들여다보기 3

The newly appointed sales manager, with his knowledge and expertise in China's retail industry, is a very valuable ------- to our department.

(A) add

(B) added

(C) additional

(D) addition

| **핵심 문법** | 관사 + 부사 + 형용사 + 명사

a very valuable addition
부정관사　부사　　형용사　　　명사

해설) 형용사의 기본 기능이 명사를 수식하는 것이므로 빈칸은 명사인 (D) addition이 올 자리이다. 이때 형용사 앞의 부사는 명사 정답 자리와 아무런 상관이 없지만, 부정관사는 명사 정답의 단서가 된다.

해석) 중국 소매업계에 대한 지식과 전문 기술을 지닌 새로 임명된 영업부장은 우리 부서에 매우 소중한 증원 인력이다.

어휘) appointed a. 임명된 sales manager n. 영업부장 knowledge n. 지식 expertise n. 전문 기술, 전문 지식 retail n. 소매 industry n. 업계 valuable a. 소중한, 귀중한 department n. 부서 add v. ~을 더하다 additional a. 추가의 addition n. 증원 인력, 추가

정답) (D)

| 기출 확인 |

- has a very small (sharing / share) of the market 매우 작은 시장 점유율을 가지고 있다
- look for a highly experienced (developer / develop) 매우 유능한 개발자를 구하다
- the critically acclaimed (direct / director) 비평가들의 찬사를 받은 감독
- a widely recognized (authority / authorize) 널리 인정받는 권위자

어휘) share 점유율 highly 매우 experienced 유능한, 경험 많은 developer 개발자 develop ~을 개발하다 acclaimed 비평가들의 찬사를 받은 direct ~을 지도하다 director 감독, 이사 widely 널리 recognized 인정받는 authority 권위자 authorize ~을 인가하다

006 | 수량 형용사 뒤의 빈칸에는 수 일치를 시킨 명사가 정답

수량 형용사는 명사 앞에서 명사의 수를 나타내는 기능을 한다.

🎯 기출 들여다보기

Nowadays, at SONA Inc., all ------- tend to own one notebook computer, depending on their needs.

(A) employees   (B) employ

(C) employable   (D) employer

| 핵심 문법 | 수량 형용사 + 명사

all employees
수량 형용사   명사

| 해설 | 수량 형용사 다음에는 명사가 와야 하고, 수량 형용사 all은 가산 복수명사와 불가산명사를 모두 수식할 수 있는데, 선택지에는 가산명사만 있으므로 가산 복수명사인 (A) employees가 정답이다.

| 해석 | 요즘 소나 주식회사에서는 모든 직원이 필요에 따라 자신의 노트북 컴퓨터를 한 대씩 가지고 있는 경향이 있다.

| 어휘 | nowadays ad. 요즘에 tend to do v. ~하는 경향이 있다 depending on ~에 따라(서) need n. 필요 employee n. 직원 employ v. ~을 고용하다 employable a. 고용할 만한 employer n. 고용주

| 정답 | (A)

| 기출 확인 |

- some (**losses** / lost) can be expected 약간의 손실이 예상될 수 있다
- after much (**deliberation** / deliberate) 많은 숙고 후에
- be reimbursed for most (**expenses** / expensively) 대부분의 비용들을 환급받다
- a record number of appliance (**shipments** / shipped) 기록적인 수의 가전제품 배송품
  - ☑ a number of는 '다수의' 라는 의미를 가지며 뒤에 복수명사를 취하는 수량 형용사이기 때문에 뒤에 또 다른 명사가 필요하다.

- many community (**activities** / activity) 많은 지역 사회 활동들
  - ☑ 앞에 수량 형용사 'many'가 있으므로 빈칸에 복수명사가 와야 한다. 형용사 뒤에 community가 있지만 수가 일치하지 않으므로 복수형태로 된 또 다른 명사가 필요하다.

| 어휘 | loss 손실 lost 잃어버린 be expected 예상되다 deliberation 숙고 deliberate a. 고의의 v. 숙고하다 reimburse 지출한 비용을 환급해주다 expense 비용, 지출 expensively 고비용으로, 비싸게 record 기록적인, 엄청난 a number of 다수의, 많은 shipment 배송품 shipped 배송된 community 지역 사회 activity 활동

기출 문법 공식

007 소유격 뒤가 빈칸이면 명사가 정답

🎯 기출 들여다보기1

Most savings banks in Korea are anticipating that their ------- will reach a record high of more than 1 trillion won in the near future.

(A) earn   (B) earnings

(C) earned   (D) earns

| 핵심 문법 | 소유격 대명사 + 명사

their earnings

소유격 대명사   명사

[해설] 소유격 대명사의 기능은 뒤에 나오는 명사의 소유자를 나타내는 것이다. 그러므로 소유격 대명사 뒤의 빈칸 자리에는 (B) earnings가 와야 한다.

[해석] 한국에 있는 대부분의 저축은행들은 자신들의 수익이 조만간 1조원 이상이라는 기록적인 최고치에 도달할 것으로 예상하고 있다.

[어휘] savings n. 저축 anticipate v. ~을 예상하다 reach v. 도달하다 a record high 기록적인 최고치 more than ~이상 trillion n. 1조 in the near future 조만간, 가까운 미래에 earn v. ~을 획득하다 earnings n. 수익, 소득

[정답] (B)

| 기출 확인 |

• to book **your** (accommodation / accommodate) online 귀하의 숙박을 온라인으로 예약하기 위해

• expresses **her** deep (appreciation / appreciates) to~ ~에게 그녀의 깊은 사의를 표하다

• gave **its** (approved / approval) to our request for~ ~에 대한 우리의 요청을 승인했다

• submitted **his** (resign / resignation) 그의 사직서를 제출하다

[어휘] book ~을 예약하다 accommodation 숙박 accommodate ~을 수용하다 express ~을 표하다 appreciation 사의, 고마움 appreciate ~을 고맙게 생각하다, ~의 가치를 인정하다 approved 승인된 approval 승인 request n. 요청 v. ~을 요청하다 submit ~을 제출하다 resign 사임하다 resignation 사직서

Giant Group's ------- this year has been largely attributed to its successful business deals with several prominent Asian firms.

(A) grow   (B) growth

(C) grown   (D) grew

| 핵심 문법 | 명사의 소유격['s] + 명사

Giant Group's growth
명사의 소유격   명사

해설   명사 뒤에 's가 붙으면 소유격의 기능을 하며, 소유격 대명사처럼 명사의 소유자를 나타낼 수 있으므로 빈칸에는 (B) growth가 와야 한다. 빈칸 뒤의 this year는 시간 부사구인데 이를 목적어로 착각하고 동사를 고르면 안 된다.

해석   자이언트 그룹의 올해 성장은 주로 몇몇 유명한 아시아 기업들과의 성공적인 거래 덕분으로 여겨진다.

어휘   largely ad. 주로 be attributed to A: v. A 덕분이다 successful a. 성공적인 business deal n. 사업 거래 several a. 몇몇의 prominent a. 유명한 firm n. 회사 grow v. 성장하다 growth n. 성장

정답   (B)

| 기출 확인 |

• the bank's (invest / investors) rejected the plan 그 은행의 투자자들은 그 계획에 반대했다
• Mr. Wong's (experienced / experience) as a researcher 웡 씨의 연구원으로서의 경력
• last Tuesday's (meeting / meets) with Bayston Bank 지난주 화요일 베이스톤 은행과의 회의
• The enclosed report details the construction project's (progress / progressive).
  동봉된 보고서는 건축 공사 프로젝트의 진행 상황을 자세히 설명한다.

어휘   invest 투자하다 investor 투자자 reject ~을 거부하다 experienced 경험 많은, 유능한 experience n. 경험 v. ~을 경험하다 researcher 연구원 meeting 회의, 모임 enclosed 동봉된 detail v. ~을 자세히 설명하다 n. 상세한 설명 construction 건축 progress 진행 (상황), 진도 progressive 진보적인

008 | 타동사 뒤 목적어 자리가 빈칸이면 명사가 정답

목적어 자리에 올 수 있는 품사는 명사이다.

◎ 기출 들여다보기

Our newly released software contains ------- like shuttle bus schedules, public transportation options and event times.

(A) informative   (B) inform

(C) informed   (D) information

| 핵심 문법 | 타동사 + 명사(=목적어)

contains information
타동사   명사(=목적어)

해설 타동사 contains 뒤 목적어 자리에 빈칸이 있으므로 목적어 역할을 할 수 있는 명사 (D) information이 정답이다.

해석 새롭게 출시된 우리 소프트웨어는 셔틀버스 시간표, 대중교통 옵션, 그리고 행사 시간표와 같은 정보를 포함한다.

어휘 released a. 출시된 contain v. ~을 포함하다 public transportation n. 대중교통 informative a. 유익한 inform v. 알리다, 통보하다 informed a. 잘 아는 information n. 정보

정답 (D)

| 기출 확인 |

• explain (strategies / strategically) to plan for~ ~을 계획하기 위한 전략들을 설명하다
  ☑ 사전에는 동사 explain이 자동사로도 쓰인다고 나오지만, 토익에서는 타동사로만 출제된다.

• avoid (repeated / repetition) of an unsuccessful application 지원 실패의 반복을 피하다
• include (represents / representatives) from Pion Inc. 피온 주식회사에서 온 직원들을 포함하다

• No one is granted (admission / to admit) to the ceremony for now. 현재 아무도 그 시상식 입장이 허락되지 않는다.
  ☑ 수여동사 grant의 수동태 문장으로, 능동태의 간접목적어가 주어 자리로 이동한 후에 동사 뒤에 직접목적어만 남은 구조이다.

어휘 explain ~을 설명하다 strategy 전략 strategically 전략적으로 avoid ~을 피하다 repeated 반복된 repetition 반복 unsuccessful 실패한 application 지원 include ~을 포함하다 represent ~을 대표하다 representative 직원 grant A B: A에게 B를 허락하다 admission 입장, 가입 admit ~을 인정하다

009 ｜ 전치사 뒤 목적어 자리가 빈칸이면 명사가 정답

🎯 기출 들여다보기

As the future of GBM Company remains in doubt, numerous employees are voluntarily applying for
-------.

(A) retired (B) retire

(C) retires (D) retirement

| 핵심 문법 | 전치사 + 명사(=목적어)

---

for retirement
전치사 명사(=목적어)

해설 전치사 뒤 목적어 자리에는 명사 또는 동명사가 올 수 있는데, 선택지에는 동명사가 없으므로 명사인 (D) retirement가 정답이다.

해석 GBM 사의 미래가 계속 불확실한 상태이기 때문에, 많은 직원들이 자발적으로 퇴직을 신청하고 있다.

어휘 remain v. ~상태를 유지하다 in doubt 불확실한 numerous a. 많은 employee n. 직원 voluntarily ad. 자발적으로 apply for
v. ~을 신청하다, ~에 지원하다 retired a. 퇴직한 retire v. 퇴직하다 retirement n. 퇴직

정답 (D)

| 기출 확인 |

- with (emphatic / emphasis) on punctuality 시간 엄수를 강조하여
- inform residents of (restrict / restrictions) on~ 주민들에게 ~에 대한 제한을 알려주다
- applicants with (enthusiasm / enthusiastic) 열정을 지닌 지원자들
- in (response / respond) to your request 귀하의 요청에 대한 응답으로

어휘 emphatic 강조하는 emphasis 강조 punctuality 시간 엄수 inform ~에게 알리다 resident 주민 restrict ~을 제한하다 restriction
제한 applicant 지원자 enthusiasm 열정 enthusiastic 열정적인 response 응답, 응대 respond 응답하다, 응대하다 in response to
~에 대한 응답으로 request 요청

기출 문법 공식

010 | 동사와 동사 바로 뒤에 온 명사와의 해석이 어색할 때 명사 뒤에는 명사가 정답

두 개 이상의 명사로 구성되는 복합명사에서 일반적으로 첫 번째 명사는 수식어 기능을 한다.

🎯 기출 들여다보기

The first-class seats in our aircraft are specifically designed to increase passenger -------.

(A) comfortable
(B) comfort
(C) comfortably
(D) comforted

|핵심 문법| 또 다른 명사의 수식을 받는 복합명사

increase	**passenger**	comfort
동사	명사(=수식어)	명사

해설 타동사 increase 뒤의 목적어로 명사 passenger가 있지만, 사람인 passenger를 향상시키는 것은 논리에 맞지 않는다. 그러므로 진짜 목적어 역할을 하면서 passenger의 수식을 받는 다른 명사가 필요하기 때문에 (B) comfort가 정답이다.

해석 저희 비행기의 일등석 좌석들은 승객의 편안함을 향상시키기 위해 특별히 설계되었습니다.

어휘 **first-class** a. 일등석의 **aircraft** n. 비행기 **specifically** ad. 특별히 **be designed to do** v. ~하기 위해 설계되다 **increase** v. ~을 향상시키다, 증가시키다 **passenger** n. 승객 **comfortable** a. 편안한 **comfort** n. 편안함 v. 편안하게 하다, ~을 위로하다 **comfortably** ad. 편안하게

정답 (B)

|기출 확인|

• improve team (produce / productivity) 팀 생산성을 향상시키다
  ✓ 동사 improve는 사물의 성질 또는 상태를 향상시키는 것이므로 사람들로 구성된 team을 목적어로 가질 수 없다. 따라서 빈칸에는 improve의 목적어 기능을 하는 명사가 필요하다. 이때 team은 명사 productivity의 특성을 나타내는 수식어 기능을 한다.

• seek a heavy equipment (operator / operate) 중장비 기사를 구하다
  ✓ 토익에서 동사 seek은 heavy equipment와 같은 물건이 아니라 직업, 조언, 도움, 사람 등을 구하는 행위를 나타낸다. 그러므로 빈칸에는 사람을 나타내는 명사가 추가로 필요하다.

• conduct a customer satisfaction (surveyed / survey) 고객 만족 설문 조사를 실시하다
  ✓ 동사 conduct는 일을 수행한다는 의미이기 때문에 사람의 감정(satisfaction)을 목적어로 가질 수 없다. 따라서 빈칸에는 conduct의 실제 목적어로 행위를 나타내는 명사가 추가로 필요하다.

어휘 **improve** ~을 향상시키다 **produce** ~을 생산하다 **productivity** 생산성 **seek** ~을 찾다, 구하다 **equipment** 장비 **operator** 기사 **operate** ~을 작동하다 **conduct** ~을 수행하다 **customer satisfaction** 고객 만족 **survey** n. 설문 조사 v. (설문) 조사하다

🔖 고득점 비법 노트

☆ 토익 빈출 복합명사

customer[client] **satisfaction** 고객 만족	employee[worker] **productivity** 직원 생산성
meal[food] **preferences** 식사[음식] 선호도	office **supplies** 사무 용품

🔔 기출 문법 공식

011 | 선택지에 명사가 두 개이고 수 일치 단서가 없으면 해석으로 구별

두 개 이상의 명사가 선택지에 제시되면 보통 수 일치로 정답과 오답을 구분한다. 그런데 두 명사 모두 단수형이거나 복수형이어서 수를 구분할 수 없는 경우도 있는데, 이때는 하나씩 빈칸에 대입하여 의미가 가장 잘 어울리는 명사를 선택해야 한다.

🎯 기출 들여다보기

The ------- of the training is to familiarize representatives with the call center's software.
(A) object
(B) objection
(C) objective
(D) objectively

| 핵심 문법 | 해석으로 선택해야 하는 명사 자리

The objective of the training is to familiarize
명사 　　　　　　　　　be동사　to부정사(목적)

해설　선택지의 명사 object, objection, objective 모두 가산명사이므로 수 일치로 정답을 구분할 수 없다. 이 경우, 해석을 통해 의미가 가장 자연스러운 것을 골라야 한다. 주격보어인 목적을 나타내는 to부정사와 빈칸에 올 명사의 의미가 자연스러워야 하므로 '교육의 목적'을 의미하는 (C) objective가 가장 적절하다.

해석　교육의 목적은 직원들이 콜센터의 소프트웨어에 익숙해지게 하는 것이다.

어휘　familiarize v. 익숙해지게 하다 representative n. 직원, 사원 object n. 물체 v. 반대하다 objection n. 반대, 이의 objective n. 목적 a. 객관적인 objectively ad. 객관적으로

정답　(C)

| 기출 확인 |

• demonstrate the expected level of (profession / professionalism) 예상되는 전문성의 수준을 보여주다
　☑ demonstrate는 자질이나 특성을 나타내는 단어와 자주 함께 사용되기 때문에 빈칸에는 이와 같은 명사가 필요하다.

• had no (objects / objection) to~ ~에 반대하지 않았다
　☑ objection은 전치사 to와 자주 함께 사용되며 '반대'라는 뜻을 가진다.

• (Participants / Participation) will receive~ 참가자들은 ~을 받을 것이다
　☑ 동사 receive의 주어로 무언가를 받을 수 있는 대상이 주로 오고, 무언가를 받을 수 있는 대상은 사람이므로 사람 명사가 필요하다.

• the (recipient / receipt) of the award 수상자
　☑ receipt는 '영수증'의 뜻으로 상이 아니라 상품 또는 판매의 개념과 연결된다.

어휘　demonstrate ~을 보여주다 profession 직업 professionalism 전문성 object n. 물체 v. 반대하다 objection to ~에 대한 반대 participant 참가자 participation 참여 receive ~을 받다 recipient 수여자 receipt 영수증 award 상

☆ 특수한 형태의 어미로 끝나는 토익 빈출 명사

-al	approval 승인 arrival 도착 denial 부인 disposal 처분 individual 개인 potential 잠재력 professional 전문가 proposal 제안(서) referral 소개 removal 제거 renewal 갱신 rental 임대 withdrawal 인출
-ive	alternative 대안 executive 임원 initiative 진취성, 주도 objective 목적 representative 대표, 대리인
-ing	accounting 회계 beginning 시작 boarding 탑승 cleaning 청소 customizing 고객 맞춤 decorating 장식 dining 식사 founding 설립 handling 취급 housing 주택 monitoring 감시 opening 공석, 개점 pricing 가격 책정 recycling 재활용 restructuring 구조 조정 screening 검사, 심사, (영화) 상영 shipping 배송 shopping 쇼핑 spending 지출 staffing 직원 채용, 충원 testing 테스트, 실험 tracking 추적 training 훈련 understanding 이해
기타	architect 건축가 assembly 조립 complaint 불만 delivery 배송 emphasis 강조 pleasure 즐거움 receipt 영수증 response 응답

☆ 특정 전치사와 함께 쓰이는 토익 빈출 명사 관용 표현

• 전치사 + 명사 + 전치사

in accordance with ~에 따라	in conjunction with ~와 함께
in comparison to ~와 비교하여	in observance of ~을 준수하여
in compliance with ~에 따라, ~을 준수하여	in response to ~에 대한 반응으로

• 명사 + 전치사

advance in ~에서의 진보	concern about ~에 대한 염려
alternative to ~의 대안	demand[request] for ~에 대한 요구
commitment to ~에 대한 헌신	proximity to ~로의 근접성

• 전치사 + 명사

on schedule 일정대로	upon request 신청하는 대로

기출 공식 실전 테스트

| Part 5 |

1. ------- at YGN Company feel that important decisions are being made without any consideration of the impact they may have on staff.

(A) Working   (B) Worked
(C) Workers   (D) Worker

2. We will dispatch a ------- to cover the upcoming Lee Sujin fashion show in Seoul.

(A) correspond   (B) corresponding
(C) correspondingly   (D) correspondent

3. According to a leading -------, the stock markets of the G20 countries have considerably stabilized over the past year.

(A) economy   (B) economical
(C) economically   (D) economist

4. ------- to the annual meeting have been extended to the CEO and all branch managers.

(A) Invitations   (B) Invitation
(C) Invite   (D) Inviting

5. With thousands of foreigners expected to attend the Seattle International Art Festival, the museum decided to offer a variety of mobile applications for -------.

(A) assistant   (B) assist
(C) assistance   (D) assisted

6. When accepting the award, the head of the software firm thanked the highly experienced ------- who helped to make the computer game a success.

(A) develop   (B) developers
(C) developed   (D) developing

7. City officials said the slight ------- to bus fares shows that residents are happy to pay more for exceptionally good service.

(A) increased   (B) increase
(C) increasingly   (D) to increase

8. The city council is responsible for addressing complaints from local ------- about ongoing construction projects.

(A) residing   (B) residents
(C) reside   (D) residential

9. The Web site for Flash Fitness Inc. helpfully includes several ------- for the assembly and operation of its exercise machines.

(A) guiding   (B) guide
(C) guidable   (D) guides

10. The group leader will collect opinions from the market research group and submit its ------- to the product development team.

(A) recommend   (B) recommends
(C) recommendable   (D) recommendations

11. The Maryland Art Association is accepting ------- for its City Mural Contest until June 30.

(A) submitting   (B) submitted
(C) submissions   (D) submissive

12. In accordance with its policies, Easton Fitness Center does not take ------- for any damage to or theft of personal belongings.

(A) respond   (B) responsibility
(C) responsible   (D) responsive

13. KTA Home Furnishings' newly introduced inventory management system can easily handle the large volume of ------- that are processed each day.

(A) transactions   (B) transacting
(C) transacted   (D) transacts

14. Fourman Electronics hopes to strengthen its reputation by making phones that its customers can use without -------.

(A) inconveniently   (B) inconvenient
(C) inconvenienced   (D) inconvenience

15. The majority of foreign staff members working at Penman Manufacturing must have work -------.

(A) permitting   (B) permits
(C) permit   (D) permitted

16. According to the survey conducted by the City Labor Union, there has been a huge increase in the number of job ------- since last year.

(A) open   (B) openings
(C) openly   (D) opened

| Part 6 |

Questions 17-20 refer to the following e-mail.

To: Yuliana Susanto <ysusanto@gomail.com>
From: Ricki Antonius <rantonius@starfitness.com>
Date: June 13
Subject: Notifications

Dear Ms. Susanto,

In our ongoing effort to ------- our loyal members to the best of our abilities, we will soon implement
                              17.
our new text messaging service to notify members about important news and events. At present,
our members receive our monthly newsletter by mail. -------. If you agree and would like to cancel
                                                       18.
the newsletter and sign up for text notifications, please inform us of your ------- when you next visit
                                                                              19.
the gym. One of our employees will be happy to help you. ------- aim is to provide you with up-to-
                                                          20.
the-minute information about new amenities and fitness classes as well as any changes to class
schedules in a timely manner.

Ricki Antonius
Member Services Manager
Star Fitness

---

17. (A) serve   (B) work
       (C) attract   (D) care

18. (A) Some of the content of the newsletter is written by our members.
       (B) The newsletter will be issued bi-monthly starting from next month.
       (C) We are always hoping to attract new members to our fitness center.
       (D) Some members feel that an electronic format would be more convenient.

19. (A) prefer   (B) preferential
       (C) preferred   (D) preference

20. (A) Our   (B) Their
       (C) Your   (D) My

UNIT

02

각 문법 공식을 학습하기 전, 기본 문법 사항을 익히도록 합니다.

POINT 1 형용사의 역할

형용사는 명사의 상태, 성질, 수량 등을 나타내는 품사로써 명사를 구체화시키는 역할을 한다. 토익에서는 명사를 수식하는 자리나 주격보어 또는 목적격보어 자리에 오는 것으로 자주 출제된다. 수량 형용사는 형용사와 명사와의 수 일치 문제로 자주 출제되기 때문에 Unit 07 수 일치에서 자세히 다루도록 하자.

POINT 2 형용사의 형태

형용사는 주로 -al, -ful, -ic, -ous, -ive, -able 등으로 끝나는 단어가 많고, 이를 알아 두면 품사 문제를 푸는데 큰 도움이 된다.

-al	financial, professional	-ous	dangerous, previous
-ful	successful, useful	-ive	expensive, effective
-ic	electronic, specific	-able	comparable, reliable

POINT 3 형용사의 종류

종류	특징	용례
일반 형용사	상태, 성질을 나타내며 단순한 품사 문제나 어휘 문제로 출제	confidential document 기밀 정보 The meeting was very informative. 그 회의는 정말 유익했다.
수량 형용사	뒤에 나오는 명사와의 수 일치 문제로 주로 출제	many people 많은 사람들 each employee 각각의 직원

012 | 관사와 명사 사이에 빈칸이 있으면 형용사가 정답

관사와 명사 사이에서 명사를 수식할 수 있는 품사는 형용사이다. 형용사는 명사를 수식하는 용법으로 가장 많이 쓰인다.

◎ 기출 들여다보기

Luckymore Ltd. has seen a ------- turnaround in manufacturing since 2015.

(A) signify　　　　　　　　　　　　　(B) significance

(C) significant　　　　　　　　　　　　(D) significantly

| 핵심 문법 | 관사 + 형용사 + 명사

a significant turnaround
부정관사　　　형용사　　　　　　　명사

해설 관사와 명사 사이에 자리가 비어 있으므로 명사를 수식하는 역할을 할 수 있는 형용사 (C) significant가 정답이다.

해석 럭키모어 유한회사는 2015년 이후로 제조업에서 상당한 호전을 보여 왔다.

어휘 Ltd.(=Limited) n. 유한회사 turnaround n. 호전 manufacturing n. 제조업 since prep. ~이후로 signify v. ~을 의미하다, 나타내다
significance n. 중요성, 중대성 significant a. 중요한, 상당한 significantly ad. 상당히

정답 (C)

| 기출 확인 |

• (financial / finance) briefing 재무 브리핑
• a (heavily / heavy) snowstorm 심한 눈보라
• a (closely / close) colleague of mine 가까운 내 동료
• the (proposal / proposed) terms of the merger 합병의 제안된 조건들

어휘 financial 재무의, 재정의 finance 재무, 재정 heavily 심하게, 많이 closely 면밀하게 colleague 동료 proposal 제안서 proposed
제안된 term 조건, 조항 merger 합병

013 | 소유격과 명사 사이에 빈칸이 있으면 형용사가 정답

소유격과 명사 사이에서 명사를 수식할 수 있는 품사는 형용사이다. 분사도 소유격과 명사 사이에서 명사를 수식할 수 있다. 하지만 만약 선택지에 형용사와 분사가 둘 다 있는 경우, 형용사가 우선한다는 것을 기억하자.

🎯 기출 들여다보기

We appreciate your interest in our ------- line of compact irons.

(A) updates　　　　　　　　　　　　　　(B) updated

(C) update　　　　　　　　　　　　　　　(D) to update

|핵심 문법| 소유격 + 형용사 + 명사

our updated **line**

소유격 대명사　　형용사　　명사

해설　소유격 대명사와 명사 사이에 자리가 비어 있으므로 명사를 수식하는 역할을 할 수 있는 형용사 (B) updated가 정답이다.

해석　저희는 저희의 최신 소형 다리미 제품군에 대한 여러분의 관심에 감사드립니다.

어휘　appreciate v. 감사하다 interest n. 관심 line n. 제품군, 제품 라인 compact a. 소형의 iron n. 다리미 update v. ~을 최신의 것으로 만들다 updated a. 최신의

정답　(B)

|기출 확인|

• my (sincerely / sincere) apologies　나의 진실된 사과
• Wozetco's (current / currently) marketing study　워젯코의 현재의 마케팅 연구
• one of the region's (largely / large) shopping malls　지역의 큰 쇼핑몰들 중 하나
• the company's (update / updated) interior design　그 회사의 최신 인테리어 디자인

어휘　sincerely 진심으로 sincere 진실된 apology 사과 current 현재의 currently 현재 study 연구 region 지역 largely 주로 update ~을 최신의 것으로 만들다 updated 최신의

014 부사와 명사 사이에 빈칸이 있으면 형용사가 정답

부사는 명사를 제외한 나머지 형용사, 분사, 부사, 동사, 구, 절 등을 수식할 수 있다. 명사 앞에서 부사의 수식을 받을 수 있는 품사는 형용사와 분사이다. 하지만 만약 선택지에 형용사와 분사가 둘 다 있는 경우, 형용사가 우선한다는 것을 기억하자.

기출 들여다보기

The new head of the R&D department indicated that creativity has become a very ------- asset in the past few decades.

(A) valuably　　　　　　　　　　(B) valuable

(C) valuing　　　　　　　　　　(D) value

| 핵심 문법 | 부사 + 형용사 + 명사 |

very	valuable	asset
부사	형용사	명사

해설　부사와 명사 사이에 빈칸이 있으므로 명사를 수식하는 역할을 할 수 있는 형용사 (B) valuable이 정답이다.

해석　연구 개발부의 새 부장은 지난 수십 년 동안 창의력이 매우 귀중한 자산이 되어왔다고 시사했다.

어휘　head n. 장, 우두머리　department n. 부서　indicate v. ~을 시사하다, 나타내다　creativity n. 창의력　become v. ~이 되다　asset n. 자산　past a. 지난　decade n. 10년　valuably ad. 고가로, 값비싸게　valuable a. 귀중한, 소중한　value n. 가치 v. ~을 존중하다

정답　(B)

기출 확인

• a very (promisingly / promising) candidate　매우 유망한 후보자
• reasonably (price / priced) business attire　합리적인 가격의 정장
• specially (selection / selected) locations　특별히 선택된 장소들
• surprisingly (shortly / short) time　놀랄 만큼 짧은 시간

어휘　promisingly 전도 유망하게　promising 유망한　candidate 후보자　reasonably 합리적인　price n. 가격 v. ~에 값을 매기다　priced 값이 붙은　business attire 정장　specially 특별히　selection 선택　selected 선택된　location 장소　shortly 곧

🔔 기출 문법 공식

015 | 2형식 동사의 주격보어 자리에는 형용사가 정답

2형식 동사의 주격보어 자리에 올 수 있는 품사는 형용사와 분사이다. 주격보어 자리에 명사나 to부정사가 올 수도 있지만 토익에서는 이를 묻는 문제는 거의 출제되지 않는다. 따라서 2형식 뒤에 빈칸이 있으면 대부분 형용사나 분사가 답이다.

🎯 기출 들여다보기

Development of new technology will be crucial for the commercialization of 5G as huge data processing capabilities will be -------.

(A) necessitating

(B) necessitate

(C) necessarily

(D) necessary

| 핵심 문법 | **2형식 동사** + 형용사(=주격보어)

---

be necessary
2형식 동사 형용사(=주격보어)

해설   2형식 동사인 be동사 뒤에 자리가 비어 있기 때문에 주격보어 역할을 할 수 있는 형용사 (D) necessary가 정답이다.

해석   거대한 데이터 처리 능력이 필요할 것이기 때문에, 새 기술 개발이 5G의 상업화에 결정적인 요소가 될 것이다.

어휘   development n. 개발 technology n. 기술 crucial a. 결정적인 commercialization n. 상업화 processing n. 처리 capability n. 능력 necessitate v. ~을 필요로 하다 necessarily ad. 필수적으로 necessary a. 필요한

정답   (D)

| 기출 확인 |

- has **been** (successfully / successful) 성공적이었다
- **is** (readily / ready) to deliver 배달할 준비가 되어 있다
- can sometimes **seem** (confusing / confusion) to~ ~가 …에게 때때로 혼란스러운 것처럼 보일 수 있다
- he **seems** (hesitant / hesitantly) to apply for~ 그는 ~에 지원하는데 망설이는 것처럼 보인다

어휘   successfully 성공적으로 successful 성공적인 readily 손쉽게 ready 준비된 confusing 혼란스러운 confusion 혼란 hesitant 망설이는 hesitantly 머뭇거리며 apply for ~에 지원하다

📌 고득점 비법 노트

☆ 주격보어로 형용사를 취하는 토익 빈출 2형식 동사

상태 동사: be, keep, last, remain, stay + 형용사
상태의 변화를 나타내는 동사(~가 되다): become, get, go, grow, turn + 형용사
감각동사: feel, look, smell, sound, taste + 형용사
의견동사(~인 것처럼 보이다, ~인 것 같다): appear, seem + 형용사

✅ appear, seem, remain은 예외적으로 주격보어 자리에 to부정사도 올 수 있다.

016 | 형용사 자리인데 선택지에 일반 형태의 형용사가 없으면 명사 + ly 형태의 형용사가 정답

'형용사 + ly'는 부사인 경우가 많으며, '명사 + -ly'는 형용사인 경우가 많다. 따라서 이 규칙에 해당하는 단어들은 따로 잘 암기하도록 한다.

⊚ 기출 들여다보기 1

The vice president asked managers to ensure that the branch relocation is carried out in a -------
manner to prevent any major disruption to work flow.

(A) time   (B) timing
(C) timer   (D) timely

| 핵심 문법 | '-ly' 형용사 + 명사

---

a timely manner
관사 '-ly' 형용사 　　명사

해설 　명사 앞에는 형용사가 와야 하므로 '명사 + -ly' 형태의 형용사로 쓰인 (D) timely가 정답이다.

해석 　부사장은 작업 흐름의 심각한 혼선을 막기 위해 지점 이전이 시기적절하게 실시되는 것을 확실히 하도록 매니저들에게 부탁했다.

어휘 　vice president n. 부사장 ask v. ~을 부탁하다, 요청하다 ensure v. ~을 확실히 하다 branch n. 지점 relocation n. 이전 carry out
　　　v. ~을 실시하다, 수행하다 prevent v. ~을 막다 major a. 심각한, 주요한 disruption n. 혼선, 혼란 work flow n. 작업 흐름 timely
　　　a. 시기적절한 in a timely manner 시기적절하게

정답 　(D)

| 기출 확인 |

• the (week / weekly) meeting 주간 회의
• in an (orderly / order) fashion 질서정연하게

어휘 　weekly 매주의, 주 1회의 orderly 질서 있는 order n. 명령, 질서, 주문 v. ~에게 명령하다, 주문하다 in an orderly fashion 질서정연하게

🎯 기출 들여다보기 2

Since heavy rain is ------- on Sunday, Michonne Inc. rescheduled its yearly staff picnic for the following Sunday.

(A) likes   (B) liking
(C) likeness   (D) likely

| 핵심 문법 | 2형식 동사 + '-ly' 형용사

is likely
2형식 동사 '-ly' 형용사

해설 2형식 동사 뒤의 주격보어 자리에는 형용사가 와야 하므로 '명사 + -ly' 형태의 형용사로 쓰인 (D) likely가 정답이다.

해석 일요일에 폭우가 있을 것 같기 때문에, 미숀 주식회사는 연례 직원 야유회를 그 다음 주 일요일로 재조정했다.

어휘 since conj. ~때문에 heavy rain n. 폭우 reschedule v. 일정을 재조정하다 yearly a. 연간의 staff picnic n. 직원 야유회 following a. 그 다음의 likeness n. 유사성, 닮음 likely a. ~일 것 같은

정답 (D)

| 기출 확인 |

• be extremely (friend / friendly) 몹시 친근한
• be (likeness / likely) to~ ~일 것 같은

어휘 extremely 몹시 friendly 친근한 likeness 유사성, 닮음 likely ~일 것 같은

📌 고득점 비법 노트

☆ '-ly'로 끝나는 토익 빈출 형용사

costly 비싼	monthly 월간의
daily 매일의	orderly 질서정연한
elderly 나이가 든	quarterly 분기의
friendly 다정다감한, 친근한	timely 시기적절한
leisurely 한가로운	weekly 주간의
likely ~할 것 같은	yearly 연간의

017 목적격보어 자리에 빈칸이 있으면 형용사가 정답

5형식 동사의 목적격보어 자리가 비어 있을 때에는 형용사가 정답일 가능성이 높다. 동사의 목적격보어 자리에 올 수 있는 품사는 대부분 형용사이기 때문이다. 목적격보어 자리에 명사나 to부정사 등이 올 수도 있지만 토익에서는 이를 묻는 문제가 거의 출제되지 않는다는 것을 기억하자.

🎯 기출 들여다보기

Most of the employees found the meeting on the newly revised recycling policy -------.

(A) inform   (B) informatively

(C) information   (D) informative

| 핵심 문법 | 5형식 동사 + 명사(=목적어) + 형용사(=목적격보어)

---

found the meeting ~ informative
　5형식 동사　　명사(=목적어)　　형용사(=목적격보어)

해설 find가 5형식 동사로 쓰이고 있고 목적격보어 자리가 비어 있으므로 목적격보어 역할을 할 수 있는 형용사 (D) informative가 정답이다.

해석 대부분의 직원들은 새롭게 수정된 재활용 정책에 대한 회의가 유익하다고 여겼다.

어휘 employee n. 직원　find v. ~가 …라고 여기다, 생각하다　revised a. 수정된　recycling n. 재활용　policy n. 정책　inform v. ~을 알리다　informatively ad. 유익하게　information n. 정보　informative a. 유익한, 정보를 주는

정답 (D)

| 기출 확인 |

- To **make it** (easily / easier) to~　~하는 것이 쉬울 수 있도록 만들기 위해
- **find the seminar** (information / informative)　세미나가 유익하다고 생각하다
- **consider it** (necessary / necessarily)　그것이 필요하다고 간주하다
- **make its departments** less (wastefully / wasteful)　부서들이 덜 낭비하도록 만들다

어휘 easily 쉽게　information 정보　informative 유익한　consider ~을 …하다고 간주하다　necessary 필요한　necessarily 필수적으로　department 부서　wastefully 헛되게　wasteful 낭비하는

고득점 비법 노트

☆ 목적격보어로 형용사를 취하는 토익 빈출 5형식 동사

consider ~을 …하다고 간주하다	find ~이 …하다는 것을 알다
deem ~을 …하다고 간주하다	keep ~을 …한 상태로 유지하다
regard ~을 …하다고 간주하다	leave ~을 …한 상태로 두다
make ~을 …한 상태로 만들다	

☝ consider, deem, regard, make는 예외적으로 목적격보어 자리에 명사도 올 수 있다.

🔔 기출 문법 공식

018 | 5형식 동사의 수동태 뒤에 빈칸이 있으면 형용사가 정답

5형식 동사 구문에서 목적어가 주어 자리로 이동하여 수동태가 되어도 목적격보어는 원래 자리에 남아 있다. 따라서 5형식 동사의 목적격보어가 될 수 있는 형용사가 거의 정답으로 출제된다. 5형식 동사의 수동태 뒤에는 형용사가 온다는 것을 기억하도록 하자.

⏱ 기출 들여다보기

The director believes that the candidate will be considered ------- for the position.

(A) suit
(B) suitable
(C) suitability
(D) suitably

|핵심 문법| 5형식 동사의 수동태 + 형용사

---

will be considered suitable
5형식 동사의 수동태　　　　형용사

해설　consider는 5형식 동사이고 5형식 동사의 수동태 뒤에는 형용사가 올 수 있으므로 (B) suitable이 정답이다.

해석　이사님은 그 지원자가 그 직책에 적합한 것으로 간주될 것이라고 믿는다.

어휘　director n. 이사　believe v. ~을 믿다　candidate n. 지원자　consider v. ~을 …라고 간주하다　position n. 직책　suit v. 맞다, 적합하다 n. 정장　suitable a. 적합한, 적당한　suitability n. 적절성, 적당함　suitably ad. 적합하게

정답　(B)

|기출 확인|

• the seminar was found (informatively / informative)　세미나는 유익하다고 생각됐다
• the corporate documents are kept (security / secure)　회사 문서는 안전하게 보관된다

어휘　find ~가 …라고 생각하다　informatively 유익하게　informative 유익한　corporate 회사　keep ~을 …한 상태로 유지하다
security 보안　secure a. 안전한 v. ~을 확보하다

019 | 명사를 뒤에서 수식하는 빈칸 뒤에 목적어가 있으면 현재분사가 정답

현재분사와 과거분사는 모두 명사를 수식하는 형용사 역할을 한다. 명사와 능동 관계이면 현재분사를, 수동 관계이면 과거분사를 쓴다. 이 때 명사를 뒤에서 수식하는 현재분사는 주격 관계대명사가 생략된 후 만들어진 형태이고, 뒤에 목적어 역할을 하는 명사가 있을 때 능동의 의미를 지닌 현재분사가 와야 한다.

◎ 기출 들여다보기

The company ------- household cleaning products will find a cost-effective way to lower the production cost.

(A) manufactures   (B) manufacturing

(C) manufactured   (D) is manufacturing

| 핵심 문법 | 명사 + 타동사 현재분사 + 명사(=목적어)

The company	manufacturing	household cleaning products
명사	타동사 현재분사	명사(=목적어)

= The company which manufactures household cleaning products

해설 빈칸 뒤에 목적어 역할을 하는 명사가 있으므로 능동의 의미를 갖는 현재분사 (B) manufacturing이 정답이다.

해석 가정용 청소용품을 생산하는 그 회사는 생산 비용을 낮추기 위해서 비용 효과적인 방법을 찾을 것이다.

어휘 household cleaning product n. 가정용 청소용품 cost-effective way n. 비용 효과적인 방법 lower v. ~을 낮추다 production cost n. 생산 비용 manufacture v. ~을 생산하다

정답 (B)

| 기출 확인 |

• training folders (contained / containing) information 정보를 포함하고 있는 연수 폴더들

= training folders which contain information

• an email (requested / requesting) all employees to 모든 직원들에게 ~하라고 요청하는 이메일

= an email which requests all employees to

• the policy (required / requiring) double-sided printing 양면 출력을 요구하는 정책

= the policy which requires double-sided printing

어휘 contain ~을 포함하다 information 정보 request ~을 요청하다 employee 직원 policy 정책 require ~을 요구하다

기출 문법 공식

020 | 명사를 뒤에서 수식하는 빈칸 뒤에 목적어가 없으면 과거분사가 정답

현재분사와 과거분사는 모두 명사를 수식하는 형용사 역할을 한다. 명사와 능동 관계이면 현재분사를, 수동 관계이면 과거분사를 쓴다. 이 때 명사를 뒤에서 수식하는 과거분사는 주격 관계대명사와 be동사가 생략된 후 만들어진 형태이고, 뒤에 목적어 역할을 하는 명사가 없을 때 수동의 의미를 갖는 과거분사가 와야 한다.

🎯 기출 들여다보기

Medicines ------- by the leading pharmaceutical company in China saw their outbound shipments soar by as much as 15 percent.

(A) produced   (B) produce

(C) producing   (D) produces

|핵심 문법| 명사 + 타동사 과거분사 + 전치사/부사

Medicines produced by
명사   타동사 과거분사 전치사

= Medicines which were produced by

해설 | 빈칸 뒤에 목적어 역할을 하는 명사가 없으므로 수동의 의미를 갖는 과거분사 (A) produced가 정답이다. 명사 뒤에 분사가 오는 이유는 주격 관계대명사와 be동사가 함께 생략되었기 때문이다.

해석 | 중국에 있는 업계 선두의 제약회사에서 만든 약들은 그들의 수출이 15 퍼센트까지 급증하는 것을 보았다.

어휘 | medicine n. 약 leading a. 선두의 pharmaceutical company n. 제약회사 outbound shipment n. 수출 soar v. 급증하다, 솟구치다 as much as ~만큼 produce v. ~을 만들다, 생산하다

정답 | (A)

|기출 확인|

• Most of the art (displaying / displayed) in the new wing 새 별관에 전시되어 있는 대부분의 예술품
  = Most of the art which is displayed in the new wing

• any person (involved / involving) in a legal case 법적 사건에 연루된 어떤 사람도
  = any person who is involved in a legal case

• The new product (releasing / released) by Template Designs 템플릿 디자인 사에 의해 출시된 새 제품
  = The new product which is released by Template Designs

• Menu items may differ slightly from those (featuring / featured) online.
  메뉴에 있는 항목들은 온라인에서 다뤄진 것들과 약간 다를지도 모른다.
  = Menu items may differ slightly from those which are featured online.

어휘 | displaying 전시하는 displayed 전시된 involved 연루된 involving 포함하는 releasing 출시하는 released 출시된 featuring ~을 다룬 featured 다뤄진

고득점 비법 노트

☆ 명사 앞에서 명사를 수식하는 분사

분사와 수식을 받는 명사와의 의미 관계를 따져서 문제를 풀어야 한다.

1. 현재분사(~하는): 능동의 의미를 가지며, 자동사에서 파생된 분사는 현재분사로만 사용된다.

• 토익 빈출 현재분사 + 명사

approaching storm 다가오는 폭풍	leading company 선도하는 회사
challenging job 도전적인[힘든] 일	opposing side 반대하는 편[측]
demanding job 까다로운 업무	pressing issues 긴급한 문제
disappointing result 실망스러운 결과	opposing point of view 반대하는 관점[입장]
existing equipment 기존의 장비	outstanding job performance 뛰어난 업무 실적
following year 다음 해	overwhelming demand 압도적인 수요
growing number 증가하는 수	preceding year 지난해
increasing competition 증가하는 경쟁	remaining work 남아있는 업무
lasting impression 오래가는 인상	rewarding job 보람을 주는 일
misleading information 오해의 소지가 있는 정보	rising demand 증가하는 수요
missing part 분실된 부품	surrounding areas 주변의 지역들

2. 과거분사(~되어진/~된): 수동의 의미를 갖는다.

• 토익 빈출 과거분사 + 명사

accomplished director 뛰어난 감독	installed machine 설치된 기계
attached document 첨부된 서류	intended destination 의도된 목적지
completed form 작성 완료된 양식	involved individuals 연루된 사람들
complicated process 복잡한 과정	limited time 제한된 시간
confirmed reservation 확인된 예약	marked container 표시되어 있는 용기
dedicated employees 헌신적인 직원들	preferred means 선호되는 수단
designated area 지정된 구역	proposed change 제안된 변경사항
detailed information 세부적인[상세화된] 정보	reduced rate 할인된 금액
damaged goods 파손된 제품	repeated request 반복되는 요구사항
enclosed brochure 동봉된 책자	reserved room 예약된 방
established business 확실히 자리를 잡은 사업체	unlimited access 무제한적인 접속
experienced worker 경험 있는 인부	updated manual 업데이트된[최신의] 설명서
informed decision 정보에 근거한 결정	written consent 서면으로 된 동의
qualified employee 자격을 갖춘 직원	desired job 선망되는 직종

🔔 기출 문법 공식

021 | 감정 형용사가 설명하는 명사가 감정을 유발하면 현재분사가 정답

감정 형용사가 명사 앞, be동사 뒤의 주격보어 자리, 5형식 동사 뒤 목적격보어 자리에 와야 하는 경우, 감정 형용사가 설명하는 명사가 그 감정을 직접 느낄 수 없고 감정을 유발하는 사물, 장소, 현상이면 현재분사가 와야 한다.

◎ 기출 들여다보기

> The survey conducted internationally indicated that 60 percent of people prefer a ------- vacation while 30 percent prefer an active one.
>
> (A) relax (B) relaxed
>
> (C) relaxing (D) relaxation

|핵심 문법| 감정 형용사(=현재분사)

relaxing vacation

감정 형용사(=현재분사)   명사

해설	감정 형용사의 수식을 받는 명사인 vacation이 느긋함이나 편안함을 느낄 수 있는 대상이 아니므로 현재분사 (C) relaxing이 정답이다.
해석	국제적으로 실시된 설문 조사는 30 퍼센트의 사람들은 활동적인 휴가를 선호하는 반면에, 60 퍼센트의 사람들은 편안한 휴가를 선호한다는 것을 나타냈다.
어휘	survey n. 설문 조사 conduct v. ~을 실시하다 internationally ad. 국제적으로 indicate v. ~을 나타내다, 지시하다 prefer v. ~을 선호하다 vacation n. 휴가 while conj. 반면에, ~하는 동안에 active a. 활동적인 relax v. 휴식을 취하다 relaxing a. 편한 relaxation n. 휴식
정답	(C)

|기출 확인|

- Overnight travel is often (tired / tiring). 밤샘 여행은 종종 고되다.
- The CEO's presentation was (bored / boring). 대표이사의 프레젠테이션은 지루했다.
- The World Cup final will be far more (excited / exciting). 월드컵 결승전은 훨씬 더 흥미로울 것이다.
- The new shopping mall offers a (bewildering / bewildered) array of products.
  새 쇼핑몰은 일련의 당혹케 하는 제품들을 제공한다.

| 어휘 | bored 지루해 하는 boring 지루한 far 훨씬 excited 들뜬 exciting 흥미로운, 흥분하게 하는 bewildering 당혹케 하는 bewildered 당혹한 |

022 | 감정 형용사가 설명하는 명사가 감정을 느끼면 과거분사가 정답

감정 형용사가 명사 앞, be동사 뒤의 주격보어 자리, 5형식 동사 뒤 목적격보어 자리에 와야 하는 경우, 감정 형용사가 설명하는 명사가 그 감정을 직접 느낄 수 있는 사람이나 동물이면 과거분사가 와야 한다.

ⓞ 기출 들여다보기

The newly appointed manager, Cohen Kim, promised to make every guest visiting his restaurant more -------.

(A) satisfied

(B) satisfying

(C) satisfaction

(D) satisfy

| 핵심 문법 | 감정 형용사(=과거분사)

make every guest	~	satisfied
5형식 동사　목적어		감정 형용사(=과거분사)

해설　make가 5형식 동사로 쓰이고 있으므로 목적격보어 자리에 형용사나 분사가 와야 하는데 목적어인 every guest가 감정을 직접 느낄 수 있는 대상이므로 과거분사 (A) satisfied가 정답이다.

해석　새로 임명된 매니저인 코헨 김은 그의 식당을 방문하는 모든 고객이 더 만족할 수 있도록 만들겠다고 약속했다.

어휘　newly ad. 새로 appointed a. 임명된 manager n. 매니저, 관리자 promise v. ~을 약속하다 n. 약속 make v. ~하게 만들다 visit v. ~을 방문하다 n. 방문 satisfied a. 만족하는 satisfaction n. 만족 satisfy v. ~을 만족시키다

정답　(A)

| 기출 확인 |

• visitors to Farhem Garden will be (delighting / delighted)　파르헴 정원의 방문객들은 아주 기뻐할 것이다
• renters who are (interested / interesting) in renewing their lease　그들의 임대를 갱신하는 것에 관심이 있는 임대인들
• Our managers are (excited / exciting) to welcome Ms. Cortez.　우리 매니저들은 콜테즈 양을 환영하는데 들떠 있다.
• Employees at Frey Arts Center were (disappointed / disappointing).　프레이 아트 센터의 직원들은 실망했다.

어휘　visitor 방문객 delighting 아주 기뻐하게 만드는 delighted 아주 기뻐하는 renter 임대인 interested 관심이 있는 interesting 흥미로운 renew ~을 갱신하다 excited 들뜬 exciting 흥분하게 하는, 흥미로운 employee 직원 disappointed 실망한 disappointing 실망하게 하는

🔔 기출 문법 공식

023 | 부사절 접속사 뒤에 빈칸이 있는데 주어가 없으면 분사가 정답

부사절 접속사 뒤에 주어가 없으면 주어가 생략된 것이고, 빈칸 뒤 목적어가 있다면 능동의 의미를 가지므로 타동사 현재분사가 와야 한다. 반면에 뒤에 목적어가 없고 수동의 의미를 가지면 타동사 과거분사가 와야 한다. 하지만 목적어를 취하지 않는 자동사의 경우, 뒤에 목적어 없이도 현재분사가 올 수 있다.

🎯 기출 들여다보기 1

Companies should consider the cultural differences when ------- new foreign markets.

(A) enters (B) entered

(C) enter (D) entering

| 핵심 문법 | 　부사절 접속사　 + 타동사 현재분사 + 　명사(=목적어)　

> ### when entering ~markets
> 부사절 접속사　타동사 현재분사　명사(=목적어)
> = when they enter new foreign markets

해설　부사절 접속사 뒤에 주어가 없다는 것은 부사절에서 주어가 생략된 것이다. 그러므로 분사가 정답인데 빈칸 뒤에 목적어가 있으므로 능동의 의미를 갖는 현재분사 (D) entering이 정답이다.

해석　새로운 외국 시장으로 진출할 때 회사들은 문화적 차이를 고려해야 한다.

어휘　consider v. ~을 고려하다　cultural difference n. 문화적 차이　foreign a. 외국의

정답　(D)

| 기출 확인 |

• before (left / leaving) the office　사무실을 떠나기 전에

= before one leaves the office

• when (exited / exiting) a vacant room　빈 방을 나갈 때

= when one exits a vacant room

• when (revised / revising) the article　기사를 수정할 때

= when one revises the article

• when (visiting / visited) America　미국을 방문할 때

= when one visits America

어휘　leave ~을 떠나다　exit ~을 나가다　vacant 빈　revise ~을 수정하다　article 기사　visit ~을 방문하다

⏱ 기출 들여다보기 2

When ------- three hundred years ago, the book contained more than two thousand pages.

(A) written   (B) wrote

(C) writes   (D) writing

| **핵심 문법** | 부사절 접속사 + 타동사 과거분사 + (부사구/전치사구) |

When written three hundred years ago
부사절 접속사　타동사 과거분사　　　　　　　부사구

= When it was written three hundred years ago

해설　부사절 접속사 뒤에 주어가 없다는 것은 부사절에서 주어와 be동사가 생략된 것이다. 그러므로 분사가 정답인데 빈칸 뒤에 목적어가 없으므로 수동의 의미를 갖는 과거분사 (A) written이 정답이다.

해석　300년 전에 쓰여 졌을 때, 그 책은 2000 페이지 이상으로 구성되었다.

어휘　when conj. ~할 때 ago ad. ~전에 contain v. ~로 구성되다, ~을 포함하다

정답　(A)

| 기출 확인 |

• **if** (provided / providing) 제공되어 진다면
　= if it is provided

• **though** (written / writing) **in Chinese** 비록 중국어로 쓰여 있을지라도
　= though it is written in Chinese

어휘　provide ~을 제공하다 though 비록 ~일지라도

⏱ 기출 들여다보기 3

All sales representatives should be courteous when ------- with their prospective customers.

(A) speaks   (B) spoke

(C) speak   (D) speaking

| 핵심 문법 | 부사절 접속사 + 자동사 현재분사 + 전치사(구)

> ### when speaking with their prospective customers
> 부사절 접속사 자동사 현재분사   전치사구
>
> = when they speak with their prospective customers

해설 부사절 접속사 뒤에 주어가 없다는 것은 부사절에서 주어가 생략된 것이다. 그러므로 분사가 정답인데 뒤에 전치사구가 있으므로
    자동사 현재분사인 (D) speaking이 정답이다.

해석 모든 영업사원들은 그들의 잠재 고객과 이야기할 때 공손해야 한다.

어휘 sales representative n. 영업 사원 courteous a. 공손한 prospective customer n. 잠재 고객

정답 (D)

| 기출 확인 |

• after (merged / merging) with TGF Inc. TGF 주식회사와 합병한 후에
  = after one merges with TGF Inc.

• before (consulting / consulted) with the sales manager 영업부장과 협의하기 전에
  = before one consults with the sales manager

• before (agreeing / agreed) to the design 그 디자인에 동의하기 전에
  = before one agrees to the design

어휘   merge with ~와 합병하다 consult with ~와 협의하다 agree to ~에 동의하다

고득점 비법 노트

☆ 토익 빈출 '접속사 + 분사' 조합

접속사 + 현재분사	접속사 + 과거분사
after + -ing ~한 후에	if + p.p. ~라면
before + -ing ~하기 전에	once + p.p. 일단~하면, ~하자마자
when + ~-ing ~할 때	though + p.p. 비록 ~이지만
while + -ing ~하는 동안	unless + p.p. ~이 아니라면

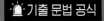 기출 문법 공식

학습 날짜 ___ / ___ | 학습 완료 ☐

024 | as ~ as 앞에 be동사가 있으면 as ~ as 사이에는 형용사가 정답

원급인 as ~ as 앞에 be동사가 있으면, as ~ as 사이에는 be동사의 주격보어 역할을 할 수 있는 형용사가 와야 한다. as ~ as를 지우고 난 후, 문장 완성을 위해 필요한 품사가 무엇인지 보면 답을 쉽게 고를 수 있다.

🎯 기출 들여다보기

HG Telecom's new mobile phone will be as ------- as the X-phone.

(A) relies   (B) reliable

(C) reliably   (D) reliability

| 핵심 문법 | be동사 + as 형용사(=주격보어) as

be as reliable as
be동사   형용사(=주격보어)

해설 | as ~ as 사이에는 원급 형용사나 부사가 들어갈 수 있는데, as ~ as를 지우고 나서 문장을 보면 빈칸 앞에 2형식 동사인 be동사가 보인다. 그러므로 be동사의 주격보어인 형용사 (B) reliable이 정답이다.

해석 | HG 통신사의 새 휴대폰은 X 폰만큼 신뢰할 수 있는 제품일 것입니다.

어휘 | mobile phone n. 휴대폰 rely v. ~에 의존하다 reliable a. 신뢰할 수 있는 reliably ad. 신뢰할 수 있게 reliability n. 신뢰성

정답 | (B)

| 기출 확인 |

• The newly developed marketing strategies are not as (effectively / **effective**) as previous ones.
  새로 개발된 마케팅 전략들은 이전 것들만큼 효과적이지 않다.

• Working hours should be as (**flexible** / flexibility) as possible to improve employees' work productivity and efficiency.
  직원들의 일 생산성과 효율성을 향상시키기 위해 근무 시간은 가능한 한 유연해야 한다.

어휘 | newly developed 새로 개발된 strategy 전략 effectively 효과적으로 effective 효과적인 previous 이전의 flexible 유연한 flexibility 유연성 improve ~을 향상시키다 employee 직원 productivity 생산성 efficiency 효율성

025 ┃ 부사 more 앞에 be동사 또는 5형식 동사가 있으면 형용사가 정답

부사 more 앞에 be동사나 5형식 동사가 있으면, be동사의 주격보어 역할과 5형식 동사의 목적격보어 역할을 할 수 있는 형용사가 와야 한다.

◎ 기출 들여다보기

The research and development manager at Polaris Inc. mentioned that hiring additional staff would be more ------- than extending the product launch deadline.

(A) economy

(B) economics

(C) economical

(D) economically

┃핵심 문법┃ be동사/5형식 동사 + more + 형용사 + (than)

be more	economical	than
be동사　부사	형용사	

해설 비교급 표현 more 앞에 be동사가 있기 때문에, be동사의 주격보어 역할을 할 수 있는 형용사가 빈칸에 와야 한다. 그러므로 정답은 (C) economical이다.

해석 폴라리스 주식회사의 연구 개발 부장은 추가 직원들을 고용하는 것이 제품 출시 마감기한을 연장하는 것보다 더 경제적일 것이라고 언급했다.

어휘 research and development n. 연구 개발 mention v. ~을 언급하다 hire v. ~을 고용하다 additional a. 추가적인 extend v. ~을 연장하다 launch n. 출시 deadline n. 마감기한 economy n. 경제 economics n. 경제학 economical a. 경제적인 economically ad. 경제적으로

정답 (C)

┃기출 확인┃

• Purchasing products online is more (economical / economically) than doing it offline.

　제품들을 온라인에서 구매하는 것이 오프라인에서 하는 것보다 더욱 경제적이다.

• Offering good services would make your business more (attractively / attractive) to customers.

　합리적인 가격을 제공하는 것은 당신의 사업체가 고객들에게 더욱 매력적이도록 만들어 줄 것이다.

• ND Software Company hopes to be more (competitively / competitive) than other software companies in Europe.

　ND 소프트웨어 사는 유럽에 있는 다른 소프트웨어 회사들보다 더 경쟁력 있기를 바란다.

• The survey result indicates that our restaurant in the downtown area is more (convenient / conveniently) for customers to visit than our locations in suburban areas.

　그 설문 조사 결과는 외곽 지역에 있는 우리 지점들보다 도심 지역에 있는 우리 레스토랑이 고객들이 방문하기에 더 편리하다는 것을 보여준다.

어휘 purchase ~을 구매하다 economical 경제적인 economically 경제적으로 attractively 매력적으로 attractive 매력적인 competitively 경쟁적으로 competitive 경쟁력 있는 indicate ~을 보여주다 convenient 편리한 conveniently 편리하게

026 ㅣ 부사 more 뒤에 빈칸이 있고 빈칸 뒤에 명사가 있으면 형용사가 정답

명사를 수식할 수 있는 것은 형용사와 분사이다. 부사 more는 문장의 필수 요소가 아니므로 more를 지우고 난 후, 문장 완성을 위해 필요한 품사가 무엇인지 보면 답을 쉽게 고를 수 있다.

🎯 기출 들여다보기

Programmers at GQ Corp. need more ------- computers to make its Web site and applications easier for customers to use.

(A) power

(B) powers

(C) powerful

(D) powerfully

ㅣ핵심 문법ㅣ more + 형용사 + 명사 + (than)

more	powerful	computers
부사	형용사	명사

해설   빈칸 뒤에 명사가 있기 때문에, 명사를 수식할 수 있는 (C) powerful이 정답이다.

해석   GQ 사의 프로그래머들은 고객들이 자신들의 웹 사이트와 앱들을 더 쉽게 사용할 수 있도록 하기 위해 더욱 강력한 컴퓨터가 필요하다.

어휘   easier a. 더 쉬운 customer n. 고객 powerful a. 강력한 powerfully ad. 강력하게

정답   (C)

ㅣ기출 확인ㅣ

• VIC Electronics manufactures more (reliable / reliably) appliances than S&G Electric Company.
  VIC 엘렉트로닉스 사는 S&G 전자 사보다 더 믿을 만한 가전제품들을 생산한다.

• Delphine Lip Gloss has a more (lastly / lasting) effect than most other comparable products on the market.
  델파니 립글로스는 시중에 나와 있는 대부분의 비슷한 다른 제품들보다 더 오래 지속되는 효과를 가지고 있다.

어휘   manufacture ~을 생산하다 reliable 믿을 만한 reliably 확실히 appliance 가전제품 lastly 마지막으로 lasting 지속되는 effect 효과 comparable 비슷한 product 제품

기출 문법 공식

027 | 부사 most 앞에 be동사가 있으면 형용사가 정답

부사 most 앞에 be동사가 있으면, be동사의 주격보어 역할을 할 수 있는 형용사가 와야 한다. most는 문장의 필수요소가 아니므로 most를 지운 후, 문장 완성을 위해 필요한 품사가 무엇인지 보면 답을 쉽게 고를 수 있다.

🎯 기출 들여다보기

The board members found Mrs. Ducker's proposal to eliminate unnecessary expenses within each department to be the most ------- among all submitted suggestions.

(A) persuade   (B) persuasive

(C) persuasion   (D) persuasively

| 핵심 문법 | be동사 + the most + 형용사

be the most persuasive

be동사   부사   형용사

해설   최상급 표현 the most 앞에 be동사가 있기 때문에, be동사의 주격보어 역할을 할 수 있는 형용사가 빈칸에 와야 한다. 그러므로 정답은 (B) persuasive이다.

해석   이사회 임원들은 각 부서 내에 불필요한 비용들을 없애자고 하는 더커 씨의 제안서가 제출된 모든 제안서들 중에서 가장 설득력 있다는 것을 발견했다.

어휘   **board member** n. 이사회 임원 **find** v. ~가 …하다는 것을 발견하다, 알아내다 **proposal** n. 제안 **eliminate** v. ~을 제거하다 **unnecessary** a. 불필요한 **expense** n. 비용 **within** prep. ~내에 **department** n. 부서 **among** prep. ~중에서 **submitted** a. 제출된 **suggestion** n. 제안 **persuade** v. ~을 설득하다 **persuasive** a. 설득력 있는 **persuasion** n. 설득 **persuasively** ad. 설득력 있게

정답   (B)

| 기출 확인 |

• The film made by VQ Agency is by far the most (innovative / innovatively) we have ever watched.
  VQ 소속사에 의해서 만들어진 영화는 우리가 봤던 것 중에서 단연코 가장 혁신적인 것이다.

  ☑ we have ever watched라는 관계대명사절 앞에 선행사 역할을 하는 one과 목적격 관계대명사 that이 생략되었다. 완전한 문장은 The film made by VQ agency is by far the most innovative one that we have ever watched.이다.

• While every AlphaTel cell phone plan offers good value for money, the Basic plan is the most (affordably / affordable).
  모든 알파텔 휴대폰 요금제가 합당한 가치를 제공하지만, 베이직 요금제가 가장 가격이 적당하다.

어휘   **innovative** 혁신적인 **innovatively** 혁신적으로 **while** ~하는 반면에, ~하는 동안 **offer** ~을 제공하다 **value** 가치 **affordably** 알맞게, 감당할 수 있게 **affordable** (가격이) 적당한, 감당할 수 있는

028 | 부사 most와 명사 사이에 빈칸이 있으면 형용사가 정답

명사를 수식할 수 있는 것은 형용사나 분사다. most를 지우고 난 후, 문장 완성을 위해 필요한 품사가 무엇인지 보면 답을 쉽게 고를 수 있다.

🎯 기출 들여다보기

This month's issue of TEK Magazine features the most ------- individuals in the field of software development and programming.

(A) influence

(B) influences

(C) influential

(D) influentially

| 핵심 문법 | the most + 형용사 + 명사

the most influential **individuals**

부사 형용사 명사

해설 빈칸 뒤에 명사가 있기 때문에, 명사를 수식할 수 있는 형용사 (C) influential이 정답이다.

해석 TEK 잡지사의 이번 달 호는 소프트웨어 개발과 프로그래밍 분야에 있어서 가장 영향력 있는 사람들을 특집으로 한다.

어휘 issue n. 호 feature v. ~을 특징으로 하다 individual n. 사람 field n. 분야 development n. 개발 influence v. ~에게 영향을 미치다 influential a. 영향력 있는 influentially ad. 영향력 있게

정답 (C)

| 기출 확인 |

• The Shiler 697 copy machine possesses the most (impressive / impressively) features of any copy machine on the market.

실러 697 복사기는 시중에 있는 복사기 중에서 가장 인상적인 특징들을 가지고 있다.

• Ms. Wilson from the Vancouver branch was recognized for developing the most (efficient / efficiently) Internet search engine.

벤쿠버 지사에 있는 윌슨 씨는 가장 효율적인 인터넷 검색 엔진을 개발한 것에 있어 인정을 받았다.

• According to the hiring committee at Erasmus Inc., Ms. Han is the most (qualified / qualify) candidate for the chief editor position.

에라스무스 주식회사의 고용 위원회에 따르면, 한 양이 편집장직에 가장 자격이 있는 후보자이다.

• Mr. Brown will assume the most (important / importantly) responsibilities while his manager is on vacation.

브라운 씨는 그의 부장이 휴가를 가 있는 동안 가장 중요한 책무들을 떠맡게 될 것이다.

어휘 possess ~을 가지다, 소유하다 impressive 인상적인 impressively 인상적으로 efficient 효율적인 efficiently 효율적으로 qualified 자격이 있는 qualify 자격을 얻다 candidate 후보자 important 중요한 importantly 중요하게

029 | 빈칸으로 시작하는 문장에서 주어와 be동사가 도치되어 있으면 과거분사가 정답

UNIT 02

형용사

주어와 be동사의 도치를 유발하는 단어는 주격보어 역할을 하는 형용사와 분사이며, be동사의 보어가 문두로 이동하면 주어와 be동사가 도치될 수 있다. 토익에서는 특히 attached, included, enclosed가 강조를 위해 문장 맨 앞에 오면서, 'be동사 + 주어'의 어순이 되는 형식이 많이 출제된다.

◎ 기출 들여다보기

------- is a report of Top Company's monthly spending for the past six months.

(A) Enclosed (B) Enclosure
(C) Enclose (D) Encloses

| 핵심 문법 | 과거분사(=주격보어) + (조동사) + be동사 + 주어

Enclosed is a report
과거분사(=주격보어) be동사   주어

도치 전 문장: A report of Top Company's monthly spending for the past six months is enclosed.

해설 | 빈칸 뒤에 주어와 be동사의 순서가 도치되어 있고, 선택지에 주격보어 역할을 할 수 있는 분사가 있다. 영어에서는 분사 형태의 주격보어가 문장 맨 앞에 오면 주어와 동사가 도치되므로 주격보어로 쓰일 수 있는 (A) Enclosed가 정답이다.

해석 | 동봉된 것은 탑 사의 지난 6개월 동안의 월간 지출 보고서이다.

어휘 | monthly a. 매월의, 한 달에 한 번의 spending n. 지출 past a. 지난 enclosed a. 동봉된 enclosure n. 동봉된 것 enclose v. ~을 동봉하다

정답 | (A)

| 기출 확인 |

• (Enclosure / **Enclosed**) are the results of the customer survey. 동봉된 것은 고객 설문 조사 결과이다.
  ☑ 도치 전 문장: The results of the customer survey are enclosed.

• (Inclusion / **Included**) will be a complimentary shuttle service and breakfast.
  포함된 것은 무료 셔틀 서비스와 아침식사이다.
  ☑ 도치 전 문장: A complimentary shuttle service and breakfast will be included.

어휘 | enclosure 동봉된 것 enclosed 동봉된 result 결과 customer survey 고객 설문 조사 inclusion 포함 included 포함된 complimentary 무료의

기출 공식 실전 테스트

| Part 5 |

1. Fantano Motors' new sedan has been tested in some of the world's most challenging environments to ensure its ------- driving performance.

(A) exception
(B) exceptional
(C) exceptionally
(D) exceptionality

2. The accounting manager believes that spending more on advertising is unlikely to prove ------- given the company's poor financial situation.

(A) effected
(B) effective
(C) effectively
(D) more effectively

3. As long as corporate cost burdens like the high minimum wage remain unaddressed, the effects of job incentives are ------- to be restricted.

(A) like
(B) likable
(C) likely
(D) likeness

4. In accordance with our policy here at Margate Medical Clinic, staff members keep all information pertaining to our patients ------- at all times.

(A) confiding
(B) confidently
(C) confidence
(D) confidential

5. For individuals who experience regular muscle cramps, daily exercise is considered ------- as part of a long-term treatment plan.

(A) help
(B) helpful
(C) helpfully
(D) helping

6. Scientific researchers ------- extensive knowledge of agricultural biotechnology are encouraged to apply for the vacant positions at Erdmann Pharmaceuticals.

(A) possess
(B) possessed
(C) possessing
(D) are possessing

7. The new version of the software ------- on Monday has been highly praised by consumers and technology reviewers alike.

(A) releases
(B) released
(C) releasing
(D) release

8. Since its formal launch on April 15, AJS Financial Consulting has experienced ------- demand for its services.

(A) overwhelms
(B) overwhelmed
(C) overwhelmingly
(D) overwhelming

9. The music festival organizers thanked the volunteers because they worked hard despite the hot weather and their ------- schedule.

(A) tired
(B) tires
(C) tiring
(D) tiredly

10. Some nutritionists are ------- that even though the new multivitamin has benefits for children's health, it contains several artificial additives.

(A) disappoint
(B) disappoints
(C) disappointed
(D) disappointing

11. At the press conference, the company announced that the price change was inevitable when ------- the increase in overall operating costs.

(A) consider
(B) considers
(C) considered
(D) considering

12. The mobile phone app developer believes that its new application, Travel Scout, will be as ------- as its previous ones.

(A) profits
(B) profitable
(C) profitably
(D) profitability

13. After much deliberation among the hiring committee members, Samuel Torrance was deemed more ------- than the other job candidates.

(A) suitability   (B) suits
(C) suitable   (D) suitably

14. In terms of cleaning performance, the technology Web site found the Gradion Swish 500 to be the most ------- among all washing machines currently on the market.

(A) effects   (B) effective
(C) effectiveness   (D) effectively

15. Roy Wells was selected by *Business Worldwide* magazine as one of the 15 most ------- entrepreneurs of the year at age 21.

(A) influence   (B) influencer
(C) influential   (D) influentially

16. ------- is the final blueprint for Sun Valley Shopping Mall, which includes minor modifications to the food court and rooftop garden.

(A) Attach   (B) Attaches
(C) To attach   (D) Attached

| Part 6 |

Questions 17-20 refer to the following advertisement.

Apricot Technologies is pleased to introduce Sola windows, a new line of smart windows for vehicles. Sola windows have a -------(17.) appearance and can be made to fit any car, van, or truck. -------(18.), their cutting-edge energy efficiency helps to maintain the ambient temperature of the vehicle. -------(19.). Using your cell phone, you can easily set Sola windows to internally display information such as a street map and a list of local stores and landmarks. Or maybe you would just like to -------(20.) better. Sola windows can be controlled to adjust the amount of light passing through, giving you a better view of your surroundings with no glare from the sun or the headlights of other vehicles.

17. (A) style   (B) stylish
     (C) stylist   (D) styling

18. (A) Despite this   (B) After all
     (C) For example   (D) In addition

19. (A) You should remember to roll up the windows when exiting the car.
(B) The launch date was pushed back to improve overall functionality.
(C) You can even receive details about the area you are traveling through.
(D) The windows have been strengthened after reports of minor cracks.

20. (A) steer   (B) see
     (C) accelerate   (D) learn

UNIT 03

부사

각 문법 공식을 학습하기 전, 기본 문법 사항을 익히도록 합니다.

POINT 1 부사의 역할

부사는 형용사/분사, 부사, 동사, 문장 전체를 수식할 수 있다. 또한, 수식어 역할을 하기 때문에 문장의 필수 요소가 아니므로 빈칸에 들어갈 단어를 생략해도 문장이 완벽하면 그 자리는 부사 자리임을 명심하자.

POINT 2 부사의 형태

부사는 주로 '형용사 + ly'의 형태를 갖지만 그렇지 않은 형태도 자주 출제되기 때문에 특별한 형태의 부사들은 반드시 암기해 두어야 한다.

-ly로 끝나는 부사	recently 최근에 finally 마침내 mainly 주로 easily 쉽게
-ly로 끝나지 않는 부사	almost 거의 still 여전히 then 그리고 나서, 그때 very 매우

POINT 3 부사의 종류

종류	용례		
시간	already 이미 now 지금 once 한때 soon 곧 yet 아직		
빈도	always 항상 often 종종 regularly 정기적으로 sometimes 때때로 usually 대개, 보통		
정도	considerably 상당히 extremely 매우 quite 꽤 very 매우		
부정	barely[hardly, rarely, scarcely, seldom] 거의 ~않는 never 절대 ~않는		
강조	원급 강조	just 딱, 꼭 so 정말 very 매우	
	비교급 강조	a lot, even, (by) far, much, still 훨씬	
	최상급 강조	(by) far 단연코 only 오지 가장 ~한 것만 so far[ever, yet] 지금껏 the very 단연, 정말로	

학습 날짜 ⁄ 학습 완료 ☐

030 ᴵ 형용사/분사 앞에 빈칸이 있으면 부사가 정답

부사는 명사를 제외한 형용사/분사, 동사, 부사, 구, 절 등을 수식할 수 있다. 특히 형용사나 분사를 앞에서 수식할 수 있는 품사는 부사이다.

🎯 기출 들여다보기

Kanishka Indian restaurant only uses ------- safe packaging containers.

(A) environmental   (B) environments

(C) environmentally   (D) environmentalists

|핵심 문법| 부사 + 형용사/분사

environmentally safe

부사   형용사

해설 형용사 앞 자리가 비어 있으므로 형용사를 앞에서 수식할 수 있는 부사 (C) environmentally가 정답이다.

해석 케니시카 인도 음식점은 오직 환경적으로 안전한 포장 용기들만 사용한다.

어휘 safe a. 안전한 packaging container n. 포장 용기 environmental a. 환경의 environment n. 환경 environmentally ad. 환경적
으로 environmentalist n. 환경 운동가

정답 (C)

|기출 확인|

• (exceptional / exceptionally) hard 유난히 열심히 하는
• is (universal / universally) recognizable 일반적으로 잘 알아볼 수 있다
• be (extreme / extremely) difficult 몹시 어렵다
• clients who are not (completely / complete) satisfied with our merchandise
   우리 상품에 완전히 만족하지 못한 고객들

어휘 exceptional 예외적인 exceptionally 유난히 universal 일반적인 universally 일반적으로 recognizable (잘) 알아볼 수 있는
extreme 극도의 extremely 몹시, 극도로 client 고객 completely 완전히 complete 완전한 satisfied 만족한 merchandise 상품

📌 고득점 비법 노트

☆ 형용사 앞에서 형용사의 상태, 정도를 나타내는 부사

almost 거의	highly 대단히, 매우
approximately 대략	nearly 거의
excessively[extremely] 극히, 몹시	quite 꽤
fairly 꽤, 상당히	very 매우
heavily 심히, 많이	too 너무

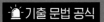 기출 문법 공식

학습 날짜 　/　　학습 완료 □

031 『(관사) + 형용사/분사 + 명사』로 구성된 명사구가 있는 완전한 문장에서 명사구 앞에 빈칸이 있으면 부사가 정답

『(관사) + 형용사/분사 + 명사』로 구성된 명사구가 있는 완전한 문장에서 명사구 앞에 빈칸이 있으면 문장 전체를 수식할 수 있는 부사가 정답이다.

◎ 기출 들여다보기

The book was ------- a complete success because it sold so well.

(A) clear　　　　　　　　　　(B) cleared

(C) clearing　　　　　　　　　(D) clearly

| 핵심 문법 | 주어 + 동사 + 부사 + 명사구[(관사) + 형용사/분사 + 명사]

The book was clearly a complete success

　　주어　　　동사　　부사　부정관사　형용사　　　명사

해설　빈칸 앞뒤를 보면 주어, 동사, 명사구 주격보어가 있는 완전한 문장이기 때문에 빈칸은 문장 전체를 수식할 부사 자리이므로 (D) clearly가 정답이다.

해석　그 책은 아주 잘 팔렸기 때문에 분명히 완전한 성공작이었다.

어휘　complete a. 완전한 success n. 성공(작) sell v. 팔리다, ~을 팔다 clear a. 명확한, 깨끗한 clearing n. 빈터 clearly ad. 분명히

정답　(D)

| 기출 확인 |

• Mr. Ford was (clear / clearly) an experienced technician. 포드 씨는 분명히 숙련된 기술자였다.

• Choosing a winner for the Employee of the Year was (understandably / understanding) a difficult decision.
올해의 사원 수상자를 고르는 것은 당연히 힘든 결정이었다.

어휘　clear 분명한 clearly 분명히 experienced 숙련된, 경험이 많은 technician 기술자 choose ~을 고르다 winner 수상자
the Employee of the Year 올해의 사원 understandably 당연히 understanding 이해하는 difficult 힘든, 어려운
decision 결정

032 ꞁ 주어와 동사 사이에 빈칸이 있으면 부사가 정답

동사를 앞에서 수식할 수 있는 품사는 부사이다. 주어와 동사 사이에 빈칸이 있다면 부사가 정답일 가능성이 매우 높다.

🎯 기출 들여다보기

The president of Max Investment Inc. ------- announced the cancelation of its plan to expand its operations in Taiwan.

(A) regret　　　　　　　　　　　(B) regretful

(C) regrets　　　　　　　　　　　(D) regretfully

ꞁ핵심 문법ꞁ 주어 + 부사 + 동사

The president of Max Investment Inc.	regretfully	announced
주어	부사	동사

해설　주어와 동사 사이에 빈칸이 있으므로 동사를 수식할 수 있는 (D) regretfully가 정답이다.

해석　맥스 투자 주식회사의 회장은 유감스럽게도 대만에서 영업을 확장하기로 한 계획이 취소되었다는 것을 발표했다.

어휘　**president** n. 회장　**announce** v. ~을 발표하다　**cancelation** n. 취소　**expand** v. ~을 확장하다　**operation** n. 영업　**regret** n. 후회 v. ~을 후회하다　**regretful** a. 유감스러운　**regretfully** ad. 유감스럽게도

정답　(D)

ꞁ기출 확인ꞁ

- and (kind / kindly) complete~　그리고 친절하게 ~을 작성했다
- Ms. Meyer (easily / easy) identified~　메이어 양은 ~을 쉽게 식별했다
- Mr. Swanson (wrong / wrongly) believed that~　스완슨 씨는 ~을 잘못 믿었다
- Stacey Clarkson (confidently / confident) defends~　스테이시 클락슨 씨는 ~을 자신 있게 변론한다

어휘　**complete** ~을 작성하다, 완결하다　**easily** 쉽게　**easy** 쉬운　**identify** 식별하다　**wrong** 잘못된　**wrongly** 잘못되게　**confidently** 자신 있게 **confident** 자신 있는

기출 문법 공식

033 | 1형식 자동사 뒤에 빈칸이 있으면 부사가 정답

1형식 자동사 뒤에 오는 전치사구나 to부정사구의 유무에 관계없이 동사를 뒤에서 수식할 수 있는 품사는 부사이다.

🎯 기출 들여다보기

The meeting for our prospective clients will begin ------- at 2:00 P.M. on Tuesday.

(A) precisely   (B) preciseness

(C) precise   (D) precision

| 핵심 문법 | 1형식 자동사 + 부사 + (전치사구/to부정사구)

begin precisely **at 2:00 P.M.**

자동사   부사   전치사구

해설 1형식 자동사 뒤에 빈칸이 있으므로 동사를 수식할 수 있는 (A) precisely가 정답이다.

해석 우리 잠재 고객들을 위한 회의가 정확히 화요일 오후 2시에 시작할 것이다.

어휘 prospective client n. 잠재 고객 precisely ad. 정확히 preciseness n. 명확함, 정밀성 precise a. 정확한 precision n. 정확, 정밀

정답 (A)

| 기출 확인 |

• **speak** (quite / quietly) 조용히 말하다
• **rose** (sharp / sharply) after the release of the album 앨범 출시 이후에 급격하게 증가했다
• **work** (collaborative / collaboratively) to meet~ ~을 충족시키기 위해 협력적으로 일하다

어휘 quietly 조용히 sharp a. 급격한, 날카로운 ad. 정각에 sharply 급격하게, 신랄하게 release 출시 collaborative 협력적인
collaboratively 협력적으로 meet ~을 충족하다

034 | be동사와 과거분사 사이에 빈칸이 있으면 부사가 정답

수동태 문장은 『be동사 + 과거분사』의 형태로 이뤄지며, 과거분사를 수식할 수 있는 품사는 부사이다. 따라서 be동사와 과거분사 사이에 자리가 비어 있으면 부사가 정답이다.

⊙ 기출 들여다보기

The director of public affairs announced that the recent advertising campaign was ------- received by consumers throughout the region.

(A) favor　　　　　　　　　　　　(B) favorable
(C) favorably　　　　　　　　　　(D) favoring

| 핵심 문법 | be동사 + 부사 + 과거분사

was favorably **received**
be동사　　부사　　　과거분사

해설　본 문장은 『be동사 + 과거분사』의 형태로 이루어져 있는 수동태 문장이다. be동사와 과거분사 사이에 빈칸이 있으므로 과거분사를 수식할 수 있는 (C) favorably가 정답이다.

해석　공무 이사는 최근의 광고 캠페인이 지역 전역에 있는 소비자들에게 호의적으로 받아들여졌다고 발표했다.

어휘　director n. 이사, 임원　public affairs n. 공무　announce v. ~을 발표하다, 알리다　recent a. 최근의　advertising campaign n. 광고 캠페인　receive v. ~을 받다　consumer n. 소비자　throughout prep. 전역에　region n. 지역　favor n. 호의 v. 호의를 베풀다　favorable a. 호의적인　favorably ad. 호의적으로

정답　(C)

| 기출 확인 |

• were (mistakable / **mistakenly**) billed　실수로 청구되었다
• is (**highly** / higher) regarded　높게 평가되다
• are (full / **fully**) restored　완전히 복구되다
• is (**conveniently** / convenient) located　편리하게 위치해 있다

어휘　mistakable 틀리기 쉬운, 오해받기 쉬운　mistakenly 실수로　highly 높게　full 가득찬　fully 완전히　restore ~을 복구하다, 복원하다　conveniently 편리하게　convenient 편리한　located 위치한

035 | 『be동사 + 과거분사』 뒤에 빈칸이 있으면 부사가 정답

과거분사를 수식할 수 있는 품사는 부사이다. be동사와 과거분사 사이에 빈칸이 있으면 부사가 정답이며, be동사와 과거분사 다음에 빈칸이 있어도 부사가 정답이다. 따라서 부사는 분사 앞에 올 수도 있고 분사 뒤에 올 수도 있음을 기억하고 있어야 한다.

🎯 기출 들여다보기

Our company promises that issues regarding our customers will be addressed -------.

(A) satisfactorily　　　　　　　　(B) satisfied

(C) satisfaction　　　　　　　　　(D) satisfactory

| 핵심 문법 | be동사 + 과거분사 + 부사

be addressed satisfactorily

be동사　과거분사　　　　부사

해설　수동태로 이루어진 be동사와 과거분사 뒤에 빈칸이 있으므로 과거분사를 수식할 수 있는 (A) satisfactorily가 정답이다. 부사는 분사 앞이나 뒤에 올 수도 있음을 기억하자.

해석　우리 회사는 우리 고객들에 관한 문제들이 만족스럽게 처리될 것이라고 약속한다.

어휘　promise v. ~을 약속하다 issue n. 문제, 쟁점 regarding prep. ~에 관한 customer n. 고객 address v. ~을 처리하다, 다루다 satisfactorily ad. 만족스럽게, 흡족하게 satisfied a. 만족한 satisfaction n. 만족, 흡족 satisfactory a. 만족스러운

정답　(A)

| 기출 확인 |

• is designed (specific / specifically) to~   ~하기 위해 특별히 디자인되다
• is sold (separately / separate) 따로 팔리다
• has been filled (incorrect / incorrectly) 잘못 기입되어졌다
• is placed (securely / secure) 안전하게 놓여지다

어휘　specific 특정한 specifically 특별히 separately 따로 separate 분리하다 fill ~을 기입하다 incorrect 부정확한 incorrectly 부정확하게 securely 안전하게 secure 안전한

036 | be동사와 현재분사 사이에 빈칸이 있으면 부사가 정답

현재분사를 수식할 수 있는 품사는 부사이다. be동사와 현재분사 사이에 빈칸이 있으면 부사가 정답이며, be동사와 현재분사 다음에 빈칸이 있어도 부사가 정답이다. 따라서 부사는 분사 앞에 올 수도 있고 분사 뒤에 올 수도 있음을 기억하고 있어야 한다.

◎ 기출 들여다보기

The safety inspector is ------- investigating the assembly line in the factory to find out the exact cause of the fire.

(A) current (B) currently
(C) currency (D) currencies

| 핵심 문법 | be동사 + 부사 + 현재분사

is currently investigating
be동사　　부사　　　　현재분사

해설　be동사와 현재분사 사이에 빈칸이 있으므로 현재분사를 수식할 수 있는 (B) currently가 정답이다. 부사는 분사 앞이나 뒤에 올 수도 있음을 기억하자.

해석　안전 검열관은 화재의 정확한 원인을 알아내기 위해 공장의 조립 라인을 현재 조사하고 있는 중이다.

어휘　safety n. 안전 inspector n. 검열관, 조사관 investigate v. ~을 조사하다 assembly line n. 조립 라인 factory n. 공장 find out v. ~을 알아내다 exact a. 정확한 cause n. 원인 v. ~을 초래하다 current a. 현재의 n. 흐름, 추세 currently ad. 현재 currency n. 통화

정답　(B)

| 기출 확인 |

• is (active / **actively**) seeking~　~을 적극적으로 찾고 있는 중이다
• is (**currently** / current) offering~　현재 ~을 제공하고 있는 중이다
• are (continual / **continually**) researching~　~을 계속 연구하고 있는 중이다
• are (**cautiously** / cautious) predicting~　~을 조심스럽게 예측 하고 있는 중이다

어휘　active 활동적인, 적극적인 actively 적극적으로 seek ~을 찾다, 구하다 currently 현재 current 현재의 offer ~을 제공하다 continual 끊임없는, 연속적인 continually 계속해서 research ~을 연구하다 cautiously 조심스럽게 cautious 조심스러운 predict ~을 예측하다

037 ｜ have[has]와 과거분사 사이에 빈칸이 있으면 부사가 정답

부사는 과거분사를 수식할 수 있는 품사이다. have[has]와 과거분사 사이에 빈칸이 있으면 부사가 정답이며, have[has]와 과거분사 다음에 빈칸이 나와도 부사가 정답이다. 단, 과거분사가 목적어를 갖는 타동사에서 파생됐을 경우에는, 『have[has] + 과거분사 + 목적어』 다음에 빈칸이 오면 부사가 정답이다.

🎯 기출 들여다보기

Korean consumers have ------- favored domestic companies over foreign competitors.

(A) increase   (B) increasingly

(C) increased   (D) increasing

| 핵심 문법 | 　have[has]　 + 부사 + 　과거분사　

---

have increasingly favored
　　　　　　부사　　　　과거분사

해설　현재완료 have와 과거분사 사이에 자리가 비어 있으므로 과거분사를 수식할 수 있는 (B) increasingly가 정답이다. 부사는 have[has]와 과거분사 사이나 『have[has] + 과거분사 + 목적어』 뒤에 올 수도 있음을 기억하자.

해석　한국 고객들은 외국 경쟁업체들보다 국내 기업들에 점점 더 호의를 보여왔다.

어휘　consumer n. 고객 favor v. 호의를 보이다 domestic a. 국내의 foreign a. 외국의 competitor n. 경쟁업체, 경쟁자 increase v. 증가하다 n. 증가 increasingly ad. 점점 더

정답　(B)

| 기출 확인 |

• have (recent / recently) negotiated~　최근에 ~을 협상했다
• has (repeatedly / repeat) warned that~　반복적으로 ~라고 경고해왔다
• have (traditionally / traditional) enjoyed~　~을 전통적으로 즐겨왔다

어휘　recent 최근의 recently 최근에 negotiate ~을 협상하다 repeatedly 반복적으로 repeat n. 반복 v. ~을 반복하다 warn ~에게 경고하다 traditionally 전통적으로 traditional 전통적인 enjoy ~을 즐기다

학습 날짜　　／　　　학습 완료 □

038 조동사와 동사 사이에 빈칸이 있으면 부사가 정답

동사를 앞에서 수식할 수 있는 품사는 부사이다. 또한 조동사(can, should, must, will, do, did, may 등)와 동사 사이에 있는 부사도 동사를 수식한다. 조동사 다음에는 동사원형이 와야 하지만, 조동사와 동사원형 사이에 빈칸이 있으면 부사가 정답이다.

🎯 기출 들여다보기

The views expressed are those of the author and do not ------- reflect those of the Galaxy publishing company.

(A) necessitate
(B) necessarily
(C) necessary
(D) necessity

|핵심 문법| 조동사 + 부사 + 동사

<u>do not</u> necessarily **reflect**

조동사　　부사　　동사

해설　조동사 do not 다음에는 동사원형이 와야 하지만, 조동사와 동사원형 사이에 빈칸이 있으므로 동사를 수식할 수 있는 (B) necessarily가 정답이다.

해석　표현된 견해들은 작가의 견해들이므로 갤럭시 출판사의 견해들을 반드시 반영하고 있지는 않다.

어휘　view n. 견해 express v. ~을 표현하다, 나타내다 author n. 작가, 저자 reflect v. ~을 반영하다 publishing company n. 출판사 necessitate v. ~을 필요로 하다 necessarily ad. 반드시, 꼭 필요하게 necessary a. 필요한 necessity n. 필요, 필수품

정답　(B)

|기출 확인|

• must (quick / quickly) find~　~을 빨리 찾아야 한다
• did not (accurately / accurate) reflect~　~을 정확하게 반영하지 않았다
• can (easy / easily) be repaired　쉽게 수리될 수 있다
• will not (generally / general) approve~　일반적으로 ~을 승인하지 않을 것이다

어휘　quick 빠른 quickly 빨리 accurately 정확하게 accurate 정확한 reflect ~을 반영하다 easy 쉬운 easily 쉽게 repair ~을 수리하다 generally 일반적으로 general 일반적인 approve ~을 승인하다

기출 문법 공식

039 | 부사 뒤에 빈칸이 있으면 부사가 정답

부사는 같은 품사인 부사를 뒤에서 수식할 수 있다. 또한 다른 부사[부사구, 부사절]를 수식할 수 있는 품사는 부사이다. 따라서 부사 뒤에 빈칸이 있으면 부사가 정답이다. 하지만, 주격보어 자리에 온 부사 뒤에 빈칸이 있으면 형용사가 정답이 될 수 있다.

◎ 기출 들여다보기

Marketing staff put together the customer survey results very -------.

(A) quickly　　　　　　　　　　(B) quicker

(C) quick　　　　　　　　　　　(D) quicken

| 핵심 문법 |　부사　+ 부사

---

very quickly
부사　　부사

해설　부사 뒤에 빈칸이 있으므로 부사를 수식할 수 있는 (A) quickly가 정답이다. 이 외에도, 부사는 부사구와 부사절도 수식할 수 있다.

해석　마케팅 직원들은 고객 설문 조사 결과를 아주 빠르게 취합했다.

어휘　 put together v. ~을 취합하다 customer survey n. 고객 설문 조사 quickly ad. 빠르게 quick a. 빠른 quicken v. ~을 빠르게 하다

정답　(A)

| 기출 확인 |

• meet only (occasional / occasionally) 가끔씩만 만난다
• so (exceptionally / exceptional) useful 대단히 예외적으로 유용한

어휘　occasional 가끔의 occasionally 가끔 exceptionally 예외적으로 exceptional 예외적인 useful 유용한

UNIT 03 부사

🔔 기출 문법 공식

040 | 전치사와 동명사 사이에 빈칸이 있으면 부사가 정답

동명사를 수식할 수 있는 품사는 부사이다. 그러므로 전치사의 목적어 역할을 하는 동명사가 있고, 전치사와 동명사 사이가 비어 있으면 부사가 정답이다.

🎯 기출 들여다보기

Mr. Eliot is known for ------- resolving disputes between employees.

(A) prompt   (B) prompter

(C) prompts   (D) promptly

| 핵심 문법 | 전치사 + 부사 + 동명사

for	promptly	resolving
전치사	부사	동명사

해설　전치사와 동명사 사이가 비어 있고, 전치사의 목적어 역할을 하는 동명사를 수식할 수 있는 (D) promptly가 정답이다.

해석　엘리엇 씨는 직원들 사이의 논쟁을 신속히 해결하는 것으로 잘 알려져 있다.

어휘　**be known for** v. ~로 잘 알려져 있다 **resolve** v. ~을 해결하다 **dispute** n. 논쟁 **between** prep. ~사이에 **employee** n. 직원 **prompt** a. 신속한 n. 자극 v. ~을 자극하다 **prompter** n. 격려자 **promptly** ad. 신속히, 지체없이

정답　(D)

| 기출 확인 |

• by (actively / active) addressing~　적극적으로 ~을 처리함으로써

• is recognized for (effective / effectively) managing~　효율적으로 ~을 관리하는 것으로 인정받다

• after (careful / carefully) interviewing~　~을 정성 들여 인터뷰한 후에

어휘　**actively** 적극적으로 **active** 적극적인 **address** ~을 처리하다 **be recognized for** ~로 인정받다 **effective** 효과적인 **effectively** 효과적으로 **manage** ~을 관리하다 **careful** 주의 깊은, 조심하는 **carefully** 정성 들여, 주의 깊게

041 | to부정사의 to와 동사원형 사이에 빈칸이 있으면 부사가 정답

to부정사의 동사를 수식할 수 있는 품사는 부사이다. to와 동사 사이에 빈칸이 있으면 부사가 정답이다.

🎯 기출 들여다보기

The operations manager promised to ------- check all the factory machines on a daily basis to prevent any unfortunate accidents.

(A) thorough
(B) thoroughness
(C) thoroughly
(D) thoroughfare

| 핵심 문법 | to + 부사 + 동사원형

<u>to</u> thoroughly <u>check</u>
부사　　　동사원형

해설 　to와 동사 사이에 빈칸이 있으므로 to부정사의 동사를 수식할 수 있는 (C) thoroughly가 정답이다.

해석 　운영 관리자는 불운한 사고는 어느 것이든 막기 위해 매일 모든 공장 기계들을 철저하게 점검할 것을 약속했다.

어휘 　**operations manager** n. 운영 관리자　**promise** v. ~을 약속하다　**check** v. ~을 점검하다　**factory** n. 공장　**machine** n. 기계
　　　on a daily basis 매일　**prevent** v. ~을 막다　**unfortunate** a. 불운한　**accident** n. 사고　**thorough** a. 철저한　**thoroughness**
　　　n. 철저함　**thoroughly** ad. 철저하게　**thoroughfare** n. 주요 도로, 간선 도로

정답 　(C)

| 기출 확인 |

• New measures were introduced **to** (precise / precisely) **regulate** harmful exhaust emissions.
　유해한 배기가스 배출물을 정확히 규제하기 위해 새로운 측정법이 도입되었다.

• The mayor promised **to** (strictly / strict) **implement** the new parking rules in the downtown area.
　시장은 시내 지역에서 새 주차 규정들을 엄격히 시행할 거라고 약속했다.

• Mr. Lowe referred to the user manual **to** (quick / quickly) **install** the video conferencing equipment.
　로웨 씨는 비디오 화상 회의 장비를 빨리 설치하기 위해 사용 설명서를 참고했다.

• A survey must be carried out **to** (adequately / adequate) **assess** the popularity of our new services.
　우리의 새로운 서비스들의 인기를 적절히 평가하기 위해 설문 조사가 행해져야 한다.

어휘 　**measure** 측정법　**introduce** ~을 도입하다　**precise** 정확한　**precisely** 정확히　**regulate** ~을 규제하다　**strictly** 엄격히　**strict** 엄격한
　　　implement ~을 시행하다　**downtown** 시내　**area** 지역, 구역　**refer to** ~을 참고하다　**user manual** 사용 설명서　**quick** 빠른　**quickly**
　　　빨리　**install** ~을 설치하다　**equipment** 장비　**survey** 설문 조사　**carry out** ~을 수행하다　**adequately** 적절히　**adequate** 적절한
　　　assess ~을 평가하다

UNIT 03 부사

042 | 빈칸 앞뒤로 완전한 문장이 있으면 빈칸은 부사가 정답

부사는 형용사/분사, 부사, 동사, 구, 절을 수식할 수 있으며, 수식어인 부사는 문장에 없어도 되는 구성요소이다. 따라서, 주어와 동사가 있는 완전한 문장에서 빈칸이 있으면 부사가 정답이다.

🎯 기출 들여다보기 1

The seminar date will be rescheduled for July 25 if the guest presenter is able to adjust his engagements -------.

(A) accorded　　　　　　　(B) accordingly

(C) accord　　　　　　　　(D) accords

| 핵심 문법 | 완전한 문장 + 부사

> ### the guest presenter is able to adjust his engagements accordingly
> 　　　　　　　　　완전한 문장　　　　　　　　　　　　　　　부사

해설 　빈칸 앞에 이미 주어와 동사가 있는 완전한 문장이 있으므로, 빈칸에는 문장 전체를 수식할 수 있는 (B) accordingly가 와야 한다.

해석 　초청 발표자가 그에 따라 약속을 조정할 수 있다면, 세미나 날짜는 7월 25일로 재조정될 것이다.

어휘 　reschedule v. 일정을 재조정하다　guest presenter n. 초청 발표자　be able to do v. ~할 수 있다　adjust v. ~을 조정하다 engagement n. 약속　accord v. 일치하다 n. 합의　accordingly ad. 그에 따라, 순차적으로

정답 　(B)

| 기출 확인 |

• all contracts should be read (**carefully** / careful)

　모든 계약서들은 주의 깊게 읽혀야 한다

• it is important to decline the offer (respectful / **respectfully**)

　제의를 정중히 거절하는 것은 중요하다

• We are pleased to inform you that your purchased item should arrive (**shortly** / short).

　저희는 당신이 구매한 물품이 곧 도착할 것이라는 것을 알리게 되어 기쁩니다.

• Newly hired employees are asked to review the employee manual (**thoroughly** / thorough).

　새로 고용된 직원들은 직원 수칙을 철저히 검토하도록 요구받는다.

어휘 　contract 계약서　carefully 주의 깊게　careful 주의 깊은, 조심하는　important 중요한　decline ~을 거절하다　offer n. 제의 v. ~을 제공하다　respectful 공손한　respectfully 정중히　be pleased to do ~하게 되어 기쁘다　inform ~을 알리다　purchased item 구매한 물품　shortly 곧　newly hired 새로 고용된　employee 직원　be asked to do ~하도록 요구받다　review ~을 검토하다　thoroughly 철저히　thorough 철저한

⏱ 기출 들여다보기 2

-------, PTL Ltd. decided to move the manufacturing plant in Tokyo to the new site in Osaka.

(A) Final   (B) Finalizing
(C) Finally   (D) Finalize

|핵심 문법| 부사 + 완전한 문장

> <u>Finally</u>, <u>PTL Ltd. decided to move the manufacturing plant in Tokyo</u> ~
>   부사   완전한 문장

해설   빈칸 뒤에 이미 주어와 동사가 있는 완전한 문장이 있으므로, 빈칸에는 문장 전체를 수식할 수 있는 (C) Finally가 정답이다.

해석   PTL 유한회사는 마침내 도쿄에 있는 제조 공장을 오사카에 있는 새로운 부지로 이전하기로 결정했다.

어휘   Ltd.(=Limited) n. 유한회사   decide v. ~을 결정하다   move v. 이전하다, 옮기다   manufacturing plant n. 제조 공장   site n. 부지
        final a. 마지막의   finally ad. 마침내   finalize v. ~을 완결하다, 마무리 짓다

정답   (C)

|기출 확인|

• (Late / **Lately**), Ms. Chan has been collaborating with her colleagues to meet the project deadline.
   챈 양은 프로젝트 마감일을 맞추기 위해 최근에 그녀의 동료들과 협업해왔다.

어휘   late 늦은   lately 최근에   collaborate with ~와 협업하다   colleague 동료   meet the deadline 마감일을 맞추다

📌 고득점 비법 노트

☆ 문장 전체를 수식하는 부사

apparently[obviously] 분명히, 명백히	luckily 운 좋게
astonishingly[surprisingly] 놀랍게도	perhaps[possibly, probably] 아마도
certainly[clearly, evidently] 확실히, 분명히, 명백히	regrettably[unfortunately] 유감스럽게도
fortunately 다행스럽게도	reportedly 전하는 바에 따르면
ideally 이상적으로	understandably 당연히, 이해할 수 있게

고득점 비법 노트

☆ '-ly'로 끝나지 않는 토익 빈출 부사

ago ~전에	also 또한	once 한 번, 한때
ahead 앞으로, 앞에, 미리	even 심지어	only 오직
almost 거의	just 이제 막, 단지	soon 곧
already 이미, 벌써	often 자주, 종종	still[yet] 여전히, 아직도

☆ 서로 다른 의미를 갖는 일반부사 vs. -ly로 끝나는 부사

일반부사		-ly로 끝나는 부사	
close 가까이	late 늦게	closely 면밀히	lately[recently] 최근에
free 무료로	most 가장	freely 자유롭게, 마음대로	mostly[generally] 대개는
great 아주 잘	near 가까이	greatly 크게, 매우	nearly[almost] 거의
hard 열심히, 세게	right 바르게, 바로	hardly 거의 ~하지 않다	rightly 정확하게, 정당하게
high 높게, 높이	sharp 정각에	highly 매우	sharply 급격히

☆ 형용사와 부사 모두로 쓰이는 단어들

	형용사	부사
close	가까운	가까이
early	이른	빨리, 일찍
enough	충분한	충분히 ♨ enough가 부사일 때는 형용사 뒤에 온다.
far	먼, 저쪽의	멀리, (비교급 강조) 훨씬
fast	빠른	빨리
hard	단단한, 어려운	열심히, 세게
high	높은	높게, 높이
last	지난, 마지막의	마지막에
late	늦은	늦게
loud	큰, 시끄러운	크게, 시끄럽게
low	낮은	낮게
most	최대의, 가장 많은	가장
only	유일한	오직
pretty	예쁜	꽤, 아주
straight	곧은, 똑바른	곧장, 곧바로
well	건강한, 좋은	잘

043 | as ~ as가 포함된 구 없이도 문장이 완전하면 as ~ as 사이에는 부사가 정답

원급 표현인 as ~ as가 포함된 구를 지웠을 때 문장이 완전하면, 부가적으로 사용되는 수식어인 부사가 와야 한다.

🎯 기출 들여다보기

All inquiries must be answered as ------- as possible to ensure that customers are fully satisfied with our service.

(A) quicker
(B) quicken
(C) quick
(D) quickly

| 핵심 문법 | 완전한 문장 + as 부사 as

All inquiries must be answered as quickly **as possible ~**
완전한 문장　　　　　　　　　　　부사

| 해설 | 원급 비교 표현인 as ~ as 사이에는 형용사 또는 부사가 들어갈 수 있는데, as ~ as를 포함한 구인 as ~ as possible을 지웠을 때 문장이 완전하므로 (D) quickly가 정답이다. |

| 해석 | 고객들이 우리 서비스에 완전히 만족하는 것을 확실히 하기 위해, 모든 질문들이 가능한 한 빨리 답해져야 한다. |

| 어휘 | inquiry n. 질문 ensure v. ~을 확실히 하다, 보장하다 customer n. 고객 fully ad. 완전히 be satisfied with v. ~에 만족하다 quicken v. ~을 빠르게 하다 quick a. 빠른 quickly ad. 빨리, 빠르게 |

| 정답 | (D) |

| 기출 확인 |

• The lids of the food containers must be sealed as (tightened / tightly) as possible.
음식 용기의 뚜껑들은 가능한 한 단단히 밀봉되어야 한다.

• The factory manager described the procedures for operating the machine as (safety / safely) as possible.
공장 책임자는 기계를 작동하는 것에 관한 절차를 가능한 한 안전하게 설명했다.

| 어휘 | container 용기 seal ~을 밀봉하다 tightly 단단히 factory 공장 describe ~을 설명하다 procedure 절차 operate ~을 작동하다 safety 안전 safely 안전하게 |

044 | more ~ than을 포함한 구 없이도 문장이 완전하면 more ~ than 사이에는 부사가 정답

비교급 표현 more ~ than을 포함한 구를 지웠을 때 문장이 완전하면, 부가적으로 사용되는 수식어인 부사가 정답이다.

🎯 기출 들여다보기

The advanced luggage carousel system will allow passengers to find their baggage more -------.

(A) quickly

(B) quick

(C) quicker

(D) quicken

|핵심 문법| 완전한 문장 + (비교급 강조 부사) + more + 부사 + (than)

The advanced ~ their baggage more quickly

완전한 문장   부사

해설   비교급 표현인 more ~ than 사이에는 형용사나 부사가 들어갈 수 있는데, more를 지웠을 때 문장이 완전하므로 부가적으로 사용될 수 있는 수식어인 부사 (A) quickly가 정답이다.

해석   선진 수하물 컨베이어 벨트 시스템은 승객들이 그들의 짐을 좀 더 빨리 찾을 수 있게 해줄 것이다.

어휘   advanced a. 선진의 luggage n. 수하물, 짐 carousel n. 수하물 컨베이어 벨트 allow v. ~가 …할 수 있게 해주다, ~가 …하는 것을 허용하다 passenger n. 승객 baggage n. 짐 quickly ad. 빨리, 빠르게 quick a. 빠른 quicken v. ~을 빠르게 하다

정답   (A)

|기출 확인|

- This year, Millar Inc. met its annual sales goals much more (**quickly** / quick) than ever before.
  이번 해에 밀러 주식회사는 그전보다 훨씬 더 빨리 연간 영업 목표를 달성했다.

- DZ Appliances' improved vacuum cleaner sucks up the smallest pieces of dust much more (easy / **easily**) than before.
  DZ 가전제품 사의 개선된 진공 청소기는 이전보다 훨씬 더 쉽게 가장 작은 먼지 조각들을 빨아들인다.

- Researchers used to get funding for scientific research much more (**easily** / easy) than they do now.
  연구원들은 그들이 지금 그런 것보다 훨씬 더 쉽게 과학 연구에 관한 자금을 받곤 했다.

- The SPX 7 printer prints out and scans documents more (**quickly** / quick) than other SPX models.
  SPX 7 프린터기는 다른 SPX 모델들 보다 문서들을 더 빨리 인쇄하고 스캔한다.

어휘   meet ~을 충족하다 annual 연간의, 일 년마다 한 번의 quickly 빨리 quick 빠른 appliance 가전제품 improved 개선된 vacuum cleaner 진공 청소기 easy 쉬운 easily 쉽게 researcher 연구원 funding 자금 research 연구

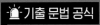

학습 날짜 　/　　학습 완료 □

045 ｜ 비교급 앞에 빈칸이 있으면 비교급 강조 부사 much[even, far, a lot, still] 중에 하나가 정답

비교급을 수식할 수 있는 부사로는 much, even, far, a lot, still 등이 있다. 따라서 비교급 앞에 빈칸이 있으면 비교급 강조 부사가 정답이다.

⏱ 기출 들여다보기

Many customers think that the finished products came out ------- better than they expected.

(A) more (B) a lot
(C) most (D) very

｜핵심 문법｜ 비교급 강조 부사 + 비교급

<u>a lot **better**</u>
비교급 강조 부사　　비교급

해설 빈칸 뒤에 비교급이 나와 있기 때문에 빈칸에는 비교급을 수식할 수 있는 비교급 강조 부사가 와야 하므로 (B) a lot이 정답이다. 이미 뒤에 비교급(better) 표현이 있으므로 (A) more는 답이 될 수 없다.

해석 많은 고객들은 완제품이 그들이 예상했던 것보다 훨씬 더 좋게 나왔다고 생각한다.

어휘 **customer** n. 고객 **finished product** n. 완제품 **come out** v. 나오다 **expected** a. 예상되는

정답 (B)

｜기출 확인｜

• The number of incentives this year was (very / much) larger than many staff members had anticipated.
이번 해에 인센티브를 받은 횟수는 많은 직원들이 예상했던 것보다 훨씬 더 많았다.

• Sales representatives expect the new promotional campaign will attract customers (more / much) faster than before.
영업 직원들은 새 판촉 캠페인이 이전보다 훨씬 빨리 고객들을 끌어들일 거라고 예상한다.

• The current exhibition at Latti Art Museum is (far / really) more exciting than those at other art museums.
라티 미술관에서 진행되는 현 전시회는 다른 미술관의 것들보다 훨씬 더 흥미진진하다.

• By exchanging products and services with various suppliers, business people earn (even / very) more from their business.
다양한 공급업자들과 제품 및 서비스를 교환함으로써, 사업가들은 그들의 사업으로부터 훨씬 더 많은 수입을 얻는다.

어휘 **much** 훨씬 **anticipate** ~을 예상하다 **representatives** 직원 **expect** ~을 예상하다 **promotional campaign** 판촉 캠페인 **attract** ~을 끌어들이다 **customer** 고객 **current** 현재의 **exhibition** 전시회 **far** 훨씬 **exciting** 흥미진진한, 신나는, 흥분하게 하는 **exchange** ~을 교환하다 **various** 다양한 **supplier** 공급업자 **even** 훨씬

046 | most를 포함한 구 없이도 문장이 완전하면 부사가 정답

최상급 표현인 most를 포함한 구를 지웠을 때 문장이 완전하면, 수식어인 부사가 와야 한다.

기출 들여다보기

D&D Corporation designs Web sites most ------- when it is given full artistic control by the client.

(A) create
(B) creative
(C) creation
(D) creatively

| 핵심 문법 | 완전한 문장 + most + 부사

> **D&D Corporation designs Web sites** most **creatively**
> 완전한 문장　　　　　　　　　　　　　　　　　부사

| 해설 | 최상급 표현이 들어간 구인 most와 빈칸을 지웠을 때 문장이 완전하므로, 수식어인 부사 (D) creatively가 정답이다.
| 해석 | D&D 사는 고객으로부터 완전한 예술적인 통제력이 주어졌을 때, 웹 사이트들을 가장 창의적으로 만든다.
| 어휘 | **full** a. 완전한 **artistic** a. 예술적인 **control** n. 통제력, 제어력 **client** n. 고객 **create** v. ~을 만들다 **creative** a. 창의적인 **creation** n. 창조 **creatively** ad. 창의적으로
| 정답 | (D)

| 기출 확인 |

- The running shoes made by Pegasus Sports are known most (**widely** / wide) for their durability.
  페가수스 스포츠 사에 의해 만들어진 러닝화는 내구성으로 가장 널리 알려져 있다.

- This project plan addresses our needs most (eloquent / **eloquently**) while also meeting our customer's needs.
  이 프로젝트 계획은 우리 고객들의 요구들을 충족하면서도, 우리의 요구들도 가장 분명하게 다룬다.

- Losing our customers' trust is most (probable / **probably**) the cause of our sudden decrease in profits.
  우리 고객들의 신뢰를 잃은 것이 아마도 우리 이익의 급격한 감소의 원인일 것이다.

  ✓ 괄호 앞의 be동사 때문에 be동사의 주격 보어 역할을 할 수 있는 형용사(probable)가 빈칸에 와야 할 것 같지만, 빈칸 뒤에 보어 역할을 할 수 있는 명사가 이미 있기 때문에 보어 역할을 하는 또 다른 단어가 올 수 없다. 또한, 최상급 most를 포함한 구인 most와 빈칸을 지워도 문장이 완전하기 때문에 부가적으로 사용될 수 있는 부사 probably가 와야 한다.

  | 어휘 | **widely** 널리 **wide** 넓은 **address** ~을 다루다 **eloquent** 유창한, 표현이 풍부한 **eloquently** 분명하게, 능변으로 **while** ~하는 동안 **customer** 고객 **probable** 있음직한 **probably** 아마도

기출 문법 공식

047 | most와 형용사/분사 사이에 빈칸이 있으면 부사가 정답

형용사나 분사를 수식할 수 있는 것은 부사이다. 따라서, 최상급 표현 (the) most와 형용사/분사 사이에 빈칸이 있으면 형용사와 분사를 수식할 수 있는 부사가 정답이다.

◎ 기출 들여다보기

Bernard's Automotive Store is the most ------- known mechanic shop in southern Florida because of its outstanding customer service.

(A) wide   (B) widely

(C) widest   (D) widen

| 핵심 문법 | the **most** + 부사 + **형용사/분사** + 명사

the most widely known mechanic shop
　　　　　　　　부사　　　과거분사　　　　명사

해설　빈칸 뒤에 뒤에 나온 명사(mechanic shop)를 수식하는 과거분사 known이 있으므로 분사를 수식할 수 있는 부사 (B) widely가 정답이다.

해석　버나드의 자동차 정비소는 뛰어난 고객 서비스 때문에 플로리다 남쪽 지역에서 가장 널리 알려진 정비소이다.

어휘　mechanic shop n. 정비소　southern a. 남쪽의　because of prep. ~때문에　outstanding a. 뛰어난　customer service n. 고객 서비스　wide a. 넓은　widely ad. 널리　widen v. ~을 넓히다

정답　(B)

| 기출 확인 |

• The new air conditioner launched by CQ Appliances is the most (environmentally / environment) safe product among all comparable products on the market.
CQ 가전제품 사에 의해 출시된 새 에어컨은 시중에 나와 있는 모든 비슷한 상품들 중에서 가장 환경적으로 안전한 제품이다.

• The new series of skin care products produced by Laural Cosmetics was the most (heavily / heavy) researched product line within the company.
로랄 화장품 사에 의해 만들어진 새 스킨 케어 제품 시리즈는 그 회사에서 가장 많이 연구된 제품군이었다.

• After being involved in community volunteer work for decades, AlTek Corporation became one of the most (widely / wide) respected enterprises in America.
수십 년간 지역 봉사활동에 참여해온 이후로, 알텍 사는 미국에서 가장 널리 존경받는 기업들 중에 하나가 되었다.

어휘　launch ~을 출시하다　environmentally 환경적으로　environment 환경　safe 안전한　comparable 비슷한, 비교할 만한　heavily 많이, 심하게　research v. ~을 연구하다 n. 연구　line (제품) 군, 종류　involve ~에 참여하다　widely 널리　wide 넓은　respected 존경받는　enterprise 기업

048 the와 최상급 사이에 빈칸이 있으면 very가 정답

the very는 최상급을 수식할 수 있는 강조 부사이다. 최상급 강조 부사로는 the very, only, by far 등이 있다. 따라서, 정관사 the와 최상급 사이에 빈칸이 있으면 최상급 강조 부사의 일부인 very가 정답이다.

🎯 기출 들여다보기

Eugene Lee, the founder of Eugene Guitars, has been using the ------- best quality of wood to make his famous guitars since the company's start.

(A) very　　　　　　　　　　　(B) most

(C) much　　　　　　　　　　　(D) more

|핵심 문법| the very + 최상급

the very best
최상급

해설 | 정관사 the와 함께 최상급 강조 부사를 구성하여 정관사 the와 최상급 사이에 올 수 있는 부사는 very밖에 없으므로 (A) very가 정답이다.

해석 | 유진 기타 사의 창업자인 이유진 씨는 회사 시작 이래로 그의 유명한 기타를 만들기 위해서 단연 가장 품질이 좋은 나무를 사용해 왔다.

어휘 | founder n. 창업자　quality of wood 품질이 좋은 목재　famous a. 유명한　since prep. ~이래로　the very 단연, 정말로

정답 | (A)

|기출 확인|

• Kick Start Gym recently installed the (very / much) latest exercise equipment to attract more clients.
킥 스타트 헬스장은 더 많은 고객들을 유치하기 위해, 최근에 가장 신식의 운동 장비들을 설치했다.

• Estar Corporation, one of the (very / much) best cosmetic companies in the world, announced that it will open a branch in Vietnam next year.
전 세계에서 가장 최고의 화장품 회사들 중 하나인 에스타 사는 내년에 베트남에 지사를 개설할 것이라고 발표했다.

어휘 | recently 최근에　install ~을 설치하다　the very 단연, 정말로　equipment 장비　attract ~을 유치하다, 끌어들이다　client 고객　announce ~을 발표하다　branch 지사

🔆 기출 문법 공식

049 | 문장 맨 앞에 빈칸이 있고 주어와 동사가 도치되어 있으면 부정어가 정답

UNIT 03 부사

부정어는 문두에 왔을 때 주어와 동사의 도치를 유발하기 때문에 Hardly, Scarcely, Rarely, Seldom 등의 부정어가 문두에 오면 주어와 동사가 도치된다. 그래서 주어와 동사의 어순이 도치된 문장에서 빈칸이 문두에 있으면, 부사나 부사구 형태의 부정어가 정답이다. 이 때 동사가 일반동사일 경우, 『부정어 + do/does/did + 주어 + 동사원형』의 형태가 된다는 것에 주의하자.

🎯 기출 들여다보기

------- ever do celebrities appear in the public places, but if they do, people try to get their autographs.

(A) Usually (B) Hardly

(C) Therefore (D) Finally

| 핵심 문법 | 부정어 + 동사 + 주어

Hardly ever do celebrities appear ~
부정어 부사 조동사 주어 동사원형

일반 어순: Celebrities hardly ever appear ~

해설 빈칸 뒤에 조동사 do가 나오고 주어가 그 뒤에 있는 것으로 보아 주어와 동사가 도치된 문장임을 알 수 있다. 선택지에서 도치 구문을 이끄는 부사는 부정어 밖에 없으므로 (B) Hardly가 정답이다.

해석 유명인들은 거의 공공장소에 나타나지 않지만, 그들이 그런다면 사람들은 그들의 사인을 받으려고 한다.

어휘 celebrity n. 유명인 appear v. 나타나다 public space n. 공공장소 try to do v. ~하려고 하다 autograph n. 사인 usually ad. 대개 hardly ad. 거의 ~않는 therefore ad. 그러므로 finally ad. 마침내

정답 (B)

| 기출 확인 |

• (Ever / Seldom) have the economic conditions been better for buying a property.
땅을 사기에는 경제 상황이 거의 호전되지 않아왔다.

• (Not only / In addition) did Mr. Kwang submit the proposal for the charity banquet, but also he organized the event.
광 씨는 자선 연회에 대한 제안서를 제출했을 뿐만 아니라, 그 행사도 준비했다.

• (No sooner / Any sooner) was the machine fixed than factory production resumed.
그 기계가 고쳐지자마자, 공장 생산이 재개되었다.

어휘 seldom ~거의 ~않는 economic condition 경제 상황 property 땅, 재산 not only A but also B: A 뿐만 아니라 B도 in addition 게다가 submit ~을 제출하다 proposal 제안(서) charity banquet 자선 연회 organize ~을 준비하다, 조직하다 no sooner than ~하자마자 …하다 factory 공장 resume 재개되다

📌 고득점 비법 노트

☆ 문두에서 도치를 일으키는 부정어

barely[hardly, rarely, scarcely, seldom], little, neither, never, no sooner ~than, nor, not only

기출 문법 공식

050 | 빈칸 뒤의 주어와 동사가 도치되어 있으면 so가 정답

so가 '~도 역시'라는 의미의 부사로 사용되면서 문장이나 절의 맨 앞에 올 때, 주어와 동사의 도치를 유발한다. 주어와 동사가 도치되면, 동사가 일반 동사일 때『so + 조동사/be동사 + 주어』의 어순이 된다는 것을 기억하자.

◎ 기출 들여다보기

Most of the directors agreed to sponsor the local orphanages, and ------- did the employees of the company.

(A) also   (B) so

(C) they   (D) and

| 핵심 문법 | so + 조동사 / be동사 + 주어

---

so did the employees of the company.
　　조동사　　　　　　　　주어

일반 어순: the employees of the company did too.

해설 　빈칸 뒤가『조동사 + 주어』의 어순으로 주어와 동사가 도치되어 있으므로, 도치 구문을 이끌 수 있는 (B) so가 정답이다. did는 앞 문장의 agreed를 다시 쓰는 것을 피하기 위해 조동사로 사용되었다.

해석 　대부분의 이사들이 지역의 고아원들을 후원하는 것에 동의했고, 회사의 직원들도 역시 그랬다.

어휘 　**director** n. 이사 　**agree** v. 동의하다 　**sponsor** v. ~을 후원하다 　**local** a. 지역의 　**orphanage** n. 고아원 　**employee** n. 직원

정답 　(B)

| 기출 확인 |

• The XP 89 printer manufactured by HV Electronics met the government's quality requirements, and (same / **so**) did the newly released XP 90 model.

　HV 엘렉트로닉스 사에 의해 제조된 XP 89 프린터기는 정부의 품질 요구 사항들을 충족했고, 새로 출시된 XP 90 모델도 역시 그랬다.

어휘 　**manufacture** ~을 제조하다 　**meet** ~을 충족하다 　**quality** 품질 　**requirement** 요구 사항 　**newly released** 새로 출시된

고득점 비법 노트

☆ 주의해야 할 부사의 용법

1. 다음 부사는 뒤에 반드시 원급 형태의 형용사나 부사가 와야 한다.

so[very] 매우   quite 꽤   relatively 상대적으로   extremely 극도로   too 지나치게

The music is quite (loud / louder).
음악 소리가 꽤 크다.
☑ quite 다음에는 반드시 원급 형태의 형용사나 부사가 와야 하므로 원급 형용사인 loud가 정답이다.

The prices have risen (dramatically / extremely).
가격이 극도로 상승했다.
☑ 부사가 들어갈 자리 바로 뒤에 원급 형태의 형용사나 부사가 없으면 부사 extremely를 사용할 수 없다.

2. much는 원급 형태의 형용사나 부사를 수식할 수 없다.

The luggage is (much / very) heavy.
그 짐은 매우 무겁다.

The luggage is much heavier than the allowed weight.
그 짐은 허용된 무게보다 훨씬 더 무겁다.
☑ much는 비교급 형태의 형용사나 부사를 수식한다.

☆ 증가/확장, 감소, 변화의 의미를 나타내는 동사와 같이 쓰이는 토익 빈출 부사

considerably 상당히	expand 확장되다 grow[increase] 증가하다 reduce 감소하다 rise 오르다, 증가하다
dramatically 극적으로	change 변화하다 increase 증가하다 rise 오르다, 증가하다
drastically 과감하게	reduce 감소하다 rise 오르다, 증가하다
gradually 점진적으로	replace 대체하다
noticeably 눈에 띄게	increase 증가하다
rapidly 빠르게, 급속하게	grow 증가하다 replace 대체하다
significantly 현저하게	change 변화하다 reduce 감소하다
slightly 조금씩	rise 오르다, 증가하다
steadily 꾸준히	decrease 감소하다 grow 증가하다
substantially 상당히	expand 확장되다 increase 증가하다

| Part 5 |

1. Martenz Inc. is looking for ------- enrolled college students who are interested in participating in its summer internship program.

   (A) currentness (B) current
   (C) currently   (D) currency

2. Vanilla Hills Coffee was ------- the most successful product in Clutch Brewers' range.

   (A) seem   (B) seeming
   (C) seemingly   (D) seemed

3. The foreign outsourcing of manual labor can increase domestic unemployment and ------- affect the national economy.

   (A) adversary   (B) adverse
   (C) adversely   (D) adversity

4. Goldberg Real Estate's Web site is ------- updated to reflect changes to local property listings.

   (A) frequent   (B) frequents
   (C) frequently   (D) frequency

5. The problems our customers have faced when using our Web store will be dealt with ------- by the head of the IT team.

   (A) directly   (B) direction
   (C) direct   (D) directed

6. For more information regarding tour packages at Globe Travel, customers can ------- visit its Web site.

   (A) convenient   (B) convenience
   (C) conveniences (D) conveniently

7. As an experienced economist, Edwina Salisbury is skilled in ------- predicting trends in consumer needs and spending.

   (A) accuracies   (B) accuracy
   (C) accurate   (D) accurately

8. Financial advisors at the main branch of Pentland Bank often provide solutions to ------- assist the owners of startup companies.

   (A) effect   (B) effective
   (C) effectively (D) effectiveness

9. During the meeting between trade union officials and Robston Inc. directors, both sides raised their concerns about the issue of overtime pay -------.

   (A) respectfully (B) respected
   (C) respecting   (D) respectful

10. Along with other companies, our firm will work as ------- as possible in order to adhere to the new waste disposal regulations.

    (A) hardy   (B) harder
    (C) hardest   (D) hard

11. Some of the banks in London responded to news of the impending recession more ------- than others by lowering interest rates on mortgage loans.

    (A) prompt   (B) promptness
    (C) promptly   (D) prompting

12. ITA Group, which produces ------- more merchandise than any other furniture manufacturer, is a New York-based company.

    (A) most   (B) much
    (C) very   (D) really

13. Somphob Kongwan is the most ------- regarded tailor in all of Bangkok due to his exceptional skill and competitive rates.

    (A) height   (B) highly
    (C) highest   (D) higher

14. Attendees claimed that the volleyball tournament, which took place in Brazil, was the ------- best ever held.

(A) more　　　　(B) most
(C) very　　　　(D) much

15. ------- can customers receive a full refund for returned products that have been removed from their original packaging.

(A) Seldom　　　(B) Apparently
(C) Recently　　(D) Certainly

16. The CL 297 vacuum cleaner made by RG Electronics won an award for its advanced features, and ------- did the CL 298 model.

(A) too　　　　(B) also
(C) so　　　　(D) as well

| Part 6 |

Questions 17-20 refer to the following e-mail.

To: Andrew Nisbet <anisbet@merrick.com>
From: Oliver Boyle <oboyle@merrick.com>
Date: Monday, December 2
Subject: Garage viewing
Attachment: Available_cars

Well done on your recent hiring to Merrick Corporation's headquarters in Seattle. As the assistant manager of personnel, I'll be helping you to settle in during your first week here. -------. I am sorry
　　　　　　　　　　　　　　　　　　　　　　　　　　　17.
that a car was not ready for you when you arrived this morning. I will be available to take you down to the company garage at 3 P.M. so that you'll be able to view your options -------. In the meantime, I've
　　　　　　　　　　　　　　　　　　　　　　　　　　　　　　　　　18.
attached a list of our cars, including some pictures. Remember to bring your company ------- with
　　　　　　　　　　　　　　　　　　　　　　　　　　　　　　　　　19.
you when we go down to the garage later today. I ------- you again after lunch to let you know where
　　　　　　　　　　　　　　　　　20.
to meet me before going downstairs. Enjoy the rest of your morning!

Regards,

Oliver Boyle
Assistant Personnel Manager

17. (A) As you noted, it is difficult to find a parking space nearby.
(B) I'm sure you will have a very comfortable journey.
(C) I heard that you'll be needing a company vehicle.
(D) We are currently looking for new drivers for our clients.

18. (A) then　　　　(B) when
(C) where　　　(D) during

19. (A) preference　　(B) application
(C) identification　(D) department

20. (A) would have contacted
(B) had contacted
(C) must have contacted
(D) will contact

UNIT 04

동사

기본 문법 사항 각 문법 공식을 학습하기 전, 기본 문법 사항을 익히도록 합니다.

POINT 1 동사의 역할

동사는 뒤에 따라오는 문장 성분을 결정지으며, 문장의 의미에도 영향을 준다. 문장에는 반드시 동사가 있어야 하고 크게 조동사, be동사, 그리고 일반동사로 구분되며 일반동사는 그 특징에 따라서 1형식에서 5형식 동사로 구분된다. 토익에서는 동사가 문장의 종류를 결정하는 데 중요한 단서가 된다는 것을 명심하자.

POINT 2 동사의 종류

종류	특징	용례
조동사	조동사 + 동사원형	can / could / be able to
		will / would / be going to
		should / must / have to / ought to
		may / might
		do / does / did
be동사	· be동사 + 주격보어(명사/형용사) · be동사 + 전치사구	be am / is / are was / were been / being
일반동사	자동사	1형식 동사: 주어 + 동사 2형식 동사: 주어 + 동사 + 주격보어(명사/형용사)
	타동사	3형식 동사: 주어 + 동사 + 목적어 4형식 동사: 주어 + 동사 + 간접목적어 + 직접목적어 5형식 동사: 주어 + 동사 + 목적어 + 목적격보어(명사/형용사)

051 ᅵ 문장에 동사가 없으면 동사가 정답

명령문과 감탄문을 제외하고는 주어와 동사가 있어야 하나의 완전한 절(문장)이 된다. 따라서 수식어를 제외했을 때, 문장에 동사가 없다면 빈칸에는 동사가 와야 한다. 일반적으로 한 문장에는 반드시 하나의 주어와 하나의 동사가 있어야 한다.

⏱ 기출 들여다보기

KS Electronics ------- quickly by offering customers replacements for their defective washing machines.

(A) responsive

(B) to respond

(C) response

(D) responded

| 핵심 문법 | 동사 자리

KS Electronics	responded
주어	동사

해설　주어가 나와 있는데 문장 안에 동사가 없는 구조이다. 문장에는 반드시 하나의 동사가 있어야 하므로 동사 (D) responded가 정답이다.

해석　KS 엘렉트로닉스 사는 고객들에게 결함이 있는 세탁기의 교체품을 제공함으로써 빠르게 대응했다.

어휘　quickly ad. 빠르게　offer v. ~을 제공하다　customer n. 고객　replacement n. 교체(품), 대체(품)　defective a. 결함이 있는　washing machine n. 세탁기　responsive a. 즉각 대응하는　response n. 대답, 응답　respond v. 대답하다, 답장을 보내다

정답　(D)

| 기출 확인 |

• Our online services (allowing / allow) you to subscribe to our daily news.
　우리의 온라인 서비스는 당신이 우리의 일간 뉴스를 구독할 수 있게 해준다.

• Belvie Motors (specializes / specialty) in car manufacturing.
　벨비 모터스 사는 자동차 제조업을 전문으로 한다.

• Workers at Larson Fabrics (agreeing / have agreed) to work overtime.
　랄슨 페브릭스 사의 직원들은 초과 근무를 하는 것에 동의해왔다.

• Steve Bezos (analyzes / analyzing) data from the Research Department.
　스티브 베조스 씨는 연구부에서 온 데이터를 분석한다.

어휘　allow ~을 할 수 있게 하다　subscribe to ~을 구독하다　specialize ~을 전문으로 하다　specialty 전문, 특가품　manufacturing 제조업　agree ~에 동의하다　analyze ~을 분석하다　department 부서

052 | 빈칸이 동사 자리이고 빈칸 뒤에 전치사가 있으면 1형식 자동사가 정답

자동사는 목적어를 바로 취할 수 없는 동사이고, 목적어가 필요하다면 전치사를 써서 목적어를 취할 수 있다. 동사 중 전치사를 바로 뒤에 가질 수 있는 동사는 1형식 자동사이다.

◎ 기출 들여다보기

Unless lenders ------- with the tightened regulations, they will face a fine of up to $5,000.

(A) amend
(B) follow
(C) comply
(D) satisfy

|핵심 문법| 1형식 자동사 + 전치사

comply **with**

1형식 자동사   전치사

해설 │ 빈칸이 동사 자리이고 바로 뒤에 전치사가 있으므로 1형식 자동사 (C) comply가 정답이다.

해석 │ 대출기관들이 엄격한 규정들을 준수하지 않는다면, 최대 5천 달러까지의 벌금형에 처하게 될 것이다.

어휘 │ unless conj. ~하지 않는다면 lender n. 대출기관 tightened a. 엄격한, 빡빡한 regulation n. 규정 face v. ~을 직면하다 fine n. 벌금 up to ~까지 amend v. (법 등)을 개정하다 follow v. ~을 뒤따르다 comply with v. (법 등을) 준수하다, 따르다 satisfy v. ~을 만족시키다

정답 │ (C)

|기출 확인|

• (inform / communicate) with your colleagues 동료들과 소통하다
• (adhere / utilize) to this schedule 이 일정을 고수하다
• (replaces / coincides) with national holidays 국경일과 우연히 일치하다
• (collaborate / employ) with five professionals 다섯 명의 전문가들과 협력하다

어휘 │ inform ~을 …에게 알리다 communicate with ~와 소통하다 colleague 동료 adhere to ~을 고수하다 utilize ~을 이용하다 replace ~을 대체하다 coincide with ~와 우연히 일치하다 collaborate with ~와 협력하다 employ ~을 고용하다 professional 전문가

고득점 비법 노트

☆ 토익 빈출 1형식 자동사

arise 발생하다	exist 존재하다	proceed 진행되다
arrive 도착하다	expire 만료되다	rise 상승하다
begin[start] 시작되다(자동사) cf. ~을 시작하다(타동사)	function 작동하다	run 달리다(자동사) cf. ~을 작동하다(타동사)
behave 행동하다	go 가다	serve 일하다(자동사) cf. ~을 제공하다(타동사)
come 오다	happen 발생하다	shop 쇼핑하다
commute 통근하다	last 지속되다	stay 머무르다
differ 다르다	leave 떠나다(자동사) cf. ~을 남기다(타동사)	travel 여행하다
evolve 발달하다	occur 발생하다	work 일하다 ☑ 자동사, 타동사 모두로 쓰이지만 토익에서는 주로 자동사로 출제된다.

☆ 타동사 역할을 하는 토익 빈출 '자동사 + 전치사'

agree on[to, with] ~에 동의하다	inquire about ~에 대해 문의하다
account for ~을 설명하다, 차지하다	interfere with ~을 방해하다
adhere to ~을 고수하다	listen to ~을 듣다
appeal to ~에 호소하다	live in ~에 살다
belong to ~에 속하다	look for ~을 찾다
coincide with ~와 우연히 일치하다	look into ~을 조사하다
collaborate on ~에 대해 협력하다	merge with ~와 합병하다
collaborate[cooperate] with ~와 협력하다	object to ~에 반대하다
communicate[interact] with ~와 소통하다	participate in ~에 참가하다
conform to ~에 따르다	react to ~에 반응하다
compete with[against] ~와 경쟁하다	refer to ~을 참고하다
comply with ~을 따르다, 준수하다	reply[respond] to ~에 답하다
consist of ~로 구성되다	result from ~로부터 기인하다
deal with ~을 다루다	result in ~을 초래하다
depend[rely, count] on ~에 의존하다	revert to ~로 돌아가다
differ from ~와 다르다	specialize in ~을 전문으로 하다
emerge as ~로서 떠오르다	subscribe to ~을 구독하다
experiment with[on] ~을 실험하다	talk to[with] ~와 이야기하다

053 | 빈칸이 동사 자리이고 뒤에 명사가 있으면 3형식 타동사가 정답

목적어를 취할 수 있는 동사를 타동사라고 칭하며, 3형식 문장은 『주어 + 동사 + 목적어』의 문장 구조를 갖는다. 하나의 목적어를 취하는 동사는 3형식 타동사이기 때문에, 빈칸이 동사 자리인데 목적어 자리에 한 개의 명사만 있으면 3형식 타동사가 정답이다.

🎯 기출 들여다보기

YGG Company hopes to ------- more customers in Southeast Asia and promote awareness of its brand overseas.

(A) arrive
(B) attract
(C) result
(D) arise

| 핵심 문법 | 3형식 타동사 + 명사(=목적어)

attract more customers
3형식 타동사　　　명사(=목적어)

해설 빈칸 뒤에 명사 하나가 목적어로 나와 있으므로 하나의 명사를 목적어로 취하는 3형식 타동사 (B) attract가 정답이다. 선택지의 나머지 단어들은 모두 자동사이다.

해석 YGG 사는 남동 아시아에서 더 많은 고객을 유치하고 해외에서 회사의 브랜드 인지도를 홍보할 수 있기를 바란다.

어휘 customer n. 고객 promote v. ~을 홍보하다, 승진시키다 awareness n. 인지도, 인식 overseas ad. 해외로 a. 해외의 arrive v. ~에 도착하다 attract v. ~을 끌어들이다 result v. ~의 결과로 되다 arise v. 발생하다

정답 (B)

| 기출 확인 |

• (looks / oversees) construction projects
  건설 프로젝트들을 감독하다

• (reached / resulted) an agreement
  동의에 도달하다

• (looked / welcomed) new interns last spring
  지난 봄에 신입 인턴들을 따뜻하게 맞이했다

어휘 oversee ~을 감독하다 construction 건설 reach ~에 도달하다 result ~의 결과로 되다 agreement 동의 welcome ~을 따뜻하게 맞이하다

☆ 토익 빈출 3형식 타동사

1. 명사를 목적어로 취하는 3형식 동사

access[approach] ~에 접근하다		inspect ~을 점검하다	
attract ~을 끌다, 유인하다		install ~을 설치하다	
attend ~에 참석하다		organize ~을 조직하다, 계획하다	
check ~을 확인하다		raise ~을 올리다	
disclose ~을 공개하다	**+ 명사**	reach ~에 도달하다	**+ 명사**
discuss ~을 논의하다		recruit ~을 모집하다	
examine[review] ~을 검토하다		reject ~을 거절하다	
exceed ~을 초과하다		resemble ~와 닮다	
implement ~을 시행하다		visit ~을 방문하다	

2. to부정사를 목적어로 취하는 3형식 동사

ask ~하는 것을 요구하다		need ~하는 것을 필요로 하다	
decide ~하는 것을 결정하다		plan ~하는 것을 계획하다	
expect ~하는 것을 기대하다		pretend ~하는 체하다	
fail ~하는 것을 실패하다	**+ to부정사**	refuse ~하는 것을 거부하다	**+ to부정사**
hesitate ~하는 것을 망설이다		strive ~하도록 노력하다	
hope[wish] ~하는 것을 바라다		tend ~하는 경향이 있다	
intend ~하는 것을 의도하다		want ~하는 것을 원하다	

3. 동명사를 목적어로 취하는 3형식 동사

avoid[escape] ~하는 것을 피하다		finish ~하는 것을 마치다	
consider ~하는 것을 고려하다	**+ 동명사**	postpone ~하는 것을 미루다	**+ 동명사**
deny ~하는 것을 부인하다	**(-ing)**	quit ~하는 것을 그만두다	**(-ing)**
enjoy ~하는 것을 즐기다		stop ~하는 것을 멈추다	

4. to부정사와 동명사 모두를 목적어로 취하는 3형식 동사

begin ~하는 것을 시작하다	**+ to부정사**	like[love] ~하는 것을 좋아하다	**+ to부정사**
continue ~하는 것을 계속하다	**또는**	prefer ~하는 것을 선호하다	**또는**
forget ~하는 것을 잊어버리다	**+ 동명사**	remember ~하는 것을 기억하다	**+ 동명사**
hate ~하는 것을 싫어하다	**(-ing)**	start ~하는 것을 시작하다	**(-ing)**

기출 문법 공식

054 | 빈칸이 동사 자리이고 뒤에 목적어 두 개가 있으면 4형식 동사가 정답

4형식 문장은 『주어 + 동사 + 간접목적어 + 직접목적어』의 문장 구조를 가지며, 간접목적어는 '~에게', 간접목적어는 '~을/를'이라는 뜻으로 해석된다. 목적어 두 개(간접목적어, 직접목적어)를 취할 수 있는 동사는 4형식 동사이기 때문에, 빈칸이 동사 자리이고 뒤에 목적어 두 개가 있으면 4형식 동사가 정답이다.

🎯 기출 들여다보기

This business opportunity could ------- us a chance to further develop our organization.

(A) insist

(B) inform

(C) suggest

(D) give

|핵심 문법| 4형식 동사 + 간접목적어 + 직접목적어 / 4형식 동사 + 직접목적어 + 전치사 + 간접목적어

give us a chance
4형식 동사 간접목적어 직접목적어

해설 목적어 두 개를 취하는 동사는 4형식 동사이므로 (D) give가 정답이다.

해석 이 사업 기회는 우리 조직을 더 발전시킬 수 있는 기회를 우리에게 줄 수 있다.

어휘 opportunity n. 기회 chance n. 기회 further ad. 더, 게다가 a. 추가의 develop v. ~을 발전시키다, 개발하다 organization n. 조직 insist v. ~을 주장하다 inform v. ~에게 …을 알리다 suggest v. ~을 제안하다

정답 (D)

|기출 확인|

• (offered / relocated) Mr. Kimura a job in Seattle 키무라 씨에게 시애틀에 있는 일자리를 제공했다

• should (place / show) their tickets to the usher 안내원에게 그들의 티켓을 보여줘야 한다

• (measure / charge) consulting service fees for all customers 모든 고객들에게 상담 서비스 요금을 지불하다

• (issued / performed) vendor permits to local businesses participating in the fair
박람회에 참여하는 지역 사업체에게 판매업체 허가서를 발행했다

어휘 offer ~을 제공하다 relocate ~을 재배치하다, 이동하다 place ~을 놓다 show ~을 보여주다 measure ~을 측정하다 charge ~에게 …을 청구하다 consulting 상담 customer 고객 issue ~을 발행하다 perform ~을 수행하다 vendor 판매업체 permit 허가(서) participate in ~에 참여하다 fair 박람회

📌 고득점 비법 노트

☆ 토익 빈출 4형식 동사

assign ~에게 …을 할당하다	grant ~에게 …을 승인하다	send ~에게 …을 보내다
award ~에게 …을 수여하다	guarantee ~에게 …을 보장하다	show ~에게 …을 보여주다
charge ~에게 …을 청구하다	issue ~에게 …을 발행하다	teach ~에게 …을 가르치다
give ~에게 …을 주다	offer ~에게 …을 제공하다	tell ~에게 …을 말해주다

UNIT 04 동사

학습 날짜 ___/___ 학습 완료 □

055 | 목적격보어 자리에 to부정사가 있으면 5형식 동사가 정답

5형식 문장은 『주어 + 동사 + 목적어 + 목적격보어』의 문장 구조를 갖는다. 목적격보어는 목적어를 보충 설명하며 이 자리에는 명사, 형용사, 동사원형, to부정사가 올 수 있다. 그렇기 때문에, 목적격보어 자리에 to부정사가 있으면 to부정사를 목적격보어로 취하는 5형식 동사가 정답이다.

⊙ 기출 들여다보기

The brand new detergent ------- customers to wash their goose down bedding easily at home.

(A) provides
(B) commands
(C) utilizes
(D) enables

|핵심 문법| 5형식 동사 + 명사(=목적어) + to부정사(=목적격보어)

enables	customers	to wash
5형식 동사	명사(=목적어)	to부정사(=목적격보어)

해설 목적격보어 자리에 to부정사가 있으므로 to부정사를 목적격보어로 취할 수 있는 5형식 동사 (D) enables가 정답이다.

해석 그 신제품 세제는 고객들이 집에서 그들의 거위 털 침구를 쉽게 세탁할 수 있게 해준다.

어휘 **brand new** a. 신품의, 완전 새 것인 **detergent** n. 세제 **customer** n. 고객 **goose down** n. 거위 털 **bedding** n. 침구 **easily** ad. 쉽게 **provide** v. ~을 제공하다 **command** v. ~을 명령하다, 지시하다 **utilize** v. ~을 활용하다 **enable** v. ~을 할 수 있게 하다

정답 (D)

|기출 확인|

• (covered / **required**) all visitors to bring their photo identification
  모든 방문객들에게 그들의 사진이 있는 신분증을 가지고 오라고 요구했다

• (**enable** / become) employees to work more productively
  직원들이 더욱 생산적으로 일하는 것을 가능하게 해준다

어휘 **cover** ~을 덮다, 다루다, 포함하다 **require** ~에게 …하는 것을 요구하다 **visitor** 방문객 **bring** ~을 가지고 오다 **photo identification** 사진이 있는 신분증 **enable** ~가 …할 수 있게 하다 **become** ~이 되다 **employee** 직원 **productively** 생산적으로

고득점 비법 노트

☆ **토익 빈출 5형식 동사** : 목적격보어 자리에 to부정사를 보여주고 5형식 동사를 고르는 문제나, 목적격보어로 to부정사를 취하는 동사를 보여주고 목적격보어 자리에 to부정사를 고르는 문제로 출제된다.

1. to부정사를 목적격보어로 취하는 5형식 동사

allow ~가 …하는 것을 허락하다		
ask ~에게 …할 것을 요구하다		
enable ~가 …할 수 있게 하다		
expect ~가 …하는 것을 기대하다	+ 명사(=목적어)	+ to부정사(=목적격보어)
inspire ~가 …하도록 격려하다		
remind ~가 …하도록 상기시키다		
require ~에게 …하는 것을 요구하다		
tell ~에게 …하라고 말하다		

2. 동사원형을 목적격보어로 취하는 5형식 동사

· 지각동사

hear[listen to] ~가 …하는 것을 듣다	+ 명사(=목적어)	+ 동사원형(=목적격보어)
look at[see, watch] ~가 …하는 것을 보다		

· 사역동사

have[help, let, make] ~가 …을 하게 하다	+ 명사(=목적어)	+ 동사원형(=목적격보어)

3. to부정사 또는 동사원형을 목적격보어로 취하는 5형식 동사

주어 + help + 명사(=목적어) + to부정사/동사원형(=목적격보어)

4. 명사를 목적격보어로 취하는 5형식 동사

appoint[name] ~을 …로 임명하다		
call ~을 …라고 부르다	+ 명사(=목적어)	+ 명사(=목적격보어)
make ~을 …한 상태로 만들다		

5. 형용사를 목적격보어로 취하는 5형식 동사

find ~이 …하다는 것을 알다		
keep ~을 …한 상태로 유지하다	+ 명사(=목적어)	+ 형용사(=목적격보어)
leave ~을 …한 상태로 두다		

6. 명사와 형용사 모두를 목적격보어로 취하는 5형식 동사

consider[deem, regard] ~을 …로 간주하다 ~을 …하다고 간주하다	+ 명사(=목적어)	+ 명사/형용사(=목적격보어)

056 조동사 뒤에 빈칸이 있으면 동사원형이 정답

do, does, did, should, must, will, may 등과 같은 조동사 뒤에는 반드시 동사원형이 와야 한다. 따라서 조동사 뒤에 빈칸이 있으면 동사원형이 정답이다.

🎯 기출 들여다보기

Every new employee must ------- three months of probation.

(A) completes   (B) complete

(C) completion   (D) completed

| 핵심 문법 | 조동사 + 동사원형

> **must** complete
> 조동사   동사원형

해설 조동사 뒤에는 반드시 동사원형이 와야 하므로 (B) complete이 정답이다.

해석 모든 신입 사원들은 3개월의 수습기간을 끝내야 한다.

어휘 employee n. 사원 probation n. 수습, 보호관찰 complete v. ~을 끝내다, 기입하다 a. 완벽한 completion n. 완료

정답 (B)

| 기출 확인 |

- business people should (understanding / understand)~ 사업가들은 ~을 이해해야 한다
- humidity can (damages / damage)~ 습도는 ~을 손상시킬 수 있다
- Miller Inc. is able to (negotiate / negotiating)~ 밀러 주식회사는 ~을 협상할 수 있다
- so that Ms. Moon can (focus / focusing) on~ 문 양이 ~에 집중할 수 있도록

어휘 understand ~을 이해하다 damage ~을 손상시키다 be able to do ~을 할 수 있다 negotiate ~을 협상하다 so that ~할 수 있도록 focus on ~에 집중하다

📌 고득점 비법 노트

☆ 토익 빈출 조동사

토익 시험에서 조동사의 의미는 출제되지 않는다.

가능/능력	can / could / be able to
의무	must / should / have to / ought to
미래	will / be going to
허가/추측	may / might
의문문/부정문/강조	do / does / did

057 please 뒤에 빈칸이 있으면 동사원형이 정답

명령문은 You 라는 주어가 생략되어 동사원형으로 시작되는 문장이며, please 다음에 빈칸이 있으면 반드시 동사원형이 와야 한다.

🎯 기출 들여다보기

For more information, please ------- through our company's brochure.

(A) readership   (B) reader

(C) reads   (D) read

| 핵심 문법 | please + 동사원형

> **please** read
> 동사원형

해설   명령문을 나타내는 please 뒤에는 반드시 동사원형이 와야 하므로 동사원형인 (D) read가 정답이다.

해석   더 많은 정보를 얻기를 원하시면, 저희 회사의 책자를 꼼꼼히 읽으세요.

어휘   information n. 정보 brochure n. 책자 readership n. 독자수 reader n. 독자 read through v. ~을 꼼꼼히 읽다

정답   (D)

| 기출 확인 |

• **Please** (**forward** / forwarding) all of Ms. Clarkson's calls to my office.
  클락슨 양에게 온 모든 전화를 제 사무실로 전달해주세요.

• **Please** (**monitor** / monitors) the risks closely.
  위험사항들을 면밀히 감시하세요.

• **Please** (welcomed / **welcome**) Ms. Seo, the new researcher.
  신임 연구원 서 양을 따뜻하게 맞이해 주세요.

• **Please** (**distribute** / distributed) the pamphlets to prospective clients.
  책자들을 잠재 고객들에게 나눠 주세요.

어휘   forward ~을 전달하다 monitor ~을 감시하다 risk 위험사항 closely 면밀히, 가까이 welcome ~을 따뜻하게 맞이하다 researcher
      연구원 distribute ~을 나눠주다 pamphlet 책자 prospective client 잠재 고객

| Part 5 |

1. Ace Sportswear Inc.'s reputation ------- rapidly after launching an online viral marketing campaign featuring several popular athletes.

   (A) grown
   (B) to grow
   (C) growth
   (D) grew

2. The CFO of Brainard Holdings ------- immediately due to allegations of financial misconduct.

   (A) resignation
   (B) resigning
   (C) will resign
   (D) to resign

3. More and more Koreans ------- to Australia nowadays due to the introduction of several new low-cost airlines.

   (A) reach
   (B) visit
   (C) travel
   (D) discuss

4. Unless child car seats ------- to government safety standards, they will not be deemed fit for sale.

   (A) view
   (B) require
   (C) conform
   (D) design

5. Over the next two weeks, the research team at Eastern Bank will ------- changes in exchange rates carefully.

   (A) appear
   (B) result
   (C) review
   (D) listen

6. *The Journal of American Dentistry* ------- premium subscribers unlimited access to the publication's online archive of articles and research papers.

   (A) contacts
   (B) attracts
   (C) offers
   (D) enables

7. Sales representatives at BYT Inc. ------- customers to buy the Altiva Plus 2 instead of the previous model, because it has more features and is only slightly more expensive.

   (A) talk
   (B) make
   (C) present
   (D) encourage

8. Many vendors at the farmers' market ------- shoppers to sample their goods free of charge before making a purchase.

   (A) sell
   (B) agree
   (C) talk
   (D) allow

9. Before prescribing new medications to patients, doctors should ------- the potential side effects.

   (A) to understand
   (B) understand
   (C) understanding
   (D) are understood

10. To obtain additional information on the vacation policy, please ------- to the employee handbook.

    (A) are referring
    (B) referred
    (C) to refer
    (D) refer

| Part 6 |

Questions 11-14 refer to the following notice.

Notice to Residents of Coventry Town

The Coventry Utilities Department (CUD) will be carrying out urgent maintenance on the town's power lines and pylons in order to replace parts and perform necessary repairs. The work is scheduled for next Wednesday, September 6, from 6 A.M. to 11 A.M. -------. In addition, for a few hours after the
11.
power is fully restored, you might notice minor power surges, particularly some occasional flickering in some lightbulbs. This is ------- and should give you no reason to be alarmed. Residents should
12.
------- any lightbulbs that continue to flicker for prolonged periods of time. The CUD will issue another
13.
reminder ------- the next phase of power line maintenance, which is scheduled to occur in November.
14.

---

11. (A) Some parts may take longer to reach you due to delivery delays.
    (B) During this time, your electricity supply may be disrupted.
    (C) Our office will resume regular business hours on Thursday.
    (D) Instead, our technicians will arrive at the site next week.

13. (A) removing   (B) removed
    (C) removes   (D) remove

12. (A) normal   (B) careful
    (C) sudden   (D) general

14. (A) among   (B) until
    (C) from   (D) before

UNIT
05

대명사

각 문법 공식을 학습하기 전, 기본 문법 사항을 익히도록 합니다.

POINT 1 대명사의 역할

대명사의 가장 기본적인 속성은 앞에서 언급된 명사를 다시 지칭할 때, 똑같은 단어의 반복적인 사용을 피하기 위해 사용한다. 대명사 문제를 풀 때는, 앞에서 언급된 명사가 단수인지 복수인지와 성별이 여성인지 남성인지 등을 확인하는 것이 중요하다. 또한, 토익에서는 문장에서 대명사의 위치가 대명사의 종류 즉, 격을 결정하는데 중요한 단서가 된다는 것을 명심하자.

POINT 2 인칭 대명사와 재귀 대명사의 종류

수	인칭	주격	소유격	목적격	소유 대명사 (소유격 + 명사)	재귀 대명사
단수	1인칭	I	my	me	mine	myself
	2인칭	you	your	you	yours	yourself
	3인칭	she	her	her	hers	herself
		he	his	him	his	himself
		it	its	it	X	itself
복수	1인칭	we	our	us	ours	ourselves
	2인칭	you	your	you	yours	yourselves
	3인칭	they	their	them	theirs	themselves

POINT 3 지시 대명사

수	종류	용례
단수	this, that	This(That) is an important project. 이것(저것)은 중요한 프로젝트이다.
복수	these, those	These(Those) are urgent requests. 이것들(저것들)은 긴급한 요청 사항들이다.

POINT 4 부정 대명사

수	종류	용례
단수	one, another, the other	If you need a map, you can find one at the front desk. 만약 지도가 필요하시면, 프론트 데스크에서 찾으실 수 있습니다. Another is in the main office. 또 다른 것은 본사에 있다. The other was in the branch office. 나머지는 지사에 있었다.
복수	ones, others, the others	The safety glasses are the same ones we used yesterday. 그 보호 안경은 우리가 어제 사용했던 것들과 같은 것들이다. Others are to be changed. 다른 것들은 변경될 것이다. The others were sent on Monday. 나머지 것들은 월요일에 발송되었다.

✍ another는 이미 언급된 것과 같은 종류의 또 다른 하나를 가리킬 때, the other는 정해진 것 중 남은 하나를 가리킬 때, others는 이미 언급된 것 이외의 것들 중 몇몇을 가리킬 때, 그리고 the others는 정해진 것 중 남은 전부를 가리킬 때 쓰인다.

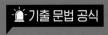

058 주어 자리에 빈칸이 있으면 주격 대명사가 정답

학습 날짜 / 학습 완료 ☐

인칭 대명사는 사람을 대신하는 대명사이다. 선택지에 대명사가 있고 주어 자리가 비어 있으면 주격 대명사가 와야 한다.

🎯 기출 들여다보기

Mr. Jones, the vice president, will assist with the orientation for new employees, because ------- agreed to serve as a mentor.

(A) he

(B) his

(C) him

(D) himself

│핵심 문법│ 주격 대명사(=주어) + 동사

> **because he agreed**
> 주격 대명사   동사
> (=주어)

해설 │ 접속사 because가 이끄는 절의 주어 자리가 비어 있으므로 주격 대명사 (A) he가 정답이다.

해석 │ 부사장 존스 씨는 멘토 역할을 할 것이라고 동의했기 때문에 신입 사원들을 위한 오리엔테이션을 도와줄 것이다.

어휘 │ vice president n. 부사장 assist v. 돕다 orientation n. 오리엔테이션, 예비 교육 employee n. 사원 agree v. 동의하다 serve as v.~의 역할을 하다 mentor n. 멘토

정답 │ (A)

│기출 확인│

• (they / **them**) found it convenient to use 그들은 그것이 사용하기 편리하다고 생각했다
• (our / **we**) are continually upgrading our service 우리는 계속해서 서비스를 개선시키는 중이다
• (**he** / him) needs to compile all the statistics 그는 모든 통계 자료들을 집계해야 한다
• when (**she** / her) is on vacation 그녀가 휴가 중일 때

어휘 │ find ~이 …하다고 생각하다 convenient 편리한 continually 계속해서 upgrade ~을 개선시키다 compile ~을 집계하다, 편집하다 on vacation 휴가 중인

114 시원스쿨 토익 기출 문법 공식 119

059 | 명사 앞에 빈칸이 있으면 소유격 대명사가 정답

선택지에 대명사가 있고 빈칸이 명사 앞에 있으면 소유격 대명사가 와야 한다.

기출 들여다보기

In an effort to drastically reduce expenditure, several companies might have to lose ------- most experienced workers.

(A) theirs   (B) them
(C) their   (D) they

| 핵심 문법 | 소유격 대명사 + 명사

their most experienced workers
소유격 대명사   명사

해설 | 명사 앞 자리가 비어 있으므로 소유격 대명사 (C) their가 정답이다.

해석 | 과감하게 지출을 줄이기 위한 노력으로, 몇몇 회사들은 그들의 가장 노련한 직원들을 잃어야 할지도 모른다.

어휘 | in an effort to do ~하기 위한 노력으로 drastically ad. 과감하게, 철저히 reduce v. ~을 줄이다 expenditure n. 지출 several a. 몇몇 lose v. ~을 잃어버리다 experienced a. 노련한, 경험이 있는

정답 | (C)

| 기출 확인 |

• renewed (him / his) subscription 그의 구독을 갱신하다
• rely on (their / theirs) co-workers 그들의 동료들에게 의존하다
• (her / she) experience in the marketing field 마케팅 분야에서의 그녀의 경험
• and Denison Corporation is (our / we) partner company 그리고 데니슨 사는 우리의 파트너사이다

어휘 | renew ~을 갱신하다 subscription 구독 rely on ~에 의존하다 co-worker 동료 experience 경험 field 분야

UNIT 05
대명사

기출 문법 공식

060 목적어 자리에 빈칸이 있으면 목적격 대명사가 정답

선택지에 대명사가 있고 빈칸이 목적어 자리에 있으면 목적격 대명사가 정답이다.

⊙ 기출 들여다보기

The members of the committee assured Mr. Graves that they would notify ------- once an interview date had been set.

(A) he   (B) him

(C) himself   (D) his

| **핵심 문법** | 타동사/전치사 + 　목적격 대명사(=목적어)

notify him

타동사 　목적격 대명사
(=목적어)

해설 　타동사의 목적어 자리가 비어 있으므로 목적격 대명사 (B) him이 정답이다.

해석 　위원회 회원들은 그레이브스 씨에게 일단 인터뷰 날짜가 정해지면 그에게 통보할 것이라고 확언했다.

어휘 　committee n. 위원회 assure v. ~임을 확언하다, 확인하다 notify v. ~을 통보하다, 알리다 once conj. 일단 ~하면 set v. ~을 정하다, 설정하다

정답 　(B)

| 기출 확인 |

- If you have further questions, please send (them / their) to Maxine McCoy.
  만약 추가 질문이 있으시면, 그것들을 맥신 멕코이 씨에게 보내주세요.

- There are many companies that can help (your / you) with international deliveries.
  국제 배송에 있어 당신을 도와줄 수 있는 회사가 많이 있다.

- Your contact information must be on file with (our / us) so that we can contact you about jobs.
  우리가 일자리에 관해 당신에게 연락할 수 있도록, 당신의 연락처 정보가 우리 파일에 있어야 합니다.

어휘 　send ~을 보내다 international delivery 국제 배송 contact information 연락처 정보 contact ~에게 연락하다

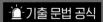

061 │ 빈칸에 『소유격 + 명사』의 의미를 가진 단어가 필요하면 소유 대명사가 정답

소유 대명사는 '소유격 + 명사'의 의미를 지닌 대명사이다. '소유격 + 명사'를 한 단어로 나타낸 것이며 일반적으로 주어, 목적어, 주격보어 자리에 온다.

기출 들여다보기

Ms. Ralston has asked to borrow Mr. Herring's laptop because ------- is being repaired.

(A) she   (B) her

(C) herself   (D) hers

│핵심 문법│ 소유 대명사 자리

because hers is

접속사　소유　동사
　　　　대명사

해설 　빈칸은 주어 자리이므로 당연히 주격 대명사가 와야 할 것 같지만, 내용상 '그녀의 노트북'이라는 '소유격 + 명사'의 의미를 가진 단어가
　　　들어가야 하므로 소유 대명사 (D) hers가 정답이다.

해석 　랄스톤 양은 그녀의 노트북 컴퓨터가 수리되고 있기 때문에 헤링스 씨의 노트북을 빌리는 것을 부탁해왔다.

어휘 　 ask v. ~을 …에게 부탁하다　borrow v. ~을 빌리다　laptop n. 노트북 컴퓨터　because conj. ~때문에　repair v. ~을 수리하다

정답 　(D)

│기출 확인│

• those shopping bags are not (his / him)
　그 쇼핑백들은 그의 것이 아니다

• In metropolitan areas like (ours / us), real estate investors are eager to~
　우리 지역과 같은 대도시 지역들에서, 부동산 투자자들은 ~하기를 간절히 원한다

• Most tablet PCs used by our clients are not (theirs / they) but are rented from~
　우리 고객들에 의해 사용되는 대부분의 태블릿 피시들은 그들의 것이 아니라 ~로부터 빌려진 것들이다

• Mr. Peterson submitted his annual budget report but Ms. Sion did not submit (hers / she) yet.
　피터슨 씨는 그의 연간 예산 보고서를 제출했지만, 시온 씨는 그녀의 것을 아직 제출하지 않았다.

어휘 　 area 지역　real estate 부동산　investor 투자자　be eager to do ~하기를 간절히 원하다　client 고객　rent ~을 빌리다　submit
　　　 ~을 제출하다　annual 연간의, 일 년에 한 번의　budget 예산　yet 아직

062 | 목적어 자리에 주어와 같은 대상을 지칭하는 단어가 와야 하면 재귀 대명사가 정답

주어와 목적어가 같은 대상이면 목적어 자리에 재귀 대명사가 온다.

◎ 기출 들여다보기

At the end of the urgent meeting, I found ------- confused by all of the data that was presented.

(A) myself　　　　　　　　　　(B) me

(C) my　　　　　　　　　　　　(D) I

| 핵심 문법 | 주어 + 타동사 + 재귀 대명사(=목적어)

I found myself
주어　타동사　재귀 대명사
(=목적어)

해설 빈칸은 타동사 found의 목적어 자리이며 지칭할 수 있는 단어가 주어 I와 같은 대상이므로 재귀 대명사 (A) myself가 정답이다.

해석 긴급회의가 끝나갈 쯤에, 나는 제시된 모든 데이터에 의해 혼란스러워진 나 자신을 발견했다.

어휘 **at the end of** ~이 끝나갈 쯤에 **urgent** a. 긴급한 **find** v. ~가 …하다는 것을 발견하다, 알게 되다 **confused** a. 혼란스러워진 **present** v. ~을 제시하다, 보여주다

정답 (A)

| 기출 확인 |

• Ms. Smith won (her / **herself**) a good reputation.
　스미스 양은 그녀 스스로에게 좋은 평판을 주었다.

• Mr. Larsen needs to familiarize (him / **himself**) with the new policy.
　랄슨 씨는 그 스스로를 새로운 정책에 익숙해지게 해야 한다.

• Guest speakers should introduce (**themselves** / them) to the audience.
　초청연사들은 청중들에게 직접 자기를 소개해야 한다.

• Most job applicants considered (them / **themselves**) to be professionals.
　대부분의 구직 지원자들이 그들 스스로를 전문가라고 여겼다.

어휘 **reputation** 평판 **familiarize oneself with** ~을 …에 익숙하게 하다 **policy** 정책 **introduce** ~을 소개하다 **audience** 청중 **job applicant** 구직 지원자 **consider** ~을 …라고 여기다 **professional** 전문가

기출 문법 공식

063 | 선택지에 대명사가 있고 빈칸 없이도 문장이 완전하면 재귀 대명사가 정답

완전한 문장에서 주어와 같은 대상을 지칭하면서, 주어를 강조하고자 할 때 재귀 대명사가 온다.

⏱ 기출 들여다보기

Mr. Jeffries had to install the new software on his computer ------- yesterday because the IT department was short on staff.

(A) his 　　　　　　　　　　　　　　(B) his own

(C) himself 　　　　　　　　　　　　(D) him

| 핵심 문법 | 완전한 문장 + 재귀 대명사

Mr. Jeffries had to install the new software on his computer himself

　　　　　　　　　　완전한 문장　　　　　　　　　　　　　　　　재귀 대명사

해설 빈칸 앞에 이미 완전한 문장이 있으므로 들어 갈 수 있는 대명사는 주어인 Mr. Jeffries를 지칭하면서 주어를 강조할 때 쓰는 재귀 대명사 (C) himself가 정답이다.

해석 IT 부서가 직원이 부족했기 때문에 제프리스 씨는 어제 본인이 직접 그의 컴퓨터에 새 소프트웨어를 설치해야만 했다.

어휘 install v. ~을 설치하다 department n. 부서 be short on v. ~가 부족하다 staff n. 직원

정답 (C)

| 기출 확인 |

• Mr. Seabert fixed the printer (his / himself).
시벌트 씨는 그 스스로 프린터를 수리했다.

• Jason offered to coordinate job training activities (him / himself).
제이슨 씨는 실무 교육 활동들을 그 스스로 조정해주겠다고 제안했다.

• The HR manager, Mrs. Kim, contacted every candidate (her / herself).
인사부장인 김 씨는 그녀 스스로 각 지원자에게 연락했다.

• The managers in each branch evaluated their employees' work performance (them / themselves).
각 지사의 부장들은 그들의 직원 업무 수행도를 그들 스스로 평가했다.

어휘 offer to do ~하겠다고 제안하다 coordinate ~을 조정하다 training 교육 contact ~에게 연락하다 candidate 지원자 branch 지사 evaluate ~을 평가하다 employee 직원 work performance 업무 수행도

UNIT 05 대명사

064 | 빈칸 앞에 by가 있고 by 앞에 능동태가 있으면 재귀 대명사가 정답

능동태 문장과 전치사 by 뒤에 재귀 대명사가 올 수 있다.

🎯 기출 들여다보기

The food delivery business looks very promising since there are many people living by -------.

(A) they   (B) them

(C) themselves   (D) their

|핵심 문법| 능동태 + by + 재귀 대명사

---

there are many people living by themselves
능동태   재귀 대명사

[해설] by 앞에 능동태가 있기 때문에 'by + 재귀 대명사'가 와야 하므로 (C) themselves가 정답이다. by 앞이 수동태가 아니기 때문에 by 뒤에서 수동태의 행위자를 나타내는 목적격 대명사 (B) them은 답이 될 수 없다. 이 문장에서 (who are) living by themselves는 many people을 수식하는 분사구문이다.

[해석] 음식 배달 사업은 혼자 살고 있는 사람들이 많기 때문에 매우 전망이 있어 보인다.

[어휘] **delivery** n. 배달 **look + 형용사:** v. ~처럼 보이다 **promising** a. 전망이 있는, 촉망되는 **since** conj. ~때문에

[정답] (C)

|기출 확인|

• Mr. Han began writing the sales report by (him / himself).
한 씨는 그 스스로 판매 보고서를 작성하기 시작했다.

• Mrs. Meyer completed the budget summary by (her / herself).
메이어 씨는 그녀 스스로 예산 요약표를 작성 완료했다.

• It is not necessary to do all the revision work by (you / yourself).
반드시 당신 혼자 모든 수정 작업을 해야 하는 것은 아니다.

• All staff members should complete their weekly reports by (them / themselves).
모든 직원들은 그들 스스로 주간 보고서 작성을 끝내야 한다.

[어휘] **begin** ~을 시작하다 **complete** ~을 작성 완료하다, 끝내다 **budget** 예산 **necessary** 필수의, 필요한 **weekly** 주간의, 주 1회의

065 ᴵ 복수명사를 대신 받아야 하면 those가 정답

복수명사를 대신 받는 대명사는 those이다.

◎ 기출 들여다보기 1

Mr. Regan's forecasts of the economy are much more positive than ------- of many analysts.

(A) these   (B) those

(C) this   (D) that

| 핵심 문법 | 복수명사 ~ + 지시대명사 those + [전치사(of, with, in) + 명사] / [분사]

Mr. Regan's forecasts ~ those of ~analysts
복수명사　　　　　　　　　지시대명사 전치사　　명사

해설 빈칸 앞에 나오는 복수명사 forecasts를 지칭하는 지시대명사 자리이므로 (B) those가 정답이다.

해석 리건 씨의 경제 예측이 많은 분석가들의 예측보다 훨씬 더 긍정적이다.

어휘 forecast n. 예측, 예보 economy n. 경제 positive a. 긍정적인 analyst n. 분석가

정답 (B)

| 기출 확인 |

- Due to the new policy, construction proposals in Nelson will experience a longer review process than (them / those) in other cities.
  새로운 정책 때문에, 넬슨 시의 건설 제안서가 다른 도시들의 것들보다 더 긴 검토 과정을 겪을 것이다.

- These paintings in our gift shop are exact replicas of (them / those) exhibited in our main gallery.
  우리 기프트 샵에 있는 이 그림들은 우리 주 미술관에 전시된 것들의 정확한 모조품이다.

어휘 policy 정책 construction 건설 proposal 제안(서) experience ~을 겪다, 경험하다 review process 검토 과정 exact 정확한 exhibit v. ~을 전시하다 n. 전시(회)

those who에서 those는 불특정한 사람들을 가리킬 때 사용하며, 관계대명사절 who의 수식을 받는 선행사로 사용된다.

🎯 기출 들여다보기 2

Our premium package is perfect for ------- who would like to enjoy the best services available today.

(A) them

(B) theirs

(C) that

(D) those

| **핵심 문법** | 지시대명사 those + who

those who
지시대명사

해설 뒤에 오는 관계대명사절 who의 수식을 받으면서 불특정한 사람들을 가리킬 때 사용하는 지시대명사 (D) those가 정답이다.

해석 우리의 프리미엄 패키지 상품은 오늘날 이용 가능한 최고의 서비스를 즐기고 싶어하는 사람들에게 완벽하다.

어휘 perfect a. 완벽한 would like to do ~하고 싶다 enjoy v. ~을 즐기다 available a. 이용 가능한

정답 (D)

|기출 확인|

• If the technology conference is canceled, (them / those) who planned to attend will be notified by e-mail.
기술 컨퍼런스가 취소되면, 참석할 계획이었던 사람들은 이메일로 통보를 받을 것이다.

• At Bloom Inc., only (them / those) who have worked at the company for at least one year are entitled to paid leave.
블룸 주식회사에서는 회사에서 적어도 1년은 일해왔던 사람들에게만 유급 휴가를 받을 자격이 주어진다.

어휘 technology 기술 cancel ~을 취소하다 plan to do ~할 계획이다 attend ~에 참석하다 notify ~에게 통보하다 be entitled to 명사[do] ~의[~할] 자격이 주어지다 paid leave 유급 휴가

고득점 비법 노트

☆ 부정 대명사

부정 대명사는 특정한 것을 지칭하는 일반 대명사와 달리, 특정한 것을 지칭하지 않는 대명사이다.

1. 부정 대명사의 종류

단수 취급	anybody, anyone, anything
	everybody, everyone, everything
	nobody, no one, nothing
	somebody, someone, something
	one, another, the other
	each, either, neither
	little, a little
복수 취급	a few, few, both, many, most, others, the others, several
단·복수 모두 취급	all, any, most, none, some ☑ 뒤에 따라와 소유를 나타내는 'of the + 명사'의 명사가 가산이면 복수 취급, 불가산이면 단수 취급한다.

☑ neither[either]가 'of the + 명사' 구조 없이 홀로 주어나 목적어 자리에 올 때는 반드시 단수 취급하지만, neither[either] of 뒤에 가산 복수명사가 올 때는 복수 취급해도 무방하다.

2. 수량 형용사로도 사용되는 부정 대명사

another, each, every, either, neither, any	+ 가산 단수명사
an amount of, a great[good] deal of, little, a little, less, the least, much	+ 불가산명사
both, a few, few, fewer, fewest, many[a number of, numerous], most, several, various[a variety of]	+ 가산 복수명사
all, a lot of, lots of, any, most, other, plenty of, some	+ 가산 복수명사 또는 + 불가산명사

| Part 5 |

1. The CEO of EDF Corporation, Mr. Firth, announced that ------- will come up with ways to increase investment in the company.

(A) he   (B) his
(C) him   (D) himself

2. For further information regarding the toys that ------- purchased, check out the instructional video included and visit the Top Toys Web site.

(A) yourself   (B) yours
(C) your   (D) you

3. The new accounting director, Mr. Lee, expressed ------- satisfaction with the ongoing investment from several British corporations.

(A) he   (B) his
(C) him   (D) himself

4. The Astor Theater & Drama Group depends on donations from the local community, so please keep showing us ------- support.

(A) you   (B) your
(C) yours   (D) yourself

5. Hillside Disability Clinic's outpatients typically only see a doctor for an initial consultation, while physical therapists meet with ------- at least once per week.

(A) they   (B) their
(C) theirs   (D) them

6. Elena Dawson, a world-famous author, maintained that the story idea was -------, despite the allegations of plagiarism from another writer.

(A) her   (B) herself
(C) she   (D) hers

7. By successfully negotiating several lucrative business contracts, Mr. Bassett has proven ------- to be an invaluable asset to Rexar Textiles.

(A) him   (B) himself
(C) he   (D) his

8. Ms. Heaton has decided to organize this year's training workshop ------- in order to make sure the event runs smoothly.

(A) she   (B) her
(C) herself   (D) hers

9. When the Debt Recovery Team is attending a training workshop, the department supervisor often calls customers who are behind with their bill payments by -------.

(A) he   (B) his
(C) him   (D) himself

10. Annie Kim's artworks generally contain many more references to modern cultural trends than ------- of other artists.

(A) anyone   (B) those
(C) that   (D) whose

| Part 6 |

Questions 11-14 refer to the following Web page.

Located in the old theater district of Boston, the Michaelson School of Art (MSA) provides expert lectures to artists of all ages and skill levels. -------.
                                                    11.

The MSA currently offers 6-month courses for a variety of -------. You can choose from painting,
                                                              12.
sculpture, photography, sketching, and digital graphic design. ------- provide instruction that is
                                                                13.
suitable for beginner, intermediate, and advanced learners. You can find out more about our class schedules and curriculums by visiting our Web site at www.michaelsonschoolofart.com. While browsing the site, have a look at the faculty page where you can read ------- our teachers!
                                                                        14.

---

11. (A) Our facilities will reopen shortly once the relocation is complete.
  (B) Your class schedule will be updated to reflect the recent changes.
  (C) You can purchase various works of art directly through our Web site.
  (D) Our instructors are ready to welcome you regardless of your experience.

12. (A) colleagues (B) pieces
  (C) materials (D) styles

13. (A) I (B) We
  (C) You (D) Theirs

14. (A) to (B) over
  (C) about (D) in front of

UNIT
06

연결어

POINT 1 접속사

접속사는 일반적으로 단어, 구, 절을 연결한다.

1 등위접속사

and 그리고   **but[yet]** 하지만   **or** 또는   **nor** 그리고 ~도 아니다   **so** 그래서   **for** 왜냐하면

- 등위접속사는 단어, 구, 절을 연결한다.
- 토익에서는 주로 단어와 단어를 연결하는 문제로 나오는데, 이때 연결된 단어들은 같은 품사여야 한다.
- 빈칸이 등위접속사 자리이고 선택지에 등위접속사가 두 개 이상 있으면 해석을 통해서 정답을 찾는다.

2 상관접속사

either A or B: A 또는 B 둘 중의 하나

not only A but also B[B as well as A]: A 뿐만 아니라 B도

both A and B: A와 B 둘 다

neither A nor B: A도 B도 둘 다 아니다

not A but B: A가 아니라 B이다

3 종속접속사

종속접속사는 주절과 혼자 단독으로 쓰일 수 없는 종속절을 연결하는 역할을 하며 부사절 접속사와 명사절 접속사로 분류할 수 있다.

1) 부사절 접속사

시간	**as soon as** ~하자 마자 **after** ~후에 **before** ~전에 **by the time** ~할 무렵이면 **each[every] time** ~할 때 마다 **once** ~하자 마자, 일단 ~하면 **until** ~까지 **since** ~이래로 **when[as]** ~할 때 **whenever** 언제 ~하든 상관없이, 언제~하더라도 **while** ~하는 동안
조건	**assuming (that)[if]** ~라면 **as long as** ~하는 한, ~하기만 하면 **as if[though]** 마치 ~인 것처럼 **even if** 만약 ~라 할지라도 **in case[in the event] (that)** ~인 경우에 대비하여, ~라면 **only if** 오직 ~인 경우에만 **provided[providing] (that)** ~라는 조건하에 **unless** ~이 아니라면 **whether ~ or not** ~이든 아니든
양보	**although[though, even though]** 비록 ~이지만 **while[whereas]** ~인 반면 **Wh- + ever[No matter + wh-]** ~에 상관없이, ~하더라도
이유	**because[since, as]** ~때문에 **now (that)** 이제 ~이므로
목적	**so that ~ can[will, may]** ~가 …할 수 있도록 **in order that** ~하기 위해서
원인/결과	**so ~ that** 너무 ~해서 …하다

While Summit AD is the smallest advertising company in Chicago, it is one of the most successful ones.

써밋 AD 사는 시카고에서 가장 작은 광고 회사지만, 가장 성공한 곳 중 하나이다.

2) 명사절 접속사

that ~라는 사실, ~라는 것	+ 완전한 문장
whether~ (or~)[if] ~인지 아닌지	
where 어디에 why 왜 when 언제 how 어떻게	
how 얼마나	+ 형용사/부사 + 완전한 문장
who 누가 which 어떤 what 무슨	+ 불완전한 문장
whoever 누구든지 whomever 누구든지 whatever 무엇이든지 whichever 무엇이든지	+ 불완전한 문장

Staff members of Lions Ltd. are asked to fill out a monthly time sheet to show whether their time has been spent productively.

라이온즈 유한회사의 직원들은 시간을 생산적으로 보냈는지 아닌지를 보여주는 월간 근무시간 기록표를 작성하도록 요구된다.

POINT 2 전치사

전치사는 명사 상당 어구인 명사, 대명사, 명사구, 그리고 동명사구 앞에 온다.

1 전치사 + 명사: for the research 연구를 위해서

2 전치사 + 대명사: to them 그들에게

3 전치사 + 명사구: questions regarding our new products and services 우리 새 제품들과 서비스에 대한 질문들

4 전치사 + 동명사: talked about organizing the annual luncheon event
연례 오찬 행사를 준비하는 것에 관해 이야기했다

POINT 3 접속부사

문장 전체를 수식하는 부사이며, 뒤에 절이 오지만 접속사와는 달리 절과 절을 연결하여 한 문장을 만들 수 없다. 접속사와 혼돈될 수 있으므로 반드시 비교해서 알아 두어야 한다.

additionally[in addition, furthermore, moreover] 게다가	hence[thus, therefore] 따라서, 그러므로
alternatively 그 대신에	however 그러나
as a result 결과적으로	in fact 사실은
besides 게다가, ~외에	nevertheless[nonetheless] 그럼에도 불구하고
certainly 분명히	on the other hand 반면에, 다른 한편으로는
consequently 결과로, 따라서	otherwise 그렇지 않으면
finally 마침내, 마지막으로	similarly 마찬가지로
meanwhile 그 동안에, 반면에	so 그래서

Mr. Wilson needs to book a venue for the anniversary party soon. Otherwise, it will have to be held at a later date.

윌슨 씨는 곧 기념일 파티를 위한 장소를 예약해야만 한다. 그렇지 않으면, 이것이 차후 날짜에 개최되어야 할 것이다.

066 | 등위접속사 앞뒤로는 같은 종류의 품사가 정답

등위접속사(and, but, yet, or, nor, so, for) 앞뒤로는 같은 품사의 단어가 와야 한다.

🎯 기출 들여다보기

For her company's charity event, Ms. Ruthfield plans to wear an outfit which is both ------- and comfortable.

(A) elegant   (B) elegantly

(C) elegance   (D) more elegantly

|핵심 문법| 같은 품사 단어 + 등위접속사 + 같은 품사 단어

---

elegant and comfortable
형용사   등위접속사   형용사

해설 등위접속사 and 뒤에 형용사(comfortable)가 있기 때문에 and 앞에도 같은 종류의 품사인 형용사가 와야 하므로 (A) elegant가 정답이다.

해석 그녀 회사의 자선 행사를 위해, 루쓰필드 씨는 우아하면서도 편안한 옷을 입을 계획이다.

어휘 **charity event** n. 자선 행사 **plan to do** v. ~할 계획이다 **wear** v. ~을 입다 **outfit** n. 옷, 의복 **comfortable** a. 편안한 **elegant** a. 우아한 **elegantly** ad. 우아하게 **elegance** n. 우아함

정답 (A)

|기출 확인|

• SP Luggage Company's new suitcase is both (durably / durable) and lightweight.
  SP 여행가방 사의 새 여행가방은 튼튼하면서도 가볍다.

• P&G Corp is trying to provide a (comfortable / comfortably) and productive work environment for its employees.
  P&G 사는 자사의 직원들에게 편안하면서도 생산적인 근무 환경을 제공하려고 노력 중이다.

• During the upcoming workshop, staff members will learn how to enhance (security / secure) and ensure confidentiality.
  다가오는 워크샵 중에, 직원들은 어떻게 보안을 강화하고 어떻게 기밀성을 보장할지에 관해 배우게 될 것이다.

• At the weekly meeting, the managers at Simonex Inc. talked about looking for the most (affordably / affordable) and reliable management consulting service.
  주간 회의에서, 시모넥스 주식회사의 부장들은 가장 가격이 적당하고 신뢰할 수 있는 경영 컨설팅 서비스를 찾는 것에 관해 얘기했다.

어휘 **durably** 튼튼하게 **durable** 튼튼한 **lightweight** 가벼운 **provide** ~을 제공하다 **comfortable** 편안한 **comfortably** 편안하게 **productive** 생산적인 **employee** 직원 **during** ~동안에 **upcoming** 다가오는 **enhance** ~을 강화하다 **security** 보안 **secure** 안전한 **ensure** ~을 보장하다, 확실하게 하다 **confidentiality** 기밀성 **weekly** 주간의, 주 1회의 **affordably** 알맞게, 감당할 수 있게 **affordable** (가격이) 적당한, 감당할 수 있는 **reliable** 신뢰할 수 있는

067 | 상관접속사의 일부분에 빈칸이 있으면 서로 짝을 이루는 상관접속사의 또 다른 일부분이 정답

◎ 기출 들여다보기 1

The customers at Kim's Bistro must pay in cash because the business accepts ------- credit cards nor mobile payments.

(A) both

(B) either

(C) neither

(D) with

| 핵심 문법 | 상관접속사 일부 + 상관접속사 일부

---

neither credit cards nor ~
　　상관접속사　　　　　　　　　상관접속사

해설 빈칸 뒤로 상관접속사의 일부분인 nor가 있기 때문에 이와 짝을 이루는 나머지 상관접속사가 빈칸에 와야 하므로 (C) neither가 정답이다.

해석 가게가 신용카드와 모바일 지불 방식 둘 다를 받아주지 않기 때문에, 김 씨의 비스트로 고객들은 현금으로 지불해야만 한다.

어휘 customer n. 고객 pay in cash v. 현금으로 지불하다 business n. 가게, 사업 accept v. ~을 받아들이다, 용인하다 mobile payment n. 모바일 지불 (방식) neither A nor B: A도 B도 둘 다 아니다

정답 (C)

| 기출 확인 |

• To be considered for the position, applicants must submit (both / either) a résumé and a cover letter.
　그 직책에 고려되기 위해서는, 지원자들은 이력서와 자기소개서 둘 다를 제출해야 한다.

• When choosing a job, many people consider (not only / either) the salary but also the employee benefits.
　직업을 선택할 때, 많은 사람들은 급여뿐만 아니라 직원 복지 혜택도 고려한다.

• To gain access to the building, people should have (both / either) a staff identification card or a visitor's badge.
　그 빌딩으로 들어갈 수 있는 접근 권한을 얻기 위해, 사람들은 직원 신분증 카드나 방문객 배지를 가지고 있어야 한다.

• During last week's meeting, the senior technician insisted that (either / both) creativity and efficiency are needed in solving the current technical problem.
　지난주 회의 중에, 선임 기술자는 현 기술 문제를 해결하는 데 있어서 창의성과 효율성 둘 다가 필요하다고 주장했다.

어휘 consider ~을 고려하다 applicant 지원자 submit ~을 제출하다 both A and B: A와 B 둘 모두 not only A but also B: A뿐만 아니라 B도 employee benefit 직원 복지 혜택 gain access to ~로의 접근 권한을 얻다 either (A or B): (A 또는 B) 둘 중의 하나 during ~중에 insist ~을 주장하다 creativity 창의성 efficiency 효율성 solve ~을 해결하다 current 현재의

Our customer service representatives can be reached by both phone ------- online messages.

(A) but　　　　　　　　　　　　　(B) and

(C) also　　　　　　　　　　　　　(D) either

| **핵심 문법** | 상관접속사 일부 + 상관접속사 일부

both phone and ~
상관접속사　　　　상관접속사

해설 빈칸 앞에 상관접속사의 일부분인 both가 있기 때문에 이와 짝을 이루는 나머지 상관접속사가 빈칸에 와야 하므로 (B) and가 정답이다.

해석 우리 고객 서비스 직원들은 전화와 온라인 메시지 둘 다로 연락 가능합니다.

어휘 customer n. 고객 representative n. 직원 reach v. 연락하다 both A and B: A와 B 둘 다

정답 (B)

| 기출 확인 |

- Depending on their preference, visitors to New York can purchase **either** a daily bus pass (or / but) a monthly pass.
  그들의 선호도에 따라, 뉴욕 방문객들은 일일 버스 승차권 또는 월 승차권을 구매할 수 있다.

- Some mechanical engineers deal with **not only** designing machines (other than / but also) constructing them.
  몇몇 기계 공학자들은 기계들을 설계하는 것뿐만 아니라 그것들을 만드는 것도 다룬다.

- **Neither** the performance (nor / or) the appearance of the new microwave made by PQ Appliances was good enough for it to be launched.
  PQ 가전제품 사에 의해 만들어진 새 전자레인지의 성능과 외관 어느 것도 출시되기에 충분히 좋지 않았다.

- The current price of the ADZ 127 oven was **not** decided randomly (both / but) was the result of discussions between various specialists in the sales department.
  ADZ 127 오븐의 현 가격은 무작위로 결정된 것이 아니라 영업부의 다양한 전문가들 사이에서 논의된 결과이다.

어휘 depending on ~에 따라 preference 선호도 visitor 방문객 purchase ~을 구매하다 either A or B: A또는 B 둘 중의 하나 daily 매일의, 일 단위로 계산하는 monthly 매월의, 한 달에 한 번의 deal with ~을 다루다 not only A but also B: A뿐만 아니라 B도 other than ~외에 neither A nor B: A도 B도 둘 다 아니다 launch ~을 출시하다 current 현재의 not A but B: A가 아니라 B다 decide ~을 결정하다 discussion 논의, 토의 various 다양한

🔔 기출 문법 공식

068 | 절과 절을 연결하는 자리에는 접속사가 정답

절과 절을 연결하는 기능을 하는 단어는 접속사이다.

🎯 기출 들여다보기 1

The mayor said he will step down ------- the elections are over.

(A) due to   (B) as soon as

(C) in addition to   (D) therefore

| 핵심 문법 | 절 + 접속사 + 절

> ### The mayor said~   as soon as   the elections are~
>   절   접속사   절

해설   빈칸은 앞과 뒤에 있는 절을 연결해야 하는 자리이므로 접속사 (B) as soon as가 정답이다.

해석   시장은 선거가 끝나자마자 은퇴할 것이라고 말했다.

어휘   **mayor** n. 시장 **step down** v. 은퇴하다, 물러나다 **election** n. 선거 **over** ad. 끝이 난 **due to** prep. ~때문에 **as soon as** ~하자마자
in addition to prep. 게다가, ~에다가 **therefore** ad. 그러므로

정답   (B)

| 기출 확인 |

- San Chess Hotels will begin the renovation work next year (provided that / regardless of) the proposal is
approved.
산 체스 호텔은 제안서가 승인이 되면 내년에 보수공사를 시작할 것이다.

- All applicants must apply for the opening online (as to / so that) their information can be compiled
electronically.
모든 지원자들은 그들의 정보가 컴퓨터에 모아질 수 있도록 공석에 온라인으로 지원해야 한다.

- Ms. Gainsford could not receive the package we sent (because / as for) her home address in our database
was not correct.
게인스포드 양은 우리 데이터베이스에 있는 그녀의 집 주소가 정확하지 않았기 때문에 우리가 보냈던 소포를 받지 못했다.

- Berliz Inc. provides a three-year warranty for all of its products (despite / whereas) its competitors only offer
two-year warranties.
벌리츠 주식회사는 자사의 모든 제품에 3년의 품질 보증을 제공하는 반면에 경쟁사들은 오직 2년만 제공한다.

어휘   **renovation** 보수 **provided that** ~한다면 **regardless of** ~에 상관없이 **proposal** 제안(서) **approve** ~을 승인하다 **applicant** 지원자
apply for ~에 지원하다 **as to** ~에 관해서는 **so that** ~할 수 있도록 **compile** (자료를) 모으다, 하나로 종합하다 **receive** ~을 받다
as for ~에 관해 말하면 **provide** ~을 제공하다 **despite** ~임에도 불구하고 **whereas** 반면에 **competitor** 경쟁자, 경쟁 상대 **offer** ~을
제공하다

⚙ 기출 들여다보기 2

------- the U.S. dollar weakened, foreign investors began focusing instead on domestic industries.

(A) Therefore
(B) In fact
(C) Aside from
(D) Because

|핵심 문법| 접속사 + 절, 절

> <u>Because</u> **the U.S. dollar weakened, foreign investors began~**
>   접속사   절   절

해설	빈칸은 절과 절을 연결하는 접속사 자리이므로 (D) Because가 정답이다.
해석	미국 달러가 약세를 보였기 때문에, 외국 투자자들이 대신 국내 업계에 집중하기 시작했다.
어휘	**weaken** v. 약화되다 **foreign investor** n. 외국 투자자 **begin** v. ~을 시작하다 **focus on** v. ~에 집중하다 **instead** ad. 대신에 **domestic** a. 국내의 **industry** n. 업계, 산업 **therefore** ad. 그러므로 **in fact** ad. 사실은 **aside from** prep. ~을 제외하고 **because** conj. ~때문에
정답	(D)

|기출 확인|

• (Unless / Except) a new highway is built, the traffic congestion problem will not be solved.
새 고속도로가 지어지지 않는다면, 교통체증 문제는 해결되지 않을 것이다.

• (During / While) we had a poor turnout at our charity event, we still reached our donation goals.
자선단체에서의 저조한 참석률에도 불구하고, 우리는 여전히 우리의 기부 목표를 달성했다.

• (Often / Once) developing countries revise their public health service policies, more people will benefit from improved access to reliable healthcare services.
일단 개발도상국이 그들의 공공 의료서비스 정책들을 수정하면, 신뢰할 만한 보건 서비스로의 접근성 개선으로 더 많은 사람들이 혜택을 받을 것이다.

• (Although / Despite) most employees at Beyond Company have good computer skills, they should attend training sessions on new computer technology on a regular basis.
비록 비욘드 사의 대부분의 직원들이 좋은 컴퓨터 기술을 가지고 있긴 하지만, 그들은 정기적으로 새로운 컴퓨터 기술 교육에 참여해야 한다.

| 어휘 | **unless** ~하지 않는다면 **except** ~을 제외하고 **traffic congestion** 교통체증 **solve** ~을 해결하다 **during** ~하는 동안 **while** ~에도 불구하고, ~동안에 **reach** ~을 달성하다 **often** 종종 **once** 일단 ~하면 **revise** ~을 수정하다 **policy** 정책 **benefit** 혜택을 받다 **improved** 개선된 **access** 접근성 **reliable** 신뢰할 수 있는 **although** 비록 ~이긴 하지만 **despite** ~임에도 불구하고 **employee** 직원 **attend** ~에 참여하다 **training** 교육 **technology** 기술 **on a regular basis** 정기적으로 |

069 ┃ 명사 상당 어구 앞에는 전치사가 정답

명사 상당 어구인 명사, 대명사, 명사구, 동명사구 앞에 올 수 있는 단어는 전치사이다.

◎ 기출 들여다보기

------- a rise in raw materials prices, Highman Industries expects its operating costs to almost double.

(A) Although　　　　　　　　　　　(B) While

(C) Due to　　　　　　　　　　　　(D) Nevertheless

┃핵심 문법┃ 전치사 + 명사 상당 어구[명사, 대명사, 명사구, 동명사구]

Due to a rise in raw materials prices
전치사　　　　　　　　　명사구

해설　명사구 앞에 빈칸이 있으므로 명사구 앞에 올 수 있는 전치사 (C) Due to가 정답이다.

해석　원자재 가격의 상승 때문에, 하이맨 산업 사는 운영비가 거의 두 배가 될 것으로 예상한다.

어휘　rise n. 상승　raw material n. 원자재　expect v. ~을 예상하다, 기대하다　operating cost n. 운영비　almost ad. 거의　double a. 두 배의　although conj. 비록 ~일지라도　while conj. 반면에, ~동안에　due to prep. ~때문에　nevertheless ad. 그럼에도 불구하고

정답　(C)

┃기출 확인┃

• policies (whereas / concerning) employee leave 직원 휴가에 관한 정책들

• (since / because of) inclement weather conditions 혹독한 날씨 상태 때문에

• three days (from / that) the date that we received the e-mail 우리가 이메일을 받았던 날로부터 3일

• No one is allowed to enter the building (without / unless) having photo identification.
　사진이 첨부된 신분증 없이는 누구도 빌딩에 들어가는 것이 허락되지 않는다.

어휘　policy 정책　whereas 반면에　concerning ~에 관한　employee leave 직원 휴가　since ~때문에　because of ~때문에　inclement weather 혹독한 날씨　receive ~을 받다　be allowed to do ~하는 것이 허락되다　without ~없이　unless ~하지 않으면

📌 고득점 비법 노트

☆ 분사로 착각할 수 있는 전치사

excluding[barring] ~을 제외하고	including ~을 포함하여
following ~후에, ~의 결과로	notwithstanding ~에도 불구하고
given[considering] ~을 고려해 볼 때	regarding[concerning] ~에 관하여

070 | to부정사 앞에 명사가 있고 전치사 of가 선택지에 없으면 for가 정답

『for + 명사/대명사』는 to부정사의 의미상의 주어로 사용될 수 있다.

🎯 기출 들여다보기

It is very important ------- new employees to be punctual when coming to work.

(A) for   (B) with

(C) from   (D) in

| 핵심 문법 | for + 명사/대명사(=to부정사의 의미상의 주어) + to부정사

$$\text{for } \underline{\text{new employees}} \text{ } \underline{\text{to be}}$$

to부정사의 의미상의 주어   to부정사

해설 to부정사의 의미상 주어는 'for + 명사'나 'of + 명사' 모두 가능하지만 선택지에 of가 없으므로 (A) for가 정답이다.

해석 신입사원들이 직장에 올 때 시간을 지켜서 오는 것은 매우 중요하다.

어휘 important a. 중요한 employee n. 직원 punctual a. 시간을 지키는 work n. 직장

정답 (A)

| 기출 확인 |

• it is important (with / **for**) **us to meet** the deadline
  우리가 마감일을 맞추는 것은 중요하다

• it is crucial (**for** / with) **employees to do** some test prints
  직원들이 약간의 시험 출력을 하는 것은 필수이다

• It is mandatory (**for** / that) **all factory workers to follow** the new safety guidelines.
  모든 공장 직원들이 새로운 안전 지침서들을 따르는 것은 의무이다.

어휘 important 중요한 meet the deadline 마감일을 맞추다 crucial 필수인, 중대한 employee 직원 mandatory 의무인 follow ~을 따르다 safety 안전

📌 고득점 비법 노트

☆ of + to부정사의 의미상의 주어

사람의 성격을 나타내는 형용사가 to부정사 앞에 있으면 to부정사의 의미상의 주어로 『of + 명사/대명사』를 쓴다.

• 사람의 성격을 나타내는 형용사

careful 신중한	careless 신중하지 않은	considerate 사려 깊은	generous 관대한
kind 친절한	nice 친절한	polite 예의 바른	wise 현명한

071 | 타동사와 타동사의 목적어 역할을 하는 완전한 문장 사이에 빈칸이 있으면 명사절 접속사가 정답

명사절은 주어 자리와 목적어 자리에 올 수 있다. 명사절 접속사는 뒤에 완전한 문장 뿐만 아니라 불완전한 문장도 이끌 수 있으므로 선택지에 여러 개의 명사절 접속사가 나와 있을 경우, 빈칸 뒤의 문장 구조를 살펴보고 정답을 골라야 한다.

◎ 기출 들여다보기

After the team meeting, the marketing manager will decide ------- the deadline for the promotional event needs to be changed.

(A) whether
(B) therefore
(C) due to
(D) what

| 핵심 문법 | 타동사 + 명사절 접속사 + 완전한 문장(=목적어)

---

decide whether the deadline~ needs to be changed.
  타동사 명사절 접속사   완전한 문장(=목적어)

해설   문장의 동사가 타동사이므로 뒤에 목적어가 필요한데, 이 경우 목적어 자리에 완전한 문장이 와있으므로 (A) whether가 정답이다. 명사절 접속사 (D) what은 주어나 목적어가 없는 불완전한 문장을 이끌기 때문에 답이 될 수 없다.

해석   팀 회의 후에, 마케팅부장은 홍보 행사 마감일이 변경되어야 하는지 아닌지를 결정할 것이다.

어휘   manager n. 부장   decide v. ~을 결정하다   deadline n. 마감일   promotional a. 홍보의   whether conj. ~인지 아닌지   therefore ad. 그러므로   due to prep. ~때문에

정답   (A)

| 기출 확인 |

- we kindly ask (which / that) you fill out the form   우리는 당신이 그 양식을 작성할 것을 정중히 요구한다
- will decide (whether / while) additional staff are needed   추가 직원들이 필요한지 아닌지를 결정할 것이다
- please let us know (whereas / whether) you want a refund or an exchange
  당신이 환불을 원하는지 아니면 교환을 원하는지를 저희에게 알려주세요

어휘   fill out ~을 작성하다   decide ~을 결정하다   whether ~인지 아닌지   while 반면에, ~동안에   whereas 반면에   refund 환불   exchange 교환

📌 고득점 비법 노트

☆ 명사절 접속사 + to부정사

명사절 접속사 바로 뒤에 절 대신 to부정사가 올 때도 있다.

After undergoing surgery, Mr. Louden will decide whether **to work** at home or return to the office.
                                               to부정사

수술 후에, 라우든 씨는 집에서 근무할지 아니면 사무실로 복귀할지 결정할 것이다.

고득점 비법 노트

☆ 다른 품사로도 사용될 수 있는 부사절 접속사 since와 once

	since	once
부사절 접속사	· 시간(~한 이래로): 과거에 발생하여 현재까지 영향을 미치는 사건을 나타낼 때 사용 · 이유(~때문에): 특정 사건에 대한 이유를 나타낼 때 사용	· 시간(일단~하면): 어떤 특정 사건이 발생했다는 전제하에 일어날 수 있는 사건을 나타낼 때 사용
전치사	· 시점(~이래로): 현재완료 시제와 함께 사용되어 사건이 처음 발생한 시점을 표현할 때 사용	X
부사	· 시점(그 이후로 줄곧): 현재완료 시제와 함께 사용되며, 과거 특정 시점에서 발생하여 현재까지 계속되고 있는 사건을 나타내는 문장에서 사용 · 주로 「주어 + have[has] + p.p. + since」의 구조로 사용	· 시간(한때) · 빈도(한 번)

☆ 토익 빈출 단어 so의 쓰임

유형	쓰임
등위접속사 so	· 주어와 동사가 포함된 완전한 두 절을 연결하는 역할을 할 때 사용
부사절 접속사 so that	· 두 절을 연결하는 역할을 하는 접속사로 목적을 나타내며, 「주어 + 동사 + so that + 주어 + 동사」의 구조로 사용
부사절 접속사 so ~ that	· 두 절을 연결하는 역할을 하는 접속사로 원인과 결과를 나타내며, 「주어 + 동사 + so + 형용사/부사 + that + 주어 + 동사」의 구조로 사용
강조 부사 so	· 「so + 형용사 + (관사) + (명사)」의 구조로 사용
도치를 유발하는 부사 so	· '~도 역시'라는 의미의 부사로 사용되면서 문장이나 절의 맨 앞에 오면, 주어와 동사의 도치를 유발하여 「so + 조동사/be동사 + 주어」의 구조로 사용
대명사 so	· '그렇게'라는 의미를 가지고 이미 언급된 것을 대신 받는 대명사로 사용될 때, 「주어 + 동사 + so」의 구조로 사용

기출 공식 실전 테스트

| Part 5 |

1. The price shown on our Web site may not exactly match the in-store price, particularly during special ------- and sales.

   (A) promotions
   (B) promotional
   (C) promoted
   (D) promotes

2. All employees in the sales department know that it takes a lot of hard work and ------- to reach their monthly targets.

   (A) dedicated
   (B) dedication
   (C) dedicating
   (D) dedicates

3. Mr. Jackson, vice president of BT Corporation, will either retire from the company ------- assume a new role as staff trainer.

   (A) and
   (B) but
   (C) or
   (D) nor

4. The recession could lead to the relocation of core industries such as shipbuilding and -------.

   (A) manufacture
   (B) to manufacture
   (C) manufacturing
   (D) manufactured

5. There are some useful steps you can take to prepare yourself for a potential interview ------- you have submitted your application form.

   (A) next
   (B) soon
   (C) once
   (D) first

6. The theater's stage will be cleaned from 8:10 P.M. to 8:30 P.M. ------- audience members are enjoying the mid-show intermission period.

   (A) during
   (B) while
   (C) through
   (D) along

7. ------- revised employment laws, companies will need to hire a greater number of ethnic minority workers starting from next year.

   (A) When
   (B) Therefore
   (C) According to
   (D) In order to

8. The Cignal Telecom brochure contains detailed information ------- the company's Internet and cable TV packages.

   (A) regard
   (B) regards
   (C) regarded
   (D) regarding

9. ------- credit reporting companies to update your records, banks will have to send them updated information of your credit status.

   (A) With
   (B) In
   (C) For
   (D) To

10. Please let our front desk staff know ------- there is anything we can do to make your stay at Sunrise Hotel more comfortable.

    (A) than
    (B) whether
    (C) whereas
    (D) such

| Part 6 |

Questions 11-14 refer to the following letter.

September 5
Amir Hayat
Human Resources Manager
Glitch Software

Dear Mr. Hayat,

I recently saw an advertisement for the marketing manager position at your company in *the Digital Design & Technology Journal*. I believe I could be an invaluable asset to Glitch Software's marketing ------- as an experienced professional in the field.
   11.

-------. At present, I am a head of the Marketing Department at the prestigious Redwood Games,
12.
where I have worked on marketing campaigns for the company's top video games. ------- that, I
                                                  13.
worked at Zonix Systems, where I was responsible for conducting market research on consumer preferences.

Please find my résumé enclosed. It ------- more information about my previous employment and my
                                      14.
personal philosophy and goals. I hope to have an opportunity to discuss the position with you in the near future.

Best regards,

Gina Han

Enclosure

---

11. (A) range   (B) department
     (C) supervisor   (D) launch

12. (A) The journal advertisement also mentioned several vacancies in game design.
     (B) The job duties listed in the advertisement share few similarities with my current ones.
     (C) My goal is to join a leading software firm such as yours upon graduating.
     (D) My background at leading firms makes me well-equipped for the role.

13. (A) Assuming   (B) Prior to
     (C) Provided   (D) Also

14. (A) provide   (B) provided
     (C) provides   (D) providing

UNIT 06 연결어

UNIT
07

수 일치

기본 문법 사항 각 문법 공식을 학습하기 전, 기본 문법 사항을 익히도록 합니다.

■ 주어와 동사의 수 일치

POINT 1 주어와 동사의 수 일치 관계

명령문을 제외한 영어 문장에는 반드시 주어와 동사가 각각 하나씩 있어야 한다. 그리고 주어가 단수이냐 복수이냐에 따라서 동사의 수를 일치시켜야 한다. 주어 자리에는 명사(가산명사/불가산명사), 주격 대명사, 동명사, to부정사, 그리고 명사절이 올 수 있다. 주어와 동사의 수 일치 문제는 동사가 be동사일 때와 현재 시제 일반 동사일 때 주로 출제되며 특히, 주어가 3인칭 단수이면 현재 시제 일반동사에 '-s'나 '-es'를 붙인다는 것을 명심하자.

POINT 2 주어와 동사의 수 일치 유형

가산 단수명사 주어 + 단수동사	The manager is eager to hold a seminar. 매니저는 세미나를 몹시 열고 싶어한다. The manager usually leaves at 6:00 P.M. 매니저는 대개 오후 6시에 떠난다.
가산 복수명사 주어 + 복수동사	All full-time workers are eligible for benefits. 모든 정규직 사원들은 복지 혜택을 받을 자격이 된다. These documents contain some confidential information. 이 문서들은 몇몇 기밀 정보를 포함한다.
불가산명사 주어 + 단수동사	TGR Company specializes in designing various brochures. TGR 사는 다양한 책자들을 디자인하는 것을 전문으로 한다.
동명사 주어 + 단수동사	Meeting the deadline is always important. 마감일을 맞추는 것은 언제나 중요하다.
명사절 주어 + 단수동사	Whether we need more workers depends on how popular our service becomes. 우리가 더 많은 직원들이 필요한지 그렇지 않은지는 우리 서비스가 얼마나 유명해지느냐에 달려있다.
One[Each] of + 가산 복수명사 주어 + 단수동사	One of the employees was chosen for the management position. 직원들 중 한 명이 부장 직급에 임명되었다. Each of the managers was introduced at the meeting. 각각의 부장들은 회의에서 소개되었다.

■ 수량 형용사와 명사의 수 일치

POINT 1 수량 형용사와 명사의 수 일치 관계

수량 형용사 뒤의 명사가 가산명사인지 불가산명사인지, 그리고 가산명사라면 단수인지 복수인지에 따라 앞에 올 수 있는 수량 형용사가 한정되어 있기 때문에 토익에서 수량 형용사를 꼼꼼히 학습해 두는 것은 필수이다. 토익에서는 수량 형용사를 보고 가산 단·복수명사 또는 불가산명사를 고르는 문제 유형과 가산 단·복수명사 또는 불가산명사를 보고 수량 형용사를 고르는 문제 유형이 있는데, 전자는 Unit 02 명사에서 다루었으므로 Unit 07에서는 후자에 초점을 두어 학습하도록 하자.

POINT 2 수량 형용사와 명사의 수 일치 유형

1 수 형용사 + 가산 단수명사

another 또 하나의	any 어떤	each 각각의	every 모든	+ 가산 단수명사
either 둘 중 하나의	neither 둘 중 어느 것도 아닌	one 하나의		

each candidate 각각의 지원자
take every precaution 모든 주의를 기울이다

☑ 주기적으로 반복되는 시간을 나타낼 때는 'every + 복수명사'가 가능하다.
   every ten minutes 10분마다

2 수 형용사 + 가산 복수명사

a few 몇몇의	few 거의 없는	fewer 더 적은	fewest 가장 적은	
any 어떤	both 둘 다의	one of ~중의 하나	each of ~의 각각	+ 가산 복수명사
neither of ~중 아무도[아무것도] 아닌	several 몇몇의			
many[a number of, numerous] 많은	various[a variety of] 다양한			

many tasks 많은 과제들
a variety of styles 다양한 스타일들

3 양 형용사 + 불가산명사

a little 조금은 있는	little 거의 없는	less 더 적은	
the least 가장 적은	a great[good] deal of 많은	an amount of 상당한 양의	+ 불가산명사
much 많은			

much deliberation 많은 숙고
a great deal of work 많은 일

4 수량 형용사 + 가산 복수명사/불가산명사

all 모든	any 어떤	a lot of[lots of] 많은	most 대부분의	+ 가산 복수명사 또는 + 불가산명사
other 다른	plenty of 많은	some 몇몇의		

all members 모든 회원들
all information 모든 정보

☑ 수량 형용사 + 가산 단·복수명사/불가산명사
   any difference 어떤 차이라도
   any comments 어떤 의견도
   for any transaction 어떤 거래를 위해서라도

072 ┃ 주어가 3인칭 단수이고 빈칸에 현재 시제의 일반동사가 필요하면 '-s'나 '-es'가 붙어 있는 일반동사가 정답

주어가 3인칭 단수이고 일반동사의 시제가 현재라면 반드시 동사에 '-s'나 '-es'를 붙여 단수형으로 만들어야 한다.

◎ 기출 들여다보기

The marketing manager ------- a presentation at the board meeting on Mondays.

(A) give   (B) giving

(C) to give   (D) gives

| 핵심 문법 | 3인칭 단수 주어 + 현재 시제 일반동사의 단수형

The marketing manager gives

3인칭 단수 주어   현재 시제
일반동사의 단수형

해설 주어가 3인칭 단수(The marketing manager)이고 동사의 시제가 현재이면 동사에 '-s'나 '-es'를 붙여 단수 형태로 만들어야 하므로 (D) gives가 정답이다.

해석 마케팅부장은 매주 월요일마다 이사회 회의에서 발표를 한다.

어휘 board meeting n. 이사회 (회의) give a presentation v. 발표하다

정답 (D)

| 기출 확인 |

- the fee for the event (include / **includes**) a complimentary lunch
  행사 비용은 무료 점심 식사를 포함한다

- we will let you know when the product (become / **becomes**) available
  제품이 이용 가능하게 될 때 저희가 당신께 알려드릴게요

- our new product line (**displays** / display) environmentally friendly features
  우리의 새 제품 라인은 환경 친화적인 특징들을 보여준다

어휘 include ~을 포함하다 complimentary 무료의 available 이용 가능한 display ~을 보여주다 environmentally friendly 환경 친화적인 feature 특징

기출 문법 공식

073 | 주어가 3인칭 단수이고 '-s'나 '-es'가 붙어 있는 현재 시제 일반동사가 선택지에 없으면 과거나 미래 시제가 정답

과거 시제나 미래 시제 동사는 주어의 인칭에 영향을 받지 않는다.

🎯 기출 들여다보기

The CEO of Top Inc. ------- to expand the company's operations into the Asian market.

(A) deciding

(B) decide

(C) decided

(D) to decide

| 핵심 문법 | 3인칭 단수 주어 + 과거/미래 시제 일반동사

> **The CEO of Top Inc. decided**
> 3인칭 단수 주어　　　　과거 시제
> 　　　　　　　　　　　일반동사

해설　동사 자리인 빈칸에 들어갈 수 있는 것은 (B)와 (C)인데 주어가 3인칭 단수이므로 동사에 '-s'나 '-es'가 붙어 있지 않는 복수형 동사 (B) decide는 답이 될 수 없기 때문에 과거 시제인 (C) decided가 정답이다.

해석　탑 주식회사의 대표이사는 아시아 시장에서의 회사 운영을 확장하기로 결정했다.

어휘　CEO n. 대표이사　expand v. ~을 확장하다　operation n. 운영　decide v. ~을 결정하다

정답　(C)

| 기출 확인 |

- CMT Inc. (announced / announce) that it will launch a new advertising campaign.
  CMT 주식회사는 새로운 광고 캠페인을 출시할 것이라고 발표했다.

- After the merger with Troy Enterprises, Glory Corporation (offer / offered) raises to all employees.
  트로이 기업체와의 합병 후에, 글로리 사는 모든 직원들에게 임금 인상을 제공했다.

- Mr. Romero, our chief executive officer, (will assume / assume) responsibility for all major corporate decisions.
  우리의 대표이사인 로메로 씨는 기업의 모든 주요한 의사결정에 대한 책임을 떠맡을 것이다.

- The success of the charity event at Marsha Company (depend / will depend) on the quality of the food and entertainment.
  말샤 사에서 진행하는 기부 행사의 성공은 음식의 질과 오락물에 달려 있을 것이다.

어휘　announce ~을 발표하다　launch ~을 출시하다　merger 합병　offer ~을 제공하다　raise 임금 인상　employee 직원　assume ~을 떠맡다　responsibility 책임　major 주요한　corporate 기업의　decision (의사)결정　success 성공　depend on ~에 달려 있다　quality 질

기출 문법 공식

074 | 동사가 단수이고 주어 자리인 빈칸 뒤에 명사가 있으면 동명사가 정답

동명사는 주어 자리에 올 수 있고 주어로 사용될 경우 항상 단수 취급한다. 타동사가 동명사의 형태로 쓰일 경우 뒤에 명사를 목적어로 취해야 한다.

◎ 기출 들여다보기

------- good food as fast as possible is the key to success in the food delivery business.

(A) Deliveries
(B) Delivered
(C) Delivering
(D) Deliver

| 핵심 문법 | 동명사(=주어) + 명사(=목적어) + 단수동사

Delivering good food ~ is
동명사(=주어)　　　명사(=목적어)　　단수동사

해설 문장의 동사가 단수형이기 때문에 단수 주어가 와야 한다. 빈칸 뒤에 목적어로 이미 명사가 있으므로 이 명사를 목적어로 취하는 타동사 역할을 하면서, 주어로 왔을 때 단수 취급되는 동명사 (C) Delivering이 정답이다.

해석 좋은 음식을 가능한 한 빨리 배달하는 것은 음식 배달 사업 성공의 비결이다.

어휘 as fast as possible 가능한 한 빨리 key n. 비결 success n. 성공 delivery n. 배달 deliver v. ~을 배달하다

정답 (C)

| 기출 확인 |

• (Developing / Develop) outstanding leadership skills requires a lot of time and effort.
뛰어난 리더십 기술을 연마하는 것은 많은 시간과 노력을 필요로 한다.

• (Winning / Win) the contract with Toya Auto was an important step for our future plans.
토야 오토 사의 계약을 따내는 것은 우리의 미래 계획들을 위한 중요한 단계였다.

• (Maintain / Maintaining) a productive and effective workforce seems to be challenging for some managers.
생산적이고 효과적인 인력을 유지하는 것은 몇몇 부장들에게 어려운 일인 것처럼 보인다.

어휘 develop ~을 연마하다, 개발하다 outstanding 뛰어난 require ~을 필요로 하다 win ~을 따내다, 얻다 contract 계약(서) important 중요한 maintain ~을 유지하다 productive 생산적인 effective 효과적인 challenging 어려운, 힘든

075 | 관계대명사 다음에 온 동사는 관계대명사의 선행사에 수 일치

관계대명사 뒤에 동사가 올 경우 관계대명사절의 주어는 선행사이다. 그렇기 때문에, 관계대명사 다음에 온 동사는 관계대명사 바로 앞에 위치한 명사 즉, 선행사에 수 일치해야 한다.

⊙ 기출 들여다보기

The marketing team at N-Mobile developed several strategies that ------- a lot of potential customers.

(A) attracting   (B) attracts

(C) attract   (D) attraction

| 핵심 문법 | 명사(=선행사) + 관계대명사 + 동사

strategies that attract
명사(=선행사)　관계대명사　동사

해설 주격 관계대명사절의 주어 역할을 하는 선행사가 복수명사(strategies)이기 때문에 복수동사인 (C) attract가 정답이다.

해석 N 모바일 사의 마케팅팀은 많은 잠재 고객들을 매료시키는 몇몇 마케팅 전략들을 개발했다.

어휘 develop v. ~을 개발하다 several a. 몇몇의 strategy n. 전략 potential a. 잠재적인 customer n. 고객 attract v. ~을 매료시키다, 끌어들이다 attraction n. 매력

정답 (C)

|기출 확인|

• The city council is planning to build a highway that (connect / connects) neighboring cities in Queensland.
시의회는 퀸즐랜드에 있는 인접 도시들을 연결하는 고속도로를 지을 계획이다.

• All customers who (wish / wishes) to return a faulty item should contact our customer service department.
결함이 있는 제품을 되돌려 보내기를 바라는 모든 고객들은 우리 고객 서비스 부서에 연락해야 한다.

• Anyone who (purchases / purchase) their flight ticket more than one month before travel will get a discount.
여행하기 한 달이 넘는 기간 전에 비행기표를 구매하는 사람은 누구나 할인을 받을 것이다.

☑ anyone은 단수 취급하는 대명사이다.

어휘 connect ~을 연결하다 neighboring 인접한 customer 고객 wish ~을 바라다 faulty 결함이 있는 contact ~와 연락하다 purchase ~을 구매하다

076 | 상관접속사가 주어 자리에 오면 동사는 대부분 두 번째 명사에 수 일치

상관접속사가 주어로 올 때 두 번째에 온 명사가 단수면 동사도 단수, 명사가 복수면 동사도 복수로 일치시킨다. 단, B as well as A가 주어 자리에 오면 동사는 무조건 첫 번째에 온 명사(B)에 일치시키고, both A and B가 주어 자리에 오면 동사는 무조건 복수형을 사용한다.

ⓞ 기출 들여다보기

Either the CEO or the PR managers ------- responsibility for making announcements to the press.

(A) take

(B) is taking

(C) takes

(D) taken

|핵심 문법| 상관접속사의 두번째 명사와 동사의 수 일치

---

or the PR managers take
상관접속사의 두 번째 명사　　동사

해설　상관접속사인 Either A or B가 주어 자리에 오면 동사는 두 번째 명사인 B에 일치시켜야 한다. B에 복수명사가 와있으므로 복수동사인 (A) take가 정답이다.

해석　최고 경영인이나 홍보부장들은 언론에 발표하는 것에 대한 책임이 있다.

어휘　**either A or B:** A 또는 B 둘 중의 하나　**CEO** n. 최고 경영인　**PR manager** n. 홍보부장　**make announcement** v. 발표하다　**press** n. 언론　**take responsibility** v. ~에 책임이 있다

정답　(A)

|기출 확인|

• **Both** the business owner **and** his employees (**were** / was) delighted to win the award.
사업주와 그의 직원들 모두는 그 상을 받게 되어 기뻐했다.

• The branch manager **as well as** his staff members (**objects** / object) to the new parking fee.
직원들 뿐만 아니라 지점장도 새 주차 요금에 반대한다.

• **Not only** Ms. Allen **but also** her assistant (have / **has**) been asked to attend the board meeting.
알렌 씨 뿐만 아니라 그녀의 비서도 이사회 회의에 참석할 것을 요청받아 왔다.

• **Neither** the employees **nor the management team** (agree / **agrees**) with the CEO's plan to extend business hours.
직원들과 경영진 중 어느 누구도 영업 시간을 연장하려는 최고 경영인의 계획에 동의하지 않는다.

어휘　**both A and B:** A와 B 모두　**employee** 직원　**be delighted to do** ~하게 되어 기쁘다　**B as well as A:** A 뿐만 아니라 B도　**object to** ~에 반대하다　**not only A but also B:** A 뿐만 아니라 B도　**assistant** 비서　**neither A nor B:** A도 B도 둘 다 아니다　**agree** ~에 동의하다

077 | 수량 형용사 문제는 뒤의 가산/불가산명사 또는 단수/복수명사가 정답의 단서

수량 형용사가 수식하는 명사가 수량 형용사의 종류를 결정한다.

⊘ 기출 들여다보기 1

AIRT Company said that ------- employee who has worked for the company for more than 5 years would be eligible to become a full-time worker.

(A) both

(B) all

(C) any

(D) few

| 핵심 문법 | 수량 형용사 + 가산 단수명사/불가산명사

---

any employee
수량   가산 단수명사
형용사

해설   빈칸 뒤에 가산 단수명사가 있기 때문에 뒤에 복수 명사가 와야 하는 (A) both, (B) all, (D) few는 빈칸에 올 수 없다. 그러므로, 가산 단수명사를 수식할 수 있는 수량 형용사 (C) any가 정답이다.

해석   AIRT 사는 회사에서 5년 이상 근무한 직원들은 누구나 정규직 사원이 될 자격이 있다고 말했다.

어휘   employee n. 직원   be eligible to do v. ~할 자격이 있다   become v. ~이 되다   full-time worker n. 정규직 사원

정답   (C)

| 기출 확인 |

• (all / every) new recruit should be aware of our employee benefits
  모든 신입 직원은 우리의 직원 복리 후생을 알아야 한다

• (most / every) purchase at Top Mart comes with a five-percent-off coupon
  탑 마트의 모든 구매에는 5 퍼센트 할인 쿠폰이 딸려온다

• (Each / Several) participant at the health care conference is required to fill out a feedback card.
  보건 컨퍼런스의 각각의 참여자에게 피드백 카드를 작성하는 것이 요구된다.

• (Any / Few) important information presented during the board meeting should be included in the minutes.
  이사회 회의 중에 발표된 어떤 중요한 정보라도 회의록에 포함되어야 한다.

어휘   every 모든 new recruit 신입 직원 be aware of ~을 알다 employee benefit 직원 복리 후생 most 대부분의 purchase n. 구매 v. ~을 구매하다 each 각각의 several 몇몇의 participant 참여자 be required to do ~하는 것이 요구되다 fill out ~을 작성하다 few 거의 없는 important 중요한 information 정보 present ~을 발표하다, 제시하다 during ~중에 include ~을 포함하다

⏱ 기출 들여다보기 2

Failing to properly maintain the factory's assembly line machinery can lead to ------- delays in the manufacturing process.

(A) each   (B) every
(C) much   (D) many

| **핵심 문법** | 수량 형용사 + 가산 복수명사

many delays

수량 　　　가산 복수명사
형용사

해설　빈칸 뒤에 가산 복수명사가 있으므로 뒤에 단수명사가 와야 하는 (A) each와 (B) every는 올 수 없고, 뒤에 불가산명사가 와야 하는 (C) much도 올 수 없다. 그러므로 가산 복수명사를 받을 수 있는 수량 형용사 (D) many가 정답이다.

해석　공장 조립 라인 기계를 적절히 유지하는 것에 실패하는 것은 제조 과정에 있어서 많은 지연을 초래할 수 있다.

어휘　**fail to do** v. ~하는 것에 실패하다 **properly** ad. 적절히 **maintain** v. ~을 유지하다, 보존하다 **assembly line** n. 조립 라인 **machinery** n. 기계 **lead to** v. ~을 초래하다 **delay** n. 지연 **manufacturing** n. 제조 **process** n. 과정

정답　(D)

| 기출 확인 |

- (all / either) malfunctioning electronic devices should be returned to the store
  모든 오작동하는 전자 기기들은 상점으로 반환되어야 한다

- (Many / Much) night shift workers get paid much more than day shift workers do.
  많은 야간 교대 근무 직원들은 주간 교대 근무 직원들이 받는 것보다 훨씬 더 많은 봉급을 받는다.

- *Lifestyle Plus Magazine* has featured healthy recipes every month for (several / each) years.
  라이프스타일 플러스 잡지는 건강한 요리법을 매달 몇 년간 특집으로 해왔다.

- (Fewer / Every) clients have complained about our customer service since we changed contracts.
  우리가 계약을 변경한 이래로 보다 더 적은 고객들이 우리의 고객 서비스에 대해 불평해왔다.

어휘　**either (A or B):** (A 또는 B) 둘 중의 하나 **malfunctioning** 오작동하는 **electronic device** 전자 기기 **return** 반환하다 **feature** ~을 특집으로 하다 **several** 몇몇의 **each** 각각의 **fewer** 더 적은 **every** 모든 **client** 고객 **complain** 불평하다 **customer** 고객 **since** ~이래로, ~때문에

| Part 5 |

1. The CEO of Minstrel Software ------- a bonus of $1,000 to each recipient of the company's annual Employee of the Year award.

   (A) present
   (B) presenting
   (C) to present
   (D) presents

2. The Platinum Package ------- Axis Telecom subscribers to access a wide range of live sports coverage and newly released movies.

   (A) allow
   (B) to allow
   (C) allows
   (D) allowing

3. The tour ------- people with a chance to enjoy the beautiful national park, whose forests have been well-preserved for decades.

   (A) providing
   (B) will provide
   (C) provide
   (D) to provide

4. These days, many people believe that ------- an apartment seems like the most suitable option for their temporary needs.

   (A) rent
   (B) rented
   (C) renting
   (D) rents

5. ------- a final decision regarding the newly created position of European Marketing Manager has been difficult, as all of the job candidates are highly experienced.

   (A) Made
   (B) Make
   (C) Makes
   (D) Making

6. Next month, La Vida Cosmetics will launch the 'Skin All-in-One Essence' range, a men's cosmetics line that ------- various essential oils.

   (A) containing
   (B) to contain
   (C) contain
   (D) contains

7. The Mayon Volcano, which ------- located in eastern Philippines, has been active over the last three weeks.

   (A) is
   (B) am
   (C) are
   (D) being

8. At the annual awards banquet, usually either the Human Resources Department staff members or the CEO ------- the winner of the Employee of the Year award.

   (A) announce
   (B) announces
   (C) announcing
   (D) are announcing

9. ------- Ritzo Goods staff member with a child aged between 10 and 15 can apply for the extra benefit.

   (A) Both
   (B) Any
   (C) Few
   (D) All

10. Digi Gadgets guarantees overnight delivery for ------- item ordered through its Web site, as long as the recipient's location is within the Boston city limits.

    (A) few
    (B) every
    (C) some
    (D) several

| Part 6 |

Questions 11-14 refer to the following article.

Howarth Foods Names New Online Marketing Director

Cardiff (August 3) – Today, Howarth Foods announced Rhys Davies as the new Director of Online Marketing. Mr. Davies will supervise a department that ------- social media advertising campaigns.
11.

Gareth Jones, chairman of Howarth, said, "We are delighted to have Mr. Davies join us. I have no doubt that he will ------- us to reach a larger number of new and existing customers through
12.
the Internet." -------. In his previous position as Marketing Manager at Valley Beverages, he was
13.
responsible for doubling the company's number of customers over the past ten years.

Howarth is known for its ------- of healthy microwavable meals and low-calorie snack foods and has
14.
become one of the leading manufacturers in the UK food industry.

---

11. (A) creation (B) creating
(C) create (D) creates

12. (A) expect (B) benefit
(C) enable (D) assign

13. (A) Mr. Davies comes to Howarth with a decade of experience.
(B) Mr. Davies will be relocating overseas at the end of the month.
(C) Mr. Davies is the former chairman of Valley Beverages.
(D) Mr. Davies is looking forward to his first marketing role.

14. (A) consumption (B) purchase
(C) advance (D) range

UNIT 08

시제

POINT 1 일반 시제의 종류

단순 시제	현재	He works at MFC Inc. 그는 MFC 주식회사에서 일한다.
	과거	He worked at MFC Inc. last year. 그는 지난해에 MFC 주식회사에서 일했다.
	미래	He will work at MFC Inc. next month. 그는 다음 달에 MFC 주식회사에서 일할 것이다.
완료 시제	현재완료	She has worked there since last March. 그녀는 지난 3월부터 거기서 일해왔다.
	과거완료	She had had two previous jobs in accounting before she started this one. 그녀는 이것을 시작하기 전에 회계 분야에서 2개의 직업을 가졌었다.
	미래완료	She will have read at least 50 books by the end of the year. 연말이면 그녀가 적어도 50권의 책을 읽게 될 것이다.
진행 시제	현재진행	He is working at MFC Inc. 그는 MFC 주식회사에서 일하는 중이다.
	과거진행	He was working at MFC Inc. until 9 P.M. last night. 그는 어제 저녁 9시까지 MFC 주식회사에서 일하고 있는 중이었다.
	미래진행	He will be working at MFC Inc. until 9 P.M. tomorrow. 그는 내일 오후 9시까지 MFC 주식회사에서 일하고 있을 것이다.
완료진행 시제	현재완료진행	She has been working there for six months. 그녀는 거기에서 6개월간 일해오고 있는 중이다.
	과거완료진행	She had been working at MFC Inc. for five years when she got the promotion. 그녀가 승진을 했을 때, 그녀는 MFC 주식회사에서 5년간 일해왔었다.
	미래완료진행	When she becomes twenty, she will have been playing tennis for five years. 그녀가 20살이 되면, 그녀가 테니스를 친지 5년이 될 것이다.

가정법

가정법은 실제 사실과 반대로 말하거나 혹은 일어날 수 없는 일에 대해 말할 때 사용한다. 하지만 If절의 동사가 『will, would like to, should + 동사원형』으로 구성되고, 종속절에 명령문이나 『will, shall, please + 동사원형』이 있으면 제안, 요청, 그리고 부탁의 의미를 나타낼 수 있다. 토익에서는 주로 가정법 과거와 가정법 과거완료의 동사 형태가 출제되므로 이 부분을 중점적으로 학습하는 것이 좋다.

	종속절 (If절)	주절
가정법 과거 (현재 사실의 반대)	If + 주어 + 과거 동사[be동사일 경우 were] ~,	주어 + would, could, might, should + 동사원형
	~라면, (현재에) …할 텐데	
	If our company had a lot more money, we would acquire the rival company. 우리 회사에 좀 더 많은 돈이 있다면, 경쟁 회사를 인수할 텐데. If I were you, I would not apply for a loan. 내가 너라면, 대출을 신청하지 않을 텐데.	
가정법 과거완료 (과거 사실의 반대)	If + 주어 + had p.p. ~,	주어 + would, could, might, should + have p.p.
	~했더라면, (과거에) …했을 텐데	
	If he had applied for the position at that time, Mr. Matthews would have worked for Sky Company. 그 당시에 그가 그 직책에 지원했더라면, 매튜스 씨는 스카이 사에 근무했을 텐데.	
가정법 미래 (가능성이 희박한 미래 가정)	If + 주어 + should/were to + 동사원형 ~,	주어 + will[would], can[could], may[might], should + 동사원형
	(절대 일어나지 않겠지만) ~한다면, …할 것이다	
	If I should become a millionaire, I will buy a house. 내가 백만장자가 된다면, 나는 집을 살 것이다. If the sun were to rise in the west, I would change my mind. 해가 서쪽에서 뜬다면, 내 마음을 바꾸겠다.	
가정법 미래 (제안, 요청, 부탁)	If + 주어 + would/would like to + 동사원형 ~,	please + 동사원형/명령문
	~라면/~하고 싶다면, …해주세요/…하세요	
	If you would like to make a reservation, please call our office. 예약을 하고 싶으시다면, 저희 사무실에 전화주세요. If you would like directions to the place, contact Ms. Swanson. 그 장소로 갈 수 있는 길 안내를 원하시면, 스완슨 씨에게 연락하세요.	
	If + 주어 + should + 동사원형 ~,	주어 + will/shall + 동사원형
	~해야 한다면, ~할 것이다	
	If Mr. Sion should finish the budget report by tomorrow, he will ask his colleagues for help. 시온 씨가 예산 보고서 작성을 내일까지 마쳐야 한다면, 그는 그의 동료들에게 도움을 요청할 것이다.	

POINT 3 주장, 요구, 명령, 제안 동사 + that + 주어 + (should) + 동사원형

주절에 주장, 요구, 명령, 제안의 의미를 갖는 동사가 오면, that절에 오는 동사는 조동사 should가 생략된 것이므로 시제와 인칭에 관계없이 무조건 동사원형을 써야 한다.

주어	동사	that + 주어 + (should) + 동사원형
	주장: insist 요구: ask, request, require, demand 명령: command, order 제안: suggest, recommend, advise, propose	

The personnel manager suggested that the résumés (should) **be** returned to the job applicants.
인사부장은 이력서들이 지원자들에게 돌려 보내져야 한다고 제안했다.

POINT 4 당위성을 나타내는 형용사 + that + 주어 + (should) + 동사원형

주절에 당위성을 나타내는 형용사가 오면, that절에 오는 동사는 조동사 should가 생략된 것이므로 시제와 인칭에 관계없이 무조건 동사원형을 써야한다.

It is	당위성을 나타내는 형용사	that + 주어 + (should) + 동사원형
	essential, imperative, important, mandatory, necessary	

It is necessary that a trainee (should) **seek** some advice from a supervisor.
훈련생이 관리자에게 조언을 구하는 것은 필수적이다.

POINT 5 시간/조건 부사절 접속사 + 주어 + 현재 시제, 주어 + 미래 시제

주절이 미래 시제일 때, 시간이나 조건의 의미를 갖는 부사절에서는 내용상 당연히 미래 시제를 써야 할 것 같지만, 미래 시제 대신 현재 시제를 쓴다.

시간 부사절 접속사	after ~후에 as[when] ~할 때 as soon as ~하자 마자 before ~전에 by the time ~할 무렵에 until ~까지 while ~하는 동안
조건 부사절 접속사	as long as ~하는 한 assuming (that)[if] ~라면 in case (that) ~인 경우에 대비하여 providing[provided] (that) ~라는 조건하에 once 일단~하면, ~하자 마자 unless ~아니라면

Once the CEO from Summit Technologies **arrives**, we will begin the meeting.
일단 써밋 테크놀로지 사의 최고 경영인이 도착하기만 하면, 우리는 회의를 시작할 것이다.

078 | 현재 시제를 나타내는 부사나 시간 표현과 함께 쓰인 every, each 등의 단어가 문장에 있으면 현재 시제가 정답

반복적이고 규칙적인 일이나 일반적인 습관, 그리고 변치 않는 사실 등을 나타낼 때는 현재 시제를 쓴다.

기출 들여다보기

These days, several large companies in Seoul ------- items for the under-privileged during the charity season at the end of the year.

(A) donate

(B) donated

(C) to donate

(D) donating

| 핵심 문법 | 현재 시제 힌트 + 현재 시제

These days, ~ donate

현재 시제 힌트   현재 시제

해설   These days라는 표현이 현재의 사실을 알려주고 있으므로 현재 시제인 (A) donate가 정답이다.

해석   요즘, 서울에 있는 몇몇 대기업들은 연말 자선 시즌 동안에 불우한 사람들을 위한 물품들을 기부한다.

어휘   these days 요즘   several a. 몇몇의   item n. 물품   under-privileged a. 불우한   during prep. ~동안   charity n. 자선   donate v. ~을 기부하다, 기증하다

정답   (A)

| 기출 확인 |

• Ms. Kim (ordered / orders) art supplies every Friday, so make sure you inform her of your needs by Thursday.

김 양이 매주 금요일에 미술 용품을 주문하므로, 반드시 목요일까지 여러분이 필요로 하는 것을 알려주도록 하세요.

• Once Akira Kimura has organized an event for a company, he usually (is charging / charges) a combined fee for all labor and materials that are required.

아키라 키무라 씨가 회사를 위한 행사를 준비하자 마자, 그는 보통 요청된 노동력과 자재들에 대한 합산 비용을 청구한다.

어휘   order ~을 주문하다   make sure 반드시 ~하도록 하다   inform A of B: A에게 B를 알리다   once ~하자 마자   organize ~을 준비하다, 조직하다   usually 보통   charge ~을 청구하다   require ~을 요청하다

기출 문법 공식

079 | yesterday나 시간 표현과 함께 쓰인 ago, last 등의 단어가 문장에 있으면 과거 시제가 정답

기출 들여다보기

James Cooper first ------- the company twenty years ago and was recently named as the firm's new CEO.

(A) joins　　　　　　　　　　　　　(B) joined
(C) has joined　　　　　　　　　　(D) will be joining

|핵심 문법| 과거 시제 + 과거 시제 힌트

<u>joined</u> ~ **twenty years ago**
　과거 시제　　　　　과거 시제 힌트

해설　ago라는 표현이 과거를 나타내는 표현이므로 과거 시제인 (B) joined가 정답이다.

해석　제임스 쿠퍼 씨는 20년 전에 처음 입사했고, 최근에 그 회사의 새로운 대표이사로 임명되었다.

어휘　**recently** ad. 최근에　**name** v. ~을 …로 임명하다　**as** prep. ~로써　**firm** n. 회사　**CEO** n. 대표이사　**join the company** v. 입사하다

정답　(B)

|기출 확인|

• **Three days ago**, Ms. Swanson (left / will leave) the company to start her own business.
　3일 전에 스완슨 양은 그녀 자신의 사업을 시작하기 위해 회사를 떠났다.

• Mr. Mraz (created / has created) an advertisement for Ching Auto's new product line **last year**.
　므라즈 씨는 지난해에 칭 오토 사의 새로운 제품 라인을 위한 광고를 만들었다.

• Aztec Inc. (announced / announces) **yesterday** that its new marketing strategy has been effective.
　어제 아즈텍 주식회사는 자사의 새로운 마케팅 전략이 효과적이었다고 발표했다.

• The plant manager, Mr. Liu, **recently** (conducted / will conduct) a tour of the manufacturing plant.
　공장 매니저인 리우 씨는 최근에 제조 공장 견학을 인솔했다.

어휘　**leave** ~을 떠나다　**create** ~을 만들다　**advertisement** 광고　**announce** ~을 발표하다　**strategy** 전략　**effective** 효과적인　**recently** 최근에　**conduct a tour** 견학을 인솔하다　**manufacturing plant** 제조 공장

기출 문법 공식

080 | 시간 표현과 함께 쓰인 next, tomorrow 등의 단어가 문장에 있으면 미래 시제가 정답

앞으로 일어날 사건이나 행위 등을 표현할 때는 미래 시제를 쓴다.

🎯 기출 들여다보기

The Mac Logistics experts ------- working on the initial plans next week.

(A) start   (B) started

(C) have started   (D) will start

|핵심 문법| 미래 시제 + 미래 시제 힌트

---

will start ~ next week
미래 시제　　　 미래 시제 힌트

해설   next week이라는 표현이 미래를 나타내는 표현이므로 미래 시제인 (D) will start가 정답이다.

해석   맥 물류 사의 전문가들은 다음 주에 초기 계획들을 작업하기 시작할 것이다.

어휘   expert n. 전문가 initial a. 초기의, 처음의

정답   (D)

|기출 확인|

- Albonie Inc. (has merged / **will merge**) with Dakota Entrepreneurs next March.
  알보니 주식회사는 다가오는 3월에 다코타 기업체와 합병할 것이다.

- Mr. Pinder is still working on the sales report, but it (**will be** / is) completed by tomorrow.
  핀더 씨는 여전히 영업 보고서를 작성하는 중이지만, 이것은 내일까지 완료될 것이다.

- At the next meeting, Ms. Toyoshi (reviewed / **will review**) the terms of the contract with PHC Corporation.
  다음 주 회의에서, 토요시 씨는 PHC 사와의 계약 조항들을 검토할 것이다.

- Starting from next Monday, all staff members (were required / **will be required**) to attend at least one business seminar a year.
  다음 주 월요일부터, 모든 직원들은 일 년에 적어도 한 번씩은 비즈니스 세미나에 참석하도록 요구될 것이다.

어휘   merge with ~와 합병하다 complete ~을 완료하다 review ~을 검토하다 term 조항, 조건 contract 계약(서) be required to do ~하도록 요구되다 attend ~에 참석하다

고득점 비법 노트

☆ 과거, 현재, 미래 시제와 함께 쓰이는 표현들

과거	시간 표현 + ago ~전에 in + 과거 시간 표현 ~에 last + 시간 표현 지난 ~에 just 막 recently 최근에 yesterday 어제
현재	each[every] + 시간 표현 매~, ~마다 always 항상 currently 현재 frequently 자주 generally 대개는 often 자주, 종종 regularly 정기적으로 usually 보통 these days 요즘
미래	as of[from] + 시간 표현 ~부터 next + 시간 표현 다음 ~에 starting from + 미래 시간 표현 ~부터 shortly[soon] 곧	by the time + 주어 + 현재 시제 동사 ~가 …할 쯤에 when + 주어 + 현재 시제 동사 ~가 …할 때 by[until] ~까지 tomorrow 내일

☆ 미래 시제 없이 미래 시제를 나타낼 수 있는 경우

• 명령문

Please submit the application by tomorrow.
내일까지 신청서를 제출해주세요.

• can/may/must/should + 동사원형

Entries **should be** received by the end of this week.
출품작은 이번 주 말까지 수령되어야 한다.

• 현재진행 (come, go, leave, arrive 등의 동사가 가까운 미래를 나타내는 경우)

Ms. Novelli **is leaving** the company next week.
노벨리 양은 다음 주에 회사를 떠날 예정이다.

• 현재시제 (확정된 미래를 나타내는 경우)

Your subscription **expires** at the end of this month.
귀하의 정기구독은 이번 달 말에 만료됩니다.

081 ᅵ 기간을 나타내는 for, over나 시점을 나타내는 since 등의 단어가 문장에 있으면 현재완료 시제가 정답

과거부터 시작된 행위나 상태가 현재까지 이어지는 경우에는 현재완료 시제를 쓴다.

🎯 기출 들여다보기

Ms. Lily ------- as Vice President of Personnel for Fox Services for 10 years, and she is looking forward to another 10 years in the role.

(A) has served　　　　　　　　　　　(B) served

(C) is serving　　　　　　　　　　　(D) serves

| 핵심 문법 | 현재완료 시제 + 현재완료 시제 힌트

<u>has served</u> ~ <u>for 10 years</u>
현재완료 시제　　　현재완료 시제 힌트

해설 기간을 알려주는 for 10 years가 과거부터 현재까지 계속 진행된 상황이라는 것을 보여주고 있으므로 현재완료 시제인 (A) has served가 정답이다.

해석 릴리 양은 10년 동안 폭스 서비스 사의 인사 부사장으로 근무해왔고, 그 직무에서 또 다른 10년을 고대한다.

어휘 vice president n. 부사장 personnel n. 인사과 a. 인사의 look forward to -ing[명사] v. ~하는 것을[~을] 고대하다 role n. 직무, 역할 serve v. 근무하다

정답 (A)

| 기출 확인 |

• Over the past decade, Ms. Yoon (has risen / will rise) in the marketing field.
  지난 십년 동안, 윤 양은 마케팅 분야에서 부상하여 왔다.

• Many shopping centers (have begun / will begin) holding holiday events in the past few years.
  많은 쇼핑 센터들은 지난 몇 년 동안 공휴일 행사를 여는 것을 시작해왔다.

• Since moving to its larger location, Holy Tech (has considered / will consider) hiring 50 more employees.
  더 큰 지역으로 이사를 한 이후에, 홀리 테크 사는 직원 50명을 더 고용하는 것을 고려해왔다.

• For the past month, Thomas Sion (has aspired / is aspiring) to be the most successful sales representative.
  지난 달 동안, 토마스 시온 씨는 가장 성공한 영업 사원이 되기를 열망해왔다.

어휘 rise 떠오르다, 오르다 field 분야 begin ~을 시작하다 since ~이후에 location 지역, 지점 consider ~하는 것을 고려하다 hire ~을 고용하다 employee 직원 aspire ~을 열망하다 successful 성공적인 representative 사원

 ## 고득점 비법 노트

☆ 현재완료 시제와 함께 쓰이는 표현들
for + 기간, since + 과거 시제, in[over] the last[past]~, recently

🔔 기출 문법 공식

082 | 부사절 접속사 by the time이 속한 절에 과거 시제 동사가 있으면, 주절의 동사는 과거완료 시제가 정답

과거보다 더 이전에 시작된 행위나 상태가 과거까지 이어지는 경우에 과거완료 시제를 쓴다.

◎ 기출 들여다보기

By the time he was 24, the renowned writer George Salway ------- six adventure novels.
(A) has written   (B) wrote
(C) had written   (D) was writing

| 핵심 문법 | By the time + 주어 + 과거 시제 동사 ~, 주어 + 과거완료 시제 동사 ~.

By the time he was ~, ~George Salway had written ~.
부사절 접속사　주어　과거 시제 동사　　　주어　　　　과거완료 시제 동사

해설   By the time이 속한 절의 동사의 시제가 과거이기 때문에 주절에는 과거완료 시제가 와야 하므로 (C) had written이 정답이다.

해석   그가 24살이었을 때, 유명 작가 조지 설웨이는 6개의 모험 소설들을 집필했었다.

어휘   by the time ~할 때 renowned a. 유명한 writer n. 작가 adventure novel n. 모험 소설

정답   (C)

| 기출 확인 |

• Mr. Bones (had left / has left) his office by the time his manager contacted him.
본즈 씨는 그의 매니저가 그에게 연락했을 때, 사무실을 떠났었다.

• By the time the IT department found the problem, many important files (had disappeared / will have disappeared).
IT부서가 문제를 발견했을 때, 많은 중요한 파일들이 사라졌었다.

• By the time Ms. Langley joined our company, she (had served / has served) for 10 years as an accountant.
랭리 양이 우리 회사에 입사했을 때, 그녀는 회계사로써 10년동안 일했었다.

• By the time the new security system was installed, Daks Inc. employees (had begun / will begin) having their fingerprints entered into the database.
새로운 보안 시스템이 설치됐을 때, 닥스 주식회사 직원들은 그들의 지문을 데이터베이스에 입력하기 시작했었다.

어휘   leave ~을 떠나다 by the time ~할 때 contact ~에게 연락하다 important 중요한 disappear 사라지다 join ~에 입사하다 serve 일하다 accountant 회계사 security 보안 install ~을 설치하다 employee 직원 begin ~을 시작하다

083

부사절 접속사 by the time이 속한 절에 현재 시제 동사가 있으면, 주절의 동사는 미래완료 시제가 정답

미래 이전부터 시작된 행위나 상태가 미래까지 이어지는 경우에는 미래완료 시제를 쓴다.

🎯 기출 들여다보기

By the time Elizabeth Brown graduates, she ------- six years of education at Langford University.

(A) will complete (B) will have completed

(C) has completed (D) completes

| **핵심 문법** | `By the time` + 주어 + `현재 시제 동사` ~, 주어 + 미래완료 시제 동사 ~.

> **By the time Elizabeth Brown graduates, she will have completed ~.**
> 부사절 접속사 　　　　주어　　　　현재 시제 동사　주어　　미래완료 시제 동사

해설 By the time이 속한 절의 동사의 시제가 현재면, 주절에는 미래완료 시제가 와야 하므로 (B) will have completed가 정답이다.

해석 엘리자베스 브라운이 졸업할 때 쯤이면, 그녀는 랭포드 대학교에서 6년의 교육을 마치게 될 것이다.

어휘 by the time ~ 할 때 쯤이면 graduate v. 졸업하다 education n. 교육 complete v. ~을 마치다

정답 (B)

| 기출 확인 |

• Mr. Sabert (will have worked / has worked) for 30 years by the time he quits his job.
사버트 씨는 그의 일을 그만둘 때 쯤이면, 30년 동안 일한 것이 될 것이다.

• By the time Mr. Redford retires, Acorn Books (will have published / will publish) his official biography.
레드포드 씨가 은퇴할 때 쯤이면, 에이콘 출판사는 그의 공식적인 자서전을 출간하게 될 것이다.

• Natasha Diane (will have completed / completes) the annual report by the time she attends this afternoon's meeting.
나타샤 다이앤 씨가 오늘 오후 회의에 참석할 때 쯤이면, 그녀는 연간 보고서 작성을 완료하게 될 것이다.

• By the time he steps down next month, Joe Johnson (will have served / has served) in the same company for 30 years.
다음 달에 그가 사퇴를 할 때 쯤이면, 조 존슨 씨는 같은 회사에서 30년 동안 일한 것이 될 것이다.

어휘 by the time ~할 때 쯤이면 quit ~을 그만두다 retire 은퇴하다 publish ~을 출간하다 complete ~을 작성 완료하다 annual 연간의, 1년에 한 번의 attend ~에 참석하다 step down 사퇴하다 serve 일하다

084 | 가정법 과거 if절의 동사 자리에 일반동사가 오면 과거형이, 주절의 동사는 would, could, might, should+동사원형이 정답

◎ 기출 들여다보기 1

If our vice president ------- enough time, he would make a speech at the award ceremony.

(A) has   (B) have

(C) had   (D) had had

| 핵심 문법 | If + 주어 + 일반동사 과거형 ~, 주어 + would, could, might, should + 동사원형 ~.

If our vice president had **~, he would make ~.**

주어   일반동사   주어   조동사   동사원형
                    과거형

해설　주절에 가정법 과거에 쓰이는 동사 형태인 would + 동사원형(would make)이 있기 때문에, if절의 동사 자리에 동사의 과거형이 와야 하므로 (C) had가 정답이다.

해석　우리 부사장님이 충분한 시간이 있다면, 시상식에서 연설하실 수도 있을 텐데.

어휘　vice president n. 부사장　enough a. 충분한　make a speech v. 연설하다　award ceremony n. 시상식

정답　(C)

| 기출 확인 |

• If Mr. Walcott (earned / earn) more money, he could purchase a home in the Trinity Hills neighborhood.

월콧 씨가 더 많은 돈을 번다면, 그는 트리니티 힐즈 인근에 집을 구매할 수 있을 텐데.

• If the apartment (includes / included) furniture, it would be more attractive to renters.

그 아파트가 가구를 포함한다면, 세입자들에게 더욱 매력적일 텐데.

어휘　earn (돈을) 벌다　purchase ~을 구매하다　include ~을 포함하다　attractive 매력적인　renter 세입자

🎯 기출 들여다보기 2

> If our catering company advertised online, it ------- a greater number of clients.
>
> (A) attracts　　　　　　　　　　(B) had attracted
>
> (C) would attract　　　　　　　(D) is attracting

| 핵심 문법 | **If** + 주어 + **일반동사 과거형** ~, 주어 + would, could, might, should + 동사원형 ~.

> ### If our catering company advertised ~, it would attract ~.
> 　　　주어　　　　　　　일반동사 과거형　　주어　조동사　　동사원형

해설　If절에 가정법 과거에 쓰이는 동사 형태인 advertised가 있기 때문에, 주절의 동사는 would, could, might, should + 동사원형이
　　　와야 하므로 (C) would attract가 정답이다.

해석　우리 출장 음식 서비스 업체가 온라인에 광고한다면, 수많은 고객들을 끌어들일 텐데.

어휘　catering company n. 출장 음식 서비스 업체　advertise v. 광고하다　client n. 고객　attract v. ~을 끌다

정답　(C)

| 기출 확인 |

- If the city park imposed a speed limit for cyclists, the number of accidents (would decrease / will decrease)
  significantly.
  만약 도시에 있는 공원이 자전거 타는 사람들에게 속도 제한을 가한다면, 사고 횟수가 상당히 감소할 텐데.

- If the office employees exercised during their lunch break, they (would work / will work) more productively
  in the afternoon.
  만약 사무실 직원들이 점심 시간 동안 운동을 한다면, 그들이 오후에 더욱 생산적으로 일할 텐데.

- If more commuters in suburban areas had access to a reliable public transportation system, they (would
  spend / will spend) less money on gas and parking.
  만약 외곽 지역에 있는 더 많은 통근자들에게 믿을만한 대중 교통 체계가 있다면, 그들은 기름값과 주차비를 지불하는데 돈을 덜 쓸 텐데.

어휘　limit n. 제한 v. ~을 제한하다　decrease 감소하다　significantly 상당히　employee 직원　during ~동안　productively 생산적으로
　　　suburban 외곽의　area 지역, 구역　have access to ~에 접근할 수 있다　reliable 믿을만한　spend ~을 쓰다

🔔 기출 문법 공식

085 | 가정법 과거에서 if절의 동사 자리에 be동사가 와야 하면 were가 정답

토익에서 가정법 과거가 출제될 때 if절의 동사로 be동사가 와야 하면 인칭에 상관없이 be동사는 were를 쓴다.

🎯 기출 들여다보기

If I ------- Mr. Alexander, I would reject that job offer immediately.

(A) is   (B) was

(C) were   (D) had been

|핵심 문법| **If** + 주어 + were ~, 주어 + were, could, might, should + 동사원형 ~.

If I were ~, I would reject ~.
주어 be동사   조동사   동사원형
과거형

해설 ⏐ 주절에 가정법 과거에 쓰이는 동사 형태인 would + 동사원형(would reject)이 있으므로, If절에는 동사의 과거형이 와야 한다.
선택지의 동사가 모두 be동사이고 가정법 과거에서 if절의 동사로 be동사가 와야 하는 경우, 인칭에 상관없이 were를 사용하므로 (C) were이 정답이다.

해석 ⏐ 내가 알렉산더 씨라면, 그 구직 제안을 즉시 거절할 텐데.

어휘 ⏐ **reject** v. ~을 거절하다 **job offer** n. 구직 제안 **immediately** ad. 즉시

정답 ⏐ (C)

|기출 확인|

• If Mr. Kelly (is experienced / were experienced) in foreign business cultures, he would receive more overseas assignments.
켈리 씨가 외국 사업 문화에 경험이 있다면, 더 많은 해외 업무를 받을 텐데.

• If the proposal (were being / was being) accepted by this week, Mr. Hanson would start building shopping centers right away.
제안서가 이번 주까지 받아들여진다면, 한슨 씨는 쇼핑 센터 건설 작업을 바로 시작할 텐데.

• If the banquet hall at Fairview Hotel (were available / was available), QTA Industries would reserve the room for its year-end celebration.
페어뷰 호텔에 있는 연회장이 이용 가능하다면, QTA 산업 사는 연말 축하 행사를 위한 장소를 예약할 텐데.

어휘 ⏐ **experience** v. 경험하다 n. 경험 **receive** ~을 받다 **overseas** 해외의 **proposal** 제안(서) **accept** ~을 받아들이다 **banquet** 연회 **available** 이용 가능한 **reserve** ~을 예약하다 **celebration** 축하 행사

086 가정법 과거완료에서 if절의 동사는 had p.p.가 정답이고 주절의 동사는 would, could, might, should + have p.p.가 정답

🎯 기출 들여다보기 1

If the manager ------- longer, he could have reviewed the revised budget report carefully.

(A) stayed　　　　　　　　　　　(B) stays

(C) had stayed　　　　　　　　　 (D) will stay

| 핵심 문법 | **If** + 주어 + had p.p. ~, 주어 + **would, could, might, should + have p.p.** ~.

> **If the manager** had stayed ~, **he could have reviewed** ~.
> 　　　주어　　　　　 과거완료　　　 주어　 조동사　　 현재완료

[해설] 주절에 가정법 과거완료에 쓰이는 동사 형태인 could have p.p.(could have reviewed)가 있으므로, If절의 동사 형태는 had p.p.가 되어야 하므로 (C) had stayed가 정답이다.

[해석] 매니저가 더 오래 머물렀었다면, 수정된 예산 보고서를 신중히 검토할 수 있었을 텐데.

[어휘] review v. ~을 검토하다　revised budget report n. 수정된 예산 보고서　carefully ad. 신중히, 주의 깊게　stay longer v. 더 오래 머물다

[정답] (C)

| 기출 확인 |

• Mr. Griffin would not have missed his flight if his train (had arrived / will arrive) on time.
기차가 제 시간에 도착했더라면, 그리핀 씨는 비행기를 놓치지 않았을 텐데.

• If the shipment (had arrived / arrived) late, the contractor might not have met the deadline.
배송이 늦게 도착했더라면, 계약자가 마감일을 못 맞출 수도 있었을 텐데.

[어휘] arrive 도착하다　on time 제 시간에　shipment 배송　contractor 계약자　meet the deadline 마감일을 맞추다

⌖ 기출 들여다보기 2

If Ms. Henderson had left the office earlier, she ------- the first lecture of the seminar.
(A) would have attended   (B) could attend
(C) attended   (D) has attended

|핵심 문법| If + 주어 + had p.p. ~, 주어 + would, could, might, should + have p.p. ~.

If Ms. Henderson had left ~, she would have attended ~.
주어　　　　과거완료　　　주어　　조동사　　　현재완료

해설 If절에 가정법 과거완료에 쓰이는 동사 형태인 had p.p.가 있기 때문에, 주절의 동사 형태는 would, could, might, should + have p.p.가 되어야 하므로 (A) would have attended가 정답이다.

해석 핸더슨 양이 사무실을 좀 더 일찍 떠났었다면, 세미나의 첫 번째 강의에 참석할 수 있었을 텐데.

어휘 **leave** v. ~을 떠나다 **earlier** a. 더 일찍 **lecture** n. 강의, 강연 **attend** v. ~에 참석하다

정답 (A)

|기출 확인|

- If the product **had malfunctioned**, Micro Inc. (has offered / would have offered) a replacement.
제품이 제대로 작동하지 않았었다면, 마이크로 주식회사는 교체품을 제공했을 텐데.

- If we **had known** that they are our patrons, we (had offered / would have offered) them a 15 percent discount.
그들이 우리의 단골 고객인 것을 알았더라면, 우리는 그들에게 15 퍼센트 할인을 제공했을 텐데.

- If Westford Inc. **had devised** a more creative advertisement, its new software (received / would have received) more attention.
웨스트포드 주식회사가 더 창의적인 광고를 만들었었다면, 자사의 새 소프트웨어가 더 주목을 받았을 수도 있었을 텐데.

- If her proposal **had been accepted** earlier, Ms. Clarkson (began / could have begun) the renovation work at the end of last month.
그녀의 제안서가 더 일찍 받아들여졌더라면, 클락슨 양은 보수 공사를 지난 달 말에 시작했을 수도 있었을 텐데.

어휘 **malfunction** 제대로 작동하지 않다 **offer** ~을 제공하다 **replacement** 교체품 **devise** ~을 만들다 **creative** 창의적인 **receive** ~을 받다 **proposal** 제안(서) **accept** ~을 받아들이다 **begin** ~을 시작하다 **renovation** 보수

☆ **가정법 구문 if + 주어 + were not for와 if + 주어 + had not p.p. for**

If + 주어 + were not for는 '~가 없다면'이라는 뜻으로 사용되고, if + 주어 + had not p.p. for는 '~가 없었더라면'이라는 뜻으로 사용된다.

If it were not for her help, I would not be able to complete the task by the deadline.
그녀의 도움이 없다면, 나는 마감기한까지 그 일을 끝내지 못할 것이다. (가정법 과거)

If it had not been for her help, I would not have been able to complete the task by the deadline.
그녀의 도움이 없었다면, 나는 마감기한까지 그 일을 끝내지 못했을 것이다. (가정법 과거완료)

☆ **if 없이 가정법의 의미를 나타내는 동사구**

가정법 표현	해석	쓰임
could have p.p.	~했을 수도 있었을 텐데	· 과거에 할 수 있었는데 하지 않았던 행동에 대한 가능성을 나타낼 때 사용
must have p.p.	~했음에 틀림없다	· 과거에 대한 강한 추측을 나타낼 때 사용
should have p.p.	~했어야 했다	· 과거에 했어야 했는데 하지 못한 일에 대한 유감이나 후회를 말할 때 사용

☆ **if 외에 가정법의 의미로 사용되는 전치사와 접속사**

전치사	접속사
but for + 명사/동명사 ~이 없다면, ~이 없었더라면 except for + 명사/동명사 ~을 제외하면 given + 명사 ~을 고려하면 in case of + 명사/동명사 ~의/ ~한 경우에 in the event of + 명사/동명사 ~할 경우에 without + 명사/동명사 ~이 없다면, ~하는 것 없이	as long as + 주어 + 동사 ~하는 한 given that + 주어 + 동사 ~한다는 것을 고려하면 in case that + 주어 + 동사 ~할 경우에 in the event that + 주어 + 동사 ~할 경우에 on condition that + 주어 + 동사 ~의 조건으로 providing[provided] that + 주어 + 동사 ~라는 조건하에

·기출 문법 공식

087 | 주절의 동사에 주장, 요구, 명령, 제안의 의미를 갖는 동사가 오면 that절의 동사는 동사원형이 정답

주절의 동사가 주장, 요구, 명령, 제안의 의미를 갖는 동사면, 뒤의 that절에는 보통 조동사 should를 생략하고 that절에 온 주어의 인칭 그리고 주절에 있는 동사의 시제에 상관없이 동사원형을 쓴다.

⓪ 기출 들여다보기

The board of directors demanded that the CEO of the company ------- pursuing joint projects.

(A) considering　　　　　　　　　　(B) consider

(C) be considered　　　　　　　　　(D) will consider

| 핵심 문법 | 주장, 요구, 명령, 제안 동사 + that + 주어 + 동사원형

demanded that the CEO~ (should) consider
제안 동사　　접속사　　주어　　조동사　　동사원형

해설　주절에 제안의 의미를 갖는 동사(demanded)가 와있고, that절이 조동사 should가 생략되어 있는 문장이기 때문에 that절의 주어가 3인칭 단수(CEO)라도 동사원형이 와야 한다. 또한, consider가 동명사를 목적어로 취하는 3형식 타동사인데 뒤에 동명사 목적어인 pursuing이 있으므로 능동 형태의 (B) consider가 정답이다.

해석　이사회는 회사의 대표이사가 합작 프로젝트들을 추진하는 것을 고려해야 한다고 요구했다.

어휘　the board of directors 이사회 demand v. ~을 요구하다 CEO n. 대표이사 pursue v. ~을 추진하다 joint project n. 합작 프로젝트 consider v. ~을 고려하다

정답　(B)

| 기출 확인 |

• The senior technician insists that the project (be / has) finished on time.
　선임 기술자는 프로젝트가 제시간에 끝마쳐져야 한다고 주장한다.

• We ask that each participant (silences / silence) their cellphone during the business seminar.
　우리는 각각의 참여자에게 비즈니스 세미나 동안 그들의 휴대폰을 무음으로 해 놓을 것을 요구한다.

• The vice president suggested that the company picnic (postponed / be postponed) because of the inclement weather.
　부사장은 악천후 때문에 회사 야유회가 지연되어야 한다고 제안했다.

• The plant manager requested that every worker (complete / completes) an employee satisfaction survey by next week.
　공장 매니저는 모든 직원이 직원 만족도 조사를 다음 주까지 완료해야 한다고 요구했다.

어휘　insist ~을 주장하다 ask ~을 요구하다 silence v. 조용히 하게 하다 n. 침묵 during ~동안 suggest ~을 제안하다 postpone ~을 지연하다 because of ~때문에 inclement weather 악천후 request ~을 요구하다 complete ~을 완료하다 employee 직원 satisfaction survey 만족도 조사

088 | It is 뒤에 당위성을 나타내는 형용사가 오면 that절의 동사는 동사원형이 정답

주절에 당위성을 나타내는 형용사가 오면 뒤의 that절에는 보통 조동사 should를 생략하고 that절에 온 주어의 인칭 그리고 주절에 있는 동사의 시제에 상관없이 동사원형을 쓴다.

◎ 기출 들여다보기

It is imperative that flight attendants not ------- when they are sick.

(A) fly
(B) flying
(C) being flown
(D) flies

| 핵심 문법 | It is + 당위성을 나타내는 형용사 + that + 주어 + 동사원형

It is imperative that flight attendants (should) not fly

주어 동사 당위성을 나타내는 형용사　접속사　　　　주어　　　　조동사　동사원형

해설　주절에 당위성을 나타내는 형용사(imperative)가 와있고, that절에 조동사 should가 생략되어 있는 문장이기 때문에 동사원형이 와야 한다. 그러므로 (A) fly가 정답이다.

해석　비행 승무원들이 아플 때 비행을 하지 말아야 하는 것은 당연하다.

어휘　imperative a. 반드시 해야 하는, 필수적인 flight attendant n. 비행 승무원 sick a. 아픈

정답　(A)

| 기출 확인 |

• It is imperative that Mr. Smith (is contacting / contact) Savanna Adams regarding the annual company luncheon.
스미스 씨가 사바나 아담스 씨에게 연례 회사 오찬에 관해 연락하는 것은 중요하다.

• It is important that last year's financial report (be submitted / submitted) by this Friday.
지난 해의 재무 보고서가 이번 주 금요일까지 제출되는 것은 중요하다.

• It is essential that no one (allowed / be allowed) to enter the lab after 8 P.M. without showing an acceptable form of identification.
용인된 신분증 양식을 보여주지 않으면, 오후 8시 이후에 실험실에 아무도 들어가지 못하게 하는 것은 필수이다.

어휘　imperative 중요한, 필수적인 contact ~에게 연락하다 regarding ~에 관한 annual 연례의, 1년에 한 번의 luncheon 오찬 important 중요한 financial 재무의 submit ~을 제출하다 essential 필수의, 없어서는 안 될 allow ~가 …하게 하다 without ~없이 acceptable 용인된 identification 신분증

기출 문법 공식

089 시간/조건 부사절에서는 동사가 미래의 의미로 쓰이면 현재 시제가 정답

시간/조건 부사절에서는 현재 시제가 미래 시제를 대신한다. 조건 부사절은 토익에서 출제된 적이 없기 때문에 여기서는 기출 문법 공식으로 다루지 않았다.

🎯 기출 들여다보기

Before she ------- for the conference call, Ms. Sato will need to complete the cost estimate for the project.
(A) had left (B) will leave
(C) leaves (D) left

|핵심 문법| 시간 부사절 접속사 + 주어 + 현재 시제 동사, 주어 + 미래 시제 동사 ~.

Before she leaves **~, Ms. Sato will need to complete ~.**
시간 부사절 접속사 주어 현재 시제 동사 주어 미래 시제 동사

해설 시간 부사절에서는 비록 동사의 의미가 미래일지라도 현재 시제가 미래 시제를 대신하므로 현재 시제인 (C) leaves가 정답이다.
해석 전화 회의를 하러 가기 전에, 사토 양은 그 프로젝트에 관한 비용 견적서를 끝내야만 할 것이다.
어휘 conference call n. 전화 회의, 화상 회의 need to do v. ~해야만 한다 complete v. ~을 끝내다 cost estimate n. 비용 견적서
정답 (C)

|기출 확인|

• Ms. Cooper will meet the new CEO when she (has returned / returns) to the company next Friday.
쿠퍼 양은 다음 주 금요일에 회사로 돌아왔을 때 새 대표이사를 만날 것이다.

어휘 CEO 대표이사 return 돌아오다

📌 고득점 비법 노트

☆ if절의 동사가 미래의 의미로 쓰였을 때, 주절에 그대로 미래 시제를 쓰는 경우
명사절(~인지 아닌지)에서 동사가 미래의 의미로 쓰이면 미래시제를 쓴다.

Peter Clarkson, Personnel Manager, will know if the urgent sales meeting will be held tomorrow.
미래 시제 명사절 미래 시제

인사부장인 피터 클락슨 씨는 내일 긴급 매출 회의가 열릴지 아닐지 알 것이다.

| Part 5 |

1. Every Friday, Mace Graphic Design Co. ------- a policy that allows employees to leave work an hour earlier than usual.

(A) observe
(B) observed
(C) observing
(D) observes

2. Service technicians ------- repairing a wide range of electrical problems at Miller Corporation last Monday.

(A) start
(B) starts
(C) started
(D) will start

3. The Torque 500 SUV that the company president ordered to replace the existing company vehicle ------- next month.

(A) arriving
(B) arrived
(C) will arrive
(D) has been arrived

4. The productivity report indicated that output per employee ------- by 0.5 percent per year over the last five years.

(A) has decreased
(B) to decrease
(C) is decreasing
(D) are decreased

5. The city's annual Comedy & Arts Festival ------- a considerable amount of income over the last two years and is organized by local people.

(A) has generated
(B) generating
(C) is generating
(D) generates

6. By the time the main performer arrived on stage, almost half of the audience members ------- the concert venue.

(A) had left
(B) are leaving
(C) will leave
(D) left

7. By the time the train arrives in Paris, it ------- more than 1,400 kilometers across mainland Europe.

(A) travels
(B) has traveled
(C) will travel
(D) will have traveled

8. If our ski resort ------- some easier slopes, it would be suitable for beginners.

(A) will have
(B) have
(C) had
(D) had had

9. If I ------- the mayor of the city, I might consider creating bike lanes on downtown streets.

(A) was
(B) had been
(C) is
(D) were

10. If Yami Food had gained popularity in the overseas markets, its sales ------- rapidly over the last few years.

(A) be growing
(B) will grow
(C) would grow
(D) would have grown

11. If the event organizer ------- the rock concert on the radio, more people would have attended.

(A) promotes
(B) promoted
(C) would promote
(D) had promoted

12. The bank's CEO recommended that a verification code ------- to customers by SMS whenever they make an online transaction.

(A) were sent
(B) will be sent
(C) be sent
(D) sending

13. Max Pharmaceutical Company has requested that Midland Bank, its largest shareholder, ------- more than 20 percent of their shares.

(A) to invest
(B) has invested
(C) invest
(D) is investing

14. It is mandatory that every person interested in any jobs listed on our Web site ------- electronically by filling out and submitting an online application form.

(A) have applied
(B) applies
(C) applying
(D) apply

15. To ensure that guests enjoy their stay here at Yellow Sands Resort, it is important that the guest services manager ------- to all requests in a prompt and courteous manner.

(A) respond
(B) responds
(C) responded
(D) responding

16. Before Tire Stop ------- a new line of motorcycle tires, it will develop a new promotion campaign to attract more customers.

(A) will launch
(B) launched
(C) launches
(D) had launched

| Part 6 |

Questions 17-20 refer to the following article.

CARLISLE (August 14) - Ezra Telecom and Trident Broadband will be merging to reposition themselves as one large corporation. This exciting merger is effective as of October 20. The newly ------- Internet and cable TV provider will be named Trident-Ezra Digital. At the moment, Ezra has approximately 2 million customers, while Trident currently ------- services to almost double that number. -------. Speaking at a press conference yesterday, Barry Forbes, CEO of Ezra, and Lynsey Black, CEO of Trident, affirmed that customers can expect the same high standards in all aspects of the business. ------- also noted that new products and services will be introduced early next year.

17. (A) purchased
(B) recruited
(C) created
(D) renovated

18. (A) provided
(B) to provide
(C) provides
(D) will provide

19. (A) Thousands of customers have complained about unsatisfactory service.
(B) The Internet provision market in Carlisle has become increasingly competitive.
(C) Both companies have vowed to continue despite the financial issues.
(D) Both companies are known for their excellent products and customer service.

20. (A) We
(B) It
(C) They
(D) She

UNIT
09

능동태 / 수동태

: 기본 문법 사항 : 각 문법 공식을 학습하기 전, 기본 문법 사항을 익히도록 합니다.

POINT 1 태의 종류

영어의 동사는 주어가 행위를 하고 있는지 행위를 받고 있는지에 따라 능동태와 수동태로 구분된다. 특히 토익 시험에서는 대부분의 경우 동사 뒤에 목적어가 있는지 없는지에 따라서 능동태인지 수동태인지를 구별할 수 있다. 그러므로 자동사와 타동사를 구분할 수 있으면, 능동태와 수동태 문제를 푸는 데 큰 도움이 된다는 것을 명심하자.

종류	문장 구조	용례
능동태(~하다)	주어 + 동사 + 목적어	Mr. Ford revised the article. 포드 씨가 그 기사를 수정했다.
수동태(~되다)	주어 + be동사 + p.p. + (by 행위자)	The article was revised by Mr. Ford. 그 기사는 포드 씨에 의해서 수정되었다.

☑ 수동태 문장은 타동사의 목적어가 주어 자리로 이동 후 만들어지는 문장이기 때문에, 목적어를 갖지 않는 자동사는 수동태 문장으로 쓰일 수 없다.

POINT 2 4형식 동사와 5형식 동사의 수동태

1 4형식 동사(주어 + 동사 + 간접목적어 + 직접목적어)의 수동태

능동태	The CEO at PK Tech gave all employees bonuses. PK 테크 사의 대표이사는 모든 직원들에게 보너스를 줬다.
수동태 1 (간접목적어 주어)	All employees were given bonuses by the CEO at PK Tech. 모든 직원들이 PK 테크 사의 대표이사로부터 보너스를 받았다.
수동태 2 (직접목적어 주어)	Bonuses were given to all employees by the CEO at PK Tech. PK 테크 사의 대표이사에 의해 모든 직원들에게 보너스가 주어졌다.

2 5형식 동사(주어 + 동사 + 목적어 + 목적격보어)의 수동태

능동태	The sales representatives asked the customers to fill out an application form. 영업 사원들은 고객들에게 신청서를 작성하도록 요청했다.
수동태	The customers were asked to fill out an application form by the sales representatives. 고객들이 영업 사원들에 의해 신청서를 작성하도록 요청받았다.

090 | 3형식 타동사가 들어갈 자리이고 뒤에 목적어가 있으면 능동태가 정답

능동태로 쓰인 3형식 타동사는 뒤에 목적어를 갖는다.

🎯 기출 들여다보기

The government ------- a revised policy for granting construction permits to businesses in urban areas.

(A) has implemented　　　　(B) be implementing
(C) to implement　　　　　(D) is implemented

| 핵심 문법 | 3형식 타동사의 능동태 + 명사(=목적어)

has implemented **a revised policy**
3형식 타동사의 능동태　　　명사(=목적어)

해설　빈칸은 문장의 동사 자리이고 implement는 타동사로 뒤에 목적어를 필요로 하기 때문에 능동태인 (A) has implemented가 정답이다.
해석　정부는 도시 지역에 있는 사업체들에게 건축 허가를 승인하는 데 있어 수정된 정책을 시행했다.
어휘　revised a. 수정된 policy n. 정책 grant v. ~을 승인하다 construction permit n. 건축 허가 urban a. 도시의 area n. 지역 implement v. ~을 시행하다
정답　(A)

| 기출 확인 |

• the new restaurant (was attracted / attracts) many customers
　새로운 식당은 많은 고객들을 끌어 모은다

• Tazi Inc. (was recruited / is recruiting) seven sales representatives.
　타지 주식회사는 7명의 판매 사원을 모집하는 중이다.

• The senior accountant (was organized / organized) the training sessions.
　상급 회계사가 교육을 준비했다.

• Most of the employees (were rejected / rejected) the revised company policy.
　대부분의 직원들이 수정된 회사 정책을 거부했다.

어휘　attract ~을 끌어모으다, 매료시키다 customer 고객 recruit ~을 모집하다 representative 사원 organize ~을 준비하다, 조직하다 employee 직원 reject ~을 거부하다 revised 수정된 policy 정책

091 │ 4형식 타동사 외의 타동사가 들어갈 자리이고 뒤에 목적어가 없으면 수동태가 정답

대부분의 타동사 수동태는 목적어를 가질 수 없다.

⊙ 기출 들여다보기

The final shortlist of nominees ------- last Thursday by the Detroit-based Film Critics Association, the organizer of the awards ceremony.

(A) was announced   (B) announced

(C) was announcing   (D) to announce

| 핵심 문법 | 수동태 + 부사(구)/전치사(구)

was announced **last Thursday**
수동태　　　　　　　　 부사구

해설　빈칸은 문장의 동사 자리이고, announce는 타동사이기 때문에 뒤에 목적어를 가져야 한다. 하지만 문장에서 목적어를 찾을 수 없으므로 수동태인 (A) was announced가 정답이다.

해석　지명된 사람들의 최종 후보자 명단이 시상식 주최측인 디트로이트에 기반을 둔 영화 비평가 협회에 의해 지난 목요일에 발표되었다.

어휘　**final** a. 최종의 **shortlist** n. 최종 후보자 명단 **nominee** n. 지명된 사람 **critic** n. 비평가 **association** n. 협회 **organizer** n. 주최자, 준비자 **award** n. 상 **ceremony** n. 식 **announce** v. ~을 발표하다

정답　(A)

| 기출 확인 |

• the banquet will (be holding / be held) next Friday
연회가 다음 주 금요일에 열리게 될 것이다

• Mr. DeVito (employs / is employed) at Clarkson Inc.
데비토 씨는 클락슨 주식회사에서 근무한다.

• the product (was delivering / was delivered) before 11:00 A.M.
오전 11시 전에 제품이 배송되었다

• The complimentary buffet breakfast (was serving / is served) from 7:00 A.M. to 11:00 A.M.
무료 뷔페식 아침식사가 오전 7시부터 11시까지 제공된다.

어휘　**banquet** 연회 **hold** ~을 열다 **employ** ~을 고용하다 **be employed at** ~에서 근무하다 **product** 제품 **deliver** ~을 배송하다 **complimentary** 무료의 **serve** ~을 제공하다

🔔 기출 문법 공식

092 | 4형식 동사가 들어갈 자리이고 뒤에 목적어가 한 개만 있으면 수동태가 정답

4형식 수여동사는 목적어가 2개이므로 목적어 두 개 중 한 개가 주어 자리로 이동하여 수동태가 되더라도 수동태 뒤에 목적어를 가질 수 있다.

🎯 기출 들여다보기

Out of the 20 dance teams, the top 10 ------- the chance to perform at the city festival this Friday.

(A) will be giving   (B) gave

(C) will be given   (D) have given

| 핵심 문법 | 4형식 동사의 수동태 + 명사(=직접목적어) / 4형식 동사의 수동태 + 전치사 + 명사(=간접목적어)

---

will be given **the chance**
4형식 동사의 수동태   명사(=직접목적어)

해설   빈칸은 문장의 동사 자리이고, give는 4형식 동사이기 때문에 능동태 문장에서 2개의 명사를 목적어로 가진다. 하지만 문장에서 빈칸 뒤에 목적어가 한 개만 있는 것으로 보아, 목적어 두 개 중 한 개가 주어 자리로 이동한 수동태 문장임을 알 수 있으므로 (C) will be given이 정답이다.

해석   20개 댄스팀들 중에서, 우수 10개 팀에게 이번 주 금요일에 있을 도시 축제에서 공연할 기회가 주어질 것이다.

어휘   out of ~중에서   chance n. 기회   perform v. 공연하다   festival n. 축제

정답   (C)

| 기출 확인 |

- Mr. Hong (was sending / **was sent**) a replacement for his faulty laptop yesterday.
  홍 씨에게 어제 결함이 있는 노트북 컴퓨터에 대한 교체품이 보내졌다.

- Although Tillman Engineering has worked on similar projects in the past, the bridge construction contract (gave / **was given**) to a smaller British firm.
  비록 틸맨 엔지니어링 사가 과거에 비슷한 프로젝트들을 작업한 적이 있지만, 도로 건설 계약은 더 작은 규모의 영국 회사에게 주어졌다.

어휘   send ~에게 …을 보내다   replacement 교체(품)   faulty 결함이 있는   although 비록 ~이지만   similar 비슷한   past 과거   construction 건설   contract 계약(서)   give ~에게 …을 주다   firm 회사

🔔 기출 문법 공식

093 | 5형식 동사가 들어갈 자리이고 뒤에 to부정사가 있으면 수동태가 정답

능동태 문장에서 명사 목적어와 to부정사 목적격보어를 가지는 5형식 동사 뒤에 to부정사가 있다는 것은 그 문장이 목적어가 주어 자리로 이동한 수동태 문장이라는 것을 나타낸다.

🎯 기출 들여다보기

Companies that sell faulty merchandise ------- to provide a refund for items that are returned by consumers.

(A) required   (B) are requiring

(C) have required   (D) are required

| 핵심 문법 | 5형식 동사의 수동태 + to부정사

are required **to provide**
5형식 동사의 수동태   to부정사

[해설] 빈칸은 문장의 동사 자리이고, require는 5형식 동사이기 때문에 능동태 문장에서 명사 목적어와 to부정사 목적격보어를 가진다. 하지만, 문장에서 빈칸 뒤에 to부정사가 있는 것으로 보아 목적어가 주어 자리로 이동한 수동태 문장임을 알 수 있으므로 (D) are required가 정답이다.

[해석] 결함이 있는 상품을 파는 회사들은 고객들에 의해 반환된 물품들에 대한 환불금을 제공하도록 요구된다.

[어휘] faulty a. 결함이 있는 merchandise n. 상품 provide v. ~을 제공하다 refund n. 환불(금) item n. 물품, 품목 return v. ~을 반환하다, 돌려주다 consumer n. 고객 require v. ~을 요구하다 be required to do v. ~하도록 요구되다

[정답] (D)

| 기출 확인 |

• Customers (are required / required) to include a valid receipt.
고객들은 유효한 영수증을 포함하도록 요구된다.

• Mr. Noam (told / was told) to organize the retirement party for Ms. Carter.
노암 씨는 카터 양을 위한 퇴직 파티를 준비하라는 당부를 받았다.

[어휘] customer 고객 be required to do ~하도록 요구되다 include ~을 포함하다 valid 유효한 receipt 영수증 be told to do ~하라는 당부를 받다 organize ~을 준비하다, 조직하다 retirement 퇴직

기출 공식 실전 테스트

| Part 5 |

1. Our new energy policy ------- ways to be more efficient in conserving energy in our offices.

(A) outlining   (B) to outline
(C) is outlined   (D) outlines

2. The former vice president, Mr. Bratton, ------- the role of Chief Financial Officer as of July 1 next year.

(A) assuming   (B) will assume
(C) will be assumed   (D) be assuming

3. The council ------- a proposal from KC Construction to build a shopping mall in the Firside neighborhood.

(A) has reviewed   (B) be reviewing
(C) to review   (D) is reviewed

4. Colorful flags promoting the town's Founding Day celebration ------- along all the roads in the downtown area.

(A) were installing   (B) would be installing
(C) to be installed   (D) have been installed

5. Any changes to the conference schedule should ------- right away to Ms. Chambers, who is in charge of organizing the event.

(A) report   (B) be reported
(C) reports   (D) reporting

6. The newly hired sales representatives ------- mentors who will help them adjust to their roles at Ezra Telecom.

(A) assigned   (B) will be assigning
(C) will be assigned   (D) have assigned

7. Next month, our gym members ------- new membership cards that can be used in conjunction with our rewards program.

(A) will be issuing   (B) issued
(C) will be issued   (D) have issued

8. Employees who go on official business trips ------- to keep all travel receipts in order to be reimbursed.

(A) reminded   (B) are reminding
(C) have reminded   (D) are reminded

9. The rehearsal participants ------- to keep details of the stage production secret.

(A) told   (B) are told
(C) have told   (D) are telling

10. Visitors to the amusement park ------- to store their belongings in the lockers at the main entrance.

(A) advised   (B) are advising
(C) are advised   (D) have advised

| Part 6 |

Questions 11-14 refer to the following notice.

Attention PC Galaxy Customers:

When having your laptop repaired, you can expect to be charged 5 cents for each gigabyte of data we need to back up during the process. You will see this charge indicated on your bill as "Data Back-up Fee". ------- you instruct us otherwise, we will assume that you would like us to back up all your files.
11.

To prevent any of your data from being lost or corrupted, we take great care when removing it and storing it temporarily. We use only top-of-the-range portable hard drives and cables to ensure that the data ------- securely. The fee is necessary in order to help cover these equipment costs.
12.

Please note that the fee is -------; you will not be required to pay it if you choose to remove all of your
13.
files before bringing in your laptop for repair. -------.
14.

---

11. (A) Besides   (B) Despite
      (C) Unless   (D) So that

12. (A) transferred   (B) to transfer
      (C) is transferred   (D) is transferring

13. (A) excessive   (B) optional
      (C) brief   (D) critical

14. (A) Just make sure that you back up everything properly.
     (B) We can recommend some effective anti-virus software.
     (C) Please allow at least five business days for shipping.
     (D) This is why you should have your laptop maintained regularly.

UNIT 09

능동태 / 수동태

UNIT
10

준동사

■ to부정사

POINT 1 to부정사란?

'to + 동사원형'의 형태로 이루어진 단어를 to부정사라고 하며 문장 안에서 어떤 역할을 하느냐에 따라 명사적, 형용사적, 부사적 용법으로 나뉜다. to부정사는 문장 안에서 동사의 역할을 수행할 수 없기 때문에 문장이 완전하기 위해서는 동사가 따로 필요하다는 것을 명심해야 한다.

POINT 2 명사적 용법

문장 내 역할	용례
주어	To travel frequently requires a lot of time and money. 자주 여행을 가는 것은 많은 시간과 돈을 필요로 한다.
목적어	I'm planning to transfer to the London branch. 나는 런던에 있는 지사로 전근할 계획 중이다.
주격보어	My goal is to become the head of the sales department. 나의 목표는 영업부의 팀장이 되는 것이다.
목적격보어	The HR manager advised new recruits to read the employee handbook carefully. 인사부장은 신입 사원들에게 직원 안내 책자를 유심히 읽어보라고 권고했다.

POINT 3 형용사적 용법

문장 내 역할	용례
앞에 명사 수식	The candidate should have the ability to succeed. 후보자는 성공할 능력을 가지고 있어야 한다.

POINT 4 부사적 용법

문장 내 역할	용례
전체 문장 수식	The party will be held to celebrate Mr. Thomson's promotion. 그 파티는 톰슨 씨의 승진을 축하하기 위해 열릴 것이다.

■ 동명사

POINT 1 동명사란?

동명사는 '동사 + -ing'의 형태로 구성되며, 동사의 의미를 포함하고 있지만 문법적으로는 명사 역할을 한다. 그러므로 동명사는 주어, 목적어, 보어, 그리고 전치사의 목적어로 쓰일 수 있다. 토익에서는 대부분 동명사가 주어 자리에 오는 경우, 그리고 동사 또는 전치사의 목적어 자리에 오는 경우로 출제된다.

POINT 2 동명사의 특징

1 명사 역할을 할 수 있는 주어, 목적어, 보어 자리에 올 수 있다.

1) 주어 자리에 온 동명사

Purchasing items online is convenient. 물품을 온라인에서 구매하는 것은 편리하다.

2) 목적어 자리에 온 동명사

• 타동사 + 동명사(=목적어)

Mr. Davis, the HR manager, suggested **attending** the business conference.

인사부장인 데이비스 씨는 사업 컨퍼런스에 참여하는 것을 제안했다.

• 전치사 + 동명사(=목적어)

by **educating** their children 그들의 아이들을 교육시킴으로써

3) 보어 자리에 온 동명사

Mr. Brown's new responsibility is **training** staff members.

브라운 씨의 새로운 책무는 직원들을 교육시키는 것이다.

2 명사가 필요한 자리에 오지만 동명사가 '타동사 + -ing'로 만들어진 경우 목적어를 갖는 타동사의 역할도 동시에 한다.

Our company is considering **opening** <u>some new branches</u> in Asia.
                                         목적어

우리 회사는 아시아에 새로운 지점들을 여는 것을 고려 중이다.

3 명사 역할을 하지만 동사의 의미를 갖고 있기 때문에 부사의 수식도 받을 수 있다.

The manager is responsible for <u>actively</u> **promoting** the company's image.
                                         부사

매니저는 회사의 이미지를 적극적으로 홍보할 책임이 있다.

4 동명사 앞에는 관사가 올 수 없으며, 단수 취급한다.

_____ **Delivering** ordered items on time <u>is</u> very important to keep customers satisfied.
 관사x   단수 동사

주문된 물건들을 제시간에 배달하는 것은 고객들을 계속 만족시키는데 있어 매우 중요하다.

5 현재분사와 같은 형태를 가지고 있다.

The marketing manager <u>avoided</u> <u>losing</u> an important client.
                              타동사   동명사

마케팅부장은 중요한 고객을 잃는 것을 막았다.

The startup <u>was</u> **losing** money every quarter.
              be동사 현재분사

신생 기업은 매 분기 돈을 잃고 있었다.

094 to부정사를 목적어로 취하는 3형식 타동사 뒤 목적어 자리에 빈칸이 있으면 to부정사가 정답

목적어 자리에 반드시 to부정사를 취하는 3형식 타동사가 있다.

🎯 기출 들여다보기

A new report is claiming that Aponex Inc. is planning ------- its first Middle East store in the U.A.E.

(A) open (B) to open

(C) opening (D) opened

| 핵심 문법 | to부정사를 목적어로 취하는 3형식 타동사 + to부정사(=목적어)

---

is planning to open
3형식 타동사　　to부정사(=목적어)

해설 　동사 plan은 to부정사를 목적어로 취하는 3형식 타동사이므로 (B) to open이 정답이다.

해석 　새 보고서는 아포넥스 주식회사가 아랍에미리트에 그들의 최초의 중동 매장을 열 계획이라고 주장하고 있다.

어휘 　claim v. ~을 주장하다, 요구하다 plan v. ~을 계획하다 Inc.(=Incorporated) n. 주식회사 Middle East n. 중동

정답 　(B)

| 기출 확인 |

• **plan** (submit / to submit) all time sheets
모든 근무 시간 기록표들을 제출할 것을 계획하다

• **strive** (to enhance / enhancing) its safety procedures
안전 절차들을 향상시키려고 노력하다

• **hope** (raising / to raise) salaries to motivate employees
직원들의 동기를 부여하기 위해 봉급을 올리기를 바라다

• **tend** (to give / giving) customers a refund for faulty items
고객들에게 결함이 있는 제품들에 있어 환불을 해주는 경향이 있다

어휘 　plan to do ~하는 것을 계획하다 submit ~을 제출하다 strive to do ~하기 위해 노력하다 enhance ~을 향상시키다 safety 안전
procedure 절차 hope to do ~하기를 바라다 raise ~을 올리다 employee 직원 tend to do ~하는 경향이 있다 customer 고객
refund 환불(금) faulty 결함이 있는

UNIT 10 준동사

095 | to부정사를 목적격보어로 취하는 5형식 타동사의 목적격보어 자리에 빈칸이 있으면 to부정사가 정답

목적격보어에 자리에 반드시 to부정사를 취하는 5형식 타동사가 있다.

🎯 기출 들여다보기

The newly introduced test at the National Hospital will enable doctors ------- the disease early.

(A) detected

(B) detecting

(C) detect

(D) to detect

| 핵심 문법 | to부정사를 목적격보어로 취하는 5형식 타동사 + 목적어 + to부정사(=목적격보어)

enable doctors to detect

5형식 타동사   목적어   to부정사(=목적격보어)

해설   동사 enable은 to부정사를 목적격보어로 취하는 5형식 타동사이므로 (D) to detect가 정답이다.

해석   네셔널 병원에 새로 도입된 검사는 의사들이 질병을 초기에 찾아 내는 것을 가능하게 할 것이다.

어휘   newly introduced 새로 도입된, 새로 소개된   enable v. ~을 가능하게 하다   disease n. 질병   early ad. 초기에   detect v. ~을 찾다, 탐지하다

정답   (D)

| 기출 확인 |

- **expect its sales** (to increase / have increased)
  판매량이 증가할 것을 기대하다

- **ask personnel** (to submit / submitting) weekly reports
  직원들에게 주간 보고서를 제출할 것을 요구하다

- **expect customer service representatives** (to handle / handles) customer complaints professionally
  고객 서비스 직원들이 고객 불만사항들을 전문적으로 처리하기를 기대하다

어휘   expect ~가 …할 것으로 기대하다   increase 증가하다   ask ~에게 …할 것을 요구하다   personnel 직원   submit ~을 제출하다   weekly 매주의, 주 1회의   customer 고객   representative 직원   handle ~을 처리하다   complaint 불만   professionally 전문적으로

기출 문법 공식

096 | 5형식 타동사 수동태 뒤에 빈칸이 있으면 to부정사가 정답

『주어 + 5형식 타동사 + 목적어 + 목적격보어(to부정사)』로 이루어진 문장의 목적어가 주어 자리로 이동하여 수동태 문장이 되면, 수동태 동사구 바로 뒤에 목적격보어인 to부정사가 남게 된다.

⌖ 기출 들여다보기

All customers at Zin Grocery outlets are advised ------- perishable items in a refrigerator.

(A) store

(B) stores

(C) storing

(D) to store

| 핵심 문법 | 5형식 타동사 수동태 + to부정사

are advised to store
5형식 타동사 수동태 to부정사

해설 5형식 문장의 목적어가 주어 자리로 이동하여 수동태 문장이 되면, 수동태 동사구 바로 뒤에 목적격보어인 to부정사가 남게 되므로 (D) to store가 정답이다.

해석 진 식료품 소매점들의 모든 고객들은 상하기 쉬운 품목들을 냉장고에 보관하도록 권고된다.

어휘 customer n. 고객 be advised to do v. ~하도록 권고되다 perishable a. 상하기 쉬운 item n. 품목 refrigerator n. 냉장고 store v. ~을 보관하다, 저장하다

정답 (D)

| 기출 확인 |

• All our subscribers are invited (to attend / attending) our upcoming charity event.
모든 우리 구독자들은 다가오는 우리 자선 행사에 참석하도록 초대된다.

• Staff members in the IT department are reminded (to address / addressing) computer problems immediately.
IT 부서의 직원들은 컴퓨터 문제들을 즉시 해결하도록 상기된다.

• Employees at MD Inc. are required (to adhere / have adhered) to a company policy regarding vacation leave.
MD 주식회사 직원들은 휴가에 관한 회사 정책을 고수하도록 요구된다.

• Mr. Parkins is expected (to arrive / have arrived) early on Friday to print out materials for the presentations.
파킨스 씨는 발표를 위한 자료들을 출력하기 위해 금요일에 일찍 도착할 것으로 예상된다.

어휘 subscriber 구독자 be invited to do ~하도록 초대하다 attend ~에 참석하다 upcoming 다가오는 charity 자선 be reminded to do ~하도록 상기되다 address ~을 해결하다 immediately 즉시 employee 직원 be required to do ~하도록 요구되다 adhere ~을 고수하다, 지키다 policy 정책 regarding ~에 관한 vacation leave 휴가 be expected to do ~할 것이 예상되다 arrive ~에 도착하다 early 일찍

UNIT 10
준동사

097 | 선택지에 to부정사가 있고 빈칸 앞에 명사가 있으면 to부정사가 정답

to부정사가 형용사적 용법으로 쓰일 경우, 명사를 뒤에서 수식할 수 있다.

⏱ 기출 들여다보기

Some cable channels like OnTV and Dramaking have a plan ------- their own drama series next year.

(A) to launch

(B) launch

(C) launches

(D) launched

| 핵심 문법 | 명사 + to부정사

<u>plan</u> to launch
명사   to부정사

해설 빈칸 앞에 명사가 있으므로 명사를 수식할 수 있는 단어가 와야 한다. 선택지에서 명사를 수식할 수 있는 단어는 형용사적 용법으로 쓰일 수 있는 to부정사 밖에 없으므로 (A) to launch가 정답이다.

해석 온비티와 드라마킹 같은 몇몇 케이블 채널들은 내년에 자체 드라마 시리즈를 시작할 계획이 있다.

어휘 cable channel n. 케이블 채널 have a plan to do v. ~할 계획이 있다 own a. 자체의 launch v. ~을 시작하다, 출시하다

정답 (A)

| 기출 확인 |

- a plan (to issue / issuing) new identification badges to employees 직원들에게 새 신분증 배지를 발급해줄 계획
- a great way (to build / builds) good relationships with co-workers 동료들과 좋은 관계를 만들 수 있는 훌륭한 방법
- Ms. Swindle is the most suitable person (to succeed / successive) Mr. Asher.
  스윈들 양은 에셔 씨의 뒤를 이을 가장 적합한 사람이다.

- a proposal (to transform / transforming) the empty spaces into offices for new recruits
  빈 공간들을 신입 사원들을 위한 사무실로 바꾸려는 제안

어휘 plan 계획 issue ~을 발급하다 employee 직원 way 방법 build ~을 만들다 co-worker 동료 suitable 적합한 succeed ~의 뒤를 잇다, 성공하다 successive 연속적인, 잇따른 proposal 제안 transform ~을 바꾸다 new recruit 신입 사원

📌 고득점 비법 노트

☆ '명사 + to부정사' 토익 빈출 표현

ability to do ~할 수 있는 능력	effort to do ~하기 위한 노력	right to do ~할 권리
attempt to do ~하려는 시도	permission to do ~하는 것에 대한 허락	time to do ~할 시간
chance[opportunity] to do ~할 기회	plan to do ~하려는 계획	way to do ~할 방법
decision to do ~하겠다는 결정	proposal to do ~하겠다는 제안	willingness to do ~하려는 의지

기출 문법 공식

098 | 선택지에 to부정사가 있고 빈칸 앞 또는 빈칸을 포함한 구 뒤에 완전한 문장이 있으면 to부정사가 정답

to부정사의 부사적 용법은 이미 완전한 문장이 있을 때 사용된다.

🎯 기출 들여다보기 1

Please, visit our Web site ------- or support an innovative project today.

(A) start
(B) to start
(C) starting
(D) started

| 핵심 문법 | 완전한 문장 + to부정사

Please, visit our Web site to start

완전한 문장   to부정사

해설   빈칸 앞에 이미 완전한 문장인 명령문이 와 있으므로 빈칸에는 부가적인 요소로 부사 역할을 할 수 있는 단어가 와야 한다. 선택지에 부사 역할을 할 수 있는 것은 부사적 용법으로 쓰일 수 있는 to 부정사 밖에 없으므로 (B) to start가 정답이다.

해석   혁신적인 프로젝트를 시작하거나 후원하기 위해 오늘 저희 웹사이트를 방문하십시오.

어휘   visit v. ~을 방문하다 support v. ~을 후원하다, 지지하다 innovative a. 혁신적인

정답   (B)

| 기출 확인 |

- About 500 people gathered (to attend / attended) the computer workshop.
  컴퓨터 워크샵에 참석하기 위해 대략 500명의 사람들이 모였다.

- The fundraising party was held (to raise / raises) money for homeless people.
  노숙자들을 위한 돈을 모으기 위해 기금 모금 파티가 열렸다.

- A dinner party will be held on March 30 (to celebrate / celebrated) their achievement.
  그들의 업적을 축하하기 위해 3월 30일에 만찬회가 열릴 것이다.

- Elliot Inc. started using a new alert system (to improve / has improved) the security of the company.
  회사의 보안을 개선하기 위해 엘리엇 주식회사는 새로운 경보 시스템을 사용하기 시작했다.

어휘   attend ~에 참석하다 hold ~을 열다 raise ~을 모으다 celebrate ~을 축하하다 achievement 업적 improve ~을 개선하다 security 보안

UNIT 10 준동사

🎯 기출 들여다보기 2

------- the 20th anniversary of their debut album, the rock band Miracle will hold a concert in October.

(A) Celebrated   (B) Celebrates

(C) To celebrate   (D) Celebrate

| 핵심 문법 | to부정사~, **완전한 문장**

To celebrate~,
to부정사

the rock band Miracle will hold a concert~
완전한 문장

해설 빈칸을 포함한 구인 콤마 뒤에 주어와 동사, 그리고 목적어를 가진 완전한 문장이 와있으므로 문장 전체를 수식할 수 있는 to부정사의 부사적 용법이 사용되어야 한다. 그러므로 (C) To celebrate가 정답이다.

해석 그들의 데뷔 앨범 출시 20주년 기념일을 축하하기 위해, 록 밴드 미라클은 10월에 콘서트를 열 것이다.

어휘 anniversary n. 기념일 debut n. 데뷔 hold v. ~을 열다, 개최하다 celebrate v. ~을 축하하다

정답 (C)

| 기출 확인 |

• (To promote / For the promotion) research in the science field, the government promised to offer grants annually.
과학 분야에서의 연구를 장려하기위해, 정부는 매년 보조금을 제공하기로 약속했다.

• (To enhance / Being enhanced) merchandise quality, the company is planning to purchase up-to-date equipment.
상품 품질을 향상시키기 위해, 회사는 최신 장비를 구매할 계획이다.

• (To celebrate / Celebration) the opening of the new branch, all staff members were invited to the grand opening ceremony.
새 지점의 개장을 축하하기 위해, 모든 직원들이 개장식에 초대되었다.

어휘 promote ~을 장려하다 promotion 장려, 승진 research 연구 field 분야 promise to do ~하기로 약속하다 offer ~을 제공하다 annually 매년, 일 년에 한 번의 enhance ~을 향상시키다, 강화하다 merchandise 상품 quality 품질 plan to do ~할 계획이다 purchase v. ~을 구매하다 n. 구매(품) up-to-date 최신의 equipment 장비 celebrate ~을 축하하다 opening 개장 branch 지점, 지사 be invited to ~에 초대되다 grand opening ceremony 개장식

기출 문법 공식

099 | 가주어-진주어 문장에서 진주어 자리가 비어 있고 빈칸 바로 뒤에 주어와 동사가 없으면 to부정사가 정답

가주어인 It이 문장 맨 앞에 오면, 뒤에는 진주어인 to부정사구나 that절이 와야 한다.

🎯 기출 들여다보기

It is very necessary for employees who work in stressful jobs ------- regularly.

(A) exercise   (B) exercising

(C) to exercise   (D) exercised

| 핵심 문법 | It(=가주어) + 동사 + to부정사(=진주어)

> ## It is ~ to exercise
> 가주어   동사   to부정사(=진주어)

해설 | 가주어 It이 나오는 문장에는 진주어로 to부정사나 that이 올 수 있지만, 진주어 자리인 빈칸 뒤에 주어와 동사가 없으므로 선택지에 that이 있어도 (C) to exercise가 정답이다.

해석 | 스트레스를 받는 일을 하는 직원들에게 규칙적으로 운동하는 것은 매우 필요하다.

어휘 | necessary a. 필요한 employee n. 직원 stressful a. 스트레스를 받는 regularly ad. 규칙적으로 exercise v. 운동하다

정답 | (C)

| 기출 확인 |

• **It** is ST Electronics' policy (to send / is sending) product catalogs to prospective customers.
잠재고객들에게 제품 카탈로그를 보내주는 것은 ST 엘렉트로닉스 사의 방침이다.

• **It** is important (to complete / completing) most of the budget reports by the end of next week.
예산 보고서의 대부분을 다음 주 말까지 마치는 것은 중요하다.

어휘 | policy 방침 send ~을 보내다 product 제품 prospective customer 잠재 고객 important 중요한 complete ~을 마치다 budget 예산

UNIT 10
준동사

고득점 비법 노트

☆ 'be동사 + 형용사 + to부정사' 토익 빈출 표현

be able to do ~할 수 있다	be happy to do ~하게 되어 기쁘다
be apt to do ~하는 경향이 있다	be hesitant to do ~하기를 망설이다
be anxious to do ~하는 것을 갈망하다	be liable[likely, prone] to do ~할 것 같다
be bound to do 반드시 ~하다	be possible to do ~할 가능성이 있다
be certain[sure] to do 틀림없이 ~하다	be ready to do ~할 준비가 되어있다
be difficult[hard] to do ~하기 어렵다	be reluctant to do ~하는 것을 주저하다
be eager to do 매우 ~하고 싶어하다	be unable to do ~할 수 없다
be easy to do ~하기 쉽다	be welcome to do 얼마든지 ~해도 좋다
be eligible to do ~할 자격이 있다	be willing to do 기꺼이 ~하다

☆ 'be동사 + 과거분사 + to부정사' 토익 빈출 표현

be advised to do ~하라고 충고받다	be delighted to do ~하게 되어 기쁘다
be allowed to do ~하도록 허락받다	be inclined to do ~하는 경향이 있다
be enabled to do ~할 수 있게 되다	be planned to do ~하기로 계획되다
be encouraged to do ~하라고 권장되다	be pleased to do ~하게 되어 기쁘다
be entitled to do ~할 자격이 있다	be scheduled to do ~하기로 예정되어 있다
be expected to do ~하리라 예상되다	be supposed to do ~하기로 되어 있다

☆ 그 밖의 to부정사 토익 빈출 표현

appear to do ~한 것 같다	happen to do 우연히 ~하다
be about to do 막 ~하려고 하다	have no choice but to do ~하지 않을 수 없다
can afford to do ~할 여유가 있다	manage to do 간신히 ~하다
come to do ~하게 되다	seem to do ~한 것 같다
feel free to do 거리낌 없이 ~하다	used to do ~하곤 했었다

기출 문법 공식

100 | 동명사를 목적어로 취하는 3형식 타동사 뒤에 빈칸이 있으면 동명사가 정답

동명사를 목적어로 취하는 3형식 타동사 뒤에는 동명사가 온다.

🎯 기출 들여다보기

The spokesperson announced that the company is considering ------- OLED TVs in the near future.

(A) to launch
(B) launch
(C) launcher
(D) launching

| 핵심 문법 | 동명사를 목적어로 취하는 3형식 타동사 + 동명사(=목적어)

---

is considering launching
3형식 타동사　　　동명사(=목적어)

해설 빈칸은 동사 is considering의 목적어 자리이고, 타동사 consider는 동명사를 목적어로 취하므로 동명사 (D) launching이 정답이다.

해석 대변인은 회사가 가까운 시일에 OLED TV를 출시하는 것을 고려하고 있는 중이라고 발표했다.

어휘 spokesperson n. 대변인 announce v. ~을 발표하다, 알리다 consider v. ~을 고려하다 in the near future 가까운 시일에 launch v. ~을 출시하다 launcher n. 발사대

정답 (D)

| 기출 확인 |

• avoid (operates / operating) heavy machinery
중장비를 작동하는 것을 피하다

• discuss (moving / moves) the head office to Halifax
할리팩스로 본사를 옮기는 것을 논의하다

• consider (relocating / to relocate) to the suburbs
교외로 이전하는 것을 고려하다

• recommend (develop / developing) an innovative heating system
혁신적인 난방 시스템을 개발하는 것을 추천하다

어휘 avoid ~을 피하다 operate ~을 작동하다 discuss ~을 논의하다 head office 본사 consider ~을 고려하다 relocate 이전하다 recommend ~을 추천하다 develop ~을 개발하다

UNIT 10 준동사

101 전치사의 목적어 자리에 빈칸이 있고 빈칸 뒤에 명사(구)가 있으면 동명사가 정답

전치사의 목적어 자리에는 동명사가 올 수 있다.

🎯 기출 들여다보기

Mr. Peters, the new marketing director, will be responsible for ------- renewable eco-friendly energy.

(A) promotes   (B) promoting

(C) promotional   (D) promotion

|핵심 문법| 전치사 + 동명사 + 명사(구)(=목적어)

for	promoting	renewable eco-friendly energy
전치사	동명사	명사구(=목적어)

해설 전치사 뒤에 빈칸과 명사구(renewable eco-friendly energy)가 나와 있는 것으로 보아, 전치사 뒤에서 목적어 역할을 하면서 명사구를 목적어로 취하는 타동사 역할을 하는 동명사가 빈칸에 와야 함을 알 수 있다. 그러므로 동명사 (B) promoting이 정답이다.

해석 새 마케팅 이사인 피터스 씨는 재생 가능한 환경 친화적인 에너지를 홍보하는 것을 맡게 될 것이다.

어휘 director n. 이사 be responsible for v. ~을 맡다 renewable a. 재생 가능한 eco-friendly a. 친환경적인 promote v. ~을 홍보하다, 승진하다 promotional a. 홍보의 promotion n. 홍보

정답 (B)

|기출 확인|

• by (providing / provide) safety instructions for new recruits
  신입 사원들을 위한 안전 지침을 제공함으로써

• is capable of (handle / handling) customer requests quickly
  고객의 요청 사항들을 빠르게 처리할 수 있다

• improve a system for (transport / transporting) perishable items
  상하기 쉬운 물품들을 운반하기 위한 시스템을 개선하다

• The newly hired engineers at DME Electric are working on (developing / development) a new electrical system.
  DME 엘렉트릭 사에 새로 고용된 엔지니어들은 새로운 전기 시스템을 개발하는 작업을 하고 있는 중이다.

어휘 provide ~을 제공하다 safety instruction 안전 지침 new recruit 신입 사원 be capable of -ing ~을 할 수 있다 handle ~을 처리하다 customer 고객 request 요청 (사항) quickly 빠르게 improve ~을 개선하다 transport ~을 운반하다 newly hired 새로 고용된 develop ~을 개발하다, 발전시키다 development 개발, 발전

102 ┃ 전치사 to 뒤에 빈칸이 있고 빈칸 뒤에 명사(구)나 전치사(구)가 있으면 동명사가 정답

전치사 to 와 to부정사의 to를 구분해야 하는 문제로, 전치사 to 뒤에는 동사원형이 아닌 동명사가 와야 한다.

🎯 기출 들여다보기

We look forward to ------- with Dr. Ashley to educate people about healthy diets and nutrition.

(A) worked   (B) working

(C) be worked   (D) works

|핵심 문법| 전치사 to + 동명사 + 명사(구)/전치사(구)

---

look forward to working with Dr. Ashley
　　　　　　전치사　동명사　　　　전치사구

해설 look forward to에서 to는 to부정사가 아니라 전치사 to이기 때문에 그 뒤에 명사 또는 동명사가 와야 하는데, 빈칸 뒤에 전치사구 (with Dr. Ashley)가 있으므로 동명사 (B) working이 정답이다.

해석 우리는 건강한 식단과 영양에 관해 사람들을 교육시키기 위해 애슐리 박사와 함께 일하는 것을 고대하고 있다.

어휘 look forward to -ing[명사] v. ~하는 것을[~을] 고대하다 educate v. ~을 교육하다 healthy a. 건강한 diet n. 식단 nutrition n. 영양

정답 (B)

|기출 확인|

- are committed to (arrange / arranging) interviews for qualified applicants
  자격을 갖춘 지원자들을 위한 인터뷰를 준비하는 데 전념하다

- in addition to (maintain / maintaining) the confidentiality of client information
  고객 정보의 기밀을 유지하는 것 외에

- Please contact the technology department prior to (installing / install) a software program.
  소프트웨어 프로그램을 설치하기 전에 기술부에 연락하세요.

어휘 be committed to -ing ~하는데 전념하다 arrange ~을 준비하다 qualified 자격을 갖춘, 적임의 applicant 지원자 in addition to ~외에, 게다가 maintain ~을 유지하다 confidentiality 기밀 client 고객 contact ~에게 연락하다 department 부서 prior to ~전에 install ~을 설치하다

고득점 비법 노트

☆ '전치사 to + 동명사' 토익 빈출 관용어구

be accustomed to + -ing ~하는 데 익숙하다	come close to + -ing 거의 ~할 뻔하다
be committed[dedicated, devoted] to + -ing ~하는 데 전념하다	contribute to + -ing ~하는 데 기여하다
be opposed to + -ing ~하는 데 반대하다	look forward to + -ing ~하기를 기대하다
be subject to + -ing ~하기 쉽다	lead to + -ing ~의 결과를 낳다
be used to + -ing ~하는 데 익숙하다	object to + -ing ~하는 데 반대하다

☆ 동명사 토익 빈출 관용어구

be busy + -ing ~하느라 바쁘다	have difficulty + -ing ~하는 데 어려움이 있다
be worth + -ing ~할 가치가 있다	it is no use + -ing ~해도 소용없다
cannot help + -ing ~하지 않을 수 없다	keep + -ing 계속 ~하다
feel like + -ing ~하고 싶다	spend + 시간[돈] + (in) + -ing ~하는 데 시간[돈]을 쓰다
go + -ing ~하러 가다	upon[on] + -ing ~하자 마자

☆ -ing 형태의 명사 vs. 명사

-ing 형태의 명사	명사	-ing 형태의 명사	명사
advertising 광고업	advertisement 광고	mailing 우송	mail 우편물
funding 자금 지원	fund 자금	planning 계획 세우기	plan 계획
heating 난방	heat 열	processing 가공, 처리	process 과정
housing 주택	house 집	staffing 직원 채용	staff 직원
marketing 마케팅	market 시장	ticketing 발권	ticket 표

☆ 그 외 -ing 형태의 명사

cleaning 청소 opening 공석 seating 좌석, 좌석 배치 spending 지출(액), 비용

☆ -ing 형태를 가지는 명사, 동명사, 현재분사 구분법

명사는 형용사의 수식을 받고, 동명사와 현재분사는 부사의 수식을 받는다.

1. 관사 + 형용사 + 명사: 형용사의 수식을 받는 명사

All of the apartment units in the Galaxy Tower were sold well before the official opening of the building.
관사   형용사   명사

공식 입주 훨씬 전에 갤럭시 타워에 있는 모든 아파트 가구들이 팔렸다.

2. (전치사) + 부사 + 동명사: 부사의 수식을 받는 동명사

Officially opening a new business in this area is relatively easy.
부사   동명사

이 지역에서 공식적으로 새 사업을 시작하는 것은 비교적 쉽다.

After carefully reviewing the terms, the CEO at Forz Company signed the contract.
전치사   부사   동명사

신중하게 조항들을 검토한 후에, 포즈 사의 대표이사는 계약서에 서명을 했다.

3. be동사 + 부사 + 현재분사: 부사의 수식을 받는 현재분사

The five renowned artists will be officially opening a photo exhibition in Seoul.
be동사   부사   현재분사

다섯 명의 유명한 예술가들이 서울에서 공식적으로 사진 전시회를 열 것이다.

기출 공식 실전 테스트

| Part 5 |

1. Retaining existing customers is vital to any business that hopes ------- in the competitive telecoms market.
   (A) to succeed   (B) succeeding
   (C) succeed   (D) success

2. Amy Lee, vice president of FaceMatch.com, said that cutting-edge software allows the Web site ------- people in photos for fast image searching.
   (A) recognizing   (B) recognized
   (C) to recognize   (D) recognize

3. Employees are required ------- approval if they wish to attend the upcoming sales training workshop in London.
   (A) gets   (B) getting
   (C) have gotten   (D) to get

4. Some job applicants have a tendency ------- on their past academic achievements rather than the value they can bring to a potential employer.
   (A) to focus   (B) focus
   (C) focuses   (D) focused

5. ------- new businesses based on entrepreneurship and creativity, industry analysts insist that creating a fair market is critical.
   (A) Promote   (B) To promote
   (C) Promoted   (D) Promoting

6. It is vital for individuals attending a job interview ------- punctually.
   (A) arrive   (B) arriving
   (C) to arrive   (D) arrived

7. A local newspaper reported that Revlar Inc. is considering ------- a production facility in Spinks Industrial Park.
   (A) to build   (B) building
   (C) build   (D) built

8. San Francisco's arts commission finished ------- a statue that many local residents found to be offensive.
   (A) removal   (B) removable
   (C) removes   (D) removing

9. Every subscriber to GGQ fashion magazine can receive unlimited access to online GGQ contents by ------- just $15 more.
   (A) pay   (B) paying
   (C) pays   (D) paid

10. In addition to ------- a promotion, Mr. Ford will also receive a company house next month.
    (A) get   (B) got
    (C) gotten   (D) getting

| Part 6 |

Questions 11-14 refer to the following advertisement.

Are you looking for some unique and stylish new outfits? Would you like to protect our environment by ------- clothes made of synthetic fabrics? If you answered "Yes!" to both of those questions, then
11.
be sure to check out Vita Clothing. -------. These include organic cotton, silk, hemp, and wool. We
12.
have clothing for all occasions!

At Vita Clothing, we care deeply ------- the condition of our planet. That's why we only carry clothing
13.
made from naturally biodegradable fabrics. To find out more and view our ------- inventory, visit us
14.
online at www.vitaclothing.com.

11. (A) avoiding   (B) avoid
    (C) avoided   (D) to avoid

13. (A) around   (B) in
    (C) about   (D) on

12. (A) Our clothing can be purchased directly from our store on Marina Boulevard.
(B) Please call to find out more about our ongoing environmental initiatives.
(C) We stock shirts, pants, and other garments made from a range of natural materials.
(D) Our business has received several awards for its commitment to environmentalism.

14. (A) full   (B) fully
    (C) fullness   (D) fuller

UNIT 11

기본 문법 사항 : 각 문법 공식을 학습하기 전, 기본 문법 사항을 익히도록 합니다.

■ 관계대명사

POINT 1 관계대명사의 역할

관계대명사는 절과 절을 연결할 수 있는 접속사 역할을 하는 문법 장치로, 주로 앞에 있는 선행사를 수식하는 형용사절로 쓰인다. 선행사와 뒤에 온 문장 구조에 따라 관계대명사의 종류가 달라지므로 반드시 선행사와 뒷 문장 구조를 먼저 확인해야 하며, 관계대명사는 대명사이기 때문에 반드시 격을 갖고 있다는 것을 명심하자.

POINT 2 관계대명사의 종류

선행사의 종류	주격	소유격	목적격
사람	who	whose	whom
사물, 동물, 추상	which	whose	which
사람, 사물, 동물, 추상	that	X	that

POINT 3 관계대명사의 특징

1 선행사가 있으며 격이 있다.

1) 주격

Some telecom companies offer wireless services __which__ could reduce smartphone prices.
　　　　　　　　　　　　　　　　　　　　　　주격

몇몇 통신 회사들은 스마트폰의 가격을 내려줄 수 있는 무선 서비스를 제공한다.

2) 소유격

The number of foreign employees __whose__ companies cover their insurance is increasing.
　　　　　　　　　　　　　　　　소유격

회사가 보험료를 내주는 외국인 직원들의 수가 증가하고 있다.

3) 목적격

The new software __which__ we installed last week is working properly.
　　　　　　　　목적격

우리가 지난주에 설치했던 새 소프트웨어가 제대로 작동되고 있다.

2 앞에 있는 선행사를 수식하는 형용사절을 이끈다.

We hired an individual __who__ we had worked with previously for the manager position.
　　　　　　　선행사　　　　　　　형용사절

우리는 우리와 함께 이전에 일했던 사람을 매니저 직급에 고용했다.

POINT 4 관계대명사 what

1 선행사가 없고, 격도 없다.

2 명사절을 이끌며, '~하는 것'으로 해석된다.

Our department will introduce _____ **what** the R&D department has just developed.
                                    선행사x   명사절
우리 부서는 연구 개발부가 막 개발한 것을 소개할 것이다.

■ 복합관계대명사

POINT 1 복합관계대명사의 역할

복합관계대명사는 관계대명사에 '~ever'를 붙인 단어이며, 명사절이나 부사절을 이끄는 접속사 역할을 한다. 선행사가 없지만 대명사이기 때문에 격이 있으며, 격을 찾는 문제와 해석을 해서 답을 찾는 문제가 출제된다.

POINT 2 복합관계대명사의 종류

복합관계대명사 whatever, whichever, whoever, whomever는 명사절과 부사절을 이끌 수 있다.

종류	명사절	부사절
whatever (주격, 목적격)	무엇이든 간에, ~하는 것은 무엇이든지	무엇을 ~하더라도
whichever (주격, 목적격)	어느 것이든 간에, ~하는 것은 어떤 것이든지	어느 것을 ~하더라도
whoever (주격)	어떤 사람이건 간에, ~하는 사람은 누구든지	누가 ~하더라도
whomever (목적격)	어떤 사람이건 간에, ~하는 사람은 누구든지	누구를 ~하더라도

POINT 3 복합관계대명사의 특징

1 선행사가 없다.

_____ **Whoever** wants to attend the seminar should register at least one week in advance.
선행사x
세미나에 참여하고 싶은 사람은 누구든지 적어도 일주일 전에 등록해야 한다.

2 격이 있다.

1) 주격

Whoever agreed to work overtime will receive a bonus.
주격
야근을 하는 데 동의하는 사람은 누구든지 보너스를 받을 것이다.

2) 목적격

Participants will receive **whichever** flavor they choose.
                        목적격
참여자들은 그들이 선택하는 맛은 어떤 것이든지 간에 받을 것이다.

3 명사절이나 부사절을 이끈다.

JA Company will do **whatever** it takes to meet its growth targets.
<u>　　　　　　　　　</u>
　　　　　　　　　명사절
JA 사는 자사의 성장 목표를 달성하기 위해 무엇이든 할 것이다.

Whoever decides to drive, we need to leave by 8 A.M.
<u>　　　　</u>
　　　부사절
누가 운전할지 결정하더라도, 우리는 오전 8시까지는 떠나야만 한다.

4 뒤에 불완전한 문장이 온다.

TG Appliances will do **whatever** <u>they can do to attract more customers.</u>
　　　　　　　　　　　　　　　　　불완전한 문장
TG 전자제품 사는 많은 고객들을 끌어들이기 위해서 그들이 할 수 있는 것은 무엇이든지 할 것이다.

POINT 4 복합관계대명사 whatever, whichever, whoever, whomever 구분법

whatever는 구체적이지 않은 범위를 나타낼 때, whichever는 구체적인 범위를 나타낼 때, 그리고 whoever와 whomever는 행위자가 사람일 때 사용한다.

■ 관계부사

POINT 1 관계부사의 역할

관계부사는 선행사가 장소, 시간, 이유에 해당되는 단어가 올 때 쓰이며 형용사절을 이끄는 접속사 역할을 한다.

POINT 2 관계부사의 종류

선행사	관계부사
장소	where
시간	when
이유	why
X	how

☒ how의 경우, 방법 선행사(the way 등)와 함께 쓰일 수 없다.

POINT 3 관계부사의 특징

1 대부분의 관계부사는 선행사를 가지고 있지만, 격은 가지고 있지 않다.

Ms. Miller explained <u>the reason</u> **why** the negotiations were not successful.
　　　　　　　　　　　선행사
밀러 씨는 협상이 성공적이지 못했던 이유를 설명했다.

2 앞에 있는 선행사를 수식하는 형용사절을 이끈다.

The marketing manager at Wilson Inc. opens the office on the <u>weekends</u> **when** <u>staff members</u>
　　　　　　　　　　　　　　　　　　　　　　　　　　　　　선행사　　　　형용사절

<u>need to work.</u>

윌슨 주식회사의 마케팅 매니저는 직원들이 일해야 하는 주말에는 사무실을 연다.

3 뒤에 완전한 문장이 온다.

Ms. Heaton is the owner of several successful stores in Miami, **where** <u>she has lived for the past</u>
　　　　　　　　　　　　　　　　　　　　　　　　　　　　　　　　　완전한 문장

<u>twenty years.</u>

히튼 양은 지난 20년 동안 살아온 마이애미에 있는 몇몇 성공한 상점들의 소유주이다.

■ 복합관계부사

POINT 1 복합관계부사의 역할

복합관계부사는 관계부사에 '-ever'를 붙인 형태이며, 명사절이나 부사절을 이끄는 접속사 역할을 한다.

POINT 2 복합관계부사의 종류

wherever	~하는 곳은 어디든, 어디서 ~하든지
whenever	~할 때는 언제나, 언제 ~하든지
however	아무리 ~해도

POINT 3 복합관계부사의 특징

1 선행사가 없고, 격이 없다.

_____ **Whenever** new recruits need help, they can contact staff members in the HR department.
선행사x

신입 직원들은 도움이 필요하면 언제든지 인사과 직원들에게 연락할 수 있다.

2 명사절이나 부사절을 이끈다.

<u>**Wherever** Mr. Gillmore chooses to hold the annual awards banquet</u> should be approved by his
　　　　　　　　　　　　　　　명사절

supervisor.

연례 시상식 연회를 개최하기 위해 길모어 씨가 선택하는 곳은 어디든 그의 상사에게 승인받아야 한다.

<u>**However** long the process takes</u>, any change to the system will need to comply with new business
　　　　　　　　부사절

standards.

과정이 아무리 오래 걸릴지라도, 시스템에 대한 어떠한 변경 사항도 새로운 사업 기준들을 따라야 할 것이다.

학습 날짜 　　/　　　학습 완료 □

103 | 선택지가 관계대명사로 구성되어 있고 빈칸 앞에 선행사가 있는데 빈칸 뒤에 주어가 없으면 주격 관계대명사가 정답

동사 앞에는 주어 역할을 할 수 있는 주격 관계대명사가 온다.

🎯 기출 들여다보기

All new employees of GR Magazine will receive training materials ------- contain information about their responsibilities.

(A) whose   (B) what

(C) which   (D) whom

| 핵심 문법 | 주격 관계대명사 + 동사

materials which contain
선행사　주격 관계대명사　동사

해설　빈칸 앞에 선행사가 사물이고 빈칸 뒤에 주어 없이 동사만 있으므로 주격 관계대명사가 들어가야 함을 알 수 있다. 그러므로 주격 관계대명사인 (C) which가 정답이다.

해석　GR 잡지 사의 모든 신입 사원들은 그들의 책무에 관한 정보를 포함한 훈련 자료들을 받을 것이다.

어휘　employee n. 사원 receive v. ~을 받다 training materials n. 훈련(연수) 자료 contain v. ~을 포함하다 responsibility n. 책무

정답　(C)

| 기출 확인 |

• Mr. Smith sent emails to employees (whose / who) transferred to the new office.
스미스 씨는 새로운 사무실로 전근했던 직원들에게 이메일을 보냈다.

• Timon Company organized a workshop (whose / that) attracted large audiences.
티몬 사는 많은 관객들을 끌어들였던 워크숍을 준비했다.

• Ms. Han asked for the contact information of the employees (whose / which) is listed in the company directory.
한 양은 회사 인명부에 기록된 직원들의 연락처 정보를 요청했다.

어휘　send ~을 보내다 employee 직원 transfer 전근하다, 이전하다 organize ~을 준비하다, 조직하다 attract ~을 끌어들이다, 매료시키다
ask for ~을 요청하다 contact information 연락처 정보

📌 고득점 비법 노트

☆ 관계대명사와 관계대명사절의 동사 사이에 삽입절이 오는 경우
we think, she believes 등의 삽입절은 생략 가능하므로, 삽입절을 지우고 알맞은 관계대명사를 선택하면 된다.

Ms. Cosworth, (whom / who) (we think) is the ideal candidate for the sales manager position
(우리가 생각하기에) 영업 부장직에 이상적인 후보인 코즈월스 씨

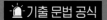
104 | 선택지가 관계대명사로 구성되어 있고 빈칸 바로 뒤에 완전한 절이 있으면 소유격 관계대명사가 정답

완전한 절 앞 빈칸에는 소유격 관계대명사가 온다.

🎯 기출 들여다보기

The Financial Supervisory Service investigated some biotech firms ------- stock prices suddenly surged in the past few months.

(A) whose   (B) which

(C) that   (D) what

| 핵심 문법 | 소유격 관계대명사 + 완전한 절

firms	**whose**	**stock prices suddenly surged ~**
선행사	소유격 관계대명사	완전한 절

해설 빈칸 뒤에 완전한 절이 있으므로 소유격 관계대명사인 (A) whose가 정답이다.

해석 금융 감독원은 지난 몇 달 동안 주가가 갑자기 올랐던 몇몇 생명 공학 회사들을 조사했다.

어휘 **Financial Supervisory Service** n. 금융 감독원 **investigate** v. ~을 조사하다 **biotech firm** n. 생명 공학 회사 **stock price** n. 주가 **suddenly** ad. 갑자기 **surge** v. 오르다 **past** a. 지난, 과거의

정답 (A)

| 기출 확인 |

• Arch Corporation is looking for companies (that / whose) products meet their needs.
알크 사는 제품들이 자사의 요구를 충족하는 회사들을 찾고 있는 중이다.

• Applicants (whom / whose) qualifications meet the minimum requirements will be invited to the interviews.
자격 요건들이 최소한의 요구 사항을 충족한 지원자들은 면접에 초대될 것이다.

• Any department (which / whose) staff members completed performance evaluations is asked to inform the CEO.
직원들이 업적 평가를 마친 부서가 어디든 최고 경영자에게 알리도록 요청된다.

• The personnel manager, (whom / whose) job includes interviewing and hiring new staff, will lead the orientation for new employees.
직무가 새로운 직원을 인터뷰하고 고용하는 것을 포함하는 인사부장은 신입 직원들을 위한 오리엔테이션을 이끌 것이다.

어휘 **meet one's needs** ~의 요구를 충족하다 **applicant** 지원자 **qualification** 자격 요건 **meet the requirements** 요구 사항을 충족하다 **department** 부서 **complete** ~을 마치다 **evaluation** 평가 **be asked to do** ~하도록 요청되다 **inform** ~을 알리다 **personnel manager** 인사부장 **include** ~을 포함하다 **hire** ~을 고용하다 **lead** ~을 이끌다 **employee** 직원

105 ｜ 선택지가 관계대명사로 구성되어 있고 빈칸 뒤에 목적어가 없으면 목적격 관계대명사가 정답

빈칸 뒤 문장에 목적어가 없는 경우에는, 빈칸에 목적격 관계대명사가 온다. 목적격 관계대명사는 생략되는 경우가 많아 토익에서 자주 출제되지는 않는다.

◎ 기출 들여다보기

The startup company ------- I worked at two years ago went bankrupt.

(A) whose   (B) which

(C) whoever   (D) what

| 핵심 문법 | 목적격 관계대명사 + 주어 + 타동사 / 목적격 관계대명사 + 주어 + 자동사 + 전치사

The startup company which I worked at

선행사   목적격   주어   자동사   전치사
관계대명사

해설   빈칸 앞에 선행사가 사물이고 빈칸 뒤에 자동사와 함께 쓰인 전치사 뒤에 목적어가 없으므로 빈칸은 목적격 관계대명사가 들어가야 함을 알 수 있다. 그러므로 목적격 관계대명사인 (B) which가 정답이다.

해석   내가 2년 전에 일했던 신생 기업이 파산했다.

어휘   startup company n. 신생 기업   work v. 일하다   go bankrupt v. 파산하다

정답   (B)

| 기출 확인 |

• the position (whose / which) I applied for   내가 지원했던 직책
• the machine (which / what) we purchased   우리가 구매했던 기계

어휘   apply for ~에 지원하다   purchase v. ~을 구매하다 n. 구매(품)

UNIT 11 관계사

기출 문법 공식

106 | 선택지가 관계대명사로 구성되어 있고 빈칸 앞에 전치사가 있으면 목적격 관계대명사인 which나 whom이 정답

전치사 뒤는 전치사의 목적어 자리이므로 목적격 관계대명사가 와야 한다. 만약, 선택지에 which와 whom이 모두 있을 경우에는 선행사가 사람인지 사물인지를 확인해서 답을 고르면 된다.

기출 들여다보기

The hotel has preserved the tropical aesthetics for ------- it is famous while also adding a swimming pool and fitness center.

(A) which   (B) what

(C) who   (D) that

| 핵심 문법 | 전치사 + 목적격 관계대명사

> **for which**
> 전치사   목적격
>   관계대명사

해설 빈칸 앞에 전치사가 있으므로 전치사의 목적어 역할을 할 수 있는 목적격 관계대명사인 (A) which가 정답이다.

해석 그 호텔은 수영장과 체력 단련실을 추가하면서도 그곳의 유명한 열대 지방의 미관을 유지해왔다.

어휘 preserve v. ~을 유지하다, 보존하다 tropical a. 열대의 aesthetics n. 미관, 미학 famous a. 유명한 while conj. ~하면서 swimming pool n. 수영장 fitness center n. 체력 단련실

정답 (A)

| 기출 확인 |

• Ms. Mortiz sent a catalog in (whose / which) listing of the products can be found.
모티즈 씨는 제품 목록을 찾아볼 수 있는 카탈로그를 보냈다.

• This is the list of the ordered products, four of (whose / which) were shipped by express mail.
이것은 주문된 제품들의 목록이고, 그것들 중에 네 개가 속달 우편 서비스로 운송되었다.

• New recruits will attend the workshop in (whose / which) information about new corporate policies will be provided.
신입 사원들은 새로운 회사 정책들에 관한 정보가 제공될 워크숍에 참석할 것이다.

어휘 send ~을 보내다 product 제품 ordered 주문된 ship ~을 운송하다 express mail 속달 우편 new recruit 신입 사원 attend ~에 참석하다 corporate 회사의 policy 정책 provide ~을 제공하다

고득점 비법 노트

☆ 수량 표현 + of which/of whom

all, any, both, each, everyone, few, a few, half, many, most, neither, none, one, several, some, one, two	+ of which/of whom

107 │ 선택지가 관계대명사로 구성되어 있고 빈칸 앞에 선행사가 없으면 관계대명사 what이 정답

관계대명사 what은 선행사 없이 명사절을 이끈다.

🎯 기출 들여다보기

The new employees could not understand ------- the manager was explaining during the weekly meeting.

(A) what   (B) which
(C) where   (D) that

│핵심 문법│ 선행사x + 관계대명사 what

> **understand ( ) what the manager was explaining ~**
> 타동사   선행사x 관계대명사   명사절

해설 빈칸 앞에 선행사가 없으므로 선행사가 필요 없는 관계대명사 (A) what이 정답이다.

해석 새 직원들은 주간 회의 동안 부장이 무엇을 설명하고 있었는지를 이해할 수 없었다.

어휘 employee n. 직원 explain v. ~을 설명하다 during prep. ~동안 weekly a. 매주의, 주 단위의

정답 (A)

│기출 확인│

• HC Home Appliances is trying to find out (who / **what**) their target customers need.
  HC 가전제품 사는 그들의 목표 고객층이 원하는 것이 무엇인지를 찾아내려고 하는 중이다.

• The HR manager explained (that / **what**) her responsibilities involve to help newly hired staff members.
  인사부장은 새로 고용된 직원들을 돕기 위해 그녀의 책무가 포함하는 것이 무엇인지를 설명했다.

• Some of the customer service employees do not know (that / **what**) they need to do to address frequently raised issues by customers.
  몇몇 고객 서비스 직원들은 고객들에 의해 종종 제기된 문제들을 해결하기 위해 무엇을 해야 하는지 모른다.

어휘 find out ~을 찾다 customer 고객 HR manager 인사부장 explain ~을 설명하다 responsibility 책무 involve ~을 포함하다 newly hired 새로 고용된 customer 고객 employee 직원 address ~을 해결하다 frequently 종종, 자주 raised 제기된 issue 문제, 사안

UNIT 11

관계사

108 | 명사절을 이끌 단어가 필요한 자리에 빈칸이 있으면 복합관계대명사가 정답

복합관계대명사는 접속사 역할을 하면서 명사절을 이끌 수 있다.

🎯 기출 들여다보기

------- answers the survey questions will receive a $25 gift certificate.

(A) Anybody   (B) They
(C) Whoever   (D) Someone

| 핵심 문법 | 명사절을 이끄는 복합관계대명사

> <u>Whoever</u> **answers the survey questions** <u>will receive</u>
> 명사절(=주격 복합관계대명사절)   동사

해설 문장의 본동사가 will receive이므로 빈칸을 포함하여 questions까지의 절이 주어가 되어야한다. 그러므로 명사절을 이끌 수 있는 복합관계대명사인 (C) Whoever가 정답이다.

해석 설문 조사 문항들에 답하는 사람은 누구든지 25달러 가치의 상품권을 받을 것이다.

어휘   answer v. ~에 답하다 survey n. 설문 조사 receive v. ~을 받다 gift certificate n. 상품권 whoever ad. ~하는 사람은 누구든지

정답 (C)

| 기출 확인 |

• Employees are allowed to bring (whatever / these) they like on the annual company outing.
직원들은 회사 연례 야유회에 그들이 원하는 것은 무엇이든 간에 가져오는 것이 허용된다.

• Mrs. Clarkson was asked to choose (whichever / anything) she thinks is the best consulting service.
클락슨 씨는 그녀가 생각하기에 가장 최고의 컨설팅 서비스가 어떤 것이든지 간에 선택하도록 요구받았다.

• The customer service representatives will do (whatever / some) they can to address customers' complaints more effectively.
고객 서비스 직원들은 고객들의 불만 사항을 더 효과적으로 해결하기 위해서 그들이 할 수 있는 것은 무엇이든지 간에 할 것이다.

어휘 employee 직원 be allowed to do ~하는 것이 허용되다 whatever 무엇이든 간에 annual 연례의, 일년에 한 번의 be asked to do ~하도록 요구받다 whichever 어떤 것이든지 간에 customer 고객 representative 직원 whatever 무엇이든지 간에 address ~을 해결하다 complaint 불만 effectively 효과적으로

109 | 선택지에 같은 격을 가진 복합관계대명사가 있으면 해석으로 접근

여러 가지 복합관계대명사가 선택지에 나오면 해석을 통해 답을 찾아야 한다.

🎯 기출 들여다보기

------- the mayor decides regarding the park renovations, residents hope to see some improvements.

(A) Whatever   (B) Whoever

(C) Whomever   (D) However

| 핵심 문법 | 해석으로 접근해야 하는 복합관계대명사 문제

<u>Whatever</u> **the mayor decides** ~

부사절(=주격 복합관계대명사절)

해설 선택지에 주격 복합관계대명사 (A) Whatever, (B) Whoever, 그리고 (C) Whomever가 있으므로 해석으로 풀어야 하는 문제이다.
내용상 '시장이 결정하는 것이 무엇이든지'라는 의미로 해석이 되어야 자연스러우므로 (A) Whatever가 정답이다.

해석 시장이 공원 재건에 관해 결정하는 것이 무엇이든지 간에, 거주자들은 몇몇 개선된 점을 볼 수 있기를 바란다.

어휘 **mayor** n. 시장 **decide** v. ~을 결정하다 **regarding** prep. ~에 관해 **renovation** n. 재건, 개조, 복원 **resident** n. 거주자
improvement n. 개선, 향상 **whatever** ad. 무엇이든지 간에 **whoever** ad. 어떤 사람이건 간에 **whomever** ad. 어떤 사람이건 간에
however ad. 아무리 ~해도, 그러나

정답 (A)

| 기출 확인 |

- All participants at the safety workshop were asked to share (whoever / whatever) opinions they had.
  안전 워크숍의 모든 참석자들은 그들이 가지고 있던 의견이 무엇이든지 간에 공유하도록 요구받았다.

- Participants are allowed to bring (whomever / whatever) they need as long as they are not prohibited items.
  그것들이 금지된 품목이 아닌 한 참가자들은 그들이 필요로 하는 것은 무엇이든지 간에 가져오는 것이 허용된다.

어휘 **participant** 참석자 **safety** 안전 **be asked to do** ~하도록 요구받다 **whatever** 무엇이든지 간에 **be allowed to do** ~하는 것이 허용
되다 **bring** 가져오다 **whomever** ~하는 사람은 누구든지 **as long as** ~하는 한 **prohibited** 금지된

110 선행사가 장소, 시간, 이유에 해당되는 단어이고 빈칸 뒤에 완전한 문장이 있으면 관계부사가 정답

선행사가 장소에 해당되는 단어가 오면 관계부사 where를 쓴다. 관계부사는 where 외에도 시간(when), 이유(why), 방법(how)을 나타내는 관계부사가 있지만 토익에 출제된 적이 없어 예제로 다루지 않았다.

🎯 기출 들여다보기

The airport opened a new terminal ------- check-in service is available for international flight passengers.

(A) what　　　　　　　　　　　　　(B) that

(C) which　　　　　　　　　　　　(D) where

|핵심 문법| 장소 선행사 + 관계부사 where + 완전한 문장

> a new terminal **where** check-in service is available ~
> 장소를 나타내는 선행사　　관계부사　　　　완전한 문장

해설　선행사로 장소에 해당되는 단어(a new terminal)가 나와 있고, 빈칸 뒤에 완전한 문장이 나와 있으므로 관계부사인 (D) where가 정답이다.

해석　공항은 국제선 항공 승객들을 위한 탑승 수속 서비스가 가능한 새 터미널을 열었다.

어휘　airport n. 공항　check-in service n. 탑승 수속 서비스　available a. 이용 가능한　international flight n. 국제선 항공　passenger n. 승객

정답　(D)

|기출 확인|

- the street (**where** / then) traffic congestion is predicted
  교통 체증이 예상되는 거리

- the hotel (**where** / until) the upcoming luncheon will be held
  다가오는 오찬이 열릴 호텔

- the road (**where** / beside) the MPP manufacturing plant is located
  MPP 제조 공장이 위치해 있는 도로

- the convention center (**where** / what) Mr. Hernandez delivered a keynote speech
  허난데즈 씨가 기조연설을 했던 그 컨벤션 센터

어휘　traffic congestion 교통 체증　predict ~을 예상하다　until ~까지　upcoming 다가오는　luncheon 오찬　hold ~을 열다　beside ~옆에　manufacturing plant 제조 공장　located ~에 위치한　deliver (연설, 강연 등을) 하다, ~을 배달하다　keynote speech 기조연설

111 | 선택지에 복합관계부사가 있고 빈칸 뒤의 어순이 『형용사/분사/부사 + 주어 + 동사』이면 however가 정답

양보의 부사절을 이끄는 복합관계부사 however 뒤에는 『형용사/분사/부사 + 주어 + 동사』의 형태가 나온다.

🎯 기출 들여다보기

------- well exports do, there will be a problem if the local economy is not revived soon.

(A) Although

(B) Nevertheless

(C) Seldom

(D) However

| 핵심 문법 | 복합관계부사 however + 형용사/분사/부사 + 주어 + 동사

However well exports do

복합관계부사　　부사　　주어　　동사

해설　빈칸은 절과 절을 연결하는 접속사 역할을 해야 하는 자리이므로 접속사 Although나 복합관계부사 However가 올 수 있다. 그런데 바로 뒤에 주어와 동사가 아닌 부사(well)가 있으므로, 양보의 부사절을 이끄는 복합관계부사인 (D) However가 정답이다. Although가 답이 되려면, 빈칸 뒤가 도치 없이 주어 + 동사의 어순(exports do well)으로 와야 한다.

해석　수출이 아무리 잘 될지라도, 지역 경제가 곧 되살아나지 않는다면 문제가 될 것이다.

어휘　export n. 수출　local economy n. 지역 경제　revive v. ~을 되살아나게 하다, 부활시키다　soon ad. 곧　although conj. 비록 ~일지라도　nevertheless ad. 그럼에도 불구하고　seldom ad. 거의 ~하지 않다　however ad. 아무리 ~해도, 그러나

정답　(D)

| 기출 확인 |

• (Whenever / However) experienced the new recruits are, they will still require a mentor.

아무리 신입 사원들이 경험이 있다고 하더라도, 그들은 여전히 멘토를 필요로 할 것이다.

어휘　whenever ~할 때는 언제나, 언제 ~하든지　however 아무리 ~해도　experienced 경험이 있는　new recruit 신입 사원

📌 고득점 비법 노트

☆ 복합관계부사 however vs. 접속부사 however

1. **복합관계부사 however**: 양보의 부사절을 이끌며 '아무리 ~하더라도'라는 의미를 가지며, 『However + 형용사/분사/부사 + 주어 + 동사』의 어순으로 자주 사용된다.

　However slowly the number of clients that we have grows, our product is still generating a lot of revenue.

　우리가 가지고 있는 고객수가 아무리 더디게 증가하더라도, 우리 제품은 여전히 많은 수익을 만들어내고 있다.

2. **접속부사 however**: 주로 문장 앞에 오며, 절과 절을 연결하는 접속사 역할을 할 수 없다.

　Mr. John put a lot of time into writing his résumé and cover letter. However, he failed to get the job.

　존 씨는 이력서와 자기소개서를 쓰는 데 많은 시간을 들였다. 하지만, 그는 구직에 실패했다.

　✅ 비문: Mr. John put a lot of time into writing his résumé and cover letter, however, he failed to get the job.

기출 공식 실전 테스트

| Part 5 |

1. Young people ------- are interested in running their own company can apply to join the business management program.

(A) whose   (B) whom
(C) who   (D) what

2. At least half of all business travelers ------- company uses an online booking tool say they have experienced problems such as overbooked hotel rooms or canceled flights.

(A) whose   (B) its
(C) which   (D) what

3. Japanese artist Kai Yamamoto, ------- work focuses mainly on silkscreen printing, will display his latest work at an exhibition in April.

(A) who   (B) whom
(C) whoever   (D) whose

4. Arcana Energy Inc. will soon complete the construction of two solar power plants ------- it has had in development for 7 years in South America.

(A) who   (B) what
(C) which   (D) whose

5. The organizers are considering holding this year's Home & Garden Trade Show in Amsterdam or Paris, neither of ------- has hosted the event in previous years.

(A) those   (B) them
(C) which   (D) that

6. Technical-support representatives are trying to find out ------- caused the problems that prevented customers from accessing the company's Web site.

(A) that   (B) whom
(C) which   (D) what

7. The board members believe that ------- becomes the next president of Enigma Publishing Ltd. will be a valuable asset to the company.

(A) whoever   (B) they
(C) someone   (D) any

8. ------- we choose as our new company logo, it will appear on all of our product packaging and staff uniforms.

(A) Whatever   (B) Whoever
(C) Whomever   (D) However

9. At the moment, there are over 25,000 public areas in Tokyo ------- smoking is prohibited.

(A) when   (B) where
(C) that   (D) there

10. ------- expensive the rental fee is, GRT Telecom intends to establish its head office in the newly-constructed Pinnacle Tower.

(A) However   (B) Whomever
(C) Whatever   (D) Whenever

| Part 6 |

Questions 11-14 refer to the following e-mail.

To: tickets@hydefestival.com
From: timwheeler@mailtomail.com
Subject: VIP Passes
Date: May 29

Dear Sir/Madam,

I am hoping that I can return two VIP passes for the Hyde Park Music Festival ------- is taking place
on June 22 and 23. Due to an unforeseen change in my circumstances, my girlfriend and I will no
11.
longer be able to attend the event. Therefore, I am wondering if it is ------- for me to receive a refund
12.
or swap them for passes for a future event. -------. Would you be able to get back to me about this
13.
issue by June 15? I will be out of the country on urgent business after -------.
14.

I look forward to receiving your prompt reply.

Tim Wheeler

---

11. (A) whom   (B) that
     (C) whose   (D) what

12. (A) essential   (B) available
     (C) possible   (D) actual

13. (A) As far as I know, those tickets are not on
         sale yet.
     (B) I will deal with your inquiry at my earliest
         convenience.
     (C) I'd like to know which artists have been
         confirmed for the festival.
     (D) My preference would be the concert at
         City Plaza in July.

14. (A) when   (B) them
     (C) that   (D) one

UNIT 11
관계사

UNIT 12

고난도 구문

■ 비교 구문

POINT 1 토익에 나오는 비교 구문의 특징

원급, 비교급, 최상급 문제의 경우 문장 속에 나오는 원급, 비교급, 최상급의 일부 표현들이 정답의 결정적 단서가 된다. 원급, 비교급, 최상급을 구성하는 요소가 형용사인지 부사인지를 구분하는 문제는 Unit 02 형용사와 Unit 03 부사에서 각각 다루었다.

POINT 2 원급의 형태

구조	용례
as + 형용사/부사 + as	The customer service department will try to process the requests **as quickly as** possible. 고객 서비스부는 요구사항들을 가능한 한 빨리 처리하기 위해 노력할 것이다.

POINT 3 비교급의 형태

구조	용례
형용사/부사 + -er + (than)	The debt rate of small companies has increased **faster than** economic growth for the past five years. 지난 5년 동안에 소규모 회사들의 부채율이 경제 성장보다 빨리 증가해왔다.
more + 형용사/부사 + (than)	Our employees in the product development department will face a **more complex** task next year. 제품 개발부서에 있는 우리 직원들은 내년에 더 복잡한 업무에 직면하게 될 것이다.

POINT 4 최상급의 형태

구조	용례
the + 형용사/부사 + -est	Parker Hotel is **the newest** building in this area. 파커 호텔은 이 지역에서 가장 새 건물이다.
the + most + 형용사/부사	Teamwork is **the most important** factor in boosting sales. 팀워크는 매출을 증가시키는 데 있어서 가장 중요한 요소이다.

■ 도치 구문

POINT 1 토익에 나오는 도치 구문의 특징

일반적인 평서문과 달리 주어와 동사가 도치된 구문으로, 강조하고 싶은 내용이 있을 때 사용한다. 토익에 자주 출제되지는 않지만 특정한 도치 구문 몇 개만 알아 두면 쉽게 답을 찾을 수 있다. 도치 구문 문제의 정답률을 높이기 위해서는 선택지에 어떤 단어가 왔는지, 그리고 문장 앞뒤로 어떤 단어가 왔는지를 확인해야 한다는 것을 명심하자. 문두에 와서 주어와 동사의 어순을 도치시키는 과거분사 형태의 주격보어, 부사(구) 형태의 부정어, 그리고 부사 so는 Unit 02 형용사와 Unit 03 부사에서 각각 다루었다.

POINT 2 도치 구문의 종류

1 가정법에서 접속사 if가 생략된 경우

1) Should + 주어 + 동사원형

Should you have any questions, please contact us.

질문이 있으면, 저희에게 연락주세요.

2) Had + 주어 + p.p.

Had we met the deadline, we would have renewed the contact.

우리가 마감일을 맞췄었더라면, 계약을 갱신했을 수도 있었을 것이다.

2 only가 이끄는 부사/부사구/부사절/전치사구가 문장 맨 앞에 온 경우

• Only + 부사, 부사구, 부사절, 전치사구 + have[has] + 주어 + 과거분사 /
Only + 부사, 부사구, 부사절, 전치사구 + do[does, did] + 주어 + 동사원형

Only recently **has** the new investigation committee been formed.

최근에서야 새 조사 위원회가 구성되었다.

☑ 일반 어순: The new investigation committee has been formed only recently.

3 주격보어가 문장 맨 앞에 온 경우의 도치

• 과거분사(=주격 보어) + (조동사) + be동사 + 주어

Enclosed are the brochures that list popular products made by our company.

동봉된 것은 우리 회사의 유명한 상품들을 목록화해놓은 책자들이다.

☑ 일반 어순: The brochures that list popular products made by our company are enclosed.

4 부정어구가 문장 맨 앞에 온 경우

• 부정어 + 동사 + 주어

Seldom are employees at P&T Inc. permitted to use more than five consecutive days for sick leave.

P&T 주식회사의 직원들은 병가로 연속 5일 이상을 사용하는 것이 좀처럼 허락되지 않는다.

☑ 일반 어순: Employees at P&T Inc. are seldom permitted to use more than five consecutive days for sick leave.

5 so가 절의 맨 앞에 오는 경우

• so + 조동사/be동사 + 주어

All of last year's interns at TIF Corp. met the qualification requirements, and **so** do this year's interns.

TIF 사의 지난해의 인턴들 모두가 자격 요건들을 충족했고, 이번 해의 인턴들도 그렇다.

☑ 일반 어순: All of last year's interns at TIF Corp. met the qualification requirements, and this year's interns do too.

기출 문법 공식

112 원급 표현의 일부분에 빈칸이 있으면 as가 정답

as + 형용사/부사의 뒷자리에 올 수 있는 단어는 as다. 형용사/부사 + as의 앞자리에 as가 올 수도 있지만, 토익에 출제된 적이 없기 때문에 예제로 다루지 않았다.

🎯 기출 들여다보기

Please ensure that your graphic design portfolio is as complete ------- possible before submitting it with the other job application documents.

(A) as   (B) of

(C) like   (D) either

|핵심 문법| as + 형용사/부사 + as

---

is as complete as

be동사   형용사

해설 원급 표현의 일부인 as + 형용사/부사의 뒷자리가 비어 있으므로 (A) as가 정답이다.

해석 다른 구직 지원 서류와 함께 제출하기에 앞서, 그래픽 디자인 포트폴리오가 가능한 한 빠진 것이 없도록 확실히 해주십시오.

어휘 ensure v. ~을 확실히 하다, 반드시~하다 complete a. 빠진 것이 없는, 완전한 possible a. 가능한 submit v. ~을 제출하다 job application document n. 구직 지원 서류

정답 (A)

|기출 확인|

• P&G's electronic devices are **as popular** (like / **as**) AT's because of their affordable price.
  P&G 사의 전자 기기들은 적절한 가격 때문에 AT 사의 것들만큼 유명하다.

• Clapton Corp. trains its customer service representatives to respond to customers' questions **as professionally** (like / **as**) possible.
  클랩톤 사는 고객들의 질문에 가능한 한 전문적으로 대답하기 위해 고객 서비스 직원들을 훈련시킨다.

어휘 popular 유명한 because of ~때문에 affordable (가격이) 적절한, 감당할 수 있는 price 가격 customer 고객 representative 직원 respond to ~에 대답하다 professionally 전문적으로 as 형용사[부사] as possible 가능한 ~한[~하게]

113 ' 빈칸 뒤에 than이 있으면 비교급이 정답

빈칸 뒤에 비교급의 일부 표현인 than이 있으면 비교급 형태인 『형용사/부사 + -er』이나 『more + 형용사/부사』가 와야 한다.

🎯 기출 들여다보기

Amy Johnson's newly released book features cooking recipes that can be followed ------- than many people think.

(A) easily

(B) easiest

(C) more easily

(D) most easily

|핵심 문법| 비교급 + than

more easily **than** ~
비교급

해설 빈칸 뒤에 비교급의 일부 표현인 than이 있기 때문에 빈칸에 비교급 표현이 들어가야 한다. 그러므로 (C) more easily가 정답이다.

해석 에이미 존슨의 새로 출간된 책은 많은 사람들이 생각하는 것보다 더 쉽게 따라할 수 있는 요리법을 특징으로 한다.

어휘 newly ad. 새로 released a. 출간된 feature v. ~을 특징으로 하다 recipe n. 요리법 follow v. ~을 따르다 easily ad. 쉽게

정답 (C)

|기출 확인|

• The financial manager completed the annual budget report (more rapidly / rapidly) than anticipated.
재무부장은 연간 예산 보고서를 예상했던 것보다 더욱 빠르게 끝마쳤다.

• The senior technician said that the copy machines were replaced (more recently / most recently) than the printers.
선임 기술자는 복사기가 프린터기보다 더욱 최근에 교체됐다고 말했다.

• The construction workers found renovating the main lobby at TEK Corp. (difficult / more difficult) than they had expected.
건설업자들은 TEK 사의 메인 로비의 보수작업을 하는 것이 자신들이 예상했던 것보다 더 힘들다는 것을 알게 되었다.

• During the weekly meeting, the research and development team indicated that their microwave is (most efficiently / more efficient) than their competitor's.
주간 회의 동안, 연구개발팀은 그들의 전자레인지가 그들의 경쟁사 것보다 더 효율적이라는 것을 보여주었다.

어휘 rapidly 빠르게 anticipate ~을 예상하다 replace ~을 교체하다 recently 최근에 find ~가 …하다는 것을 알다 difficult 힘든 expect ~을 기대하다 during ~동안 weekly 주간의, 주 1회의 efficient 효율적인 competitor 경쟁업체

114 | 빈칸 앞에 비교급 강조 부사가 있으면 비교급이 정답

빈칸 앞에 비교급을 강조하는 부사인 much, even, far, a lot, still 등의 표현이 있으면 than의 유무와 상관없이 비교급 형태인 『형용사/부사 + -er』이나 『more + 형용사/부사』가 와야 한다.

🎯 기출 들여다보기

The newly introduced time management tool at PGT Corporation will help employees finish their tasks much ------- than the previous one.

(A) efficient

(B) efficiently

(C) more efficiently

(D) most efficiently

|핵심 문법| 비교급 강조 부사 + 비교급

much more efficiently ~

비교급 강조 부사　비교급

해설　빈칸 앞에 비교급 강조 부사인 much가 있어 빈칸에는 비교급이 와야 하므로 (C) more efficiently가 정답이다.

해석　PGT 사에 새로 도입된 시간 관리 툴은 이전 것보다 직원들이 그들의 업무를 더 효율적으로 끝마치도록 도울 것이다.

어휘　newly ad. 새로 introduced a. 도입된 time management n. 시간 관리 employee n. 직원 previous a. 이전의 efficient a. 효율적인 efficiently ad. 효율적으로

정답　(C)

|기출 확인|

• LQ Tek allows managers to have even (greater / great) flexibility in making important decisions.
LQ 테크 사는 부장들이 중요한 결정을 하는 데 있어서 훨씬 더 많은 유연성을 갖는 것을 허용한다.

• SKG Ltd.'s new software program makes it much (easy / easier) for workers to meet the deadlines for assigned projects.
SKG 유한회사의 새로운 소프트웨어 프로그램은 직원들이 할당된 프로젝트들의 마감기한을 훨씬 더 쉽게 맞출 수 있도록 해준다.

어휘　allow A to do: A가 ~하도록 허용하다 even (비교급 강조) 훨씬 great 많은, 큰 important 중요한 decision 결정 much (비교급 강조) 훨씬 easy 쉬운 meet the deadline 마감기한을 맞추다 assigned 할당된

📌 고득점 비법 노트

☆ 비교급 강조 부사

much, even, (by) far, a lot, still + 비교급

고득점 비법 노트

☆ 비교급 표현

at a later date[time] 차후에, 나중에
for a later time 나중을 위해
have never been + 비교급 + (than it is now) 지금보다 더 ~한적은 없었다 (최상급 의미의 비교급 부정)
less than + 명사 ~이하
more than + 명사 ~이상
more and more(=increasingly) 점점 더
more likely than 어쩌면, 아마도
more often than not(=as often as not) 자주, 대개
more or less(=almost) 거의
no later than + 날짜[시간] ~까지
no less than(=as much, many as) 자그마치 ~만큼
no less A than B ~에 못지않게, ~와 마찬가지로
no longer[not ~any longer] 더 이상 ~않는
no more[not ~any more] 더 이상 ~않는
no more A than B B가 아닌 것과 마찬가지로 A도 아니다
no more than~ 단지 ~밖에 안되는, 겨우
no other~/nothing is + 비교급 + than 다른 어떤 ~도 …보다 더~하지 않다
no sooner than ~하자 마자 …하다
nonetheless 그럼에도 불구하고
not more than(=at most) 기껏해야, 많아야
other than(=in addition, except for) 게다가, ~을 제외하고(~이외에)
sooner or later 조만간
sooner than ~보다는 차라리
would rather~ than… ~하느니 차라리 …하다
비교급 + than any other~ 다른 어떤 것보다 더 ~한 (비교급 형태의 최상급 의미)
비교급 + than ever (before) 역대 가장 ~한 (비교급 형태의 최상급 의미)
비교급 + than + 주어 + expected[anticipated, predicted, planned, announced] 주어가 기대[예상, 예측, 계획, 발표]했던 것보다 더 ~한

☆ 비교급 이외의 비교 표현

inferior to ~보다 열등한	superior to ~보다 우수한
just as (앞에 나온 것과 비교하여) 그만큼 ~한	the same (명사) as ~와 같은

115 | 콤마 앞에 the + 비교급 표현이 있고, 콤마 뒤에 온 the 다음에 빈칸이 있으면 비교급이 정답

the 다음에 예외적으로 최상급이 아닌 비교급이 오는 예외적인 경우가 있는데, 『the + 비교급, the + 비교급』 표현이 그 예시다. 『the + 비교급, the + 비교급』 표현은 '~하면 할수록 더욱 더 …하다'라는 의미를 갖는다.

🎯 기출 들여다보기

Generally, people think that the more money they have, the ------- they would be.

(A) happy　　　　　　　　　　　(B) happily

(C) happier　　　　　　　　　　(D) happiest

| 핵심 문법 | the + 비교급 , the + 비교급

---

the more ~, the happier ~
비교급　　　　　　　비교급

해설 　빈칸 앞에 최상급에 쓰이는 the가 있어서 happiest를 정답으로 고를 수 있는 함정 문제이다. 하지만, 콤마 앞 쪽에 'the + 비교급'의 형태가 있고, 콤마 뒤에 온 the 다음에 빈칸이 있으므로 '~하면 할수록 더욱 더 …하다' 라는 의미를 갖는 비교급인 (C) happier가 정답이다.

해석 　일반적으로, 사람들은 그들이 더 많은 돈을 가지면 가질수록, 그들이 더 행복할 것이라고 생각한다.

어휘 　**generally** ad. 일반적으로

정답 　(C)

| 기출 확인 |

• **The higher** we go up, **the** (steepest / steeper) the slope will be.
　우리가 높이 올라가면 갈수록, 경사는 더욱 더 가팔라 질 것이다.

• **The quieter** the work environment is, **the** (most / more) productive the employees become.
　근무 환경이 조용하면 할수록, 직원들은 더욱 더 생산적이게 될 것이다.

어휘 　**steep** 가파른 **slope** 경사 **quiet** 조용한 **environment** 환경 **productive** 생산적인 **employee** 직원

📌 고득점 비법 노트

☆ 두 대상을 비교하는 경우에 사용되는 the + 비교급
두 개를 정해 놓고 비교하는 경우에 'the + 비교급'이 나오는 경우도 있으므로 주의해야 하며, 비교하는 대상을 나타낼 때
between A and B 또는 **of the two** 표현을 사용한다.

Of the two applicants we interviewed yesterday, the manager considered the first one the better.
우리가 어제 인터뷰했던 두 명의 지원자들 중에서, 매니저는 첫 번째 지원자가 더 낫다고 생각했다.

기출 문법 공식

116 | 선택지에 비교급이나 최상급 표현이 있고 빈칸 앞에 the가 있으면 최상급이 정답

정관사 the는 『the + 형용사/부사 + -est』와 『the + most[least] + 형용사/부사』와 같이 주로 최상급 앞에 온다. 하지만, 앞서 기출 문법 공식 115에서 다룬 『the + 비교급, the + 비교급』 표현과 두 대상을 비교할 때 사용하는 『the + 비교급』 표현처럼 예외적으로 the 다음에 비교급이 오는 경우가 있으므로 문장 구조를 보고 정확히 접근해야 한다.

◎ 기출 들여다보기

The popular app, Hiring Pro, will help companies recruit the ------- qualified job candidates.

(A) much　　　　　　　　　　　(B) such

(C) very　　　　　　　　　　　　(D) most

|핵심 문법| the + 최상급

the most
최상급

[해설] 선택지에 최상급 표현이 있고 앞에 정관사 the가 있으므로, the + most + 형용사(qualified)의 구조에 맞는 최상급 표현이 들어가야 된다는 것을 알 수 있으므로 (D) most가 정답이다. 빈칸 앞에 'the + 비교급' 표현이 없으며, 두 대상을 비교하는 경우도 아니기 때문에 선택지에 비교급 표현이 있어도 답이 될 수 없다.

[해석] 인기 있는 앱인 하이어링 프로는 회사들이 가장 자질이 있는 입사 지원자들을 채용하는 데 도움을 줄 것이다.

[어휘] **popular** a. 인기 있는 **recruit** v. ~을 채용하다 **qualified** a. 자질이 있는, 자격이 있는 **job candidate** n. 입사 지원자

[정답] (D)

|기출 확인|

- Of all employees in the marketing department, Mr. Kaufman is the (more knowledgeable / **most knowledgeable**) about online marketing strategies.
  마케팅부의 모든 직원들 중에서, 카우프만 씨가 온라인 마케팅 전략들에 관해 가장 잘 알고 있다.

- The Employee of the Year Award acknowledges Justine Moon for having worked the (**hardest** / harder) among all staff members at K&G Corp.
  올해의 직원 상은 K&G 사의 모든 직원들 중에서 저스틴 문 씨가 가장 열심히 일해 왔다는 것을 인정해준다.

[어휘] **employee** 직원 **department** 부서 **knowledgeable** 잘 알고 있는 **strategy** 전략 **acknowledge** ~을 인정하다 **hard** ad. 열심히 a. 어려운, 단단한 **among** ~중에서

고득점 비법 노트

☆ 최상급 앞에 the가 없는 경우
• 최상급 앞에 소유격이 있는 경우

I think Jason Long's new book is <u>his</u> most well-written novel yet.
　　　　　　　　　　　　　　　　소유격
나는 제이슨 롱 씨의 새 책이 지금으로서는 그의 가장 잘 쓰여진 소설이라고 생각한다.

☆ 주의해야 할 최상급 표현
first(제일 먼저), last (제일 마지막)은 그 자체에 최상급의 의미가 있어 최상급과 함께 쓸 수 없지만, 다른 서수 표현은 아래와 같이 최상급과 함께 쓰일 수 있다.
• the + 서수 + 최상급: ~번째로 가장 …한

The marketing team is currently working on the second largest project.
마케팅팀은 현재 두 번째로 가장 큰 프로젝트를 작업 중이다.

☆ 최상급 표현

among + the + 최상급 + 복수명사 가장 ~한 것 중에
of + 복수명사, the + 최상급 ~중에서, 가장 …한
one[two, some] + of + the + 최상급 + 복수명사 가장 ~한 것 중 하나[둘, 몇몇]의 …
the + 최상급 + of any 모든 것 중에 가장 ~한
the + 최상급 + possible[available, imaginable] 가능한 한[이용 가능한 한, 상상할 수 있는 한] 가장 ~한
the + 최상급 + ever 지금껏 가장 ~한
the + 최상급 + 주어 + have + (ever) + p.p. 지금껏 ~가 …한 것 중 가장 ~한
the + 최상급 + of[among] + 복수명사 ~중에 가장 …한
the + 최상급 + in + 기간 ~만에 가장 …한
the + 최상급 + in[on] + 장소[범위, 분야] ~에서 가장 …한

☆ 최상급을 의미하는 비교급 + than 표현

부정어 + 비교급 더 이상 ~할 수 없다
비교급 + than all other + 복수명사 다른 모든 것들보다 ~이 더 …하다
비교급 + than any other + 단수명사 다른 어떤 것보다 ~이 더 …하다
비교급 + than anyone[anything] else 다른 누구[무엇]보다 더 ~하다
비교급 + than ever[before] 전보다 더 ~하다

☆ 최상급 강조 부사의 종류
only[quite, by far, so far] + the + 최상급
the + 최상급 + ever[yet], by far, so far
the very + 최상급

Molly Holt is by far the most qualified applicant for the senior accountant position.
몰리 홀트 씨는 선임 회계사 직에 단연코 가장 적합한 지원자이다.

UNIT 12 고난도 구문

117 │ 문장 맨 앞에 조동사가 와야 하고 주어 뒤에 동사원형이 있으면 Should가 정답

가정법에서 if가 생략되어 조동사가 문장 맨 앞에 오면 주어와 조동사의 어순이 바뀐다. 이때, 빈칸 뒤의 동사가 원형이면 가정법 미래 문장이므로, 조동사 Should가 빈칸에 와야 한다.

🎯 기출 들여다보기

------- the proposal come into effect, Zebrao, the largest automaker, might have to pay higher tariffs on some automotive parts.

(A) Had 　　　　　　　　　　　　(B) Could

(C) Did 　　　　　　　　　　　　(D) Should

│핵심 문법│ Should + 주어 + 동사원형

Should the proposal come into effect
조동사　　　　　　　주어　　　　　　　동사원형
일반 어순: If the proposal should come into effect

해설　두 절을 잇는 역할을 하는 접속사가 문장에 없고, 의문문이 아님에도 문장이 조동사로 시작하므로 위 문장은 가정법 If가 생략되어 주어와 동사가 도치된 문장임을 알 수 있다. 또한, If절의 주어 뒤에 동사원형이 있기 때문에 가정법 미래임을 알 수 있으므로 (D) Should가 정답이다.

해석　그 제안이 효력을 갖는다면, 가장 큰 자동차 회사인 지브라오 사는 몇몇 자동차 부품들에 있어 더 높은 관세를 지불해야 할 것이다.

어휘　proposal n. 제안 come into effect v. 효력을 발생하다 automaker n. 자동차 회사 pay v. ~을 지불하다 tariff n. 관세 automotive a. 자동차의 part n. 부품

정답　(D)

│기출 확인│

• (**Should** / May) **you have** any questions, please do not hesitate to contact us.
　질문이 있으면, 저희에게 연락하는 것을 주저하지 마십시오.

• (Could / **Should**) **the assigned work schedule be changed**, let Mr. Monette know right away.
　할당된 근무 일정이 변경되어야 한다면, 즉시 모넷 씨에게 알려주세요.

어휘　hesitate to do ~하는 것을 주저하다 contact ~에게 연락하다 assigned 할당된 change ~을 변경하다

🔔 기출 문법 공식

118 │ 문장 맨 앞에 조동사가 와야 하고 주어 뒤에 p.p.가 있으면 Had가 정답

가정법에서 if가 생략되어 조동사가 문장 맨 앞에 오면 주어와 조동사의 어순이 바뀐다. 빈칸 뒤의 동사가 과거분사이면 가정법 과거완료 문장이므로, 조동사 Had가 와야 한다.

⏱ 기출 들여다보기

------- the ordered product been delivered on time, Mr. Tibbs would not have written a letter of complaint.

(A) Had (B) Could
(C) Did (D) Should

| 핵심 문법 | Had + 주어 + p.p.

<u>Had</u> **the ordered product been delivered**
　　　　주어　　　　　　　 p.p.

일반 어순: If the ordered product had been delivered

해설　두 절을 잇는 역할을 하는 접속사가 문장에 없고, 의문문이 아님에도 문장이 조동사로 시작하기 때문에 가정법의 If가 생략되어 주어와 동사가 도치된 문장임을 알 수 있다. 또한, If절의 주어 뒤에 과거분사(been)가 와있기 때문에 가정법 과거완료임을 알 수 있으므로 (A) Had가 정답이다.

해석　주문된 제품이 제때 배달되었더라면, 팁스 씨가 항의 편지를 쓰지 않아도 됐었을 것이다.

어휘　ordered product n. 주문된 상품 deliver v. ~을 배달하다 on time 제때에, 정시에 complaint n. 항의

정답　(A)

| 기출 확인 |

• (Had / Would have) the handouts about editing skills been given out, the participants would have had a better understanding of their job duties.
편집 기술에 대한 유인물들을 나눠줬더라면, 참가자들이 그들의 직무를 더 잘 이해할 수 있었을 것이다.

어휘　skill 기술 give out ~을 나눠주다 participant 참가자 understanding 이해 job duty 직무

📌 고득점 비법 노트

☆ 가정법 if가 생략된 도치

가정법 종류	일반 어순	도치 어순
가정법 과거	If + 주어 + 일반동사의 과거형/were	Did + 주어 + 동사원형 Were + 주어
가정법 과거완료	If + 주어 + had + p.p.	Had + 주어 + p.p.
가정법 미래 (가능성이 희박한 미래 가정)	If + 주어 + should[were to] + 동사원형	Should + 주어 + 동사원형 Were + 주어 + to + 동사원형
가정법 미래(제안, 요청, 부탁)	If + 주어 + should + 동사원형	Should + 주어 + 동사원형

119 『Only + 부사, 부사구, 부사절, 전치사구 + 조동사 + 주어』 다음에 빈칸이 있으면 앞에 온 동사의 일부가 정답

Only가 이끄는 부사/부사구/부사절/전치사구가 문장 맨 앞에 오면 주어와 동사가 도치된다. 이렇게 문장이 『부사/부사구/부사절/전치사구 + 조동사 + 주어』로 시작하고, 바로 그 다음에 빈칸이 있으면 앞에 온 동사의 일부가 정답이다.

◎ 기출 들여다보기

Only recently has SH Telecom ------- that better employee benefits improve employees' work productivity.

(A) recognize
(B) recognizing
(C) recognized
(D) to recognize

| 핵심 문법 | Only + 부사, 부사구, 부사절, 전치사구 + have[has] + 주어 + 과거분사 /
Only + 부사, 부사구, 부사절, 전치사구 + do[does, did] + 주어 + 동사원형

> ### Only recently has SH Telecom recognized
> 　　부사　　　조동사　　　주어　　　　과거분사
> 일반 어순: SH Telecom has only recently recognized

해설　빈칸 앞에 only가 이끄는 부사구가 있고 그 뒤로 주어와 현재완료 동사의 첫 부분(has)이 도치되어 있으므로 현재 완료의 나머지 부분인 (C) recognized가 정답이다.

해석　최근에서야 SH 텔레콤 사는 더 좋은 직원 복지가 직원들의 일 생산성을 향상시킨다는 것을 인정했다.

어휘　recently ad. 최근에 employee benefit n. 직원 복지 혜택 improve v. ~을 향상시키다 productivity n. 생산성 recognize v. ~을 인정하다

정답　(C)

| 기출 확인 |

• Only recently have technicians at GT Tech Solutions (to succeed / succeeded) in identifying the problems that have caused production delays for the past two years.

　최근에서야 GT 테크 솔루션 사의 기술자들이 지난 2년동안 생산 지연을 야기해왔던 문제들을 찾아 내는 데 성공했다.

어휘　recently 최근에 succeed in -ing ~하는데 성공하다 cause ~을 야기하다 production 생산 delay 지연 past 지난

고득점 비법 노트

☆ 주격 보어로 쓰인 전치사구의 도치

주격 보어로 사용된 전치사구가 문장 맨 앞으로 오게 되면 be동사와 주어가 도치된다.

Among our most popular items are the laptop computers and digital cameras.
노트북 컴퓨터와 디지털 카메라는 우리의 가장 인기 있는 품목들에 포함되어 있다.

☑ 일반 어순: The laptop computers and digital cameras are among our most popular items.

☆ as나 than 뒤에서 도치가 발생하는 경우

• as + 조동사[be 동사] + 주어(A), 주어(B) + 동사 / 주어(B) + 동사, as + 조동사[be 동사] + 주어(A)

A가 그러하 듯이 B도 그러하다

As was Lockson Tech's laptop computer, its desktop computer was also affordable.
락슨 테크 사의 노트북 컴퓨터가 그랬던 것처럼, 이곳의 탁상용 컴퓨터도 가격이 적당했다.

☑ 일반 어순: Lockson Tech's laptop computer was affordable. Its desktop computer was also affordable.

Mr. Smith wants to meet the deadline, **as do his co-workers.**
그의 동료들이 그런 것처럼, 스미스 씨도 마감기한을 맞추기를 원한다.

☑ 일반 어순: Mr. Smith wants to meet the deadline. His co-workers want to meet the deadline.

Ms. Ahn attended the press conference, **as did some of her colleagues.**
몇몇 그녀의 동료들이 그랬던 것처럼, 안 양도 기자회견에 참여했다.

☑ 일반 어순: Ms. Ahn attended the press conference. Some of her colleagues attended the press conference.

• 주어(A) + 동사 + 비교급 + than + 조동사[be 동사] + 주어(B)

A가 B가 ~하는 것보다 더 ~하다

I studied a lot harder **than did most of my classmates.**
나는 대부분의 내 학급 친구들보다 더 열심히 공부했다.

☑ 일반 어순: I studied a lot harder than most of my classmates studied.

I was more comfortable with using new technology **than were most of my co-workers.**
나는 대부분의 내 동료들보다 새로운 기술을 더 수월하게 이용할 수 있었다.

☑ 일반 어순: I was more comfortable with using new technology than most of my co-workers were.

UNIT 12
고난도 구문

| Part 5 |

1. Many researchers felt that the recent marketing study was as inconclusive ------- the previous one due to the relatively small sample size of participants.

(A) of
(B) as
(C) either
(D) than

2. Weston Bank claims that its online banking service is ------- than any other banking Web site.

(A) securely
(B) securest
(C) more secure
(D) most secure

3. Charles Manning explained his main points ------- than the other presenters at the annual environmental conference.

(A) clearly
(B) clearest
(C) more clearly
(D) most clearly

4. Marcus Finn, who was named executive vice president at the last board meeting, has much ------- experience in management and leadership than other candidates.

(A) as
(B) many
(C) more
(D) most

5. The more polluted the air becomes, the ------- the sales of air purifiers, which used to be regarded as seasonal products, are.

(A) high
(B) highly
(C) higher
(D) highest

6. Using our online auction system, the bidder who submits the ------- offer will be able to purchase the product.

(A) highest
(B) highly
(C) high
(D) higher

7. In an effort to stay ahead of its competitors, Pegasus Fitness installs only the ------- exercise equipment in its many gyms throughout the country.

(A) newly
(B) newer
(C) newness
(D) newest

8. ------- you have any queries about your subscription to our streaming service, please feel free to contact our customer service department at 555-1187.

(A) Must
(B) Should
(C) Had
(D) Could

9. ------- Apricot Bistro added more vegan options to its menu, it might not have gone out of business.

(A) Had
(B) Could
(C) Did
(D) Should

10. Only recently has Blossom Interiors' marketing division ------- free consultations to local business owners.

(A) provide
(B) provided
(C) providing
(D) will provide

| Part 6 |

Questions 11-14 refer to the following letter.

March 4
Veronica Yorke
576 Canyon Road
Dallas, TX 75032

Dear Ms. Yorke,

I am contacting you to remind you that your membership to Wellford Library expired two weeks ago. If you do not wish to renew your membership, please inform ------- so that we can officially close
11.
your account and settle any outstanding fees. If, however, you are considering renewing, you might be interested to know that, for a limited time, we are lowering our annual renewal fees for members who have been with us for ------- than five years. For just $15 per year, you will receive full borrowing
12.
privileges plus access to Wellford Library's collection of rare books and journals. -------. Renewing
13.
your membership couldn't be more straightforward. ------- fill out and return the form that I have
14.
included with this letter.

Thank you for being a loyal member of Wellford Library for almost ten years!

Ryan Haskell
Membership Manager
Wellford Library

Enclosure

---

11. (A) her
(B) him
(C) us
(D) them

12. (A) long
(B) longer
(C) longest
(D) as long

13. (A) If you have already returned your books, please ignore this message.
(B) You must respond by March 15 in order to take advantage of this opportunity.
(C) We will then send you a notification that your account has been formally closed.
(D) We offer several incentives to anyone referring new members to the library.

14. (A) Regularly
(B) Lastly
(C) Highly
(D) Simply

Part 5&6
실전 모의고사

- ⊘ TEST 1
- ⊘ TEST 2

▲Part 5

▲Part 6

READING TEST

In the Reading test, you will read a variety of texts and answer several different types of reading comprehension questions. This Reading test will last 40 minutes. There are three parts, and directions are given for each part. You are encouraged to answer as many questions as possible within the time allowed. You must mark your answers on the separate answer sheet. Do not write your answers in your test book.

PART 5

Directions: A word or phrase is missing in each of the sentences below. Four answer choices are given below each sentence. Select the best answer to complete the sentence. Then mark the letter (A), (B), (C), or (D) on you answer sheet.

101. Edge Fitness is offering a free one-hour personal training session ------- new members.
(A) by
(B) to
(C) on
(D) of

102. Ms. Taylor will give the potential investors a tour of the proposed festival site ------- since she knows the area very well.
(A) she
(B) her
(C) hers
(D) herself

103. The deep-fat fryers are turned off for ------- every evening once the restaurant has closed.
(A) cleaning
(B) clean
(C) cleaned
(D) cleaner

104. Mr. Carver asked Professor Sellers to ------- all phases of the drug testing process.
(A) demand
(B) assume
(C) oversee
(D) contact

105. Quickfix Foods broadened its range of products to be more ------- in the microwavable meals market.
(A) competing
(B) competition
(C) competitive
(D) competitively

106. Recent biotechnology graduates ------- at the company's annual career day next month.
(A) were recruited
(B) recruiting
(C) to recruit
(D) will be recruited

107. During the morning meeting, Ms. Gould ------- reminds staff about the need for good customer service.
(A) frequently
(B) extremely
(C) imaginably
(D) wholly

108. It is ------- that we postpone the store's grand opening until all of the renovation work has been completed.
(A) important
(B) importance
(C) more importantly
(D) most importantly

109. The company is hiring a building contractor ------- enlarging the warehouse on Eastlee Road.
(A) began
(B) begins
(C) to begin
(D) has begun

110. The city council is ------- that local residents will approve of the changes made to Knottsberry Park.
(A) crucial
(B) honorary
(C) pleasant
(D) hopeful

111. The Green Turtle Backpackers Hostel is hoping to find new approaches to ------- its reputation among travelers.
(A) proceed
(B) gain
(C) enhance
(D) alert

112. The permit application form must clarify ------- will be performing and the nature of the performance.
(A) few
(B) where
(C) anything
(D) who

113. The city mayor anticipates a high attendance at the downtown New Year celebration ------- the relatively high cost of tickets.
(A) although
(B) namely
(C) actually
(D) despite

114. Scientists have called for governments to take action in addressing the rapidly ------- global climate.
(A) change
(B) changes
(C) changer
(D) changing

115. After several construction delays, the brand-new railway station on Hurley Street was ------- opened to the public.

(A) finally
(B) formerly
(C) rarely
(D) heavily

116. The Best Comedy Program Award went to *The Family Affair*, a popular television show ------- Jennifer Boyd and Tom Hunter.

(A) star
(B) stars
(C) starring
(D) starred

117. The shareholders requested that an ------- be conducted on all of the company's financial documents from the past year.

(A) audit
(B) employment
(C) orientation
(D) application

118. The advanced training session for telephone operators at our new call center will not be ------- until next month.

(A) held
(B) carried
(C) forwarded
(D) recruited

119. Despite his relatively young age, Mr. Gutierrez has shown ------- to be a skilled negotiator of important business deals.

(A) he
(B) it
(C) itself
(D) himself

120. Mayor Ekhard's compassionate ------- to addressing the needs of local residents has boosted his popularity significantly.

(A) gathering
(B) arrival
(C) approach
(D) display

121. The board members will reconvene ------- this month to make a final decision on the relocation proposal.

(A) later
(B) lately
(C) latest
(D) lateness

122. Only individuals with VIP passes are ------- in the backstage area following the Five Visions concert this evening.

(A) given
(B) shared
(C) permitted
(D) afforded

123. Our latest automated vacuum cleaner is still in the preliminary testing ------- and will likely undergo further modifications.

(A) grade
(B) instance
(C) stage
(D) degree

124. Whether the permits are requested for home extensions, concrete walls, or tall fences, all of ------- are handled by the Town Planning Department.

(A) they
(B) them
(C) themselves
(D) their

125. Passengers who travel more than 25,000 kilometers with Northway Air will be entitled to ------- one free domestic flight or a $500 gift certificate.

(A) either
(B) usual
(C) taken
(D) addition

126. Conference attendees are encouraged to make use of the complimentary shuttle bus ------- they can reach the venue promptly and conveniently.

(A) due to
(B) whereas
(C) so that
(D) despite

127. Many local business owners have tailored their products and services to appeal to the 18-30 age group in order to -------.

(A) waive
(B) prolong
(C) extend
(D) thrive

128. All employees at Rylex Systems must submit a weekly work report, ------- they have been away on a business trip.

(A) between
(B) because of
(C) even if
(D) aside

129. ------- the housing lease, the tenant will be responsible for any necessary plumbing or heating maintenance.

(A) Except for
(B) According to
(C) Such as
(D) Other than

130. Museum visitors may join a guided tour or rent an audio guide headset, ------- they prefer.

(A) much
(B) whose
(C) someone
(D) whichever

PART 6

Directions: Read the texts that follow. A word, phrase, or sentence is missing in parts of each text. Four answer choices for each question are given below the text. Select the best answer to complete the text. Then mark the letter (A), (B), (C), or (D) on your answer sheet.

Questions 131-134 refer to the following e-mail.

To: Registered GAO Users

From: cservice@gao.com

Date: March 30

Subject: Recent problems

At Global Affairs Online (GAO), we ------- to bringing our readers the most accurate news service.
        131.

With that said, we occasionally fall short of the high standards we set for ourselves. Some readers

pointed out that many of the photographs posted recently do not match their accompanying articles.

-------. As a result, the Web site will be closing down for urgent maintenance. Don't worry; this is a
132.

------- situation. Our technicians are working hard to rectify the problem. -------, we expect to be
133.   **134.**

back online within 24 hours. We appreciate your understanding and ask you to bear with us during

this time.

Sincerely,

Harriet Walsh

Content Manager, GAO

---

131. (A) committing
(B) will be committing
(C) are committed
(D) would have committed

132. (A) Regrettably, this was due to some technical difficulties.
(B) Unfortunately, we are unable to provide copies of individual articles.
(C) After much discussion, we decided to accept your photographs.
(D) Sadly, all Web site users must re-register for this new service.

133. (A) profitable
(B) limited
(C) temporary
(D) similar

134. (A) In contrast
(B) Previously
(C) On the other hand
(D) As a matter of fact

Questions 135-138 refer to the following letter.

June 29

Ms. Joyce Brown

Diamond Systems

133 Peter Street

Dundee, UK

DD2 RT5

Dear Ms. Brown,

I just wanted to congratulate you on your impressive ------- in Scotland, Wales, and Northern Ireland.
135.
You have almost doubled worker productivity in each of our branches in these regions. -------.
136.

It is my pleasure to inform you that we have decided to promote you to Human Resources Director
for all UK-based operations. The position ------- in Manchester, England. I understand that this would
137.
involve the inconvenience of relocating to England. -------, I hope that you will give this exciting
138.
opportunity some serious consideration. Don't hesitate to contact me directly at headquarters
should you wish to discuss the contract details.

Thank you for helping Diamond Systems to continue its growth and evolution.

Regards,

David Branston, CEO

Diamond Systems

---

135. (A) degrees
(B) traits
(C) candidates
(D) efforts

136. (A) Such accomplishments have not gone
unnoticed.
(B) You are permitted to hire new staff if
necessary.
(C) We must try to rectify this as soon as
possible.
(D) I will be in Scotland by the end of the
week.

137. (A) was based
(B) is based
(C) basing
(D) bases

138. (A) Similarly
(B) For example
(C) However
(D) In addition

To: All staff members

From: Dimitri Asimov

Date: October 11

Subject: New building entry procedure

Attachment: Available sessions

Starting from the 1st of November, Omni Laboratories ------- from using the normal security check
139.
at the main entrance to a biometric retinal recognition device. With this ------- approach, our facilities
140.
will be more secure and our employees will not have the inconvenience of having to stop at the
security office to sign in every morning.

Employees must ensure that they use the retina scanner both when they arrive at work and when
they leave at the end of their shifts. This will allow us to maintain an accurate record of which
individuals are currently in the building.

Although the scanner is relatively easy to use, management has arranged some brief training
sessions to be held throughout next week. -------. If you don't think you'll be free to attend at your
141.
allocated time -------, please call me at extension 114.
142.

Thanks,

Dimitri

---

139. (A) changed
(B) is going to change
(C) has changed
(D) would change

140. (A) innovative
(B) occasional
(C) tedious
(D) customary

141. (A) The installation is scheduled to take place tomorrow.
(B) Building security has been a cause of concern for some time.
(C) If you have any problems, refer to the assembly instructions.
(D) Please check the attached timetable for more information.

142. (A) slot
(B) absence
(C) priority
(D) limit

Questions 143-146 refer to the following memo.

From: Sue Voorhees, Personnel Manager

To: All Staff Members

Date: August 18

Subject: Re: Business Trip Policy

In order to curb -------, the board members have unanimously voted to change the company's policy
        143.

on business trips. The updated policy will be ------- on September 1. Starting then, staff members
              144.

taking a trip within Ohio will no longer be subsidized for fuel expenses, but an allowance for

accommodations will still be provided. -------.
              145.

------- exceptions to the new rules will be considered by the board if a request and explanation is
146.

submitted in writing at least one week prior to the trip.

---

143. (A) spend
    (B) spends
    (C) spent
    (D) spending

145. (A) The company will not be in a position to assist with hotel costs.
    (B) We anticipate the number of business trips to decrease next year.
    (C) Rental cars should be returned with a full tank of gas.
    (D) Those traveling outside the state will receive a small sum for transportation.

144. (A) rejected
    (B) purchased
    (C) instituted
    (D) reimbursed

146. (A) Any
    (B) Additional
    (C) Previous
    (D) These

실전 모의고사 TEST 2

▲Part 5

▲Part 6

READING TEST

In the Reading test, you will read a variety of texts and answer several different types of reading comprehension questions. This Reading test will last 40 minutes. There are three parts, and directions are given for each part. You are encouraged to answer as many questions as possible within the time allowed. You must mark your answers on the separate answer sheet. Do not write your answers in your test book.

PART 5

Directions: A word or phrase is missing in each of the sentences below. Four answer choices are given below each sentence. Select the best answer to complete the sentence. Then mark the letter (A), (B), (C), or (D) on you answer sheet.

---

101. Mr. Wright is confident that there will be adequate time ------- the presentation to demonstrate the new products.

(A) between
(B) during
(C) out
(D) to

102. Ms. Berman is well known for ------- effective approach to solving customer problems.

(A) she
(B) hers
(C) herself
(D) her

103. The ballroom at the Hyland Hotel has been ------- for Dillinger Inc.'s year-end shareholder's banquet.

(A) reserved
(B) postponed
(C) decided
(D) informed

104. A large number of manufacturing plants in Wellford are situated ------- the River Tay.

(A) apart
(B) well
(C) along
(D) sideways

105. Orientation attendees will have an opportunity to enjoy refreshments ------- 10:30 and 11:00.

(A) on
(B) between
(C) next
(D) within

106. ------- of the entrance hall at Drummond Castle will be fully complete by June 1.

(A) Restoration
(B) Restore
(C) Restored
(D) Restorable

107. Gilford Medical Clinic is currently closed, but you may contact Dr. Gilford directly if you require any ------- assistance.
(A) canceled
(B) urgent
(C) substitute
(D) accurate

108. Mario Baretti crafts attractive sculptures of all sizes created ------- recycled materials.
(A) from
(B) and
(C) for
(D) only

109. Fast food has rapidly become one of the most competitive ------- in Southeast Asia.
(A) proposals
(B) circumstances
(C) industries
(D) benefits

110. Before using your new Flyman 5000 running machine, please refer to the ------- instruction guide.
(A) enclosed
(B) enclosure
(C) enclosing
(D) enclose

111. Since joining Saturn Telecom in March, Ms. Dailly has ------- reached all of her weekly sales goals.
(A) succeeding
(B) succeed
(C) successfully
(D) successful

112. The manufacturing plant will become fully functional ------- the assembly line machinery has been installed.
(A) once
(B) until
(C) yet
(D) rather

113. Only customer service agents with a 50 percent approval rating ------- lower must attend the training workshop.
(A) up
(B) if
(C) by
(D) or

114. Upon arrival at the theater, proceed ------- to the box office to collect your pre-purchased tickets.
(A) closely
(B) directly
(C) affordably
(D) reliably

115. Space limitations ------- event organizers to move the film festival to a different site just outside Los Angeles.

(A) forcing
(B) forced
(C) to force
(D) are forced

116. *Buildings in Focus* is published every three months as a ------- to *the American Journal of Architecture*.

(A) supplementing
(B) supplement
(C) supplements
(D) supplementary

117. The dress worn by the ------- of the Best Actress Award was created by world famous fashion designer Greta Von Mars.

(A) associate
(B) member
(C) recipient
(D) panel

118. The city's two largest manufacturing companies raised money ------- to finance the restoration of St. Mark's Cathedral.

(A) cooperation
(B) cooperate
(C) cooperative
(D) cooperatively

119. The charging stations ------- Terminal 1 are suitable for all mobile devices and may be used for free.

(A) following
(B) inside
(C) during
(D) against

120. The building surveyor detected ------- rot in the foundations of the vacant townhouse on Newford Street.

(A) significant
(B) conserved
(C) proposed
(D) opposite

121. To work at the company's manufacturing facility in Indonesia, John Willet is required to renew his work visa ------- 18 months.

(A) whenever
(B) every
(C) less
(D) even

122. In her role as general operations manager, Joanna Kim regularly ------- responsibilities to her employees.

(A) organizes
(B) fulfills
(C) initiates
(D) delegates

123. The accountant has a better understanding of the company's finances following the ------- of several outstanding debts.

(A) consolidate
(B) consolidates
(C) consolidated
(D) consolidation

124. Author Margaret Weiss ------- urged all of her fans to avoid seeing the new film adaptation of her novel.

(A) asserts
(B) asserted
(C) assertively
(D) assertive

125. The Shellfish Selection is the ------- of the four different set menus at The Wharf Restaurant.

(A) cost
(B) costliest
(C) costly
(D) costing

126. The groundskeepers at Galway Park are trying to solve a flooding issue ------- this weekend's Family Sports Day.

(A) instead of
(B) along with
(C) ahead of
(D) across from

127. The highly-publicized recall of several devices manufactured by SNK Tech has diminished its ------- standing in the electronics market.

(A) cautious
(B) excessive
(C) competitive
(D) various

128. The bank's Web site has been redesigned ------- to make it easier for customers to view their transaction history.

(A) considerably
(B) randomly
(C) consecutively
(D) optionally

129. By establishing warehouses in Manitoba and Saskatchewan, Indigo Furnishings Inc. ------- its distribution range in Canada.

(A) has been expanded
(B) will be expanding
(C) to be expanding
(D) was expanded

130. Mr. Linton found speaking at the Golden Acres charity fundraiser ------- stressful.

(A) comparable
(B) compared
(C) comparatively
(D) comparing

PART 6

Directions: Read the texts that follow. A word, phrase, or sentence is missing in parts of each text. Four answer choices for each question are given below the text. Select the best answer to complete the text. Then mark the letter (A), (B), (C), or (D) on your answer sheet.

Questions 131-134 refer to the following e-mail.

To: All Workers

From: Scott Ferguson

Subject: Reminder about Elevator Maintenance

Date: April 19

I am writing to remind everyone that a work crew will be visiting us to ------- annual elevator
131.
maintenance. -------. The elevators running from the lobby to floors 1 through 7 will be out of service
132.
between noon and 3 P.M. on April 21, and those that service floors 8 through 14 will be shut down

between 4 P.M. and 7 P.M. Additionally, the service elevator in the annex building will be out of use

between 3 P.M. and 4 P.M. on the same day. ------- this scheduled maintenance work, you will need
133.
to use the stairways located at the north and south sides of the building. Employees should allow

extra time to reach their desired floor on foot. We ------- any inconvenience you may experience.
134.

---

131. (A) request
(B) perform
(C) prevent
(D) refer

132. (A) We will let you know the start time in a
follow-up e-mail.
(B) Please make sure that you back up your
work in advance.
(C) The process will take place in two days.
(D) We could not have completed it without
your cooperation.

133. (A) During
(B) Now
(C) When
(D) Finally

134. (A) regret
(B) regretting
(C) regrettable
(D) regrettably

Questions 135-138 refer to the following customer review.

I was recently delighted to find my old pair of Rock Hammer hiking boots in my garage. I moved to a new house two years ago and had completely forgotten about them, and -------, they're still in great
135.
condition. I had to wear them on a few short walks around my neighborhood in order to soften the stiffened leather, and I had to purchase and re-apply some waterproof wax. -------, I might have
136.
gotten blisters or wet feet when wearing them on a proper hike. Now, they feel as good as new.
-------.
137.

When I was originally shopping around for boots, I chose Rock Hammer boots because they were advertised as the most durable brand of footwear for hikers. I wanted the ------- boots available,
138.
and I'm happy to report that they performed perfectly during a recent 20-kilometer hike. I can wholeheartedly recommend them.

Gerry Main

---

135. (A) surprised
(B) surprising
(C) surprises
(D) surprisingly

136. (A) Instead
(B) Similarly
(C) Otherwise
(D) Regardless

137. (A) It was worth the effort for such excellent shoes.
(B) I hope I will be able to exchange them for another brand.
(C) I'm disappointed that they are no longer in stock.
(D) It's important to be prepared when going hiking.

138. (A) lightest
(B) strongest
(C) cheapest
(D) widest

Questions 139-142 refer to the following memo.

To: Lee Financial Services Staff

From: Bridgette Gulliver, Office Manager

Subject: Re: Arnold Lee

Date: February 13

To All Employees,

As I'm sure you all know, Arnold Lee, our company's founder and chairman, ------- on March 10. It
139.
has been almost four decades since Mr. Lee set out to establish a financial consulting firm designed
to help small business owners and entrepreneurs. -------. Lee Financial Services has provided
140.
invaluable assistance to more than five thousand clients, most of whom have gone on to find
success in their respective industries.

Mr. Lee will be ------- by Edison Wang, who has served as Vice Chairman of Lee Financial Services
141.
for the past twelve years.

A celebration has been arranged for March 3 to mark the end of Mr. Lee's ------- career. I'll circulate
142.
the details of the event one week in advance. I'm sure I'll see you all there.

Bridgette

---

139. (A) retired
(B) will be retiring
(C) would retire
(D) was to retire

140. (A) We have an experienced team ready to offer you advice.
(B) The event will take place at a restaurant on Burnaby Street.
(C) He could not have anticipated how big the company would get.
(D) We are delighted that you have accepted the promotion to chairman.

141. (A) achieved
(B) resumed
(C) positioned
(D) succeeded

142. (A) tentative
(B) distinguished
(C) beneficial
(D) experienced

Questions 143-146 refer to the following notice.

Iceberg Foods is seeking a Quality Control Manager. The QC Manager ------- the Quality Assurance
143.
Division at our manufacturing plant in Detroit. The main duties of the role include managing a team

of QC employees, ensuring the high quality of all products, and developing strategies for product

improvement. This position involves shift work, with different hours each week, and may involve

evening and weekend work, so the candidate must be ------- and dedicated. Candidates should
144.
have experience in a food manufacturing setting and have certification in quality assurance. -------,
145.
candidates with qualifications in related subjects will also be considered. To apply, send your résumé

and an accompanying cover letter to Iceberg Foods. -------.
146.

143. (A) oversee
(B) oversees
(C) overseeing
(D) overseer

144. (A) authoritative
(B) successful
(C) accurate
(D) flexible

145. (A) As a result
(B) In particular
(C) However
(D) Then

146. (A) Please note that many of the positions
have already been filled.
(B) Full details about the aims of the project
can be found on our Web site.
(C) We were unable to make contact with
the first job reference you provided.
(D) Please add job reference number 3349
to all documents you submit.

시원스쿨 토익
기출 문법 공식 **119**

////////

정답 및 해설

Part 5&6

기출 공식 실전 테스트

Unit 01 명사

1. (C)	**2.** (D)	**3.** (D)	**4.** (A)	**5.** (C)
6. (B)	**7.** (B)	**8.** (B)	**9.** (D)	**10.** (D)
11. (C)	**12.** (B)	**13.** (A)	**14.** (D)	**15.** (B)
16. (B)	**17.** (A)	**18.** (D)	**19.** (D)	**20.** (A)

1. 기출 문법 공식 001, 004   정답률 **67%**

정답 (C)

해석 YGN 사에 근무하는 직원들은 직원들에게 미칠 수 있는 영향에 대한 어떠한 고려도 없이 중요한 결정들이 내려지고 있다고 생각한다.

해설 동사 feel과 어울리는 주어가 필요하므로 생각이나 감정의 주체가 될 수 있는 사람명사가 빈칸에 쓰여야 하며, 부정관사 a가 없으므로 복수명사가 필요하다. 따라서 복수 형태로 된 사람명사인 (C) Workers가 정답이다.

어휘 important 중요한 make a decision 결정을 내리다 without ~ 없이, ~하지 않고 consideration 고려 have an impact on ~에 영향을 미치다

2. 기출 문법 공식 002   정답률 **60%**

정답 (D)

해석 우리는 서울에서 곧 열릴 이수진 패션쇼를 취재할 기자를 파견할 것이다.

해설 부정관사 a와 to부정사 사이에 위치한 빈칸은 이 둘의 수식을 동시에 받을 명사 자리이므로 명사인 (D) correspondent가 정답이다.

어휘 dispatch ~을 파견하다, 보내다 cover ~을 취재하다, (주제 등) ~을 다루다 upcoming 곧 있을, 다가오는 correspond 상응하다, 부합하다 corresponding 상응하는, 해당하는 correspondingly 상응하여 correspondent 기자, 특파원

3. 기출 문법 공식 003, 005   정답률 **60%**

정답 (D)

해석 손꼽히는 한 경제 전문가에 따르면, G20 국가들의 주식 시장이 지난 한 해 동안에 걸쳐 상당히 안정되어 왔다.

해설 부정관사 a와 형용사 leading의 수식을 받을 명사가 빈칸에 쓰여야 하므로 명사인 (A) economy와 (D) economist 중에서 하나를 골라야 한다. 부정관사 a의 수식을 받으려면 가산 단수 명사가 필요하므로 (D) economist가 정답이다.

어휘 according to ~에 따르면 leading 손꼽히는, 선도적인 stock market 주식 시장 considerably 상당히 stabilize 안정되다, 안정시키다 over ~동안에 걸쳐 economy 경제 economical 경제적인 economically 경제적으로 economist 경제 전문가, 경제학자

4. 기출 문법 공식 004   정답률 **70%**

정답 (A)

해석 연례 회의 초대장이 대표이사 및 모든 지점장들에게 발송되었다.

해설 빈칸은 전치사 to와 연결됨과 동시에 문장의 주어 역할을 할 명사 자리이다. 선택지에서 명사는 (A) Invitations와 (B) Invitation인데, 가산명사는 부정관사 a나 an이 없을 경우에 복수형으로 쓰여야 하므로 (A) Invitations가 정답이다.

어휘 annual 연례적인, 해마다의 extend (초대장 등) ~을 발송하다, 보내다 branch 지점, 지사 invitation 초대(장) invite ~을 초대하다, ~에게 요청하다

5. 기출 문법 공식 004, 009   정답률 **60%**

정답 (C)

해석 수천 명의 외국인들이 시애틀 국제 예술 축제에 참석할 것으로 예상되는 가운데, 그 박물관은 지원을 위해 다양한 모바일 애플리케이션을 제공하기로 결정했다.

해설 전치사 for의 목적어 역할을 할 명사가 빈칸에 필요하므로 (A) assistant 또는 (C) assistance 중에서 하나를 골라야 한다. 빈칸 앞에 부정관사 a(n)가 쓰여 있지 않아서 복수명사 또는 불가산명사가 필요하므로 불가산명사인 (C) assistance가 정답이다.

어휘 with A p.p. A가 ~되면서, A가 ~된 채로 thousands of 수천 명의, 수천 개의 expect to do ~할 것으로 예상되다, 기대되다 attend ~에 참석하다 decide to do ~하기로 결정하다 offer ~을 제공하다 a variety of 다양한 assistant n. 보조, 조수 assist ~을 돕다 assistance 지원, 도움

6. 기출 문법 공식 005   정답률 **90%**

정답 (B)

해석 상을 받을 때, 그 소프트웨어 회사의 대표는 자사의 컴퓨터 게임을 성공작으로 만드는 데 도움을 줬던 아주 경험이 풍부한 개발자들에게 감사 인사를 했다.

해설 정관사 the와 형용사 experienced 뒤에 위치한 빈칸은 이 둘의 수식을 동시에 받을 수 있는 명사 자리이므로 (B) developers가 정답이다.

어휘 accept ~을 받다, 수용하다 award 상 head 대표 firm 회사 highly 아주, 매우 experienced 경험이 풍부한, 유능한 make A B: A를 B로 만들다 success 성공(작) develop ~을 개발하다, 발전시키다 developer 개발자, 개발업체

7. | 기출 문법 공식 005 | 정답률 80%

정답 (B)

해석 시 공무원들은 약간의 버스 요금 인상은 주민들이 특별히 뛰어난 서비스에 대해 기꺼이 돈을 더 지불한다는 것을 보여준다고 말했다.

해설 형용사 slight와 전치사 to 사이에 위치한 빈칸은 이 둘의 수식을 동시에 받을 수 있는 명사 자리이므로 (B) increase가 정답이다. 참고로 increase는 동사와 명사로 모두 쓰일 수 있다.

어휘 official 공무원, 당국자 slight 약간의, 조금의 fare (교통) 요금 resident 주민 be happy to do 기꺼이 ~하다 exceptionally 특별히, 유난히 increase v. 증가하다, ~을 증가시키다 n. 증가, 인상 increasingly 점점 더

8. | 기출 문법 공식 005, 009 | 정답률 93%

정답 (B)

해석 시의회는 지속되는 공사 프로젝트들에 관한 지역 주민들의 불만을 처리할 책임이 있다.

해설 빈칸은 형용사 local의 수식을 받음과 동시에 전치사 from의 목적어 역할을 할 명사 자리이므로 (B) residents가 정답이다.

어휘 council 의회 be responsible for ~할 책임이 있다 address v. (문제 등) ~을 처리하다, 다루다 complaint 불만 local 지역의, 현지의 ongoing 지속되는 reside 거주하다 resident 주민 residential 거주의, 주택지의

9. | 기출 문법 공식 006, 008 | 정답률 85.7%

정답 (D)

해석 플래시 피트니스 주식회사의 웹 사이트는 자사의 운동 기계 조립 및 작동을 위한 몇몇 가이드를 유용하게 포함하고 있다.

해설 빈칸은 형용사 several의 수식을 받음과 동시에 동사 includes의 목적어 역할을 할 명사 자리이다. 수량 형용사 several은 가산 복수명사와만 쓰일 수 있으므로 (D) guides가 정답이다. (B) guide는 가산 단수명사이기 때문에 several과 함께 쓰일 수 없다.

어휘 helpfully 유용하게, 도움이 되게 include ~을 포함하다 several 몇몇의 assembly 조립 operation 작동, 가동 exercise 운동 guidable 지도할 수 있는, 안내할 수 있는

10. | 기출 문법 공식 007 | 정답률 93%

정답 (D)

해석 그 팀장이 시장 조사 집단으로부터 얻은 의견을 수집해 제품 개발팀에 이 집단의 권장 사항을 제출할 것이다.

해설 소유격 대명사 its와 전치사 to 사이에 위치한 빈칸은 its의 수식을 받을 명사 자리이므로 (D) recommendations가 정답이다.

어휘 collect ~을 수집하다, 모으다 opinion 의견 market research 시장 조사 submit ~을 제출하다 development 개발, 발전 recommend ~을 권하다, 추천하다 recommendable 권할 만한, 추천할 수 있는 recommendation 권장 (사항), 추천 (사항)

11. | 기출 문법 공식 008 | 정답률 100%

정답 (C)

해석 메릴랜드 미술 협회는 6월 30일까지 도시 벽화 대회 제출 작품들을 받을 것이다.

해설 타동사 is accepting 뒤에 빈칸이 위치해 있고, 그 뒤로 전치사 for가 있으므로 빈칸은 is accepting의 목적어 역할을 할 명사 자리임을 알 수 있다. 따라서 (C) submissions가 정답이다.

어휘 accept ~을 받아들이다, 수용하다 until ~까지 submit ~을 제출하다 submission 제출(되는 것) submissive 복종하는, 순종적인

12. | 기출 문법 공식 008 | 정답률 90%

정답 (B)

해석 센터의 정책에 따라, 이스턴 피트니스 센터는 개인 소지품에 대한 어떠한 손상이나 절도에 대해서 책임을 지지 않습니다.

해설 타동사 take와 전치사 for 사이에 위치한 빈칸은 타동사의 목적어 역할을 할 명사 자리이므로 (B) responsibility가 정답이다.

어휘 in accordance with ~에 따라 policy 정책, 방침 take responsibility for ~에 대한 책임을 지다 damage 손상, 피해 theft 절도 personal 개인의 belongings 소지품 respond 반응하다, 응답하다 responsible 책임이 있는 responsive 반응하는, 대응하는

13. | 기출 문법 공식 009 | 정답률 80%

정답 (A)

해석 KTA 홈 퍼니싱스의 새롭게 도입된 재고 관리 시스템은 매일 처리되는 많은 양의 거래를 쉽게 처리할 수 있다.

해설 전치사 of 뒤에 위치한 빈칸은 전치사의 목적어 역할을 할 명사 자리이므로 (A) transactions가 정답이다.

어휘 introduced 도입된 inventory 재고 (목록) management 관리, 경영 easily 쉽게 handle ~을 처리하다, 다루다 the large volume of 많은 양의 process ~을 처리하다 transaction 거래 transact 거래하다

14. | 기출 문법 공식 009 | 정답률 80%

정답 (D)

해석 포맨 엘렉트로닉스 사는 자사의 고객들이 불편없이 사용할 수 있는 전화기를 만드는 것으로써 자사의 명성을 강화하기를 바라고 있다.

해설 전치사 without 뒤에 위치한 빈칸은 without의 목적어 역할을 할 명사 자리이므로 (D) inconvenience가 정답이다.

어휘 hope to do ~하기를 바라다 strengthen ~을 강화하다 reputation 명성, 평판 by (방법) ~함으로써, ~해서 inconveniently 불편하게 inconvenient 불편한 inconvenience v. ~을 불편하게 하다 n. 불편함

15. 기출 문법 공식 004, 010 　정답률 30%

정답 (B)

해석 펜맨 제조회사에 근무하는 대다수의 외국인 직원들은 반드시 근로 허가증을 소지해야 한다.

해설 빈칸 앞에 위치한 have와 work의 의미 연결이 어색하므로 work 뒤에 명사가 와서 복합명사를 이뤄야 한다. permit이 명사로 쓰일 때는 가산명사이지만 문장에 부정관사 a가 없으므로 복수명사인 (B) permits가 정답이다.

어휘 the majority of 대다수의 foreign 외국의 permit v. ~을 허가하다, 허용하다 n. 허가(증)

16. 기출 문법 공식 011 　정답률 100%

정답 (B)

해석 시 노동조합에 의해 실시된 설문 조사에 따르면, 지난 해 이후로 일자리 공석 수에 있어 엄청난 증가가 있어 왔다.

해설 빈칸 바로 앞에 위치한 job과 어울려 수치의 증가가 있을 수 있는 대상을 나타낼 단어가 필요하므로 job과 함께 '공석, 빈 자리'라는 의미를 나타내는 복합명사를 구성할 때 사용하는 (B) openings가 정답이다. (A) open은 명사와 동사 모두로 쓰일 수 있지만, 명사로 쓰일 때 '야외'라는 의미를 갖기 때문에 해석상 어색하여 오답이다.

어휘 according to ~에 따르면 survey 설문 조사(지) conduct ~을 실시하다, 수행하다 huge 엄청난 increase in ~의 증가 since ~이후로 open n. 야외 v. ~을 열다 job opening 공석, 빈 자리 openly 터놓고, 솔직하게

17-20 다음 이메일을 참조하시오.

수신: 율리아나 수산토 <ysusanto@gomail.com>
발신: 리키 안토니우스 <rantonius@starfitness.com>
날짜: 6월 13일
제목: 알림 서비스

수산토 씨께,

저희 능력이 닿는 데까지 단골 회원들께 **17** 서비스를 제공해 드리기 위한 지속적인 노력의 일환으로, 저희가 곧 회원 여러분께 중요한 뉴스와 행사에 관해 알려 드리는 새로운 문자 메시지 전송 서비스를 시행할 것입니다. 현재, 저희 회원들께서는 우편으로 월간 소식지를 받고 계십니다. **18** 일부 회원들께서는 전자 방식이 더욱 편리할 것이라고 생각하고 계십니다. 귀하께서도 이에 동의하셔서 소식지를 취소하고 문자 알림 서비스를 신청하고자 하실 경우, 다음 번에 체육관에 방문하실 때, 저희에게 귀하의 **19** 선호 사항을 알려 주시기 바랍니다. 저희 직원들 중 한 명이 기꺼이 도와 드릴 것입니다. **20** 저희의 목표는 강좌 일정에 대한 모든 변경 사항뿐만 아니라 새로운 편의 시설과 피트니스 강좌에 관한 가장 최신 정보를 제때 제공해 드리는 것입니다.

리키 안토니우스
회원 서비스 관리부장
스타 피트니스

어휘 notification 알림 (서비스), 통지(서) in one's effort to do ~하기 위한 노력의 일환으로 ongoing 지속적인 ability 능력 soon 곧 implement ~을 시행하다, 실시하다 text messaging 문자 메시지 전송 notify ~에게 알리다 important 중요한 at present 현재 receive ~을 받다 monthly 한 달에 한 번의 by mail 우편으로 agree 동의하다 would like to do ~하고자 하다 cancel ~을 취소하다 sign up for ~을 신청하다, ~에 등록하다 inform A of B: A에게 B를 알리다 employee 직원 aim 목표 provide A with B: A에게 B를 제공하다 up-to-the-minute 가장 최신의 amenity 편의시설 B as well as A: A뿐만 아니라 B도 in a timely manner 제 때, 적절한 시점에

17. 어휘 문제 　정답률 25%

정답 (A)

해설 빈칸 뒤에 위치한 명사구 our loyal members를 목적어로 취해야 하므로 타동사인 (A) serve와 (C) attract 중에서 하나를 골라야 한다. 뒤에 이어지는 문장을 보면, 새 문자 메시지 전송 서비스(new text messaging service)를 곧 시행할거라는 말이 있는데, 이는 고객들에게 더 나은 서비스를 제공하기 위한 것이므로 '~에게 서비스를 제공하다'를 뜻하는 (A) serve가 정답이다.

어휘 serve ~에게 서비스를 제공하다 attract ~을 끌어들이다 care 상관하다, 관심을 갖다

18. 문장 삽입 문제 　정답률 50%

(A) 소식지의 일부 내용은 저희 회원들에 의해 작성됩니다.
(B) 소식지가 다음 달부터 격월로 발간될 것입니다.
(C) 저희는 항상 저희 피트니스 센터에 신규 회원을 유치하기를 바라고 있습니다.
(D) 일부 회원들께서는 전자 방식이 더욱 편리할 것이라고 생각하고 계십니다.

정답 (D)

해설 빈칸 앞 문장에는 현재 회원들이 우편으로 월간 소식지를 받고 있다는 사실이, 빈칸 다음 문장에는 월간 소식지 대신 문자 알림 서비스를 신청하는 방법이 쓰여 있다. 따라서 문자 알림 서비스로 전환하는 것과 관련된 문장이 빈칸에 필요하므로 전자 방식의 편리함이 언급된 (D)가 정답이다.

어휘 content 내용(물) issue ~을 발간하다, 발행하다 bi-monthly 격월로, 두 달에 한 번씩 attract ~을 유치하다, 끌어들이다 electronic 전자의 format 방식, 형식 convenient 편리한

19. 기출 문법 공식 007, 009 　정답률 100%

정답 (D)

해설 빈칸은 소유격 대명사 your의 수식을 받음과 동시에 전치사 of의 목적어 역할을 할 명사 자리이므로 (D) preference가 정답이다.

어휘 prefer ~을 선호하다, 더 좋아하다 preferential 우선권을 주는 preferred 선호하는, 우대되는 preference 선호(하는 것)

20. 　대명사 문제　정답률 100%

정답　(A)

해설　빈칸이 속한 문장에는 목표가 언급되어 있고, 빈칸에 쓰일 소유격 대명사는 앞 단락에 제시된 our ongoing effort, our abilities, our new text messaging service 등에서 쓰인 것과 같이 글쓴이가 속한 업체를 대신해야 하므로 (A) Our가 정답이다.

Unit 02 형용사

1. (B)	**2.** (B)	**3.** (C)	**4.** (D)	**5.** (B)
6. (C)	**7.** (B)	**8.** (D)	**9.** (C)	**10.** (C)
11. (D)	**12.** (B)	**13.** (C)	**14.** (B)	**15.** (C)
16. (D)	**17.** (B)	**18.** (D)	**19.** (C)	**20.** (B)

1. 　기출 문법 공식 013　정답률 73%

정답　(B)

해석　판타노 모터스 사의 신형 세단은 우수한 주행 성능을 보장하기 위해 세계에서 가장 힘든 몇몇 환경 속에서 테스트를 받았다.

해설　소유격 대명사 its와 명사구 driving performance 사이에 위치한 빈칸은 명사구를 수식할 형용사 자리이므로 (B) exceptional이 정답이다.

어휘　sedan 세단, 승용차 challenging 힘든, 어려운 environment 환경 ensure ~을 보장하다 driving performance 주행 성능 exception 예외, 이례 exceptional 우수한, 이례적인 exceptionally 이례적으로, 유난히 exceptionality 예외성

2. 　기출 문법 공식 015　정답률 20%

정답　(B)

해석　회계부장은 회사의 좋지 못한 재정 상황을 고려해 볼 때 광고에 더 많은 비용을 소비하는 일이 효과적인 것으로 드러날 가능성이 없다고 생각한다.

해설　빈칸 앞에 to부정사로 쓰인 동사 prove는 형용사 주격보어를 갖는 2형식 동사로 형용사 보어와 함께 '~한 것으로 드러나다, 판명되다'라는 의미를 나타내므로 (B) effective가 정답이다.

어휘　accounting 회계 manager 부장 advertising 광고 (활동) be unlikely to do ~할 가능성이 없다 prove + 형용사: ~한 것으로 드러나다, 판명되다 given ~을 고려할 때, 감안할 때 poor 좋지 못한, 형편없는 financial 재정의, 재무의 effect v. ~의 결과를 가져오다 n. 효과, 영향 effective 효과적인 effectively 효과적으로

3. 　기출 문법 공식 016　정답률 50%

정답　(C)

해석　높은 최저 임금과 같은 기업의 비용 부담이 미해결 상태로 남아 있는 한, 일자리 장려책의 효과는 제한적일 가능성이 높다.

해설　2형식 동사인 be동사의 주격보어 자리가 비어 있어 빈칸에는 형용사가 와야 하므로 '명사 + ly' 형태의 형용사인 (C) likely가 정답이다.

어휘　as long as ~하는 한 corporate 기업의 burden 부담, 짐 minimum wage 최저 임금 remain + 형용사: ~한 상태로 남아 있다, ~한 상태로 유지되다 unaddressed 미해결의 effect 효과 incentive 장려책, 보상책 restrict ~을 제한하다 likable 호감이 가는, 마음에 드는 be likely to do ~할 가능성이 높다, ~할 것 같다 likeness 유사성, 닮음

4. 　기출 문법 공식 017　정답률 0%

정답　(D)

해석　이곳 저희 마게이트 의료 진료소의 정책에 따라, 직원들은 저희 환자들과 관련된 모든 정보를 항상 기밀 상태로 유지합니다.

해설　빈칸 앞에 위치한 동사 keep은 『keep + 목적어 + 형용사』와 같이 목적어와 목적격보어가 나란히 이어지는 구조를 가지므로, 빈칸이 형용사 목적격보어 자리임을 알 수 있다. 따라서 (D) confidential이 정답이다.

어휘　in accordance with ~에 따라 policy 정책, 방침 keep A 형용사: A를 ~한 상태로 유지하다 pertaining to ~와 관련된, ~에 속하는 patient 환자 at all times 항상 confide (비밀 등)을 털어 놓다 confidently 자신 있게, 확신을 갖고 confidence 자신, 확신 confidential 기밀의

5. 　기출 문법 공식 018　정답률 40%

정답　(B)

해석　주기적인 근육 경련 문제를 겪는 사람들에게, 매일 하는 운동은 장기적인 치료 계획의 일환으로써 유익한 것으로 여겨지고 있다.

해설　5형식 동사의 수동태(is considered) 다음은 형용사 또는 명사가 쓰여야 하는 자리이고, 이 문장에서는 주어 daily exercise(매일 하는 운동)의 특성을 나타낼 형용사 보어가 쓰여야 알맞으므로 (B) helpful이 정답이다. 빈칸에 명사 보어가 쓰이려면 주어와 help가 '도움이 되는 것'을 의미하며 동격이 되어야 하는데, 이때 help는 부정관사 a와 함께 사용되어야 하므로 (A) help는 오답이다.

어휘　individual n. 사람, 개인 experience ~을 겪다, 경험하다 regular 주기적인, 정규적인 cramp 경련, 쥐 daily 매일의 exercise 운동 be considered + 형용사: ~한 것으로 여겨지다 as part of ~의 일환으로 long-term 장기적인 treatment 치료, 처치 plan 계획 helpful 유익한, 도움이 되는 helpfully 유익하게, 도움이 되도록

6. 　기출 문법 공식 019　정답률 90%

정답　(C)

해석　농업 생명 공학에 대한 폭넓은 지식을 소유하고 있는 과학 연구자들은 어드만 제약회사의 빈 직책에 지원하도록 권장된다.

해설　빈칸에 이미 문장의 동사 are encouraged가 있으므로 선택지에 제시된 또 다른 동사 possess는 준동사의 형태로 쓰여야 한다. 따라서 과거분사인 (B) possessed와 현재분사인 (C)

possessing 중에서 하나를 골라야 하는데 빈칸 뒤에 위치한 명사구를 목적어로 취할 수 있는 것은 현재분사이므로 (C) possessing이 정답이다.

어휘   **scientific** 과학의 **researcher** 연구자 **extensive** 폭넓은, 광범위한 **knowledge** 지식 **agricultural** 농업의 **biotechnology** 생명 공학 **be encouraged to do** ~하도록 권장되다, 장려되다 **apply for** ~에 지원하다 **vacant** 빈 **position** 직책 **possess** ~을 소유하다

7.   기출 문법 공식 020   정답률 60%

정답   (B)

해석   월요일에 출시된 새로운 버전의 소프트웨어가 소비자 및 기술 평론가 모두에 의해 똑같이 극찬을 받았다.

해설   빈칸에 이미 동사 has been praised가 있으므로 선택지에 제시된 또 다른 동사 release는 준동사의 형태로 쓰여야 한다. 따라서 과거분사 (B) released와 현재분사 (C) releasing 중에 하나를 골라야 하는데, 타동사의 분사가 쓰이는 자리 뒤에 명사가 없을 경우에는 과거분사를 사용하므로 (B) released가 정답이다.

어휘   **highly praise** ~을 극찬하다, 높이 평가하다 **consumer** 소비자 **technology** 기술 **reviewer** 평론가, 후기 작성자 **A and B alike:** A와 B 둘 모두 똑같이 **release** v. ~을 출시하다 n. 출시

8.   기출 문법 공식 020 고득점 비법 노트   정답률 87%

정답   (D)

해석   4월 15일에 있었던 공식적인 출범 이후로, AJS 파이낸셜 컨설팅 사는 자사의 서비스에 대한 압도적인 수요를 경험해 오고 있다.

해설   동사 has experienced와 목적어인 명사 demand 사이에 위치한 빈칸은 명사를 수식할 형용사 자리이므로, 선택지에 형용사가 없을 경우 이를 대신할 분사를 찾아야 한다. 따라서 과거분사 (B) overwhelmed와 현재분사 (D) overwhelming 중에서 하나를 골라야 한다. 분사와 분사의 수식을 받는 명사(demand)가 능동의 의미 관계를 가지며 '압도적인'이라는 의미를 갖는 단어가 필요하므로 (D) overwhelming이 정답이다.

어휘   **since** ~ 이후로 **formal** 공식적인, 정식의 **launch** 출범, 출시 **experience** ~을 경험하다 **demand for** ~에 대한 수요 **overwhelm** ~을 압도하다 **overwhelmed** 압도된 **overwhelmingly** 압도적으로 **overwhelming** 압도적인

9.   기출 문법 공식 021, 013   정답률 60%

정답   (C)

해석   그 음악 축제 주최자들은 자원 봉사자들에게 감사했는데, 그들이 더운 날씨와 피곤한 일정에도 불구하고 열심히 일했기 때문이었다.

해설   소유격 대명사 their와 명사 schedule 사이에 위치한 빈칸은 명사를 수식하는 형용사 자리이므로 (A) tired와 (C) tiring 중에서 하나를 골라야 한다. schedule은 사물명사로서 감정을 유발하는 주체이므로 현재분사 (C) tiring이 정답이다.

어휘   **organizer** 주최자, 조직자 **volunteer** 자원 봉사자 **despite** ~에도 불구하고 **tired** 피곤한 **tiring** 피곤하게 만드는 **tiredly** 피곤하여, 지쳐서

10.   기출 문법 공식 022   정답률 80%

정답   (C)

해석   일부 영양사들은 새 종합 비타민제가 아이들의 건강에 이점이 있기는 하지만, 여러 가지 인공 첨가물을 포함하고 있다는 점에 실망하고 있다.

해설   빈칸 앞에 위치한 be동사 are과 함께 쓰여야 하므로 동사 형태인 (A) disappoint와 (B) disappoints를 제외한 나머지 선택지들 중에서 골라야 한다. 문장의 주어인 사람명사 Some nutritionists가 실망감을 느끼는 주체에 해당되므로 과거분사 형태의 감정 형용사 (C) disappointed가 정답이다.

어휘   **nutritionist** 영양사 **even though** (비록) ~이기는 하지만 **multivitamin** 종합 비타민제 **benefit** 이점, 혜택 **children** 아이들 **health** 건강 **contain** ~을 포함하다, 담고 있다 **several** 여럿의, 몇몇의 **artificial** 인공적인 **additive** n. 첨가물 **disappoint** ~을 실망시키다 **disappointed** 실망한 **disappointing** 실망시키는

11.   기출 문법 공식 023   정답률 80%

정답   (D)

해석   기자 회견에서, 그 회사는 전반적인 운영비의 증가를 고려할 때 가격 변동이 불가피했다고 발표했다.

해설   부사절 접속사 when 바로 뒤에 빈칸이 있으므로 선택지에 제시된 동사가 주어 없이 when과 함께 쓰이려면 분사의 형태가 되어 분사구문을 구성해야 한다. 빈칸 뒤에 명사구가 위치해 있으므로 이 명사구를 목적어로 취할 수 있는 현재분사 (D) considering이 정답이다.

어휘   **press conference** 기자 회견 **announce that** ~라고 발표하다, 알리다 **inevitable** 불가피한 **increase in** ~의 증가, 인상 **overall** 전반적인 **operating cost** 운영비 **consider** ~을 고려하다

12.   기출 문법 공식 024   정답률 87.5%

정답   (B)

해석   그 휴대전화 앱 개발업체는 자사의 새 애플리케이션인 '트래블 스카우트'가 이전의 것들만큼 수익성이 있을 것이라고 생각한다.

해설   be동사 뒤로 as ~ as로 구성된 원급 비교 표현이 이어지고 있다. 이와 같이 as ~ as로 된 원급 비교 표현 앞에 be동사가 있으면 두 as 사이에는 형용사가 쓰이므로 (B) profitable이 정답이다.

어휘   **developer** 개발업체, 개발자 **believe that** ~라고 생각하다 **as A as B:** B만큼 A한 **previous** 이전의, 과거의 **profit** n. 수익, 이익 v. 이득을 얻다, ~에게 이득을 주다 **profitable** 수익성이 있는 **profitably** 이득이 되게, 유익하게 **profitability** 수익성

13.   기출 문법 공식 025   정답률 62.5%

정답   (C)

해석   고용 위원회 위원들 사이에서 이뤄진 많은 숙고 끝에, 사무엘 트랜스 씨가 나머지 구직 지원자들보다 더 적합한 것으로 여겨졌다.

해설   more와 than 사이에 위치한 빈칸은 비교급 표현을 구성할 형용사 또는 부사 자리이다. 5형식 동사 deem의 수동태 뒤에 형용사가 바로 이어져야 하므로 (C) suitable이 정답이다.

어휘 deliberation 숙고 among ~사이에서, ~중에서 hiring committee 고용 위원회 deem A 형용사: A를 ~한 것으로 여기다 job candidate 구직 지원자 suitability 적합(성) suit ~에 적합하다, 어울리다 suitable 적합한, 어울리는 suitably 적합하게, 어울리게

14. 기출 문법 공식 027 ／ 정답률 87.5%

정답 (B)

해석 세탁 성능 측면에서, 그 기술 웹 사이트는 그라디온 스위시 500이 현재 시중에 나와 있는 모든 세탁기들 중에서 가장 효과적이라고 생각했다.

해설 빈칸 앞에 위치한 동사 found는 『find + 목적어 + to be 형용사』의 구조로 쓰이므로 be동사 뒤에 위치한 the most와 함께 『최상급 + 형용사』의 구조를 만들 수 있는 (B) effective가 정답이다.

어휘 in terms of ~의 측면에서, ~와 관련해서 technology 기술 cleaning 세탁, 세척 performance 성능, 수행 능력 find A to be B: A를 B한 것으로 생각하다 among ~중에서, ~사이에서 currently 현재 on the market 시중에 나와 있는 effect 효과, 영향 effective 효과적인 effectiveness 효과적임, 유효함 effectively 효과적으로

15. 기출 문법 공식 028 ／ 정답률 80%

정답 (C)

해석 로이 웰스 씨는 21세의 나이에 <비즈니스 월드와이드> 잡지에 의해 올해 가장 영향력 있는 기업가 15인 중 한 명으로 선정되었다.

해설 most와 명사 entrepreneurs 사이에 위치한 빈칸은 most와 함께 최상급을 구성해 명사를 수식할 형용사 자리이므로 (C) influential이 정답이다.

어휘 select ~을 선정하다 entrepreneur 기업가 influence v. ~에 영향을 미치다 n. 영향(력) influencer 영향을 미치는 사람 influential 영향력 있는 influentially 영향력 있게

16. 기출 문법 공식 029 ／ 정답률 40%

정답 (D)

해석 첨부된 것은 푸드 코트와 옥상 정원에 대한 사소한 수정 사항들을 포함하는 선 밸리 쇼핑몰의 최종 설계도입니다.

해설 빈칸 바로 뒤에 be동사 is가 있으므로 동사 형태인 (A) Attach와 (B) Attaches는 오답이며, 타동사인 attach는 목적어를 취해야 하므로 (C) To attach도 빈칸에 올 수 없다. 따라서 Attached가 빈칸에 들어가 과거분사가 문장 시작 부분으로 이동하면서 주어와 동사가 도치된 구조가 되어야 알맞으므로 (D) Attached가 정답이다.

어휘 blueprint 설계도, 도면 include ~을 포함하다 minor 사소한, 중요하지 않은 modification 수정(사항), 변경(사항) rooftop 옥상 attach ~을 첨부하다, 붙이다

17-20 다음 광고를 참조하시오.

애프리캇 테크놀로지 사는 차량에 필요한 새로운 스마트 창문 제품 라인인 솔라 윈도우를 소개해 드리게 되어 기쁩니다. 솔라 윈도우는 **17** 세련된 외관을 지니고 있으며 모든 승용차, 승합차, 또는 트럭에 적합하도록 만들어질 수 있습니다. **18** 추가로, 이 제품의 최첨단 에너지 효율 기능이 차량 주변 온도를 유지하는 데 도움을 줍니다. **19** 심지어 여행을 다니시는 지역에 관한 상세 정보도 받으실 수 있습니다. 휴대 전화기를 이용하시면, 거리 지도나 지역 상점 및 명소를 담은 목록과 같은 정보가 내부에서 보여지도록 솔라 윈도우를 손쉽게 설정하실 수 있습니다. 또는 아마 더 잘 **20** 볼 수 있는 것만 원하실 수도 있습니다. 솔라 윈도우는 통과하는 빛의 양을 조절하도록 제어될 수 있으며, 이로 인해 태양 또는 다른 차량의 헤드라이트로 인한 눈부심 없이 주변을 더 잘 보실 수 있습니다.

어휘 be pleased to do ~하게 되어 기쁘다 introduce ~을 소개하다, 도입하다 line 제품 라인, 제품군 vehicle 차량 appearance 외관, 겉모습 fit ~에 적합하다, 알맞다 cutting-edge 최첨단의 efficiency 효율(성) maintain ~을 유지하다 ambient temperature 주변 온도 easily 쉽게 set A to do: ~하도록 A를 설정하다 internally 내부에서, 내부적으로 display ~을 보여 주다 such as ~와 같은 local 지역의, 현지의 landmark 명소 would like to do ~하는 것을 원하다, ~하고 싶다 control ~을 제어하다 adjust ~을 조절하다 amount 양, 액 pass through 통과하다 give A a better view of B: A에게 B를 더 잘 보이게 하다 surroundings 주변, 주위 glare 눈부심

17. 기출 문법 공식 012 ／ 정답률 100%

정답 (B)

해설 부정관사 a와 명사 appearance 사이에 위치한 빈칸은 명사를 수식할 형용사 자리이므로 (B) stylish가 정답이다. 복합명사의 경우도 생각해 볼 수 있지만, (A) style과 (C) stylist는 모두 appearance와 복합명사를 구성할 수 없다.

18. 어휘 문제 ／ 정답률 100%

정답 (D)

해설 빈칸 앞 문장에는 외관과 관련된 특징이, 빈칸 뒤에는 에너지 효율 기능과 관련된 특징이 언급되어 있다. 따라서 하나의 특징을 말하고 추가적인 특징을 언급하는 흐름임을 알 수 있으므로 '추가로, 게다가'라는 의미로 정보를 추가할 때 사용하는 (D) In addition이 정답이다.

어휘 despite ~에도 불구하고 after all 결국 for example 예를 들어 in addition 추가로, 게다가

19. 문장 삽입 문제 ／ 정답률 62.5%

(A) 차량에서 나가실 때 창문을 올리셔야 한다는 점을 기억하셔야 합니다.
(B) 출시일이 전반적인 기능성을 개선하기 위해 미뤄졌습니다.
(C) 심지어 여행을 다니시는 지역에 관한 상세 정보도 받으실 수 있습니다.
(D) 사소한 갈라짐 현상에 대한 보고 이후에 그 창문이 강화되었습니다.

정답 (C)

해설 빈칸 앞에 제품의 두 가지 특징들이, 빈칸 뒤에는 상점 및 명소 관련 정보를 내부에서 보는 것을 가능케 하는 또 다른 특징이 제시되어 있다. 따라서 앞서 언급된 특징들 또는 정보를 내부에서 볼 수 있다는 특징 중 하나와 관련된 문장이 빈칸에 쓰여야 흐름이 자연스러우므로 (C)가 정답이다.

어휘 roll up ~을 올리다, 올려서 닫다 exit ~에서 나가다 launch 출시, 공개 push back ~을 미루다, 지연시키다 improve ~을 개선하다 overall 전반적인 functionality 기능성 even 심지어 (~도) receive ~을 받다 details 상세 정보, 세부 사항 strengthen ~을 강화하다, 튼튼하게 하다 minor 사소한 crack 갈라짐, 깨짐

20. | 어휘 문제 | 정답률 62.5%

정답 (B)

해설 바로 다음 문장에 태양 또는 다른 차량의 헤드라이트로 인한 눈부심 없이 주변을 더 잘 볼 수 있다는 말이 쓰여 있다. 따라서 이와 같은 특징과 관련된 동사가 빈칸에 들어가야 흐름이 자연스러우므로 (B) see가 정답이다.

어휘 steer ~을 조종하다, 몰다 accelerate ~을 가속하다

Unit 03 부사

1. (C)	2. (C)	3. (C)	4. (C)	5. (A)
6. (D)	7. (D)	8. (C)	9. (A)	10. (D)
11. (C)	12. (B)	13. (B)	14. (C)	15. (A)
16. (C)	17. (C)	18. (A)	19. (C)	20. (D)

1. | 기출 문법 공식 030 | 정답률 80%

정답 (C)

해석 마르텐즈 주식회사는 자사의 하계 인턴 프로그램에 참여하는 데 관심이 있는 현 대학 재학생들을 찾고 있는 중이다.

해설 명사 college students를 수식하는 과거분사 enrolled 앞에 위치한 빈칸은 과거분사를 수식할 부사 자리이므로 (C) currently가 정답이다.

어휘 look for ~을 찾다 enrolled 등록되어 있는 be interested in ~에 관심이 있다 participate in ~에 참여하다 currentness 유통(성), 통용(성) current 현재의 currently 현재 currency (화폐) 통화

2. | 기출 문법 공식 031 | 정답률 40%

정답 (C)

해석 겉으로 보기에 바닐라 힐스 커피는 클럿치 브루얼즈 사의 제품 군에서 가장 성공한 제품이었다.

해설 빈칸 앞뒤를 보면 주어, 동사, 명사구 주격보어가 있는 완전한 문장이기 때문에 빈칸은 문장 전체를 수식할 부사 자리이므로 (C) seemingly가 정답이다.

어휘 successful 성공적인 product 제품 range (제품) 군, 범위 seem ~인 것 같다 seeming 외관상의 seemingly 겉으로 보기에

3. | 기출 문법 공식 032 | 정답률 47%

정답 (C)

해석 육체 노동 인력의 해외 위탁은 국내 실업률을 증가시키고 국가 경제에 불리하게 영향을 미칠 수 있다.

해설 등위접속사 and와 동사 affect 사이에 빈칸이 위치해 있는데, 이는 and 뒤에 동일 주어가 생략된 구조이므로 주어와 동사 사이에 빈칸이 있는 것과 같다. 주어와 동사 사이에 위치할 수 있는 것은 동사를 수식하는 부사이므로 (C) adversely가 정답이다.

어휘 foreign 해외의, 외국의 outsourcing (외부) 위탁, 외주 제작 manual labor 육체 노동 인력 increase ~을 증가시키다 domestic 국내의 unemployment 실업(률) affect ~에 영향을 미치다 national economy 국가 경제 adversary n. 상대방 a. 적의, 반대하는 adverse 불리한, 부정적인 adversely 불리하게, 부정적으로 adversity 역경, 고난

4. | 기출 문법 공식 034 | 정답률 70%

정답 (C)

해석 골드버그 부동산 중개업체의 웹 사이트는 지역 부동산 목록에 대한 변동 사항을 반영하기 위해 자주 업데이트된다.

해설 수동태를 구성하는 be동사와 과거분사 사이에 위치한 빈칸은 과거분사를 수식할 부사 자리이므로 (C) frequently가 정답이다.

어휘 reflect ~을 반영하다 local 지역의, 현지의 property 부동산, 건물, 자산 listing 목록 frequent a. 잦은, 빈번한 v. ~에 자주 다니다 frequently 자주, 흔히 frequency 빈도, 잦음

5. | 기출 문법 공식 035 | 정답률 30%

정답 (A)

해석 고객들이 우리 웹 매장을 이용해 온 문제점들이 IT팀 부장에 의해 직접적으로 처리될 것이다.

해설 『be동사 + 과거분사』 구조의 수동태 동사 be dealt with와 전치사 by 사이에 위치한 빈칸은 과거분사를 수식할 부사 자리이므로 (A) directly가 정답이다. 참고로, be dealt with는 『자동사 + 전치사』의 구조인 deal with가 수동태로 바뀐 구조이다.

어휘 face ~에 직면하다, ~와 마주하다 deal with ~을 처리하다, 다루다 directly 직접적으로 direction 방향, 지시, 길 안내 direct ~을 지시하다, 감독하다, ~에게 길을 알려 주다

6. | 기출 문법 공식 038 | 정답률 70%

정답 (D)

해석 글로브 트래블의 투어 패키지에 관한 더 많은 정보를 보시려면, 고객들께서는 그곳의 웹 사이트를 편리하게 방문하실 수 있습니다.

해설 조동사와 동사 사이에 위치한 빈칸은 동사를 수식할 부사 자리이므로 (D) conveniently가 정답이다.

어휘 regarding ~에 관한, ~와 관련된 customer 고객 visit ~을 방문하다

convenient 편리한 convenience 편리, 편의 conveniently
편리하게

7. 기출 문법 공식 040 　　정답률 75%

정답 　(D)

해석 　경험 많은 경제 전문가로서, 에드위나 셀리스버리 씨는 소비자
　　　 요구 및 소비 경향을 정확히 예측하는 데 숙련되어 있다.

해설 　전치사 in과 명사 predicting 사이에 위치한 빈칸은 동명사를
　　　 수식할 부사 자리이므로 (D) accurately가 정답이다.

어휘 　experienced 경험 많은 economist 경제 전문가, 경제학자 be
　　　 skilled in ~에 숙련되다, 능숙하다 predict ~을 예측하다 trend
　　　 경향, 추세 consumer needs 소비자 요구 spending 소비, 지출
　　　 accuracy 정확(도) accurate 정확한 accurately 정확히, 정확하게

8. 기출 문법 공식 041 　　정답률 70%

정답 　(C)

해석 　펜틀랜드 은행의 본점에 근무하는 금융 상담 전문가들은 종종
　　　 신생 기업 소유주들을 효과적으로 돕기 위한 해결책을 제공한다.

해설 　to와 동사 assist 사이에 빈칸이 위치해 있는데, 이와 같이 to부
　　　 정사의 to와 동사 사이에 위치한 빈칸은 해당 동사를 수식할 부사
　　　 자리이므로 (C) effectively가 정답이다.

어휘 　financial advisor 금융 상담 전문가 main branch 본점
　　　 provide ~을 제공하다 solution 해결책 assist ~을 돕다 owner
　　　 소유주 startup company 신생 기업 effect 효과, 영향 effective
　　　 효과적인 effectively 효과적으로 effectiveness 효과적임

9. 기출 문법 공식 042 　　정답률 80%

정답 　(A)

해석 　노동조합 간부들과 롭스턴 주식회사 이사들 사이에 열린 회의
　　　 중에, 양측은 정중하게 초과 근무 수당 문제에 대한 자신들의
　　　 우려를 제기했다.

해설 　During 전치사구 뒤로 주어 both sides와 동사 raised, 목적
　　　 어, 그리고 전치사구로 구성된 완전한 문장이 있고, 그 다음에
　　　 빈칸이 위치해 있다. 따라서 완전한 문장 뒤에 위치한 빈칸은 부가
　　　 적인 요소가 필요한 자리이므로 부사인 (A) respectfully가 정답
　　　 이다.

어휘 　during ~중에, ~동안 between A and B: A와 B 사이에 trade
　　　 union 노동조합 official 간부, 관리, 당국자 director 이사, 책임자
　　　 both sides 양측 raise one's concerns ~의 우려를 제기하다
　　　 issue 문제, 사안 overtime pay 초과 근무 수당 respectfully
　　　 정중하게 respect v. ~을 존중하다 n. 존중 respectful 정중한,
　　　 공손한

10. 기출 문법 공식 043 　　정답률 80%

정답 　(D)

해석 　다른 회사들과 함께, 저희 회사는 새로운 폐기물 처리 규정을
　　　 준수하기 위해 가능한 한 열심히 노력할 것입니다.

해설 　as ~ as 구조로 된 원급 비교 표현에서 두 as 사이에는 형용사
　　　 또는 부사가 와야 한다. 주어진 문장이 원급 비교 표현 없이도
　　　 주어와 자동사 work로 이어지는 완전한 문장으로 구성되어 있고,
　　　 이와 같은 경우에 두 as 사이에는 부사가 쓰이므로 (D) hard가
　　　 정답이다.

어휘 　along with ~와 함께 firm 회사 as A as possible: 가능한 한 A
　　　 한 in order to do ~하기 위해 adhere to ~을 준수하다, 고수하다
　　　 waste 폐기물, 쓰레기 disposal 처리, 처분 regulation 규정, 규제
　　　 hardy 강한 hard ad. 열심히 a. 딱딱한, 열심히 하는

11. 기출 문법 공식 044 　　정답률 80%

정답 　(C)

해석 　런던에 위치한 일부 은행은 주택 담보 대출에 대한 이자율을 낮춤
　　　 으로써 곧 닥칠 불경기 소식에 다른 은행들보다 더 즉각적으로
　　　 대응했다.

해설 　빈칸 앞뒤에 위치한 비교급 표현인 more와 than others 없이
　　　 도 주어와 자동사 responded, 그리고 전치사구들로 구성된
　　　 완전한 문장이다. 이 경우, more와 than 사이는 부사 자리에
　　　 해당하므로 (C) promptly가 정답이다.

어휘 　respond to ~에 대응하다, 반응하다 impending 곧 닥칠 recession
　　　 불경기, 경기 후퇴 by (방법) ~함으로써 lower ~을 낮추다 interest
　　　 rates 이자율 mortgage loan 주택 담보 대출 prompt a. 즉각적
　　　 인, 지체 없는 v. (~하도록) 촉구하다, 부추기다 promptness 신속,
　　　 재빠름 promptly 즉각적으로, 지체 없이

12. 기출 문법 공식 045 　　정답률 70%

정답 　(B)

해석 　다른 어떤 가구 제조사보다 훨씬 더 많은 상품을 생산하는 ITA
　　　 그룹은 뉴욕에 본사를 둔 회사이다.

해설 　비교급 more 앞에 위치한 빈칸은 비교급을 수식하는 부사 자리
　　　 이므로 비교급 강조 부사들 중의 하나인 (B) much가 정답이다.

어휘 　produce ~을 생산하다 merchandise 상품 furniture 가구
　　　 manufacturer 제조사 A-based A에 본사를 둔, A에 기반한
　　　 much (비교급 수식) 훨씬

13. 기출 문법 공식 047 　　정답률 50%

정답 　(B)

해석 　솜폽 콩완 씨는 우수한 기술과 경쟁력 있는 가격으로 인해 방콕
　　　 전역에서 가장 높이 평가 받는 재단사이다.

해설 　최상급 표현을 구성하는 the most와 형용사 regarded 사이에
　　　 위치한 빈칸은 바로 뒤에 위치한 형용사를 수식할 부사 자리이다.
　　　 따라서 '높이, 아주' 등의 의미로 형용사를 앞에서 수식할 수 있는
　　　 (B) highly가 정답이다.

어휘 　highly regarded 높이 평가 받는, 크게 존경 받는 tailor 재단사
　　　 due to ~로 인해, ~때문에 exceptional 우수한, 특출한, 예외적인
　　　 skill 기술 competitive 경쟁력 있는 rate 가격, 요금 height 높이, 키

14.

정답   (C)

해석   참석자들은 브라질에서 열린 배구 대회가 개최된 것들 중 단연 최고의 대회였다고 주장했다.

해설   정관사 the와 함께 최상급 강조 부사를 구성하여 최상급 사이에 쓸 수 있는 부사는 very 밖에 없으므로 (C) very가 정답이다.

어휘   **attendee** 참석자 **claim** 주장하다 **volleyball** 배구 **tournament** 토너먼트, 대회 **take place** (일, 행사 등이) 열리다, 일어나다, 발생하다 **hold** (일, 행사 등) ~을 개최하다, 열다

15.

정답   (A)

해석   고객들은 원래의 제품 포장에서 꺼내진 반품 제품에 대해 거의 전액 환불을 받을 수 없다.

해설   빈칸 다음을 보면, 조동사 can과 주어 customers, 그리고 동사 receive가 이어지는 도치 구조로 되어 있다. 선택지에서 도치 구문을 이끄는 부사는 부정어 밖에 없으므로 (A) Seldom이 정답이다.

어휘   **customer** 고객 **receive** ~을 받다 **full refund** 전액 환불 **return** ~을 반품하다, 반납하다 **remove A from B**: B에서 A를 꺼내다, 옮기다, 삭제하다 **original** 원래의 **packaging** 포장(재) **seldom** 거의 ~않다, 좀처럼 ~ 않다 **apparently** 명백히 **recently** 최근에 **certainly** 분명히, 확실히

16.

정답   (C)

해석   RG 엘렉트로닉스 사에서 제조한 CL 297 진공 청소기가 고급 기능들로 인해 상을 받았으며, CL 298 모델도 마찬가지였다.

해설   빈칸 다음을 보면 조동사 did와 주어 the CL 298 model이 이어지는 도치 구조로 되어 있으므로 이와 같은 도치 구조를 이끌 수 있는 부사 (C) so가 정답이다.

어휘   **vacuum cleaner** 진공 청소기 **win an award** 상을 받다 **advanced** 고급의, 진보한 **feature** 기능, 특징 **as well** ~도, 또한

17-20 다음 이메일을 참조하시오.

수신: 앤드류 니즈벳 <anisbet@merrick.com>
발신: 올리버 보일 <oboyle@merrick.com>
날짜: 12월 2일, 월요일
제목: 차고 둘러 보기
첨부: 이용 가능한_차량들

시애틀에 위치한 메릭 회사의 본사에서 최근에 있었던 인원 채용 과정에서 정말 잘해주셨습니다. 인사부 차장으로서, 저는 귀하께서 이곳에서 첫 주 동안 적응하시는 데 도움을 드릴 예정입니다. **17** 귀하께서 회사 차량을 필요로 하실 거라는 얘기를 들었습니다. 오늘 아침에 도착하셨을 때 차량이 준비되어 있지 않았다는 점에 대해 사과드립니다. 제가 오후 3시에 회사 차고로 모시고 내려갈 시간이 있을

것이므로 **18** 그때 선택 대상들을 확인해 보실 수 있으실 것입니다. 그 사이에, 제가 저희 차량 목록을 첨부해 드렸으며, 몇몇 사진도 포함되어 있습니다. 오늘 이따가 차고로 내려 가실 때 회사 **19** 사원증을 지참하고 오셔야 한다는 점을 기억해 주시기 바랍니다. 아래층으로 내려 가기 전에 저와 만날 곳을 알려 드리기 위해 점심 식사 후에 다시 한 번 **20** 연락 드리겠습니다. 남은 오전 시간 즐겁게 보내시기 바랍니다!

안녕히 계십시오,

올리버 보일
인사부 차장

어휘   **attachment** 첨부 **available** 이용 가능한 **Well done on** ~을 잘하셨습니다 **recent** 최근의 **hiring** 채용, 고용 **headquarters** 본사 **assistant manager** 차장 **personnel** 인사(부) **settle in** 적응하다 **during** ~동안 **ready** 준비된 **arrive** 도착하다 **available** (사람이) 시간이 나는 **take A down to B**: A를 데리고 B로 내려가다 **garage** 차고 **so that** (목적) ~할 수 있도록, (결과) 그래야, 그러므로 **be able to do** ~할 수 있다 **view** ~을 보다 **in the meantime** 그 사이에, 그러는 동안 **attach** ~을 첨부하다 **including** ~을 포함해 **let A know**: A에게 알리다 **go downstairs** 아래층으로 가다 **enjoy** ~을 즐기다 **the rest of** ~의 나머지

17.

(A) 알고 계시겠지만, 근처에서 주차 공간을 찾는 것이 어렵습니다.
(B) 분명 매우 편안한 여행을 하시게 될 것입니다.
(C) 귀하께서 회사 차량을 필요로 하실 거라는 얘기를 들었습니다.
(D) 저희는 현재 저희 고객들을 위해 새 기사를 찾는 중입니다.

정답   (C)

해설   바로 다음 문장을 보면, 상대방에게 필요한 차량이 준비되어 있지 않았다는 점에 대해 사과한다는 말이 쓰여 있다. 따라서 상대방이 차량을 필요로 한다는 사실과 관련된 문장이 빈칸에 쓰여야 자연스러우므로 (C)가 정답이다.

어휘   **as you noted** 알고 계시겠지만, 언급하신 것처럼 **parking space** 주차 공간 **nearby** 근처에서 **sure** 분명한, 확신하는 **comfortable** 편안한 **journey** (긴) 여행 **vehicle** 차량 **currently** 현재 **look for** ~을 찾다 **driver** 기사, 운전자 **client** 고객

18.

정답   (A)

해설   완전한 문장이 빈칸 앞에 위치해 있으므로 문장의 부가적인 요소인 부사 (A) then이 정답이다. (B) when과 (C) where, (D) during은 문장 마지막에 위치할 수 없다.

어휘   **then** 그때, 그리고 나서, 그런 다음 **during** ~중에, ~동안

19.

어휘 문제 　정답률 **87.5%**

정답　(C)

해설　차고로 갈 때 가져 가야 하는 것을 나타내야 하므로 신원 확인용으로 쓰일 수 있으며 company와 함께 '사원증'이라는 의미를 나타내는 (C) identification이 정답이다.

어휘　preference 선호(하는 것) application 신청(서), 지원(서) identification 신분증 department 부서

20.

시제 문제 　정답률 **62.5%**

정답　(D)

해설　바로 다음 문장에 남은 오전 시간을 즐겁게 보내라는 말이 있으므로 빈칸 뒤에 위치한 after lunch는 미래 시점임을 알 수 있다. 따라서 미래 시제인 (D) will contact가 정답이다.

어휘　contact ~에게 연락하다 must have p.p. ~했음에 틀림없다

Unit 04 동사

1. (D)	**2.** (C)	**3.** (C)	**4.** (C)	**5.** (C)
6. (C)	**7.** (D)	**8.** (D)	**9.** (B)	**10.** (D)
11. (B)	**12.** (A)	**13.** (D)	**14.** (D)	

1.

기출 문법 공식 051 　정답률 **100%**

정답　(D)

해석　에이스 스포츠웨어 주식회사의 명성은 여러 인기 운동 선수들을 특징으로 하는 온라인 바이럴 마케팅 캠페인을 시작한 후에 빠르게 높아졌다.

해설　빈칸 앞에는 주어 역할을 하는 명사구가, 빈칸 뒤에는 부사와 after 전치사구만 위치한 구조이므로 빈칸이 문장의 동사 자리임을 알 수 있다. 따라서 선택지에서 유일하게 동사의 형태인 (D) grew가 정답이다.

어휘　reputation 명성, 평판 rapidly 빠르게 launch ~을 시작하다, 출시하다 viral marketing 바이럴 마케팅(이메일 등의 온라인 매체를 통한 홍보 방법) feature ~을 특징으로 하다, 포함하다 several 여럿의, 몇몇의 athlete 운동 선수 grow 늘어나다, 증가하다 growth 증가, 성장

2.

기출 문법 공식 051 　정답률 **100%**

정답　(C)

해석　브레이나드 홀딩스 사의 최고 재무 이사는 재무상의 위법 행위에 대한 혐의로 인해 즉시 사임할 것이다.

해설　빈칸 앞에는 주어와 전치사구가, 빈칸 뒤에는 부사와 전치사구만 위치해 있으므로 빈칸에 문장의 동사가 필요하다는 것을 알 수 있다. 따라서 선택지에서 유일하게 동사의 형태인 (C) will resign이 정답이다.

어휘　CFO 최고 재무 이사 immediately 즉시 due to ~로 인해, ~때문에 allegation 혐의 financial 재무의, 재정의 misconduct 위법 행위 resignation 사임, 사직 resign 사임하다, 사직하다

3.

기출 문법 공식 052 　정답률 **60%**

정답　(C)

해석　여러 새로운 저가 항공사의 도입으로 인해 요즘 점점 더 많은 한국인들이 호주로 여행을 떠난다.

해설　빈칸 앞뒤로 주어와 전치사구들만 위치해 있으므로 빈칸은 1형식 자동사 자리이기 때문에 선택지에서 유일한 1형식 자동사인 (C) travel이 정답이다.

어휘　nowadays 요즘 due to ~로 인해, ~때문에 introduction 도입, 소개 several 여럿의, 몇몇의 low-cost 저가의 reach ~에 도달하다, 이르다 visit ~을 방문하다 discuss ~을 논의하다

4.

기출 문법 공식 052 　정답률 **50%**

정답　(C)

해석　아동용 차량 시트가 정부 안전 기준을 따르지 않는다면, 판매에 적합한 것으로 여겨지지 않을 것이다.

해설　각 선택지의 단어들이 모두 동사이므로 문장의 의미 또는 구조와 어울리는 것을 찾아야 하며, 빈칸 뒤에 전치사 to가 있으므로 1형식 자동사가 필요하다는 것을 알 수 있다. 따라서 전치사 to와 결합하는 1형식 자동사 (C) conform이 정답이다. 나머지 동사들은 모두 목적어를 필요로 하는 타동사들이다.

어휘　unless ~하지 않는다면, ~가 아니라면 government 정부 safety 안전 standard 기준, 표준 deem A 형용사: A를 ~한 것으로 여기다, 간주하다 fit 적합한, 알맞은 sale 판매, 영업, 매출 view ~을 보다 require ~을 필요로 하다, ~에게 요구하다 conform to (규정 등) ~을 따르다, 지키다

5.

기출 문법 공식 053 　정답률 **50%**

정답　(C)

해석　앞으로 2주 동안에 걸쳐, 이스턴 은행의 연구팀이 환율 변동 사항을 신중히 검토할 것이다.

해설　빈칸 뒤에 위치한 명사 changes를 목적어로 취할 3형식 타동사가 빈칸에 필요하므로 (C) review가 정답이다. (A) appear, (B) result, (D) listen은 모두 목적어를 필요로 하지 않는 자동사들이다.

어휘　over ~동안에 걸쳐 research 연구, 조사 exchange rates 환율 carefully 신중히, 조심스럽게 appear ~인 것처럼 보이다 result in ~의 결과를 낳다 review ~을 검토하다, 살펴보다

6.

기출 문법 공식 054 　정답률 **80%**

정답　(C)

해석　<미국 치과 의학 저널>은 프리미엄 구독자들에게 기사 및 연구 논문이 있는 그 출판물의 온라인 기록 보관소에 대한 무제한 이용 권한을 제공한다.

해설　빈칸 다음을 보면 『사람 + 사물』의 구조로 된 목적어 premium subscribers와 unlimited access가 나란히 위치해 있다.

따라서 두 개의 목적어를 취할 수 있는 4형식 동사가 필요하다는 것을 알 수 있으므로 이와 같은 구조에 어울리는 4형식 동사인 (C) offers가 정답이다.

어휘   subscriber 구독자, 서비스 가입자 unlimited 무제한의 access to ~에 대한 이용 (권한), 접근 (권한) publication 출판물 archive 기록 보관소 article (잡지 등의) 기사 research paper 연구 논문 contact ~에게 연락하다 attract ~을 끌어 들이다 offer A B: A에게 B를 제공하다 enable (A to do): (A에게 ~할 수 있게) 해 주다

7.   기출 문법 공식 055   정답률 60%

정답   (D)

해석   BYT 주식회사의 영업 사원들은 고객들에게 이전의 모델 대신 알티바 플러스 2를 구입하도록 권하는 데, 그 제품에 더 많은 기능이 있고 겨우 조금 더 비싸기 때문이다.

해설   빈칸 다음을 보면 『사람 목적어 + to부정사』가 나란히 이어져 있으므로 이와 같은 구조와 함께 '~에게 …하도록 권하다, 장려하다'라는 의미를 나타낼 때 사용하는 5형식 동사 (D) encourage 가 정답이다.

어휘   sales 영업, 판매(량), 매출 representative 사원 customer 고객 instead of ~대신 previous 이전의, 과거의 feature 기능, 특징 slightly 조금, 약간 expensive 비싼 present ~을 발표하다, 제공하다, 주다 encourage A to do: A에게 ~하도록 권하다, 장려하다

8.   기출 문법 공식 055   정답률 87.5%

정답   (D)

해석   그 농산물 시장의 많은 판매업자들은 제품 구매에 앞서 쇼핑객들에게 그들의 상품을 무료로 시식할 수 있게 해준다.

해설   빈칸 뒤에 『목적어 + to부정사』 구조가 이어져 있으므로 이 구조와 함께 '~가 …할 수 있게 해 주다'라는 의미를 구성할 때 사용하는 5형식 동사 (D) allow가 정답이다. (B) agree의 경우, agree to do의 구조로 쓰인다.

어휘   vendor 판매업자, 판매업체 sample v. ~을 시식하다, 시음하다 goods 상품 free of charge 무료로 make a purchase 구매하다 agree 동의하다, 합의하다 allow A to do: A가 ~할 수 있게 해 주다

9.   기출 문법 공식 056   정답률 90%

정답   (B)

해석   환자에게 새로운 의약 처방을 내리기 전에, 의사는 잠재적인 부작용을 이해하고 있어야 한다.

해설   조동사 should 뒤에 위치한 빈칸은 동사원형이 필요한 자리이므로 (B) understand가 정답이다.

어휘   prescribe ~을 처방하다, 처방전을 써주다 medication 의약(품) patient 환자 potential 잠재적인 side effect 부작용

10.   기출 문법 공식 057   정답률 100%

정답   (D)

해석   휴가 정책에 관한 추가 정보를 얻으시려면, 직무 안내 책자를 참조하시기 바랍니다.

해설   please 다음은 명령문 구조를 이루는 동사원형이 필요한 자리이므로 (D) refer가 정답이다.

어휘   obtain ~을 얻다, 획득하다 additional 추가의 vacation 휴가 policy 정책, 방침 refer to ~을 참조하다 employee handbook 직무 안내 책자

11-14 다음 공지를 참조하시오.

코벤트리 타운 주민 여러분께 전하는 공지

코벤트리 공익 사업부(CUD)는 부품을 교체하고 필요한 수리 작업을 하기 위해 도시의 전선과 철탑에 대한 긴급 유지 관리 작업을 실시할 예정입니다. 이 작업은 다음 주 수요일인 9월 6일 오전 6시부터 오전 11시까지로 예정되어 있습니다. **11** 이 시간 동안, 전기 공급이 중단될 수 있습니다. 추가로, 전기가 완전히 복구되고 몇 시간 동안, 특히 일부 전구들이 때때로 깜빡이는 것과 같은 미미한 전류 급증 현상을 보실 수도 있습니다. 이는 **12** 정상적인 것이므로 놀랄 이유가 전혀 없습니다. 주민들께서는 장시간 동안 계속 깜빡이는 모든 전구들을 **13** 제거하셔야 합니다. CUD에서는 다음 단계의 전선 유지 관리 작업에 **14** 앞서 또 다른 안내 메시지를 공지해 드릴 것이며, 이는 11월 중에 있을 예정입니다.

어휘   notice n. 공지, 알림 v. ~을 (보고) 알다, 알아차리다 resident 주민 carry out ~을 실시하다, 실행하다 urgent 긴급한 maintenance 유지 관리, 시설 관리 power line 전선 pylon 철탑 in order to do ~하기 위해 replace ~을 교체하다 perform ~을 수행하다 necessary 필요한 repair 수리 be scheduled for ~로 예정되어 있다 in addition 추가로, 게다가 fully 완전히, 전적으로 restore ~을 복구하다, 복원하다 minor 미미한 surge 급증, 급등 particularly 특히 occasional 때때로 생기는 flicker 깜빡이다 lightbulb 전구 alarmed 놀란 continue to do 계속 ~하다, 지속적으로 ~하다 prolonged 장시간의, 오래 계속되는 period 기간 issue ~을 발표하다, 공표하다 reminder (메시지 등의) 안내, 상기시키는 것 phase 단계 be scheduled to do ~하기로 예정되다 occur 일어나다, 발생되다

11.   문장 삽입 문제   정답률 100%

(A) 일부 부품들은 배송 지연으로 인해 귀하께 도달하는 데 더 오래걸릴 수도 있습니다.
(B) 이 시간 동안, 전기 공급이 중단될 수 있습니다.
(C) 저희 사무실은 목요일에 정상 영업 시간을 재개할 것입니다.
(D) 대신, 저희 기술자들이 다음 주에 현장에 도착할 것입니다.

정답   (B)

해설   앞 문장에 전선 및 철탑 유지 관리 작업이 실시되는 시간이 언급되어 있으므로 이 시간대를 this time으로 지칭해 그때 발생 가능한 일로서 전기 공급 중단의 가능성을 알리는 (B)가 정답이다.

어휘 part 부품 take long to do ~하는 데 시간이 오래 걸리다 reach ~에 도달하다, 이르다 due to ~로 인해 delivery 배송 delay 지연, 지체 during ~하는 동안 electricity supply 전기 공급 disrupt ~을 중단시키다, ~에 지장을 주다 resume ~을 재개하다 instead 대신 technician 기술자 arrive 도착하다 site 현장, 부지, 장소

12. 어휘 문제   정답률 12.5%

정답 (A)

해설 빈칸 앞에 위치한 This가 가리키는 것, 즉 앞 문장에서 언급한 전구가 깜빡이는 현상이 무엇을 의미하는지를 나타낼 형용사가 빈칸에 필요하다. 빈칸 바로 뒤에 놀랄 이유가 없다고 알리는 것으로 볼 때 그것이 문제될 게 없는 현상임을 알 수 있으므로 정상적인 상태를 의미하는 (A) normal이 정답이다. (D) general은 보편성과 관련된 의미를 나타내므로 어울리지 않는다.

어휘 normal 정상적인, 보통의 careful 조심하는, 신중한 sudden 갑작스러운 general 일반적인, 보통의

13. 기출 문법 공식 056   정답률 100%

정답 (D)

해설 조동사 should 다음은 동사원형이 필요한 자리이므로 (D) remove가 정답이다.

어휘 remove ~을 제거하다, 없애다

14. 어휘 문제   정답률 75%

정답 (D)

해설 빈칸 앞에는 또 다른 안내 메시지를 공지하겠다는 말이, 빈칸 뒤에는 다음 단계의 작업을 의미하는 명사구가 쓰여 있다. 안내 메시지 공지는 작업에 앞서 미리 이뤄져야 하는 일이므로 '~에 앞서, ~전에'를 뜻하는 (D) before가 정답이다.

어휘 among ~사이에서, ~중에서 until (지속) ~까지

Unit 05 대명사

1. (A)	2. (D)	3. (B)	4. (B)	5. (D)
6. (D)	7. (B)	8. (C)	9. (D)	10. (B)
11. (D)	12. (D)	13. (B)	14. (C)	

1. 기출 문법 공식 058   정답률 80%

정답 (A)

해석 EDF 주식회사의 대표이사인 퍼스 씨는 회사에 대한 투자를 늘릴 수 있는 방법을 제안할 것이라고 발표했다.

해설 동사 announced의 목적어 역할을 하는 명사절을 이끄는 접속사 that과 조동사 will 사이에 위치한 빈칸은 that절의 주어 자리이므로 주격 대명사인 (A) he가 정답이다.

어휘 announce that ~라고 발표하다, 알리다 come up with ~을 제안하다, 내놓다 way to do ~하는 방법 increase ~을 늘리다, 증가시키다 investment 투자(금)

2. 기출 문법 공식 058   정답률 80%

정답 (D)

해석 귀하께서 구입하신 장난감과 관련된 추가 정보를 원하시면, 포함된 안내 동영상을 확인해 보시고 탑 토이즈 웹 사이트를 방문하시기 바랍니다.

해설 the toys를 수식하는 관계대명사 that과 동사 purchased 사이에 위치한 빈칸은 that절의 주어 자리이므로 주격 대명사인 (D) you가 정답이다.

어휘 further 추가적인, 한층 더 한 regarding ~와 관련된 purchase ~을 구입하다 check out ~을 확인하다 instructional 안내용의, 교육용의 include ~을 포함하다 visit ~을 방문하다

3. 기출 문법 공식 059   정답률 80%

정답 (B)

해석 신임 회계부장인 이 씨는 여러 영국계 기업들로부터 지속되고 있는 투자에 만족감을 표현했다.

해설 동사 expressed와 명사 목적어 satisfaction 사이에 위치한 빈칸은 명사를 수식할 단어가 필요한 자리이므로 이 역할이 가능한 소유격 대명사 (B) his가 정답이다.

어휘 accounting 회계 director 부장, 이사 express (감정, 생각 등) ~을 표현하다, 드러내다 satisfaction 만족(감) ongoing 지속되는, 계속되는 investment 투자(금) several 여럿의, 몇몇의 corporation 기업

4. 기출 문법 공식 059   정답률 100%

정답 (B)

해석 애스터 연극 극단은 지역 사회로부터 받는 기부금에 의존하고 있으므로, 계속해서 저희에게 여러분의 성원을 보여주시기 바랍니다.

해설 빈칸 뒤에 위치한 support는 『show A B』의 구조에서 직접 목적어로 쓰인 명사이다. 명사 앞에 위치한 빈칸은 명사를 수식할 소유격 대명사 자리이므로 (B) your가 정답이다.

어휘 depend on ~에 의존하다 donation 기부(금) local 지역의, 현지의 community (지역) 사회, 공동체 keep -ing 계속해서 ~하다 support 성원, 지원

5. 기출 문법 공식 060   정답률 70%

정답 (D)

해석 힐사이드 장애인 진료소의 외래 환자들은 일반적으로 오직 첫 상담을 위해 의사의 진찰을 받는 반면, 물리치료사들은 최소 일주일에 한 번씩은 그 환자들과 만난다.

해설 전치사 with 뒤에 위치한 빈칸은 with의 목적어 자리이므로 목적격 대명사인 (D) them이 정답이다.

어휘 **outpatient** 외래 환자 **typically** 일반적으로, 흔히 **initial** 처음의, 초기의 **consultation** 상담 **while** ~인 반면, ~하는 동안 **physical therapist** 물리치료사 **meet with** (약속하여) ~와 만나다 **at least** 최소한, 적어도 **per** ~당, ~마다

6.
기출 문법 공식 061　정답률 87%

정답 (D)

해석 세계적으로 유명한 작가인 엘레나 도슨 씨는 다른 작가의 것을 표절한 혐의에도 불구하고, 그 이야기의 아이디어가 자신의 것이라고 주장했다.

해설 be동사 was 뒤에 위치한 빈칸은 that절의 주어 the story idea의 보어 자리이므로 이 사물명사와 동격이 될 수 있는 대명사가 필요하다. 따라서 『소유격 + 명사』의 의미를 지니는 것으로서 사물명사를 지칭할 때 사용하는 소유 대명사 (D) hers가 정답이다.

어휘 **world-famous** 세계적으로 유명한 **author** 작가, 저자 **maintain that** ~라고 주장하다 **despite** ~에도 불구하고 **allegation** 혐의, 주장 **plagiarism** 표절

7.
기출 문법 공식 062　정답률 87.5%

정답 (B)

해석 여러 수익성 높은 사업 계약을 성공적으로 협의함으로써, 바셋 씨는 자신이 렉사 텍스타일 사의 매우 소중한 자산임을 입증했다.

해설 빈칸은 타동사 has proven의 목적어 자리이고, 여기서의 입증 대상은 주어 Mr. Bassett 자신이어야 의미가 자연스럽다. 따라서, 행위 주체와 대상이 동일할 경우에 사용하는 재귀 대명사 (B) himself가 정답이다.

어휘 **by** (방법) ~함으로써, ~하는 것으로 **successfully** 성공적으로 **negotiate** ~을 협의하다, 협상하다 **several** 여럿의, 몇몇의 **lucrative** 수익성 높은 **contract** 계약(서) **prove oneself to be A**: 자신이 A임을 입증하다, 증명하다 **invaluable** 매우 소중한 **asset** 자산, 재산

8.
기출 문법 공식 063　정답률 80%

정답 (C)

해석 히튼 씨는 반드시 행사가 순조롭게 진행되도록 하기 위해 올해의 교육 워크숍을 직접 준비하기로 결정했다.

해설 빈칸 앞에 이미 주어와 동사, 그리고 to부정사구로 구성된 완전한 문장이 위치해 있으므로 빈칸에는 부가적인 역할을 할 단어가 필요하다. 선택지에 제시된 대명사들 중에서 부사처럼 부가적인 역할이 가능한 것은 재귀 대명사이므로 (C) herself가 정답이다.

어휘 **decide to do** ~하기로 결정하다 **organize** ~을 준비하다, 조직하다 **training** 교육 **in order to do** ~하기 위해 **make sure (that)** 반드시 ~하도록 하다 **run** 진행되다 **smoothly** 순조롭게 **oneself** (부사처럼 쓰여) 직접

9.
기출 문법 공식 064　정답률 80%

정답 (D)

해석 채무 회수팀이 교육 워크숍에 참석할 때, 그 부서의 책임자는 종종 직접 청구서 지불 비용이 밀려 있는 고객들에게 전화를 건다.

해설 전치사 by가 속한 who절에서, by 앞에 능동태가 있기 때문에 『by + 재귀 대명사』가 와야 하므로 (D) himself가 정답이다. by 앞이 수동태가 아니기 때문에 by 뒤에서 수동태의 행위자를 나타내는 목적격 대명사 (C) him은 답이 될 수 없다.

어휘 **attend** ~에 참석하다 **training** 교육 **department** 부서 **supervisor** 책임자 **customer** 고객 **be behind with** ~이 밀려있다, 뒤쳐져 있다 **bill payment** 청구서 지불 비용

10.
기출 문법 공식 065　정답률 80%

정답 (B)

해석 애니 킴의 예술품에는 일반적으로 다른 예술가들의 것보다 현대적인 문화 동향에 대한 더 많은 참고 사항들이 포함되어 있다.

해설 빈칸 than 뒤에 위치해 비교 대상을 나타낼 단어를 필요로 하면서, of other artists의 수식을 받아야 하므로 다른 예술가들이 소유하고 있는 것이어야 한다. 따라서 앞서 언급된 복수명사 artworks를 대신할 대명사가 빈칸에 들어가 비교 대상이 되어야 한다는 것을 알 수 있으므로 복수명사를 대신 받는 대명사 (B) those가 정답이다.

어휘 **artwork** 예술품 **generally** 일반적으로, 보통 **contain** ~을 포함하다 **reference** 참고 (사항), 언급, 추천서 **modern** 현대적인 **cultural** 문화의 **trend** 동향, 추세

11-14 다음 웹 페이지를 참조하시오.

> 보스턴의 오래된 극장가에 위치한, 마이클슨 예술 학교(MSA)는 모든 연령대 및 수준의 예술가들에게 전문 강좌를 제공합니다. **11** 저희 강사들은 여러분의 경험과 상관없이 여러분을 맞이할 준비가 되어 있습니다.
>
> MSA는 현재 다양한 **12** 스타일에 대해 6개월 기간의 강좌를 제공하고 있습니다. 그림과 조각, 사진, 스케치, 그리고 디지털 그래픽 디자인 중에서 선택하실 수 있습니다. **13** 저희는 초급반과 중급반, 그리고 고급반 수강생들에게 적합한 설명을 제공해 드립니다. 저희 웹사이트 www.michaelsonschoolofart.com을 방문하시면 강좌 일정 및 교육 과정에 관해 더 많은 것을 확인해 보실 수 있습니다. 저희 사이트를 둘러 보시는 동안, 저희 강사들에 **14** 관한 내용을 읽어 보실 수 있는 강사진 페이지를 살펴 보시기 바랍니다!

어휘 **located in** ~에 위치한 **theater district** 극장가 **provide** ~을 제공하다(= offer) **expert** a. 전문적인 n. 전문가 **lecture** 강좌 **skill level** 수준 **currently** 현재 **a variety of** 다양한 **choose from** ~에서 선택하다 **sculpture** 조각(품) **instruction** 설명, 안내, 지시 **be suitable for** ~에 적합하다 **beginner** 초급의 **intermediate** 중급의 **advanced** 고급의 **find out more about** ~에 관해 더 많은 것을 확인해 보다 **curriculum** 교육 과정 **visit** ~을 방문하다 **while** ~하는 동안 **browse** ~을 둘러 보다 **have a look at** ~을 살펴 보다 **faculty** 강사진, 교수진

11. 문장 삽입 문제 정답률 87.5%

(A) 저희 시설은 위치 이전이 완료되는 대로 곧 다시 문을 열 것입니다.

(B) 여러분의 강좌 일정은 최신 변동 사항을 반영하기 위해 업데이트될 것입니다.

(C) 저희 웹 사이트를 통해 직접 다양한 예술 작품을 구입하실 수 있습니다.

(D) 저희 강사들은 여러분의 경험과 상관없이 여러분을 맞이할 준비가 되어 있습니다.

정답 (D)

해설 앞 문장에 모든 연령대 및 수준의 사람들에게 전문 강좌를 제공한다는 말이 있으므로 이와 유사한 의미를 지니는 문장으로서 경험과 상관없이 수강생들을 맞이할 준비가 되어 있다는 뜻으로 쓰인 (D)가 정답이다.

어휘 facility 시설(물) shortly 곧, 머지 않아 once ~하는 대로, ~하자마자 relocation (위치) 이전 complete 완료된, 완수된 reflect ~을 반영하다 recent 최근의 purchase ~을 구입하다 various 다양한 work 작품 directly 직접 through ~을 통해 instructor 강사 be ready to do ~할 준비가 되다 regardless of ~와 상관없이 experience 경험

12. 어휘 문제 정답률 75%

정답 (D)

해설 '다양한'을 의미하는 a variety of의 수식을 받아 6개월 동안 제공되는 강좌와 관련된 것을 나타낼 명사가 필요하다. 뒤에 이어지는 문장을 보면 그림과 조각, 사진, 스케치, 그리고 디지털 그래픽 디자인 중에서 선택할 수 있다는 말이 있는데, 이렇게 여러 가지를 하나로 아우를 수 있는 명사로서 '스타일, 방식'을 뜻하는 (D) styles가 정답이다.

어휘 colleague 동료 (직원) piece 조각 material 재료, 자재, 자료

13. 기출 문법 공식 058 정답률 87.5%

정답 (B)

해설 빈칸이 속한 문장은 초급반과 중급반, 그리고 고급반 수강자들에게 적합한 설명을 제공해 준다는 의미를 나타내는데, 이는 지문 초반에서 소개된 마이클슨 예술 학교에서 하는 일이다. 따라서 주어 자리에 와서 해당 기관을 가리킬 1인칭 복수 주격 대명사가 쓰여야 알맞으므로 (B) We가 정답이다.

14. 어휘 문제 정답률 100%

정답 (C)

해설 빈칸 앞에 읽어 볼 수 있다는 말이 있으므로 빈칸 뒤에 위치한 our teachers가 읽을 주제인 것으로 판단할 수 있다. 따라서 '~에 관해' 등의 의미로 주제나 연관성 등을 나타낼 때 사용하는 전치사 (C) about이 정답이다.

어휘 over (기간) ~동안에 걸쳐, (위치) ~위로 가로질러, (수량 등) ~을 넘는 in front of ~앞에서

Unit 06 연결어

1. (A)	2. (B)	3. (C)	4. (C)	5. (C)
6. (B)	7. (C)	8. (D)	9. (C)	10. (B)
11. (B)	12. (D)	13. (B)	14. (C)	

1. 기출 문법 공식 066 정답률 90%

정답 (A)

해석 저희 웹 사이트에 나타나 있는 가격은 특히 특별 판촉 행사 및 세일 기간 중에는 매장 내 가격과 정확히 일치하지 않을 수 있습니다.

해설 등위접속사 and 앞에 위치한 빈칸은 and 뒤에 위치한 명사 sales와 동일한 품사, 즉 명사가 쓰여야 하는 자리이므로 (A) promotions가 정답이다.

어휘 exactly 정확히 match ~와 일치하다 in-store 매장 내의 particularly 특히 during ~중에, ~동안 promotion 판촉, 홍보 promotional 판촉용의 promote 홍보하다, 촉진하다

2. 기출 문법 공식 066 정답률 50%

정답 (B)

해석 영업부의 모든 직원들이 그들의 월간 목표에 도달하는 데 아주 많은 수고와 헌신이 필요하다는 것을 알고 있다.

해설 등위접속사 and 앞에 a lot of의 수식을 받는 명사 work가 위치해 있으므로 and 뒤에 위치한 빈칸도 동일한 품사로 된 단어가 필요하다. 따라서 명사인 (B) dedication이 정답이다.

어휘 employee 직원 sales 영업, 판매, 매출 take (시간, 노력 등) ~을 필요로 하다, 요하다 reach ~에 도달하다, 이르다 monthly 월간의, 달마다의 target 목표 dedicated 헌신적인, 전념하는 dedication 헌신, 전념 dedicate ~을 헌신하다, ~에 전념하다

3. 기출 문법 공식 067 정답률 90%

정답 (C)

해석 BT 주식회사의 부사장인 잭슨 씨는 회사에서 은퇴하거나 직원 교육 책임자로서 새로운 역할을 맡을 것이다.

해설 either와 함께 두 개의 동사구가 빈칸 앞뒤로 위치한 구조이므로 either와 짝을 이뤄 'A 또는 B 둘 중의 하나'라는 의미로 상관접속사를 구성할 때 사용하는 (C) or가 정답이다.

어휘 vice president 부사장 either A or B: A 또는 B 둘 중의 하나 retire from ~에서 은퇴하다 assume (역할, 책임 등) ~을 맡다 role 역할 trainer 교육 책임자 nor (neither와 짝을 이룸) ~도 아니다

4. 기출 문법 공식 067 정답률 93%

정답 (C)

해석 불경기는 조선 및 제조와 같은 핵심 산업의 이전으로 이어질 수 있다.

해설 빈칸은 바로 앞에 위치한 등위접속사 and로 연결된 shipbuilding과 동일한 품사로 된 단어가 필요한 자리이므로 명사인 (C) manufacturing이 정답이다.

어휘 recession 불경기, 경기 후퇴 lead to ~로 이어지다 relocation 위치 이전, 이사 core 핵심의 industry 산업, 업계 such as ~와 같은 shipbuilding 조선 manufacture ~을 제조하다 manufacturing 제조

5. 기출 문법 공식 068   정답률 80%

정답 (C)

해석 일단 지원서를 제출하고 나면, 잠재적인 면접에 대비하기 위해 취할 수 있는 몇몇 유용한 조치가 있다.

해설 빈칸 앞뒤로 주어와 동사가 각각 포함된 절이 하나씩 위치한 구조이므로 빈칸은 이 절들을 연결할 접속사 자리이다. 따라서 선택지에서 유일한 접속사인 (C) once가 정답이다. 나머지 선택지는 모두 부사들이다.

어휘 useful 유용한 take steps 조치를 취하다 prepare oneself for ~에 대비하다, ~을 준비하다 potential 잠재적인 submit ~을 제출하다 application form 지원서, 신청서 once 일단 ~하면, ~하자 마자 soon 곧

6. 기출 문법 공식 068   정답률 80%

정답 (B)

해석 그 극장의 무대는 관객들이 공연 중간의 휴식 시간을 즐기는 동안 오후 8시 10분부터 8시 30분까지 청소될 것이다.

해설 빈칸 앞뒤로 주어와 동사가 각각 포함된 절이 하나씩 위치한 구조이므로 빈칸은 이 절들을 연결할 접속사 자리이다. 따라서 선택지에서 유일한 접속사인 (B) while이 정답이다. 나머지 선택지는 모두 전치사들이다.

어휘 theater 극장 stage 무대 clean ~을 청소하다, 깨끗이 닦다 audience member 관객, 청중 enjoy ~을 즐기다 mid-show 공연 중간의 intermission (공연 중간의) 휴식 시간 period 시간, 기간 during ~동안, ~중에 while ~하는 동안, ~인 반면 through ~을 통해, ~을 거쳐, ~전역에서 along (길 등) ~을 따라

7. 기출 문법 공식 069   정답률 90%

정답 (C)

해석 개정된 고용법에 따르면, 회사들은 내년부터 더 많은 수의 소수 민족 근로자들을 고용해야 할 것이다.

해설 빈칸 뒤로 명사구 revised employment laws가 있고, 콤마 뒤로 주어와 동사가 포함된 절이 이어지는 구조이다. 따라서 명사구를 목적어로 취할 전치사가 빈칸에 쓰여야 알맞으므로 선택지에서 유일한 전치사인 (C) According to가 정답이다. (A) When은 접속사, (B) Therefore는 부사이며, (D) In order to는 동사원형과 결합해 사용된다.

어휘 revised 개정된 employment laws 고용법 hire ~을 고용하다 a greater number of 더 많은 수의 ethnic minority 소수 민족 therefore 그러므로, 따라서 according to ~에 따르면 in order to do ~하기 위해

8. 기출 문법 공식 069   정답률 93%

정답 (D)

해석 시그널 텔레콤의 안내 책자에는 회사의 인터넷 및 케이블 TV 패키지에 관한 상세 정보가 포함되어 있다.

해설 빈칸 뒤에 위치한 명사구 the company's Internet and cable TV packages를 목적어로 취할 전치사가 빈칸에 쓰여야 알맞으므로 (D) regarding이 정답이다.

어휘 brochure 안내 책자, 소책자 contain ~을 포함하다 detailed 상세한 regard (A as B): (A를 B로) 여기다, 평가하다 regarding ~에 관한

9. 기출 문법 공식 070   정답률 40%

정답 (C)

해석 신용 평가 보고 회사들이 여러분의 기록을 업데이트할 수 있도록, 은행들은 여러분의 신용 상태에 대해 업데이트된 정보를 그들에게 보내야 할 것입니다.

해설 각 선택지가 전치사들이고 빈칸 뒤에 목적어와 to부정사구가 이어지는 구조이다. 그런데 목적어 credit reporting companies가 to update의 행위 주체가 되어야 자연스러우므로 to부정사의 행위 주체를 나타낼 때 사용하는 전치사 (C) For가 정답이다.

어휘 credit reporting 신용 평가 보고 record 기록 send ~을 보내다 status 상태, 신분, 지위

10. 기출 문법 공식 071   정답률 70%

정답 (B)

해석 선라이즈 호텔에서의 여러분의 숙박을 더욱 편안하게 만들어 드리기 위해 무엇이든 저희가 할 수 있는 것이 있는지를 저희 프론트 데스크 직원에게 알려 주시기 바랍니다.

해설 동사 know 뒤로 빈칸이 있고 그 뒤로 주어와 동사가 포함된 완전한 문장이 바로 이어지는 구조이다. 따라서 이 문장이 동사 know의 목적어 역할을 하는 명사절이 되어야 한다는 것을 알 수 있으므로 명사절 접속사인 (B) whether가 정답이다. (C) whereas는 부사절을 이끄는 접속사이다.

어휘 let A know: A에게 알리다 make A 형용사: A를 ~하게 만들다 stay n. 머무름 v. 머무르다 comfortable 편안한 whether ~인지 (아닌지) whereas ~인 반면

11-14 다음 편지를 참조하시오.

9월 5일
아미르 하야트
인사부장
글리치 소프트웨어

하야트 씨께,

저는 최근에 <디지털 디자인 & 테크놀로지 저널>에 실린 귀사의 마케팅 책임자 직책에 대한 광고를 봤습니다. 저는 해당 분야의 경험

많은 전문가로서 글리치 소프트웨어의 마케팅 **11** 부서에 소중한 자산이 될 수 있을 것이라 생각합니다.

12 여러 선도적인 회사에서 얻은 경력으로 인해 저는 해당 직책에 아주 적합합니다. 현재, 저는 명성 높은 레드우드 게임즈 사의 마케팅부장이며, 이곳에서 저는 회사 최고의 비디오 게임들에 대한 마케팅 캠페인 작업을 해왔습니다. 그에 **13** 앞서, 저는 조닉스 시스템즈 사에서 근무했으며, 그곳에서 저는 소비자 선호도에 대한 시장 조사를 실시하는 일을 책임졌습니다.

동봉해 드린 제 이력서를 확인해 보시기 바랍니다. 이것이 이전의 제 고용 사실 및 제 개인적인 철학과 목표에 관한 더 많은 정보를 **14** 제공해 줍니다. 가까운 미래에 귀하와 이 직책에 관해 이야기해 볼 기회를 갖길 바랍니다.

안녕히 계십시오,

지나 한

동봉물

어휘 recently 최근에 advertisement 광고 position 직책, 일자리 invaluable 소중한, 귀중한 asset 자산, 재산 experienced 경험 많은 professional 전문가 field 분야 at present 현재 head 장 prestigious 명성 높은, 권위 있는 be responsible for ~을 책임지다, 맡고 있다 conduct ~을 실시하다 research 조사, 연구 consumer 소비자 preference 선호(도) Please find A enclosed: 동봉해 드린 A를 확인해 보시기 바랍니다 résumé 이력서 previous 이전의, 과거의 employment 고용 personal 개인적인 philosophy 철학 goal 목표 have an opportunity to do ~할 기회를 갖다 discuss ~을 이야기하다, 논의하다 enclosure 동봉 (물)

11. 　어휘 문제　　정답률 62.5%

정답 (B)

해설 회사 이름으로 된 소유격 Glitch Software's의 수식을 받음과 동시에 marketing과 복합명사를 구성할 또 다른 명사를 찾아야 한다. 따라서 회사에 속한 것을 나타낼 명사가 필요한데, 사람이 소중한 자산으로서의 역할을 할 수 있는 장소와 관련되어야 하므로 '부서'를 뜻하는 (B) department가 정답이다.

어휘 range 범위 department 부서 supervisor 부서장, 책임자, 감독 launch 출시, 공개

12. 　문장 삽입 문제　　정답률 62.5%

(A) 그 저널 광고는 또한 게임 디자인 분야의 여러 공석들도 언급했습니다.
(B) 그 광고에 기재된 직무는 현재 제 일과 유사성이 거의 없습니다.
(C) 제 목표는 졸업 직후에 귀사와 같은 선도적인 소프트웨어 회사에 입사하는 것입니다.
(D) 여러 선도적인 회사에서 얻은 경력으로 인해 저는 해당 직책에 아주 적합합니다.

정답 (D)

해설 첫 단락에는 다른 회사로의 이직 의사를 밝히고 있고, 빈칸 다음 문장에는 현재 근무 중인 곳의 직책을 알리고 있다. 따라서 이와 같은 이직 의사 및 근무 경력과 관련된 것으로서 자신의 자격 요건을 언급하는 문장인 (D)가 정답이다.

어휘 advertisement 광고 mention ~을 언급하다 several 여럿의, 몇몇의 vacancy 공석 job duty 직무 listed 기재된 share similarities with ~와 유사하다 few 거의 없는 current 현재의 goal 목표 leading 선도적인, 앞서가는 firm 회사 upon -ing ~직후에, ~하자마자 graduate 졸업하다 background 경력, 배경 make A 형용사: A를 ~하게 만들다 well-equipped 아주 적합한, 잘 갖춰진 role 직책

13. 　기출 문법 공식 069　　정답률 62.5%

정답 (B)

해설 빈칸 뒤에 위치한 대명사 that을 목적어로 취할 수 있는 전치사가 빈칸에 필요하므로 선택지에서 유일한 전치사인 (B) Prior to가 정답이다. (A) Assuming과 (C) Provided는 접속사로 쓰이며, (D) Also는 부사이다.

어휘 assuming (that) ~라면 prior to ~에 앞서, ~전에 provided (that) ~라는 조건하에 also 역시, 또한

14. 　기출 문법 공식 072　　정답률 37.5%

정답 (C)

해설 주어 It과 목적어 more information 사이에 위치한 빈칸은 동사 자리이므로 동사가 아닌 (D) providing은 우선 제외한다. 또한 단수 주어 It과 수 일치가 되지 않는 (A) provide도 오답이다. 남은 동사들은 시제가 각각 다른데, It이 가리키는 이력서 (résumé)는 현재의 일반적인 사실을 나타내는 문서이므로 현재 시제인 (C) provides가 정답이다.

어휘 provide ~을 제공하다

Unit 07 수 일치

1. (D)	2. (C)	3. (B)	4. (C)	5. (D)
6. (D)	7. (A)	8. (B)	9. (B)	10. (B)
11. (D)	12. (C)	13. (A)	14. (D)	

1. 　기출 문법 공식 072　　정답률 100%

정답 (D)

해석 민스트럴 소프트웨어 사의 대표이사는 사내 연례 올해의 직원상 수상자 각자에게 1,000달러의 보너스를 제공한다.

해설 빈칸 앞에는 주어와 전치사구가, 빈칸 뒤는 목적어와 여러 전치사구가 이어지는 구조이므로 빈칸이 문장의 동사 자리임을 알 수 있다. 따라서 동사의 형태인 (A) present와 (D) presents 중에서 하나를 골라야 하는데, 3인칭 단수 주어 The CEO와 수 일치되어야 하므로 (D) presents가 정답이다.

어휘   CEO 대표이사 recipient 수상자, 수령인 annual 연례적인, 해마다의 present ~을 제공하다, 제시하다, 발표하다

2.   기출 문법 공식 072   정답률 **100%**

정답   (C)

해석   플래티넘 패키지는 액시스 텔레콤 사의 서비스 가입자들에게 아주 다양한 라이브 스포츠 방송 및 최신 개봉 영화들을 이용할 수 있게 해 준다.

해설   빈칸 앞에는 주어가, 빈칸 뒤는 목적어와 to부정사구가 이어지는 구조이므로 빈칸이 문장의 동사 자리임을 알 수 있다. 따라서 동사의 형태인 (A) allow와 (C) allows 중에서 하나를 골라야 하는데, 3인칭 단수 주어 The Platinum Package와 수 일치되어야 하므로 (C) allows가 정답이다.

어휘   allow A to do: A가 ~할 수 있게 해 주다 subscriber 서비스 가입자, 구독자 access ~을 이용하다, ~에 접근하다 a wide range of 아주 다양한 coverage 방송, 취재 newly released 최신 개봉한, 새로 출시된

3.   기출 문법 공식 073   정답률 **80%**

정답   (B)

해석   그 투어는 숲이 수십 년 동안 잘 보존되어 온 아름다운 국립 공원을 즐길 수 있는 기회를 사람들에게 제공할 것이다.

해설   주어 The tour 뒤로 빈칸과 명사 목적어 people, 그리고 전치사구와 to부정사구가 이어져 있으므로 빈칸에 문장의 동사가 필요하다. 따라서 동사가 아닌 (A) providing과 (D) to provide를 제외한 나머지 선택지에서 정답을 찾아야 하는데, The tour가 3인칭 단수이지만 단수동사가 선택지에 없으므로 수 일치에 상관없이 사용 가능한 미래 시제 동사 (B) will provide가 정답이다.

어휘   provide A with B: A에게 B를 제공하다 enjoy ~을 즐기다 national park 국립공원 forest 숲 well-preserved 잘 보존된 decade 10년 provide ~을 제공하다

4.   기출 문법 공식 074   정답률 **70%**

정답   (C)

해석   요즘, 많은 사람들은 아파트를 임대하는 것이 그들의 일시적인 필요성에 대한 가장 적합한 선택권인 것 같다고 생각한다.

해설   빈칸이 속한 that절에 이미 동사 seems가 있고 그 문장의 동사가 단수이기 때문에 또 다른 동사 rent는 준동사의 형태로 쓰여야 한다. 또한, 빈칸 뒤에 목적어로 명사(an apartment)가 이미 있으므로 주어 자리에서 이 명사를 목적어로 취할 수 있으면서 단수 취급되는 동명사 (C) renting이 정답이다.

어휘   seem like ~인 것 같다 suitable 적합한, 알맞은 temporary 일시적인, 임시의 rent ~을 임대하다, 대여하다

5.   기출 문법 공식 074   정답률 **70%**

정답   (D)

해석   신설된 유럽 마케팅 책임자 직책과 관련해 최종 결정을 내리는 일은 어려웠는데, 모든 구직 지원자들이 아주 많은 경험을 지니고 있기 때문이다.

해설   문장의 동사가 단수형(has)이기 때문에 빈칸에는 단수 주어가 와야 한다. 또한, 빈칸 뒤에 목적어로 명사(a final decision)가 이미 있으므로 이 명사를 목적어로 취하면서 단수 주어의 역할을 할 수 있는 동명사 (D) Making이 정답이다.

어휘   make a decision 결정을 내리다 final 최종의, 마지막의 regarding ~와 관련해 newly created 신설된, 새로 만들어진 position 직책, 일자리 candidate 지원자, 후보자 highly 아주, 매우, 대단히 experienced 많은 경험을 지닌

6.   기출 문법 공식 075   정답률 **50%**

정답   (D)

해석   다음 달에, 라 비다 코스메틱스 사는 다양한 필수 오일 성분을 포함하는 남성 화장품 라인인 '스킨 올인원 에센스' 제품군을 출시할 것이다.

해설   명사구 a men's cosmetics line을 수식하는 관계대명사 that 바로 다음에 위치한 빈칸은 that절의 동사 자리이므로 준동사인 (A) containing과 (B) to contain을 제외한 나머지 동사들 중에서 하나를 골라야 한다. 선행사인 단수명사 a men's cosmetics line과 수 일치되어야 하므로 (D) contains가 정답이다.

어휘   launch ~을 출시하다 range (제품) 군, 종류, 범위 cosmetics 화장품 line 제품 라인, 종류 various 다양한 essential 필수적인 contain ~을 포함하다, 담고 있다

7.   기출 문법 공식 075   정답률 **100%**

정답   (A)

해석   필리핀 동부에 위치한 메이온 화산은 지난 3주 동안에 걸쳐 계속 활동 중이다.

해설   빈칸은 주어이자 선행사인 The Mayon Volcano를 수식하기 위해 콤마와 함께 삽입된 which절에 속해 있다. 여기서 빈칸은 located와 함께 수동태 동사를 구성해야 하는데, 이때 선행사 The Mayon Volcano와의 수 일치를 고려해 3인칭 단수동사인 (A) is가 정답이다.

어휘   located in ~에 위치한 active 활동적인, 적극적인 over ~동안에 걸쳐

8.   기출 문법 공식 076   정답률 **40%**

정답   (B)

해석   연례 시상식 연회에서, 일반적으로 인사부 직원들 또는 대표이사님이 올해의 직원상 수상자를 발표한다.

해설   상관접속사 『either A or B』의 구조로 된 주어 뒤로 빈칸이 있고, 그 뒤로 명사구가 이어지는 구조이므로 빈칸이 문장의 동사 자리임을 알 수 있다. 따라서 (C) announcing을 제외한 나머지 동사들 중에서 하나를 찾아야 하는데, 주어가 『either A or B』의 구조일 경우에 B에 수 일치하므로 단수 the CEO와 수 일치 되는 형태인 (B) announces가 정답이다.

어휘   annual 연례적인, 해마다의 banquet 연회 usually 일반적으로,

보통 either A or B: A 또는 B 둘 중의 하나 Human Resources Department 인사부 CEO 대표이사 winner 수상자, 당첨자, 우승자 announce ~을 발표하다, 알리다

9.
기출 문법 공식 077 　　정답률 50%

정답　(B)

해석　10세에서 15세 사이의 아이가 있는 모든 릿조 굿즈 사의 소속 직원은 추가 혜택을 신청할 수 있습니다.

해설　빈칸 뒤에 위치한 복합명사 Ritzo Goods staff member가 단수명사이므로 단수명사를 수식할 수 있는 (B) Any가 정답이다. (A) Both와 (C) Few, 그리고 (D) All 뒤에는 복수명사가 쓰여야 한다.

어휘　child 아이 aged A: 나이가 A인 between A and B: A와 B 사이에 apply for ~을 신청하다, ~에 지원하다 extra 추가의, 별도의 benefit 혜택, 이득 both (A and B): (A와 B) 둘 모두 few 거의 없는

10.
기출 문법 공식 077 　　정답률 73%

정답　(B)

해석　디지 개짓츠 사는 수령인의 위치가 보스턴 시 경계 내에 있는 한, 자사의 웹 사이트를 통해 주문된 모든 제품에 대해 야간 배송을 보장하고 있다.

해설　빈칸 뒤에 가산 단수명사 item이 위치해 있으므로 가산 단수명사를 수식할 수 있는 (B) every가 정답이다. (A) few와 (D) several은 가산 복수명사를 수식하며, (C) some은 가산 복수명사 또는 불가산명사를 수식한다.

어휘　guarantee ~을 보장하다 overnight 야간의, 하룻밤 사이의 order ~을 주문하다 through ~을 통해 as long as ~하는 한, ~하기만 하면 recipient 수령인, 받는 사람 within ~이내에 city limits 시 경계 few 거의 없는 every 모든 several 여럿의, 몇몇의

11~14 다음 기사를 참조하시오.

하워스 푸드 사, 신임 온라인 마케팅 이사를 선임하다

카디프 (8월 3일) – 오늘, 하워스 푸드 사는 리스 데이비스를 신임 온라인 마케팅 이사로 발표했습니다. 데이비스 씨는 소셜 미디어 광고 캠페인을 **11** 만드는 부서를 총괄하게 될 것입니다.

하워스 사의 가레스 존스 회장은 "저희는 데이비스 씨가 입사하게 되어 기쁩니다. 저는 데이비스 씨가 인터넷을 통해 우리가 더 많은 수의 신규 고객과 기존의 고객들에게 다가갈 수 **12** 있게 해 줄 것이라는 데 의심의 여지가 없습니다."라고 말했습니다. **13** 데이비스 씨는 10년의 경력과 함께 하워스 사에 입사하는 것입니다. 이전의 직책인 밸리 베버리지 사의 마케팅부장으로서, 그는 지난 10년 동안에 걸쳐 그 회사의 고객 숫자를 두 배로 늘리는 일을 책임졌습니다.

하워스 사는 건강에 좋은 **14** 다양한 전자레인지 조리용 식사와 저칼로리 간식으로 알려져 있으며, 영국 식품 업계에서 선도적인 제조사들 중의 하나가 되었습니다.

어휘　name ~을 선임하다, 임명하다 announce ~을 발표하다 supervise ~을 총괄하다, 감독하다 department 부서 advertising 광고 chairman 회장 be delighted to do ~해서 기쁘다 join ~에 입사하다, ~와 함께 하다 have no doubt that ~라는 데 의심의 여지가 없다 reach ~에 다가가다, 도달하다 existing 기존의 customer 고객 through ~을 통해 previous 이전의, 과거의 be responsible for ~을 책임지다 double ~을 두 배로 늘리다 be known for ~로 알려져 있다 healthy 건강에 좋은 microwavable 전자레인지로 조리 가능한 meal 식사 leading 선도적인, 앞서 가는 manufacturer 제조사 industry 업계

11.
기출 문법 공식 075 　　정답률 100%

정답　(D)

해설　a department를 수식하는 that절에 빈칸이 속해 있으며, that과 빈칸, 그리고 명사구 social media advertising campaigns로 이어지는 구조이므로 빈칸에는 that절의 동사가 필요하다. 선행사를 수식하는 that절의 동사는 선행사에 수 일치하므로 단수명사인 a department와 수 일치가 되는 동사의 형태인 (D) creates가 정답이다.

어휘　creation 창조, 창작(물) create ~을 만들어 내다

12.
어휘 문제 　　정답률 62.5%

정답　(C)

해설　빈칸 뒤에 『목적어 + to do』 구조가 이어져 있으므로 이 구조와 어울려 쓰이는 동사인 (A) expect와 (C) enable 중에서 하나를 골라야 한다. that절의 주어 he가 가리키는 Mr. Davies는 신임 온라인 마케팅 이사이므로 그 사람이 앞으로 더 많은 고객들에게 다가갈 수 있게 해 줄 것이라는 가능성의 의미가 되어야 알맞다. 따라서 (C) enable이 정답이다.

어휘　expect ~을 예상하다, 기대하다 benefit ~에게 이득이 되다, 혜택을 주다 enable (A to do): (A가 ~할 수 있게) 해 주다 assign ~을 배정하다, 할당하다

13.
문장 삽입 문제 　　정답률 25%

(A) 데이비스 씨는 10년의 경력과 함께 하워스 사에 입사하는 것입니다.
(B) 데이비스 씨는 이달 말에 해외로 전근할 것입니다.
(C) 데이비스 씨는 밸리 베버리지 사의 전 회장입니다.
(D) 데이비스 씨는 첫 번째 마케팅 임무를 고대하고 있습니다.

정답　(A)

해설　빈칸 바로 다음 문장에 데이비스 씨가 이전의 직책인 밸리 베버리지 사의 마케팅 책임자로서 한 일을 설명하는 내용이 쓰여 있다. 이는 데이비스 씨의 과거 경력을 말하는 것이므로 경력과 관련된 문장이 빈칸에 쓰여야 흐름이 자연스럽다. 따라서 10년의 경력을 지니고 있다는 사실이 언급된 (A)가 정답이다.

어휘　decade 10년 experience 경력, 경험 relocate 전근하다, 이전하다 overseas 해외로, 해외에서 former 전직의, 이전의 chairman 회장 look forward to -ing ~하는 것을 고대하다 role 임무, 역할

14.

어휘 문제 | 정답률 **50%**

정답 (D)

해설 빈칸 앞뒤에 위치한 소유격 대명사 its 및 of 전치사와 결합해 '다양한'이라는 의미로 복수명사(구)를 앞에서 수식하는 수식어구를 구성할 때 사용하는 (D) range가 정답이다.

어휘 consumption 소비, 소모 purchase 구입(품) advance 진전, 발전, 선금 one's range of 다양한

Unit 08 시제

1. (D)	**2.** (C)	**3.** (C)	**4.** (A)	**5.** (A)
6. (A)	**7.** (D)	**8.** (C)	**9.** (D)	**10.** (D)
11. (D)	**12.** (C)	**13.** (C)	**14.** (D)	**15.** (A)
16. (C)	**17.** (C)	**18.** (C)	**19.** (D)	**20.** (C)

1.

기출 문법 공식 078, 072 | 정답률 **80%**

정답 (D)

해석 매주 금요일에, 메이스 그래픽 디자인 사는 직원들에게 평소보다 1시간 일찍 퇴근하게 해주는 정책을 준수한다.

해설 시간 표현 Every Friday 뒤로 주어와 빈칸, 그리고 명사구가 이어지는 구조이므로 빈칸은 문장의 동사 자리가 되어야 한다. 동사의 형태가 아닌 (C) observing을 제외한 나머지 동사들 중에서, 문장 맨 앞에 있는 반복성을 나타내는 Every와 어울리는 현재 시제가 쓰여야 하고, 3인칭 단수 주어 Mace Graphic Design Co.와도 수 일치되어야 하므로 (D) observes가 정답이다.

어휘 policy 정책, 방침 allow A to do: A가 ~하게 해주다 leave work 퇴근하다 than usual 평소보다 observe ~을 준수하다

2.

기출 문법 공식 079 | 정답률 **80%**

정답 (C)

해석 서비스 기술자들이 지난 월요일에 밀러 회사에서 아주 다양한 전기 문제들을 수리하기 시작했다.

해설 각 선택지의 단어들이 모두 동사의 형태이고 시제가 다르므로 시제 관련 단서를 찾아야 한다. 문장 마지막에 위치한 last Monday는 과거 시점을 나타내는 부사구이므로 과거 시제인 (C) started가 정답이다.

어휘 technician 기술자 repair ~을 수리하다 a wide range of 아주 다양한 electrical 전기의

3.

기출 문법 공식 080 | 정답률 **80%**

정답 (C)

해석 회사 대표가 기존의 회사 차량을 대체하기 위해 주문한 토크 500 SUV가 다음 달에 도착할 것이다.

해설 각 선택지가 서로 다른 시제로 된 동사의 형태이므로 시제 관련 단서를 찾아야 한다. 그런데 빈칸 뒤에 next month라는 미래 시점 표현이 있으므로, 이와 어울리는 미래 시제 동사 (C) will arrive가 정답이다.

어휘 president 대표 order ~을 주문하다 replace ~을 대체하다 existing 기존의 vehicle 차량 arrive 도착하다

4.

기출 문법 공식 081 | 정답률 **70%**

정답 (A)

해석 생산성 보고서는 각 직원의 생산량이 지난 5년 동안에 걸쳐 해마다 0.5 퍼센트 만큼 하락해 온 것을 보여주었다.

해설 빈칸이 속한 that절에서 빈칸 앞뒤로 주어와 전치사구들만 위치해 있으므로 빈칸에 that절의 동사가 필요하다는 것을 알 수 있다. 따라서 동사가 아닌 (B) to decrease를 제외한 나머지 선택지에서 하나를 골라야 하는데, 전치사 over가 이끄는 기간 전치사구와 어울리는 시제는 현재완료이므로 (A) has decreased가 정답이다.

어휘 productivity 생산성 indicate that ~임을 보여주다, 나타내다 output 생산량, 산출량 employee 직원 per ~마다 by (차이) ~만큼, ~정도 over ~동안에 걸쳐 decrease 하락하다, 감소하다

5.

기출 문법 공식 081, 051 | 정답률 **90%**

정답 (A)

해석 그 도시의 연례 코미디 & 예술 축제는 지난 2년 동안에 걸쳐 상당한 액수의 수입을 발생시켜 왔으며, 지역 사람들에 의해 조직되고 있다.

해설 등위접속사 and 앞까지 주어와 빈칸, 그리고 명사구와 전치사구들이 이어진 구조이므로 빈칸에 문장의 또 다른 동사가 필요하다. 따라서 동사의 형태가 아닌 (B) generating을 제외한 나머지 동사들 중에서 하나를 골라야 하는데, over가 이끄는 기간 전치사구와 어울리는 시제는 현재완료이므로 (A) has generated가 정답이다.

어휘 annual 연례적인, 해마다의 considerable 상당한 amount 액, 양 income 수입, 소득 over ~동안에 걸쳐 organize ~을 조직하다, 마련하다 local 지역의, 현지의 generate ~을 발생시키다, 만들어내다

6.

기출 문법 공식 082 | 정답률 **60%**

정답 (A)

해석 주 공연자가 무대에 도착했을 때 쯤에, 거의 절반의 관객이 콘서트 행사장을 떠났다.

해설 By the time이 이끄는 절에 과거 시제 동사(arrived)가 있을 경우, 주절의 동사로 과거완료 시제가 쓰이므로 (A) had left가 정답이다.

어휘 by the time ~할 때 쯤이면 performer 공연자, 연주자 arrive 도착하다 stage 무대 audience member 관객, 청중 venue 행사장 leave ~을 떠나다, ~에서 나가다

7.
기출 문법 공식 083 **정답률 12.5%**

정답 (D)

해석 파리에 그 기차가 도착할 때 쯤이면, 유럽 본토 전역에서 1,400 킬로미터가 넘는 거리를 운행한 것이 된다.

해설 접속사 By the time이 이끄는 절에 현재 시제 동사(arrives)가 쓰이면, 주절에는 미래완료 시제로 된 동사가 함께 쓰이므로 (D) will have traveled가 정답이다.

어휘 by the time ~할 때 쯤이면 arrive 도착하다 more than ~가 넘는 across ~전역에서 mainland 본토 travel (교통 수단이) 운행하다, 이동하다

8.
기출 문법 공식 084 **정답률 62.5%**

정답 (C)

해석 우리 스키 리조트에 몇몇 더 수월한 슬로프가 있다면, 초보자들에게 적합할 것이다.

해설 가정법 문장에서 주절의 동사가 『would, could, might, should + 동사원형』이면, If절에는 과거 시제 동사가 함께 쓰이므로 (C) had가 정답이다.

어휘 slope (스키) 슬로프, 경사면, 비탈 suitable 적합한, 어울리는 beginner 초보자

9.
기출 문법 공식 085 **정답률 12.5%**

정답 (D)

해석 내가 그 도시의 시장이라면, 시내 거리에 자전거 전용 도로를 만드는 것을 고려할 지도 모른다.

해설 가정법 문장에서 주절의 동사가 『would, could, might, should + 동사원형』이고 If절의 동사로 be동사가 필요할 경우, were가 쓰이므로 (D) were가 정답이다.

어휘 mayor 시장 consider -ing ~하는 것을 고려하다 create ~을 만들다 bike lanes 자전거 전용 도로 downtown 시내

10.
기출 문법 공식 086 **정답률 80%**

정답 (D)

해석 야미 푸드 사가 해외 시장에서 인기를 얻었다면, 그곳의 매출은 지난 몇 년 동안에 걸쳐 빠르게 증가했을 것이다.

해설 If절의 동사가 had p.p.일 경우, 주절의 동사는 『would, could, might, should + have p.p.』가 되어야 하므로 (D) would have grown이 정답이다.

어휘 gain popularity 인기를 얻다 overseas 해외의 sales 매출, 판매, 영업 rapidly 빠르게 over ~동안에 걸쳐 grow 증가하다, 성장하다

11.
기출 문법 공식 086 **정답률 60%**

정답 (D)

해석 행사 주최자가 라디오에서 그 록 콘서트를 홍보했었다면, 더 많은 사람들이 참석했었을 것이다.

해설 가정법 문장에서 주절의 동사가 『would, could, might, should + have p.p.』일 경우, if절에는 had p.p.가 사용되므로 (D) had promoted가 정답이다.

어휘 organizer 주최자, 조직자 would have p.p. ~했었을 것이다 attend 참석하다 promote ~을 홍보하다

12.
기출 문법 공식 087 **정답률 30%**

정답 (C)

해석 그 은행의 대표이사는 고객들이 온라인 거래를 할 때마다 문자 메시지로 고객들에게 인증 코드가 보내지도록 권했다.

해설 빈칸이 속한 that절에 주어와 빈칸, 그리고 전치사구만 있으므로 빈칸은 that절의 동사 자리임을 알 수 있다. 따라서 준동사의 형태인 (D) sending을 제외한 나머지 동사들 중에서 하나를 골라야 하는데 주장, 요구, 명령, 제안을 의미하는 동사들 중 하나인 recommend의 목적어 역할을 하는 that절의 동사는 원형이 와야 하므로 (C) be sent가 정답이다.

어휘 CEO 대표이사 recommend that ~하도록 권하다, 추천하다 verification 인증, 확인 SMS 문자 메시지 (전송) whenever ~할 때마다 make a transaction 거래하다 send ~을 보내다

13.
기출 문법 공식 087 **정답률 40%**

정답 (C)

해석 맥스 제약회사는 자사의 최대 주주인 미들랜드 은행에 20 퍼센트가 넘는 주식을 투자하도록 요구해왔다.

해설 빈칸이 속한 that절에서 빈칸 앞뒤로 주어와 목적어만 위치해 있으므로 빈칸에 that절의 동사가 필요하다는 것을 알 수 있다. 따라서 동사가 아닌 (A) to invest를 제외한 나머지 선택지에서 하나를 골라야 하는데 request와 같이 주장, 요구, 명령, 제안을 의미하는 동사의 목적어로 쓰이는 that절에는 동사원형이 사용되므로 (C) invest가 정답이다.

어휘 request that ~하도록 요구하다 shareholder 주주 more than ~가 넘는 share 주식 invest ~을 투자하다

14.
기출 문법 공식 088 **정답률 50%**

정답 (D)

해석 저희 웹 사이트에 기재된 어떤 일자리든 관심이 있으신 모든 분은 온라인 지원서를 작성하고 제출함으로써 컴퓨터로 지원하시는 것이 의무입니다.

해설 빈칸이 속한 that절에서 빈칸 앞뒤로 주어와 수식어구, 그리고 부사와 전치사구들만 있으므로 빈칸은 that절의 동사 자리이다. 따라서 동사의 형태가 아닌 (C) applying을 제외한 나머지 동사들 중에서 하나를 골라야 하는데, It is mandatory와 같이 당위성을 나타내는 형용사로 이루어진 구문 뒤에 오는 that절에는 동사원형이 쓰이므로 (D) apply가 정답이다.

어휘 mandatory 의무적인 interested (사람이) 관심이 있는 listed 기재된, 목록에 실린 electronically 컴퓨터로, 전자적으로 by (방법) ~함으로써 fill out ~을 작성하다 submit ~을 제출하다 application form 지원서, 신청서 apply 지원하다, 신청하다

15. 기출 문법 공식 088 · 정답률 50%

정답 (A)

해석 고객들께서 이곳 옐로우 샌즈 리조트에서의 숙박을 즐기시도록 보장하기 위해, 고객 서비스 책임자가 모든 요청 사항에 대해 즉각적이고 정중한 방식으로 대응하는 것은 중요하다.

해설 빈칸이 속한 that절에서 빈칸 앞뒤로 주어와 전치사구들만 위치해 있으므로 빈칸은 that절의 동사 자리임을 알 수 있다. 따라서 동사의 형태가 아닌 (D) responding을 제외한 나머지 동사들 중에서 하나를 골라야 하는데, it is important와 같이 당위성을 나타내는 형용사로 이루어진 구문 뒤에 오는 that절에는 동사원형이 쓰이므로 (A) respond가 정답이다.

어휘 ensure that ~하도록 보장하다, ~하는 것을 확실히 하다 enjoy ~을 즐기다 important 중요한 request 요청 (사항) prompt 즉각적인 courteous 정중한 manner 방식 respond to ~에 대응하다, 응답하다

16. 기출 문법 공식 089 · 정답률 70%

정답 (C)

해석 타이어 스탑 사가 새로운 자동차 타이어 제품 라인을 출시하기 전에, 더 많은 고객들을 끌어들이기 위해 새로운 홍보 캠페인을 개발할 것이다.

해설 각 선택지가 모두 능동태 동사의 형태이고 시제만 다르므로 시제 관련 단서를 찾아야 한다. 주절의 동사가 미래 시제(will develop)일 때 Before가 이끄는 시간 부사절의 동사는 현재 시제여야 알맞으므로 (C) launches가 정답이다.

어휘 line 제품 라인 develop ~을 개발하다, 발전시키다 promotion 홍보, 판촉 attract ~을 끌어들이다 launch ~을 출시하다, 시작하다

17-20 다음 기사를 참조하시오.

> 칼라일 (8월 14일) – 에즈라 텔레콤 사와 트라이덴트 브로드밴드 사가 하나의 대형 기업으로서 이미지 변신을 하기 위해 합병할 예정이다. 이 흥미로운 합병은 10월 20일부로 효력이 발휘된다. 새롭게 **17** 만들어질 인터넷 및 케이블 TV 제공업체는 트라이덴트-에즈라 디지털로 이름이 지어질 것이다. 지금 에즈라 사는 약 이백만 명의 고객들을 가지고 있는 반면, 트라이덴트 사는 현재 그 숫자의 거의 두 배에 달하는 사람들에게 서비스를 **18** 제공하고 있다. **19** 두 회사 모두 뛰어난 제품 및 고객 서비스로 알려져 있다. 어제 열린 기자 회견 발표에서, 에즈라 사의 배리 포브스 대표이사와 트라이덴트 사의 린지 블랙 대표이사는 고객들이 업체의 모든 측면에 있어 동일하게 높은 수준을 기대할 수 있다고 단언했다. **20** 그들은 또한 신제품과 서비스들이 내년 초에 소개될 것이라는 점도 언급했다.

어휘 reposition oneself as ~로서 이미지 변신을 하다 corporation 기업 merger 합병 effective 효력이 있는 as of ~부로, ~부터 provider 제공업체 be named A: A로 이름이 지어지다 approximately 약, 대략 customer 고객 while ~인 반면 currently 현재 almost 거의 double 두 배의 press conference 기자 회견 affirm that ~라고 단언하다, 확인해주다 expect ~을 기대하다, 예상하다 standard 수준 aspect 측면, 양상 note that ~라고 언급하다, ~임에 주목하다 introduce ~을 소개하다, 도입하다

17. 어휘 문제 · 정답률 37.5%

정답 (C)

해설 앞선 문장에 두 회사의 합병(merger)이 언급되어 있으므로 빈칸이 속한 문장은 합병에 따라 새롭게 생겨나는 회사 이름을 알리는 문장이 되어야 알맞다. 따라서 '만들어진'을 뜻하는 (C) created가 정답이다.

어휘 purchase ~을 구입하다 recruit ~을 모집하다 create ~을 만들다 renovate ~을 개조하다, 보수하다

18. 기출 문법 공식 078 · 정답률 75%

정답 (C)

해설 시간 표현 currently 뒤로 빈칸, 목적어, 그리고 to부정사구가 이어지는 구조이므로 빈칸은 문장의 동사 자리가 되어야 한다. 동사의 형태가 아닌 (B) to provide를 제외한 나머지 동사들 중에서 currently라는 표현이 현재의 사실을 알려주고 있으므로 현재 시제인 (C) provides가 정답이다.

19. 문장 삽입 문제 · 정답률 25%

(A) 수천 명의 고객들이 불만족스러운 서비스에 대해 불평해왔다.
(B) 칼라일의 인터넷 서비스 공급 시장이 점점 더 경쟁적인 상태가 되어 왔다.
(C) 두 회사 모두 재정적인 문제에도 불구하고 사업을 지속하기로 맹세했다.
(D) 두 회사 모두 뛰어난 제품 및 고객 서비스로 알려져 있다.

정답 (D)

해설 앞 문장에는 두 회사가 서비스를 제공하는 고객 규모에 대한 설명이, 다음 문장에는 합병 이후에 동일하게 높은 수준의 서비스를 언급하는 말이 쓰여 있다. 따라서 회사의 서비스 수준과 관련된 문장이 쓰여야 흐름이 자연스러우므로 두 회사를 Both companies로 지칭해 제품 및 서비스의 훌륭함을 말하는 (D)가 정답이다.

어휘 customer 고객 complain about ~에 대해 불평하다 unsatisfactory 불만족스러운 provision 공급 increasingly 점점 더 competitive 경쟁적인, 경쟁력 있는 vow to do ~하기로 맹세하다 continue 지속하다 despite ~에도 불구하고 financial 재정의, 재무의 issue 문제, 사안 be known for ~로 알려져 있다

20. 대명사 문제 · 정답률 100%

정답 (C)

해설 빈칸은 새로운 제품과 서비스가 소개될 것이라고 말한 주체를 나타내야 하는데, 이는 바로 앞 문장에 언급된 두 회사의 대표이사들이어야 알맞은 흐름이 된다. 따라서 그 사람들을 대신할 수 있는 복수 대명사 (C) They가 정답이다.

Unit 09 능동태 / 수동태

1. (D)	**2.** (B)	**3.** (A)	**4.** (D)	**5.** (B)
6. (C)	**7.** (C)	**8.** (D)	**9.** (B)	**10.** (C)
11. (C)	**12.** (C)	**13.** (B)	**14.** (A)	

1.

기출 문법 공식 090, 051　　정답률 80%

정답　(D)

해석　우리의 새 에너지 정책은 사무실 내에서 에너지를 보존하는 데 있어 더욱 효율적일 수 있는 방법들을 간략히 설명해준다.

해설　우선 빈칸 앞뒤로 명사구와 명사, to부정사구, 그리고 전치사구들만 있는 것으로 보아 빈칸은 동사 자리이다. 따라서 동사의 형태인 (C) is outlined와 (D) outlines 중에서 하나를 골라야 하는데 outline은 타동사이고 빈칸 뒤에 위치한 명사 ways를 목적어로 취할 수 있는 형태가 와야 하므로 능동태의 형태인 (D) outlines가 정답이다.

어휘　policy 정책, 방침　way to do ~하는 방법　efficient 효율적인　conserve ~을 보존하다, 보호하다　outline ~을 간략히 설명하다

2.

기출 문법 공식 090　　정답률 60%

정답　(B)

해석　전 부사장인 브래튼 씨가 내년 7월 1일부로 최고 재무 이사 직무를 맡을 것이다.

해설　주어와 빈칸 뒤로 명사구와 전치사구들만 위치한 구조이므로 빈칸에 문장의 동사가 필요하다. 동사의 형태가 아닌 (A) assuming과 (D) be assuming을 제외한 나머지 동사들은 각각 능동태와 수동태인데, 빈칸 뒤에 위치한 명사구 the role을 목적어로 취해야 하므로 능동태인 (B) will assume이 정답이다.

어휘　former 전직의, 이전의　vice president 부사장　role 직무, 역할　Chief Financial Officer 최고 재무 이사　as of + 날짜: ~부로, ~부터　assume (직책, 책임 등) ~을 맡다

3.

기출 문법 공식 090　　정답률 62.5%

정답　(A)

해석　의회는 퍼사이드 지역에 쇼핑몰을 짓기 위해 KC 건설회사에서 온 제안서를 검토했다.

해설　주어와 빈칸 뒤로 명사구, 전치사구, 그리고 to부정사구만 이어지는 구조이므로 빈칸이 문장의 동사 자리임을 알 수 있다. 따라서 동사의 형태인 (A) has reviewed와 (D) is reviewed 중에서 하나를 골라야 하는데, 빈칸 뒤에 위치한 명사구 a proposal을 목적어로 취할 능동태 동사가 필요하므로 능동태인 (A) has reviewed가 정답이다.

어휘　council 의회　proposal 제안(서)　neighborhood 지역, 인근　review ~을 검토하다, 살펴 보다

4.

기출 문법 공식 091　　정답률 93%

정답　(D)

해석　도시의 설립 기념일 행사를 홍보하는 다채로운 깃발들이 시내 지역의 모든 도로를 따라 설치되었다.

해설　빈칸 앞에는 주어와 이를 수식하는 분사구가, 빈칸 뒤에는 전치사구들만 위치해 있으므로 빈칸이 문장의 동사 자리임을 알 수 있다. 따라서 준동사의 형태인 (C) to be installed를 제외한 나머지 동사들 중 하나를 골라야 한다. 빈칸 뒤에 목적어 없이 전치사구만 위치해 있기 때문에 타동사 install이 수동태로 쓰여야 하므로 (D) have been installed가 정답이다.

어휘　colorful 다채로운, 화려한　flag 깃발　promote ~을 홍보하다　celebration 기념 행사, 축하 행사　along (길 등) ~을 따라　install ~을 설치하다

5.

기출 문법 공식 091, 056　　정답률 67%

정답　(B)

해석　컨퍼런스 일정에 대한 어떠한 변동 사항이든 해당 행사 주최를 책임지고 있는 챔버스 씨에게 즉시 보고되어야 한다.

해설　조동사 should 뒤에 빈칸이 있으므로 빈칸에는 동사원형이 필요하며, 빈칸 뒤에 목적어 없이 부사구 right away가 이어지는 구조이므로 타동사 report가 수동태로 쓰여야 한다. 따라서 (B) be reported가 정답이다.

어휘　right away 즉시, 당장　in charge of ~을 책임지고 있는, 맡은　organize ~을 주최하다, 조직하다　report ~을 보고하다

6.

기출 문법 공식 092　　정답률 87.5%

정답　(C)

해석　새롭게 고용된 영업 직원들에게 에즈라 텔레콤 사에서의 직무에 적응하는 데 도움을 줄 조언자들이 배정될 것이다.

해설　선택지에 제시된 동사 assign은 목적어를 두 개 취하는 4형식 동사이다. 하지만, 빈칸 뒤에 목적어가 하나만(mentors) 있는 것으로 보아, 목적어 두 개 중 하나가 주어 자리로 이동한 수동태 문장임을 알 수 있으므로 (C) will be assigned가 정답이다.

어휘　newly hired 새롭게 고용된　sales 영업, 판매, 매출　representative 직원　mentor 조언자, 멘토　help A do: A가 ~하는 데 도움을 주다　adjust to ~에 적응하다　role 직무, 역할　assign ~을 배정하다, 할당하다

7.

기출 문법 공식 092　　정답률 50%

정답　(C)

해석　다음 달에, 저희 체육관 회원들께 저희 보상 프로그램과 연계해 사용하실 수 있는 새 회원 카드가 발급될 것입니다.

해설　선택지에 제시된 동사 issue는 목적어를 두 개 취하는 4형식 동사이다. 하지만, 빈칸 뒤에 목적어가 하나만(new membership cards) 있는 것으로 보아, 목적어 두 개 중 하나가 주어 자리로 이동한 수동태 문장임을 알 수 있으므로 (C) will be issued가 정답이다.

어휘 in conjunction with ~와 연계해, 함께 reward 보상 issue ~을 발급하다, 지급하다

8.
| 기출 문법 공식 093 | 정답률 62.5% |

정답 (D)

해석 정식 출장을 가는 직원들은 비용 환급을 받을 수 있도록 모든 출장 관련 영수증을 보관해야 한다는 점을 명심해야 한다.

해설 선택지에 쓰인 동사 remind는 『remind + 목적어 + to부정사』의 구조로 쓰인다. 하지만, 빈칸 뒤에 목적어 없이 to부정사가 바로 이어져 있는 것으로 보아 목적어가 주어 자리로 이동한 수동태 문장임을 알 수 있으므로 (D) are reminded가 정답이다.

어휘 go on a business trip 출장 가다 official 정식의, 공식적인 keep ~을 보관하다, 유지하다 receipt 영수증 in order to do ~할 수 있도록, ~하기 위해 reimburse (비용 등) ~을 환급해 주다 remind (A to do): A에게 ~하는 것을 상기시키다 be reminded to do ~하는 것을 명심해야 하다

9.
| 기출 문법 공식 093 | 정답률 87% |

정답 (B)

해석 예행 연습 참가자들은 그 연극 작품의 세부 사항을 비밀로 유지하라는 당부를 받는다.

해설 선택지에 5형식 동사 중에 하나인 tell이 제시되어 있고 빈칸 뒤로 to부정사가 바로 이어지는 것으로 보아 목적어가 주어 자리로 이동한 수동태 문장임을 알 수 있으므로 (B) are told가 정답이다.

어휘 rehearsal 예행 연습 participant 참가자 tell A to do: A에게 ~하라고 말하다 keep A 형용사: A를 ~한 상태로 유지하다 details 세부 사항, 상세 정보 stage production 연극 작품 be told to do ~하라는 당부를 받다

10.
| 기출 문법 공식 093 | 정답률 100% |

정답 (C)

해석 놀이공원 방문객들은 중앙 출입구에 있는 사물함에 각자의 소지품을 보관하도록 권장된다.

해설 선택지에 쓰인 동사 advise는 『advise + 목적어 + to부정사』의 구조로 쓰인다. 하지만, 빈칸 뒤에 목적어 없이 to부정사가 바로 이어져 있는 것으로 보아 목적어가 주어 자리로 이동한 수동태 문장임을 알 수 있으므로 (C) are advised가 정답이다.

어휘 visitor 방문객 amusement park 놀이공원 store ~을 보관하다, 저장하다 belongings 소지품 main entrance 중앙 출입구 be advised to do ~하도록 권장되다, ~하는 것이 좋다

11-14 다음 공지를 참조하시오.

PC 갤럭시 고객 여러분 주목해주세요:

노트북 컴퓨터를 수리 받으실 때, 그 과정 동안에 저희가 백업해야 하는 각 데이터 기가바이트에 대해 5센트가 청구되는 것으로 예상하실 수 있습니다. 여러분의 청구서에서 "데이터 백업 수수료"라고 표시된 이 청구 요금을 보시게 될 겁니다. 저희에게 달리 설명해 **11** 주시지 않는다면, 저희는 여러분께서 모든 파일을 백업하기를 원하시는 것으로 생각할 것입니다.

어떤 데이터든 분실되거나 손상되는 것을 방지하기 위해, 저희는 그것을 제거하고 임시로 저장할 때 크게 주의를 기울입니다. 저희는 반드시 데이터가 안전하게 **12** 옮겨지도록 하기 위해 오직 동급 최고의 휴대용 하드 드라이브와 케이블만 사용합니다. 이 장비 비용을 부담하는 데 도움이 될 수 있도록 수수료가 필요합니다.

이 수수료는 **13** 선택적이라는 점에 유의하시기 바라며, 수리를 위해 노트북 컴퓨터를 가져 오시기 전에 모든 파일을 제거하기로 결정하시는 경우에는 지불하실 필요가 없을 것입니다. **14** 반드시 모든 것을 제대로 백업해 두기만 하시면 됩니다.

어휘 have A p.p.: A가 ~되게 하다 repair v. ~을 수리하다 n. 수리 expect to do ~할 것으로 예상하다, 기대하다 charge v. ~을 청구하다 n. 청구 요금 during ~동안에 process 과정, 처리 indicate ~을 표시하다, 가리키다 bill 청구서, 고지서 instruct ~에게 설명하다, 지시하다 otherwise 달리, 그 외에는 assume that ~하는 것으로 생각하다, 추정하다 would like A to do: A가 ~하기를 원하다 prevent A from -ing: A가 ~하는 것을 방지하다, 막다 corrupted 손상된 take care 주의를 기울이다, 조심하다 remove ~을 제거하다, 없애다 store ~을 저장하다 temporarily 임시로, 일시적으로 top-of-the-range 동급 최고의 portable 휴대용의 ensure that 반드시 ~하도록 하다, ~임을 확실히 해 두다 securely 안전하게 necessary 필요한 in order to do ~할 수 있도록 help do ~하는 데 도움이 되다 cover (비용 등) ~을 부담하다, 충당하다 equipment 장비 cost 비용 note that ~임에 유의하다, 주목하다 be required to do ~해야 하다 choose to do ~하기로 결정하다 remove ~을 제거하다

11.
| 접속사 문제 | 정답률 75% |

정답 (C)

해설 빈칸 뒤로 주어와 동사가 각각 포함된 두 개의 절이 콤마 앞뒤에 위치해 있으므로 이 절들을 연결할 접속사가 빈칸에 필요하다. 따라서 접속사인 (C) Unless와 (D) So that 중에서 의미가 적절한 것을 골라야 하는데, '달리 설명해 주지 않는다면, 모든 파일을 백업하기를 원하는 것으로 생각할 것이다'와 같이 부정적인 조건을 말하는 의미가 되어야 알맞다. 따라서 '~하지 않는다면, ~가 아니라면'이라는 뜻으로 부정적인 조건을 나타내는 (C) Unless가 정답이다.

어휘 besides ~외에 despite ~에도 불구하고 unless ~하지 않는다면, ~가 아니라면 so that (목적) ~할 수 있도록, (결과) 그래서, 그러므로

12. 기출 문법 공식 091 정답률 100%

정답 (C)

해설 타동사(transfer)가 들어갈 자리이지만, 뒤에 목적어가 없으므로 수동태인 (C) is transferred가 정답이다.

어휘 transfer ~을 옮기다, 이전하다

13. 어휘 문제 정답률 62.5%

정답 (B)

해설 빈칸 뒤에 이어지는 부연 설명을 읽어 보면, 미리 모든 파일을 제거하면 수수료를 지불할 필요가 없다고 쓰여 있다. 이는 수수료가 고객의 선택에 따라 지불되어야 할 수도 그렇지 않을 수도 있다는 선택적인 사항이므로 '선택적인'을 뜻하는 (B) optional이 정답이다.

어휘 excessive 과도한 optional 선택적인 brief 간단한, 잠시의 critical 비판적인, 중요한

14. 문장 삽입 문제 정답률 75%

(A) 반드시 모든 것을 제대로 백업해 두기만 하시면 됩니다.
(B) 몇몇 효과적인 바이러스 방지 소프트웨어를 추천해 드릴 수 있습니다.
(C) 배송에 최소 5일의 영업일을 감안해 주시기 바랍니다.
(D) 이것이 바로 노트북 컴퓨터를 주기적으로 유지 관리해둬야 하는 이유입니다.

정답 (A)

해설 앞 문장에 미리 모든 파일을 제거하기로 결정하는 경우에는 수수료를 지불할 필요가 없다는 말이 쓰여 있으므로 파일 제거 또는 수수료 지불과 관련된 문장이 빈칸에 쓰여야 알맞다. 따라서 파일을 제거하기 전에 해야 하는 일, 즉 백업을 잘 하도록 당부하는 말에 해당되는 (A)가 정답이다.

어휘 make sure that 반드시 ~하도록 하다 properly 제대로, 적절히 recommend ~을 추천하다 effective 효과적인 anti-virus 바이러스 방지의 allow + 기간: ~의 기간을 감안하다 at least 최소한, 적어도 shipping 배송, 선적 maintain ~을 유지 관리하다 regularly 주기적으로

Unit 10 준동사

---

1. (A)	2. (C)	3. (D)	4. (A)	5. (B)
6. (C)	7. (B)	8. (D)	9. (B)	10. (D)
11. (A)	12. (C)	13. (C)	14. (A)	

1. 기출 문법 공식 094 정답률 80%

정답 (A)

해석 기존의 고객들을 유지하는 일은 경쟁이 심한 통신 시장에서 성공하기를 바라는 모든 업체에게 필수적이다.

해설 빈칸 앞에 위치한 hopes는 to부정사를 목적어로 취하는 동사이므로 (A) to succeed가 정답이다.

어휘 retain ~을 유지하다, 보유하다 existing 기존의 customer 고객 vital 필수적인 competitive 경쟁적인 telecom 통신 succeed in ~에서 성공하다 success 성공

2. 기출 문법 공식 095 정답률 87%

정답 (C)

해석 FaceMatch.com의 부사장인 에이미 리 씨는 최신 소프트웨어로 인해 그 웹 사이트가 빠른 이미지 검색을 할 수 있도록 사진 속 사람들을 인식하게 해 준다고 말했다.

해설 동사 allow는 5형식 타동사로『allow + 목적어 + to do』의 구조로 사용되기 때문에 목적격보어 자리인 빈칸에 to부정사가 들어가야 하므로 (C) to recognize가 정답이다.

어휘 vice president 부사장 cutting-edge 최신의, 첨단의 A allow B to do: A로 인해 B가 ~할 수 있다, A가 B에게 ~할 수 있게 해 주다 searching 검색 recognize ~을 인식하다

3. 기출 문법 공식 096 정답률 90%

정답 (D)

해석 직원들은 런던에서 곧 있을 영업 교육 워크숍에 참석하기를 원할 경우에 승인을 받아야 한다.

해설 require는『require + 목적어 + to부정사』의 구조로 쓰인 5형식 동사로, 5형식 문장의 목적어가 주어 자리로 이동하여 수동태 문장이 되면 수동태 동사구 바로 뒤에 목적격보어인 to부정사가 남게 되므로 (D) to get이 정답이다.

어휘 be required to do ~해야 하다, ~할 필요가 있다 approval 승인 attend ~에 참석하다 upcoming 곧 있을, 다가오는 sales 영업, 매출, 판매 training 교육

4. 기출 문법 공식 097 정답률 37.5%

정답 (A)

해석 일부 구직 지원자들은 잠재 고용주에게 가져다 줄 수 있는 가치가 아니라 과거의 학업 성적에 초점을 맞추는 경향이 있다.

해설 빈칸 앞에 명사가 있으므로 빈칸에는 명사를 수식할 수 있는 단어가 와야 한다. 선택지에서 명사를 수식할 수 있는 단어는 형용사적 용법으로 쓰일 수 있는 to부정사 밖에 없으므로 (A) to focus가 정답이다.

어휘 applicant 지원자, 신청자 have a tendency to do ~하는 경향이 있다 past 과거의, 지나간 academic achievements 학업 성적 rather than ~가 아니라, ~대신 potential 잠재적인 employer 고용주 focus on ~에 초점을 맞추다, 집중하다

5. 기출 문법 공식 098 정답률 70%

정답 (B)

해석 기업가 정신 및 창의성을 바탕으로 한 신규 업체들을 활성화시키기 위해, 업계 분석 전문가들은 공정한 시장을 만드는 것이 중요하다고 주장한다.

해설 빈칸 뒤에 수식어로 쓰인 과거분사 based를 포함한 명사구, 그리고 콤마 뒤에 주어 industry analysts와 동사 insist가 포함된 절이 이어지는 구조이다. 이미 문장에 동사가 있으므로 선택지에 쓰인 또 다른 동사 promote는 준동사의 형태로 쓰여야 하는데, 빈칸을 포함한 구 뒤에 완벽한 문장이 있으므로 (B) To promote가 정답이다.

어휘 business 업체, 회사 based on ~을 바탕으로, 기반으로 entrepreneurship 기업가 정신 creativity 창의성 industry 업계 analyst 분석 전문가 insist that ~라고 주장하다 create ~을 만들다 fair 공정한, 공평한 critical 중요한 promote ~을 활성화하다, 촉진하다

6. | 기출 문법 공식 099 | 정답률 **75%**

정답 (C)

해석 구직 면접에 참석하는 사람들이 시간에 맞춰 도착하는 것은 필수적이다.

해설 It is vital로 시작되는 가주어 문장이고, 그 뒤로 진주어인 to부정사 또는 that절이 없으므로 이 둘 중 하나에 해당되는 (C) to arrive가 정답이다. 진주어 자리인 빈칸 뒤에 주어와 동사가 없으므로 선택지에 that이 있어도 정답이 될 수 없다.

어휘 vital 필수적인, 중요한 individual 사람, 개인 attend ~에 참석하다 punctually 시간에 맞춰, 정시에 arrive 도착하다

7. | 기출 문법 공식 100 | 정답률 **40%**

정답 (B)

해석 한 지역 신문은 레블라 주식회사가 스핑크스 산업 단지에 생산 시설을 짓는 것을 고려 중이라고 보도했다.

해설 빈칸 앞에 쓰인 동사 consider는 동명사를 목적어로 취하는 동사이므로 (B) building이 정답이다.

어휘 local 지역의, 현지의 report ~라고 보도하다 consider -ing ~하는 것을 고려하다 production 생산 facility 시설(물) industrial park 산업 단지 build ~을 짓다

8. | 기출 문법 공식 100 | 정답률 **67%**

정답 (D)

해석 샌프란시스코의 예술 위원회는 많은 지역 주민들이 불쾌하다고 생각했던 조각상을 제거하는 일을 완료했다.

해설 타동사 finished의 목적어가 빈칸에 필요하므로 finish의 목적어 역할이 가능한 동명사 또는 명사 중에서 하나를 골라야 한다. 바로 뒤에 명사구 a statue가 있으므로 이 명사구를 목적어로 취할 수 있는 동명사 (D) removing이 정답이다.

어휘 commission 위원회 finish -ing ~하는 것을 완료하다, 끝마치다 statue 조각상 local 지역의, 현지의 resident 주민 find A to be B: A를 B하다고 생각하다 offensive 불쾌한 removal 제거, 없앰 removable 제거할 수 있는 remove ~을 제거하다, 없애다

9. | 기출 문법 공식 101 | 정답률 **87%**

정답 (B)

해석 GGQ 패션 잡지의 모든 구독자는 단지 15달러만 더 지불하면 온라인 GGQ 콘텐츠에 대한 무제한 이용 서비스를 받을 수 있다.

해설 전치사 by 뒤로 빈칸과 명사구가 이어지는 구조이므로 이 명사구를 목적어로 취함과 동시에 by의 목적어 역할을 할 수 있는 동명사가 빈칸에 쓰여야 알맞으므로 (B) paying이 정답이다.

어휘 subscriber 구독자, 서비스 가입자 receive ~을 받다 unlimited 무제한의 access n. 이용 (권한), 접근 v. ~을 이용하다, ~에 접근하다 by (방법) ~해서, ~함으로써 pay ~을 지불하다

10. | 기출 문법 공식 102 | 정답률 **40%**

정답 (D)

해석 승진되는 것뿐만 아니라, 포드 씨는 다음 달에 사택도 제공 받을 것이다.

해설 각 선택지에 동사 get의 여러 형태가 제시되어 있고, 전치사(In addition to) 뒤에는 명사 또는 동명사가 와야 한다. 그런데 빈칸 뒤에 명사(a promotion)가 있으므로 이 명사를 목적어로 취할 수 있는 동명사 (D) getting이 정답이다.

어휘 in addition to ~뿐만 아니라, ~외에도 promotion 승진, 홍보, 판촉 receive ~을 받다 company house 사택 get ~을 받다

11-14 다음 광고를 참조하시오.

독특하면서 세련된 몇몇 새로운 의류를 찾고 계신가요? 합성 섬유로 만들어진 의류를 **11** 피하는 방법으로 우리 환경을 보호하고 싶으신가요? 이 두 가지 질문 모두에 대한 답변이 "예!"이신 경우, 비타 의류 회사를 꼭 확인해 보시기 바랍니다. **12** 저희는 다양한 천연 소재로 만든 셔츠, 바지, 그리고 기타 의류를 재고로 보유하고 있습니다. 여기에는 유기농 면, 비단, 마, 그리고 양모가 포함됩니다. 저희는 모든 경우에 어울리는 의류를 보유하고 있습니다!

비타 의류 회사에서는, 우리 지구의 상태에 **13** 관해 크게 관심을 갖고 있습니다. 이것이 바로 저희가 자연적으로 생분해되는 섬유로 만든 의류만을 취급하는 이유입니다. 더 많은 것을 알아보기를 원하시거나 저희의 **14** 모든 재고를 확인해 보기를 원하시면, 저희 온라인 사이트 www.vitaclothing.com을 방문하시기 바랍니다.

어휘 look for ~을 찾다 unique 독특한, 특별한 outfit 의류, 복장 would like to do ~하고 싶다 protect ~을 보호하다 environment 환경 made of ~로 만들어진 synthetic 합성의 fabric 섬유, 직물 be sure to do 꼭 ~하다 clothing 의류 include ~을 포함하다 organic 유기농의 hemp 마, 삼 wool 양모 occasion 경우, 때, 행사 care about ~에 관심을 갖다 deeply 크게, 깊이 condition 상태 planet 지구, 행성 carry (매장 등에서) ~을 취급하다 biodegradable 생분해성의, 자연분해성의 find out ~을 확인해 보다, 알아 보다 view ~을 보다 inventory 재고 (목록) visit ~을 방문하다

11.

정답 (A)

해설 전치사 by 뒤에 빈칸이 있고 그 뒤로 명사 clothes가 위치한
구조이다. 따라서 이 명사를 목적어로 취함과 동시에 by의 목적어
역할을 할 동명사가 빈칸에 쓰여야 알맞으므로 (A) avoiding이
정답이다.

어휘 avoid ~을 피하다

12.

문장 삽입 문제 | 정답률 50%

(A) 저희 의류는 마리나 대로에 위치한 저희 매장에서 직접 구입하실 수
있습니다.
(B) 저희의 지속적인 환경 계획에 관해 더 많은 것을 알아보시려면
전화 주시기 바랍니다.
**(C) 저희는 다양한 천연 소재로 만든 셔츠, 바지, 그리고 기타 의류를
재고로 보유하고 있습니다.**
(D) 저희 업체는 환경 보호 운동에 대한 헌신으로 여러 상을 받은 바
있습니다.

정답 (C)

해설 앞 문장에는 Vita Clothing이라는 업체를 확인해 보라는 말이,
빈칸 뒤에는 특정 대상을 가리키는 These에 몇 가지 의류 소재
가 포함된다는 말이 언급되어 있다. 따라서 이 의류 소재를 포함
하는 의류 제품 종류와 관련된 문장이 빈칸에 쓰여야 자연스럽다
는 것을 알 수 있으므로 (C)가 정답이다.

어휘 clothing 의류 purchase ~을 구입하다 directly 직접, 곧바로
ongoing 지속적인 environmental 환경의 initiative (대대적인)
계획, 운동 stock ~을 재고로 보유하다 garment 의류, 옷 a range
of 다양한 material 소재, 재료, 물품 receive ~을 받다 several
여럿의, 몇몇의 award 상 commitment to ~에 대한 헌신, 기여
environmentalism 환경 보호 운동, 환경 보호 주의

13.

어휘 문제 | 정답률 62.5%

정답 (C)

해설 빈칸 앞에 위치한 동사 care와 어울리는 전치사가 필요하므로
'~에 관해 관심을 갖다, 마음을 쓰다' 등의 의미를 구성할 때 사용
하는 (C) about이 정답이다.

14.

기출 문법 공식 013 | 정답률 100%

정답 (A)

해설 소유격 대명사 our와 명사 inventory 사이에 위치한 빈칸은
명사를 수식할 형용사 자리이므로 (A) full이 정답이다. 복합명사
의 경우도 생각해 볼 수 있지만, 명사 (C) fullness는 inventory
와 복합명사를 구성하지 않는다.

어휘 full 모든, 가득한 fully 완전히, 전적으로 fullness 충만함, 깊음, 풍부함

Unit 11 관계사

1. (C)	2. (A)	3. (D)	4. (C)	5. (C)
6. (D)	7. (A)	8. (A)	9. (B)	10. (A)
11. (B)	12. (C)	13. (D)	14. (C)	

1.

기출 문법 공식 103 | 정답률 100%

정답 (C)

해석 자기 자신만의 회사를 운영하는 데 관심이 있는 젊은 사람들은
경영 관리 프로그램에 참가하는 것에 지원할 수 있다.

해설 각 선택지가 모두 관계대명사로 이루어져 있고 빈칸 뒤에 주어
없이 동사 are이 이어지는 구조이므로, 빈칸에서 company까
지가 빈칸 앞에 위치한 선행사 Young people을 수식하는 관계
사절이 되어야 한다. 따라서 주어 자리에 와 선행사를 수식하는
주격 관계대명사인 (C) who가 정답이다. (D) what도 주격 관계
대명사의 역할을 하기는 하지만 선행사를 가질 수 없기 때문에
오답이다.

어휘 be interested in ~에 관심이 있다 run ~을 운영하다 one's own
자기 자신만의 apply 지원하다, 신청하다 join ~에 참가하다, ~와 함께
하다 business management 경영 관리

2.

기출 문법 공식 104 | 정답률 100%

정답 (A)

해석 회사가 온라인 예약 수단을 활용하는 모든 출장 여행객들의 최소
절반은 초과 예약된 호텔 객실 또는 취소된 항공편과 같은 문제들
을 겪은 적이 있었다고 말한다.

해설 문장 전체의 주어 At least half of all business travelers와
빈칸 뒤로 company uses an online booking tool이라는
완전한 구조의 절이 하나 있고, 그 뒤로 또 다른 동사 say가 바로
이어져 있다. 따라서 이 절이 주어와 동사 사이에서 주어를 수식
하는 구조가 되어야 알맞으므로 빈칸에는 관계대명사가 필요하다.
선택지의 관계대명사들 중 완전한 절을 이끌 수 있는 것은 소유격
관계대명사 밖에 없으므로 (A) whose가 정답이다. (C) which는
불완전한 절을 이끌며, (D) what은 선행사를 수식하지 못한다.

어휘 at least 최소한, 적어도 business traveler 출장 여행객 booking
tool 예약 수단 experience ~을 겪다, 경험하다 such as ~와 같은
overbooked 초과 예약된 canceled 취소된 flight 항공편

3.

기출 문법 공식 104 | 정답률 87%

정답 (D)

해석 주로 실크 스크린 인쇄에 작품의 초점을 맞추는 일본인 예술가
카이 야마모토 씨가 4월에 한 전시회에서 그의 최신작을 전시할
것입니다.

해설 문장 전체의 주어와 동사(will display) 사이에 콤마와 함께 삽입
된 절에 빈칸이 속해 있는데, 이 삽입절은 주어(work)와 동사
(focuses), 그리고 전치사구로 구성되어 완전한 상태이므로

완전한 절을 이끄는 관계사 (D) whose가 정답이다. 나머지 선택지의 관계사들은 불완전한 절을 이끈다.

어휘   work (글, 그림, 음악 등의) 작품 focus on ~에 초점을 맞추다 mainly 주로 display ~을 전시하다, 진열하다 latest 최신의 exhibition 전시(회) whoever ~하는 사람은 누구든지

4.
기출 문법 공식 105   정답률 **50%**

정답   (C)

해석   아카나 에너지 주식회사가 남미에서 7년 동안 개발 중에 있는 두 개의 태양열 발전소 건설을 곧 완료할 것이다.

해설   빈칸 뒤로 주어 it과 목적어 없이 동사 has had가 이어지는 구조이다. 따라서 목적격 관계대명사가 빈칸에 쓰여야 한다는 것을 알 수 있고, 빈칸 이하의 절은 앞서 언급된 the construction of two solar power plants를 수식하는 역할을 해야 알맞으므로 사물 선행사를 수식할 수 있는 관계사 (C) which가 정답이다. (B) what은 선행사를 수식하지 않는다.

어휘   soon 곧 complete ~을 완료하다 construction 건설, 공사 solar power plant 태양열 발전소 in development 개발 중에 있는

5.
기출 문법 공식 106, 106 고득점 비법 노트   정답률 **60%**

정답   (C)

해석   주최측에서는 올해의 홈&가든 무역 박람회를 암스테르담 또는 파리에서 개최하는 것을 고려 중이며, 두 곳 모두 과거에 해당 행사를 주최한 적이 없다.

해설   콤마 앞뒤로 주어와 동사가 포함된 절이 하나씩 위치한 구조이므로 빈칸은 이 두 개의 절을 연결할 접속사가 필요한 자리이다. 따라서 접속사 역할을 할 수 있는 (C) which와 (D) that 중에서 하나를 골라야 하는데, 수량 표현인 neither of와 결합 가능한 것은 which이므로 (C) which가 정답이다.

어휘   organizer 주최자, 조직자 consider -ing ~하는 것을 고려하다 hold ~을 개최하다 neither (A nor B): (A도 B도) 둘 다 아니다 host ~을 주최하다 previous 과거의, 이전의

6.
기출 문법 공식 107   정답률 **80%**

정답   (D)

해석   기술 지원 직원들은 고객들로 하여금 회사 웹 사이트를 이용하지 못하게 만든 문제를 야기한 것이 무엇인지 알아내기 위해 노력하고 있다.

해설   선택지가 모두 관계대명사로 이루어져 있고 빈칸 앞과 뒤에 선행사와 주어 없이 동사 caused로 시작되는 불완전한 절이 위치한 구조이다. 따라서 주어 자리에 위치할 수 있으면서 선행사를 수식하지 않는 관계대명사 (D) what이 정답이다. (A) that은 명사절 접속사로 구조가 완전한 명사절이 뒤에 오거나, 또는 관계대명사 절로 선행사를 수식하는 불완전한 형용사절을 이끈다. (B) whom은 목적격 관계대명사이며, (C) which는 주격 관계대명사와 목적격 관계대명사 모두로 쓰인다.

어휘   representative 직원 try to do ~하기 위해 노력하다 find out

~을 알아내다 cause ~을 야기하다, 초래하다 prevent A from -ing: A가 ~하지 못하게 하다, A가 ~하는 것을 막다 customer 고객 access ~을 이용하다, ~에 접근하다

7.
기출 문법 공식 108   정답률 **50%**

정답   (A)

해석   이사회 임원들은 누가 이니그마 출판 유한회사의 차기 대표가 되든 회사에 소중한 자산이 될 것이라고 생각한다.

해설   that절의 동사가 becomes이므로 빈칸을 포함하여 Publishing Ltd.까지의 절이 that절의 주어가 되어야 한다. 그러므로 명사절을 이끌 수 있는 복합관계대명사인 (A) whoever가 정답이다. 선택지의 나머지 단어들은 명사절을 이끌 수 없기 때문에 답이 될 수 없다.

어휘   board 이사회, 이사진 president 대표 valuable 소중한 asset 자산 whoever 누가 ~하든, ~하는 사람은 누구든

8.
기출 문법 공식 109   정답률 **87.5%**

정답   (A)

해석   우리가 선택하는 새 회사 로고가 무엇이든 간에 우리의 모든 제품 포장지와 직원 유니폼에 보여질 것이다.

해설   선택지가 모두 관계사로 이루어져 있고, 빈칸이 이끄는 절은 타동사 choose의 목적어가 빠진 불완전한 구조이다. (D) However를 제외한 나머지 복합관계대명사가 불완전한 절을 이끄는 역할을 하므로 해석을 통해 알맞은 것을 찾아야 한다. 빈칸이 속한 절에서 회사 로고로 쓰이는 것이 선택 대상이어야 하므로 사물에 대해 사용하는 (A) Whatever가 정답이다.

어휘   choose ~을 선택하다 appear 보여지다, 나타나다 packaging 포장(지) whatever 무엇이든 간에 whoever 어떤 사람이건 간에 whomever 어떤 사람이건 간에 however 아무리 ~해도

9.
기출 문법 공식 110   정답률 **87%**

정답   (B)

해석   현재, 도쿄에는 흡연이 금지되어 있는 25,000개가 넘는 공공 장소가 있다.

해설   빈칸 앞뒤로 주어와 동사가 각각 포함된 절이 위치해 있으므로 빈칸은 이 절들을 연결할 접속사 역할을 할 수 있는 단어가 와야 하는 자리이다. 따라서 부사 (D) there를 제외한 나머지 관계사들 중에서 하나를 골라야 하는데, 빈칸 뒤에 위치한 절은 장소 명사 Tokyo를 수식해야 자연스러우므로 (B) where와 (C) that 중에서 하나를 골라야 한다. 그런데 이 절은 주어와 수동태 동사로 구성된 완전한 절이므로 완전한 절을 이끄는 관계부사 (B) where가 정답이다. (C) that이 관계사로 쓰일 경우에는 불완전한 절을 이끈다.

어휘   at the moment 현재 over ~가 넘는 public 공공의, 대중의 area 장소, 지역 prohibit ~을 금지하다

10. 기출 문법 공식 111 　　정답률 80%

정답　(A)

해석　임대료가 아무리 비쌀지라도, GRT 텔레콤 사는 새로 지어진 피네클 타워에 본사를 설립할 계획이다.

해설　빈칸 다음을 보면 『형용사 + 주어 + 동사』로 이어지는 하나의 절이 위치한 구조이다. 이 경우, 형용사를 수식함과 동시에 양보의 부사절을 이끄는 접속사 역할을 할 수 있는 단어가 필요하므로 이 역할이 가능한 복합관계부사 (A) However가 정답이다.

어휘　expensive 비싼 rental fee 임대료, 대여료 intend to do ~할 계획이다, 작정이다 establish ~을 설립하다 head office 본사 constructed 건설된 however 아무리 ~해도 whomever 어떤 사람이건 간에, ~하는 사람은 누구든지 whatever 무엇이든 간에, ~하는 것은 무엇이든지 whenever ~할 때는 언제나, 언제 ~하든지

11-14 다음 이메일을 참조하시오.

> 수신: tickets@hydefestival.com
> 발신: timwheeler@mailtomail.com
> 제목: VIP 입장권
> 날짜: 5월 29일
>
> 관계자께,
>
> 저는 6월 22일과 23일에 **11** 개최되는 하이드 공원 음악 축제 VIP 입장권 2장을 반환할 수 있기를 바라고 있습니다. 예기치 못한 제 상황의 변화로 인해, 제 여자친구와 저는 더 이상 이 행사에 참석할 수 없을 것입니다. 따라서, 제가 환불을 받거나 향후 행사에 대한 입장권으로 바꾸는 것이 **12** 가능한지 궁금합니다. **13** 제가 선호하는 것은 7월에 시티 플라자에서 열리는 콘서트입니다. 6월 15일까지 이 문제와 관련해 저에게 다시 연락 주실 수 있으신가요? 저는 **14** 그날 이후에 급한 출장으로 인해 외국에 나가 있을 것입니다.
>
> 귀하의 즉각적인 답변을 받아 볼 수 있기를 고대합니다.
>
> 팀 휠러

어휘　pass 입장권, 출입증 return ~을 반환하다 take place (일, 행사 등이) 개최되다, 발생되다 due to ~로 인해 unforeseen 예기치 못한 circumstance 상황, 사정 no longer 더 이상 ~않다 be able to do ~할 수 있다 attend ~에 참석하다 therefore 따라서, 그러므로 wonder if ~인지 궁금하다 receive ~을 받다 refund 환불 swap A for B: A를 B로 바꾸다, A를 B로 교환하다 get back to A: A에게 다시 연락하다 issue 문제, 사안 by (기한) ~까지 urgent 급한 look forward to -ing ~하기를 고대하다 prompt 즉각적인 reply 답변

---

11. 기출 문법 공식 103 　　정답률 100%

정답　(B)

해설　각 선택지가 모두 관계사이고 빈칸 뒤에 주어 없이 동사 is taking place가 이어지는 구조이다. 또한, 빈칸에서 and 23 까지가 빈칸 앞에 위치한 선행사 Hyde Park Music Festival을 수식하는 관계사절이 되어야 한다. 따라서 선행사를 수식하는 주격 관계대

명사인 (B) that이 정답이다. (D) what도 주격 관계대명사의 역할을 하기는 하지만 선행사를 수식하지는 않는다.

---

12. 어휘 문제 　　정답률 62.5%

정답　(C)

해설　빈칸 앞뒤에 위치한 'it is 형용사 for A to do' 구조의 가주어-진주어 구문에 보어로 쓰일 수 있는 형용사가 빈칸에 필요하므로 이 역할이 가능한 (A) essential과 (C) possible 중에서 하나를 골라야 한다. 빈칸이 속한 if절은 환불 또는 교환 가능성을 나타내는 것이 적절하므로 '가능한'을 뜻하는 (C) possible이 정답이다.

어휘　essential 필수적인 available 이용 가능한 possible 가능한 actual 실제의, 사실상의

---

13. 문장 삽입 문제 　　정답률 62.5%

(A) 제가 아는 한, 그 티켓들은 아직 판매되는 것이 아닙니다.
(B) 가급적 빨리 귀하의 문의 사항을 처리하겠습니다.
(C) 어느 예술가가 축제 참가에 확정을 받았는지 알고 싶습니다.
(D) 제가 선호하는 것은 7월에 시티 플라자에서 열리는 콘서트입니다.

정답　(D)

해설　빈칸 앞 문장에 환불 또는 다른 행사 입장권으로의 교환 가능성을 묻는 말이 쓰여 있다. 따라서 이것과 관련된 말이 나와야 하는데 이 둘 중 하나에 해당되는 것으로서 다른 행사 입장권으로의 교환과 관련해서 자신의 선호도를 언급하는 (D)가 정답이다.

어휘　as far as I know 내가 아는 한 on sale 판매 중인 deal with ~을 처리하다, 다루다 inquiry 문의 (사항) at one's earliest convenience 가급적 빨리 confirm ~을 확정하다, 확인하다 preference 선호 (하는 것)

---

14. 어휘 문제 　　정답률 75%

정답　(C)

해설　빈칸은 전치사 after의 목적어 자리이므로 접속사인 (A) when을 제외한 나머지 대명사들 중에서 하나를 골라야 한다. 빈칸이 속한 문장은 일 때문에 미래 시점에 외국에 가 있을 것이라는 뜻인데, 앞 문장과의 의미 관계로 보아 앞 문장에 언급된 날짜 (6월 15일) 이후에 외국으로 간다는 뜻이 되어야 자연스럽다. 따라서 해당 날짜를 대신 지칭할 수 있는 (C) that이 정답이다.

Unit 12 고난도 구문

1. (B)	**2.** (C)	**3.** (C)	**4.** (C)	**5.** (C)
6. (A)	**7.** (D)	**8.** (B)	**9.** (A)	**10.** (B)
11. (C)	**12.** (B)	**13.** (B)	**14.** (D)	

1.

기출 문법 공식 112 　정답률 **80%**

정답 (B)

해석 많은 연구자들은 최근의 그 마케팅 연구가 상대적으로 작은 규모의 표본 참가자들로 인해 이전의 연구만큼 결론에 이르지 못했다고 느꼈다.

해설 빈칸 앞에 as와 형용사 inconclusive가 있고, 빈칸 뒤에 위치한 the previous one은 최근의 연구와 비교되는 과거의 연구를 가리킨다. 따라서 as ~ as 원급 비교를 나타내는 구조가 되어야 알맞으므로 (B) as가 정답이다.

어휘 **researcher** 연구자 **recent** 최근의 **study** 연구, 조사 **as A as B:** B만큼 A한 **inconclusive** 결론에 이르지 못한 **previous** 이전의, 과거의 **due to** ~로 인해, ~때문에 **relatively** 상대적으로, 비교적 **participant** 참가자 **either (A or B):** (A 또는 B) 둘 중의 하나

2.

기출 문법 공식 113 　정답률 **100%**

정답 (C)

해석 웨스톤 은행은 자사의 온라인 금융 서비스가 다른 어떤 금융 웹사이트보다 더 안전하다고 주장한다.

해설 빈칸 뒤에 위치한 than은 비교급 형용사 또는 부사와 함께 쓰이므로 비교급 형용사인 (C) more secure가 정답이다.

어휘 **claim that** ~라고 주장하다 **any other** 다른 어떤 **securely** 안전하게 **secure** 안전한

3.

기출 문법 공식 113 　정답률 **100%**

정답 (C)

해석 찰스 매닝 씨는 연례 환경 컨퍼런스에서 자신의 요점을 다른 발표자들보다 더욱 분명하게 설명했다.

해설 빈칸 뒤에 위치한 than은 비교급 형용사 또는 부사와 함께 쓰이므로 비교급 부사인 (C) more clearly가 정답이다.

어휘 **explain** ~을 설명하다 **main point** 요점 **presenter** 발표자 **annual** 연례의, 해마다의 **environmental** 환경의, 환경과 관련된 **clearly** 분명하게, 알기 쉽게

4.

기출 문법 공식 114 　정답률 **80%**

정답 (C)

해석 지난 번 이사회 회의에서 부사장으로 선임된 마커스 핀 씨는 경영 및 리더십 면에서 다른 후보자들보다 훨씬 더 많은 경험을 지니고 있다.

해설 동사 has와 목적어 experience 사이에 much와 빈칸이 위치

해 있으므로 much의 수식을 받는 형용사가 명사 목적어 experience를 수식하는 구조가 되어야 한다. 또한, much는 비교급 형용사를 수식하는 강조 부사에 해당되므로 비교급 형용사인 (C) more가 정답이다.

어휘 **name A B:** A를 B로 선임하다, 임명하다 **executive vice president** 부사장 **board** 이사회, 이사진 **much** (비교급 수식) 훨씬 **experience** 경험 **management** 경영, 운영, 관리 **candidate** 후보자

5.

기출 문법 공식 115 　정답률 **40%**

정답 (C)

해석 공기가 더 오염되면 될수록, 한때 계절 상품으로 여겨졌던 공기 청정기의 매출도 더 높아진다.

해설 The more로 시작되는 비교급 표현이 있고, 콤마 뒤로 the와 빈칸이 위치한 구조에서는 The more와 짝을 이루는 비교급 형용사가 쓰여야 알맞으므로 (C) higher가 정답이다.

어휘 **polluted** 오염된 **sales** 매출, 판매(량), 영업 **air purifier** 공기 청정기 **used to do** 한때 ~하곤 했다 **be regarded as** ~로 여겨지다 **seasonal** 계절의, 계절적인 **highly** 매우, 대단히

6.

기출 문법 공식 116 　정답률 **80%**

정답 (A)

해석 저희 온라인 경매 시스템을 이용하시면, 가장 높은 제시 금액을 제출하시는 입찰자께서 해당 제품을 구입할 수 있을 것입니다.

해설 정관사 the와 명사 offer 사이에 빈칸이 위치해 있으므로 명사를 수식할 형용사가 빈칸에 필요한데, 정관사 the와 어울려야 하므로 the와 함께 최상급 형용사를 구성하는 (A) highest가 정답이다.

어휘 **auction** 경매 **bidder** 입찰자 **submit** ~을 제출하다 **offer** 제시(액), 제안 **be able to do** ~할 수 있다 **purchase** ~을 구입하다 **highly** 매우, 대단히

7.

기출 문법 공식 116 　정답률 **73%**

정답 (D)

해석 경쟁업체들보다 앞서 있는 상태를 유지하기 위한 노력의 일환으로, 페가수스 피트니스는 전국 도처에 있는 많은 자사 체육관에 오직 최신 운동 장비만 설치한다.

해설 정관사 the와 명사구 exercise equipment 사이는 명사구를 수식할 형용사 자리인데, 정관사 the와 결합해야 하므로 the와 함께 최상급 형용사를 구성하는 형태인 (D) newest가 정답이다.

어휘 **in an effort to do** ~하기 위한 노력의 일환으로 **stay + 형용사:** ~한 상태를 유지하다 **ahead of** ~보다 앞선 **competitor** 경쟁업체, 경쟁자 **install** ~을 설치하다 **exercise** 운동 **equipment** 장비 **throughout** …도처에, ~전역에 걸쳐 **newly** 새로 **newness** 새로움, 최근에 생김

8.
기출 문법 공식 117 　정답률 60%

정답 (B)

해석 저희 동영상 재생 서비스 가입과 관련해 어떠한 문의 사항이라도 있으실 경우, 언제든지 저희 고객 서비스부 555-1187번으로 연락 주시기 바랍니다.

해설 빈칸 뒤로 주어와 동사가 각각 포함된 두 개의 절이 콤마 앞뒤에 위치한 구조이므로 빈칸은 이 절들을 연결할 접속사 자리여야 한다. 선택지가 모두 조동사인 것으로 보아 주어와 동사가 도치된 문장이라는 것을 알 수 있으며, 가정법 미래 문장의 If가 생략되고 조동사 should가 앞으로 자리를 옮긴 구조이므로 (B) Should가 정답이다.

어휘 query 문의 subscription 서비스 가입, 정기 구독 streaming 동영상 재생 feel free to do 언제든지 ~하세요, 마음껏 ~하세요 contact ~에게 연락하다 customer 고객

9.
기출 문법 공식 118 　정답률 62.5%

정답 (A)

해석 애프리콧 비스트로가 메뉴에 더 많은 채식 옵션을 추가했다면, 폐업하지 않았을 지도 모른다.

해설 빈칸 뒤로 주어와 동사가 각각 포함된 두 개의 절이 콤마 앞뒤에 위치한 구조이므로 빈칸은 이 절들을 연결할 접속사 자리여야 한다. 선택지가 모두 조동사인 것으로 보아 주어와 동사가 도치된 문장이라는 것을 알 수 있으며, 가정법 과거완료 문장의 If가 생략되고 조동사 had가 앞으로 자리를 옮긴 구조이므로 (A) Had가 정답이다.

어휘 add ~을 추가하다 vegan 채식의 go out of business 폐업하다

10.
기출 문법 공식 119 　정답률 60%

정답 (B)

해석 불과 최근에서야 블로썸 인테리어 사의 마케팅 부서는 지역 내에 있는 업체 소유주들에게 무료 상담 서비스를 제공해왔다.

해설 Only recently와 has, 그리고 주어 Blossom Interiors' marketing division으로 이어지는 도치 구조이므로 빈칸에 필요한 것으로 has와 짝을 이뤄 현재완료 시제를 구성할 때 사용하는 과거분사 (B) provided가 정답이다.

어휘 recently 최근에 division (단체 등의) 부, 국, 과 free 무료의 consultation 상담 local 지역의, 현지의 owner 소유주 provide ~을 제공하다

11-14 다음 편지를 참조하시오.

> 3월 4일
> 베로니카 요크
> 캐년 로드 576번지
> 텍사스 댈러스 75032
>
> 요크 씨께,

> 귀하의 웰포드 도서관 회원 자격이 2주 전에 만료되었다는 사실을 상기시켜 드리기 위해 연락드립니다. 회원 자격을 갱신하기를 원하시지 않는 경우, **11** 저희에게 알려 주셔야 공식적으로 귀하의 계정을 해지하고 모든 미지불 요금을 정산할 수 있습니다. 하지만, 갱신을 고려하고 계시는 경우라면, 5년 **12** 넘게 저희와 함께 해 오신 회원들께 한정된 기간 동안 연간 갱신 수수료를 낮춰 드린다는 사실을 알게 되시면 흥미로우실 수도 있습니다. 1년에 단 15달러로, 모든 대출 특혜에 더해 웰포드 도서관의 희귀 도서 및 저널 소장품에 대한 이용 권한도 얻으시게 될 겁니다. **13** 이 기회를 이용하시려면 반드시 3월 15일까지 답변해 주셔야 합니다. 회원권을 갱신하는 일은 더없이 간단합니다. **14** 그저 제가 이 편지에 포함시킨 양식을 작성하셔서 되돌려 보내 주시기만 하면 됩니다.
>
> 거의 10년 동안 저희 웰포드 도서관의 단골 회원이 되어 주셔서 감사 드립니다!
>
> 라이언 하스켈
> 회원 관리 책임자
> 웰포드 도서관
>
> 동봉물

어휘 contact ~에게 연락하다 remind A that: A에게 ~임을 상기시키다 expire 만료되다 renew ~을 갱신하다 inform ~에게 알리다 so that (목적) ~할 수 있도록 officially 공식적으로, 정식으로 account 계정 settle (비용 등) ~을 정산하다, 지불하다 outstanding 미지불된 fee 수수료 consider -ing ~하는 것을 고려하다 renew ~을 갱신하다 interested 흥미로운 limited 한정된, 제한된 lower ~을 낮추다, 내리다 annual 연간의, 연례적인 renewal 갱신 receive ~을 얻다, 받다 full 모든, 완전한, 가득찬 borrowing 대출, 빌려감 privilege 특혜, 특권 access n. 이용, 접근 v. ~을 이용하다, ~에 접근하다 rare 희귀한 couldn't be more A: 더없이 A하다, 가장 A하다 straightforward 간단한, 쉬운 fill out ~을 작성하다 return ~을 되돌려 보내다 form 양식, 서식 include ~을 포함하다 loyal 충실한 enclosure 동봉(물)

11.
대명사 문제 　정답률 100%

정답 (C)

해설 앞 문장을 통해 글쓴이가 도서관 직원임을 알 수 있으므로 빈칸에 필요한 대명사, 즉 회원 자격 갱신을 원하지 않을 경우에 알리는 대상은 글쓴이 또는 글쓴이가 속한 도서관이어야 한다. 따라서 1인칭 대명사가 빈칸에 쓰여야 알맞으므로 (C) us가 정답이다.

12.
기출 문법 공식 113 　정답률 100%

정답 (B)

해설 빈칸 뒤에 위치한 than은 비교급 형용사 또는 부사와 함께 쓰이므로 비교급 형용사인 (B) longer가 정답이다.

13.

| 문장 삽입 문제 | 정답률 87.5% |

(A) 이미 도서를 반납하신 경우에는, 이 메시지를 무시하시기 바랍니다.

(B) 이 기회를 이용하시려면 반드시 3월 15일까지 답변해 주셔야 합니다.

(C) 저희가 그때 귀하의 계정이 공식적으로 해지되었다는 통지서를 보내 드릴 것입니다.

(D) 저희 도서관은 신규 회원을 소개해 주시는 모든 분들께 여러 혜택을 제공해 드립니다.

정답 (B)

해설 빈칸 앞 문장에 1년에 15달러로 이용 가능한 혜택들이 언급되어 있다. 따라서 이와 같은 혜택을 이용할 수 있는 기회를 this opportunity로 지칭해 그 기회를 이용할 방법을 알려 주는 (B)가 정답이다.

어휘 already 이미 return ~을 반납하다 ignore ~을 무시하다 respond 답변하다, 반응하다 by (기한) ~까지 in order to do ~하기 위해 take advantage of ~을 이용하다 opportunity 기회 send ~을 보내다 notification 통지(서) account 계정 formally 공식적으로, 정식으로 offer ~을 제공하다 several 여럿의, 몇몇의 incentive 혜택, 장려책 refer A to B: A를 B에게 소개하다

14.

| 어휘 문제 | 정답률 87.5% |

정답 (D)

해설 두 개의 동사 fill out과 return으로 시작하는 명령문 앞에 위치할 부사로 적절한 것을 찾아야 하는데, 앞선 문장에서 아주 간단하다고 말한 것과 의미가 어울려야 하므로 '그저, 단지'를 뜻하는 (D) Simply가 정답이다. 순서상 마지막을 말하는 것이 아니므로 (B) Lastly는 정답이 될 수 없다.

어휘 regularly 주기적으로 lastly 마지막으로 highly 매우, 대단히 simply 그저, 단지

Part 5&6 실전 모의고사

Part 5&6 실전 모의고사 TEST 1

101. (B)	102. (D)	103. (A)	104. (C)	105. (C)
106. (D)	107. (A)	108. (A)	109. (C)	110. (D)
111. (C)	112. (D)	113. (D)	114. (C)	115. (A)
116. (C)	117. (A)	118. (A)	119. (C)	120. (C)
121. (A)	122. (C)	123. (C)	124. (B)	125. (A)
126. (C)	127. (D)	128. (C)	129. (C)	130. (D)
131. (C)	132. (A)	133. (C)	134. (C)	135. (D)
136. (A)	137. (B)	138. (C)	139. (B)	140. (A)
141. (D)	142. (A)	143. (D)	144. (C)	145. (D)
146. (A)				

101.

정답 (B)

해석 엣지 피트니스는 신규 회원들에게 1시간 길이의 무료 개인 트레이닝 시간을 제공하고 있다.

해설 빈칸 뒤에 위치한 사람명사 new members가 무료 개인 트레이닝을 제공 받는 대상인 것으로 판단할 수 있으므로 '~에게'라는 의미로 대상을 나타낼 때 사용하는 전치사 (B) to가 정답이다.

어휘 offer A to B: B에게 A를 제공하다 free 무료의 personal 개인의 session (특정 활동을 위한) 시간

102.

정답 (D)

해석 테일러 씨가 직접 잠재 투자자들께 축제 장소로 제안된 곳을 견학시켜 드릴 예정인데, 그 지역을 매우 잘 알기 때문입니다.

해설 빈칸이 속한 주절은 주어와 동사, 그리고 간접목적어와 직접목적어(a tour of the proposed festival site)로 구성된 완전한 절이다. 따라서 이 절의 맨 마지막에 위치한 빈칸은 부가적인 요소가 필요한 자리임을 알 수 있으므로 부사처럼 쓰이는 재귀 대명사 (D) herself가 정답이다.

어휘 give A a tour of B: A에게 B를 견학시켜 주다 potential 잠재적인 investor 투자자 proposed 제안된 site 장소, 현장, 부지 since ~하기 때문에 area 지역, 구역 oneself (부사처럼 쓰여) 직접

103.

정답 (A)

해석 튀김기는 식당이 문을 닫는 대로 매일 저녁에 세척을 위해 전원을 꺼 놓는다.

해설 빈칸은 전치사 for의 목적어 역할을 할 명사 자리로서 명사와 동명사가 모두 올 수 있다. 하지만, 튀김기들을 꺼놓는 목적을 나타내야 하므로 '세척, 청소' 등의 의미로 행위를 나타내는 명사 (A) cleaning이 정답이다. (D) cleaner도 '청소기'라는 사물명사로 쓰이지만 문장의 의미에 어울리지 않는다.

어휘 deep-fat fryer 튀김기 turn off (전원 등을) 끄다 once ~하는 대로, ~하자마자 cleaning 세척, 청소 cleaner 청소기, 청소하는 사람

104.

정답 (C)

해석 카버 씨는 셀러스 교수에게 약품 실험 과정의 모든 단계를 감독하도록 요청했다.

해설 각 선택지가 모두 동사이므로 해석을 통해 의미가 적절한 것을 찾아야 한다. 빈칸 뒤에 위치한 명사구와 함께 '약품 실험 과정의 모든 단계를 감독하다'와 같은 의미가 되어야 적절하므로 '~을 감독하다'를 뜻하는 (C) oversee가 정답이다.

어휘 ask A to do: A에게 ~하도록 요청하다 phase 단계 process 과정 demand ~을 요구하다 assume ~라고 생각하다, 추정하다, (직책 등) ~을 맡다 oversee ~을 감독하다 contact ~에게 연락하다

105.

정답 (C)

해석 퀵픽스 푸드 사는 전자레인지 조리용 식사 제품 시장에서 더욱 경쟁력을 갖추기 위해 자사의 제품 종류를 확대했다.

해설 빈칸 앞에 위치한 more의 수식을 받음과 동시에 to부정사로 쓰인 be동사 뒤에 위치할 수 있는 것으로서 명사 (B) competition과 형용사 (C) competitive 중에서 하나를 골라야 한다. 빈칸에 쓰일 단어는 회사의 상태와 관련된 의미를 나타내야 알맞으므로 형용사인 (C) competitive가 정답이다.

어휘 broaden ~을 확대하다, 넓히다 range (제품) 종류, 범위 microwavable 전자레인지로 조리 가능한 compete 경쟁하다, 겨루다 competition 경쟁, 경기 대회, 경연 대회 competitive 경쟁력 있는 competitively 경쟁적으로

106.

정답 (D)

해석 최근의 생명 공학 전공 졸업생들이 다음 달에 있을 그 회사의 연례 채용 행사의 날에 모집될 것이다.

해설 빈칸 앞에는 주어 역할을 하는 명사구가, 빈칸 뒤에는 전치사구와 시점 부사구만 있으므로 빈칸은 문장의 동사 자리이다. 따라서 동사의 형태인 (A) were recruited와 (D) will be recruited 중에서 하나를 골라야 하는데, next month라는 미래 시점과 어울려야 하므로 미래 시제인 (D) will be recruited가 정답이다.

어휘 recent 최근의 biotechnology 생명 공학 graduate n. 졸업생 v. 졸업하다 annual 연례적인, 해마다의 career day 채용 행사의 날 recruit ~을 모집하다

107.

정답 (A)

해석 오전 회의 시간 중에, 굴드 씨는 자주 직원들에게 좋은 고객 서비스의 필요성에 관해 상기시킨다.

해설 각 선택지가 모두 부사이므로 해석을 통해 의미가 적절한 것을 찾아야 하는데, 빈칸 바로 뒤에 쓰인 동사가 현재 시제이므로 빈도를 나타내어 현재 시제와 함께 사용하는 빈도부사 (A) frequently가 정답이다.

어휘 remind A about B: A에게 B에 관해 상기시키다 frequently 자주, 흔히 extremely 대단히, 매우, 극도로 imaginably 상상할 수 있게 wholly 완전히, 전적으로

108.

정답 (A)

해석 모든 개조 공사가 완료될 때까지 우리가 매장의 개장식을 연기하는 것은 중요하다.

해설 'It is ~ that절'로 된 가주어-진주어 문장에서 is와 that절 사이에 위치한 빈칸은 형용사 자리이므로 (A) important가 정답이다.

어휘 postpone ~을 연기하다 grand opening 개장식 renovation 개조, 보수 complete ~을 완료하다 important 중요한 importance 중요(성) importantly 중요하게

109.

정답 (C)

해석 그 회사는 이스트리 로드에 있는 창고를 확장하는 일을 시작하기 위한 건설 하청 업체를 고용하고 있다.

해설 빈칸 앞에 문장의 동사 is hiring이 있으므로 또 다른 동사 begin은 준동사의 형태로 쓰여야 한다. 빈칸 앞에 완전한 문장이 있으므로 목적을 나타내며 to부정사의 부사적 용법으로 쓰일 수 있는 (C) to begin이 정답이다.

어휘 hire ~을 고용하다 contractor 하청업체, 계약업체 enlarge ~을 확장하다, 넓히다 warehouse 창고

110.

정답 (D)

해석 시의회는 지역 주민들이 노츠베리 공원에 이뤄지는 변화에 대해 찬성하기를 바라고 있다.

해설 각 선택지가 모두 형용사이기 때문에 해석을 통해 의미가 적절한 것을 찾아야 하는데, 미래에 일어날 일에 대해 기대한다는 의미의 단어가 필요하므로 (D) hopeful이 정답이다.

어휘 local 지역의, 현지의 resident 주민 approve of ~에 대해 찬성하다 make a change 변화시키다, 변경하다 crucial 중대한, 결정적인 honorary 명예의, 명예직의 pleasant 기분 좋은, 쾌적한 be hopeful that ~하기를 바라다

111.

정답 (C)

해석 그린 터틀 백패커스 호스텔은 여행객들 사이에서 평판을 높이기 위한 새로운 접근 방식을 찾기를 바라고 있다.

해설 각 선택지가 모두 동사이므로 해석을 통해 의미가 적절한 것을 찾아야 하는데, 빈칸 뒤에 위치한 명사구 its reputation과 어울려 '평판을 높이기 위해'라는 의미를 나타내야 알맞으므로 '~을 높이다, 강화하다' 등을 뜻하는 (C) enhance가 정답이다.

어휘 hope to do ~하기를 바라다 approach 접근 방식 reputation 평판, 명성 among ~사이에서, ~중에서 proceed 진행되다, 계속해서 하다 gain ~을 얻다, 획득하다 enhance ~을 높이다, 강화하다 alert ~에게 알리다, 경고하다

112.

정답 (D)

해석 허가증 신청서는 반드시 누가 공연할 예정인지를 비롯해 공연의 특징을 분명히 보여 주어야 합니다.

해설 타동사 clarify 뒤로 빈칸이 있고 그 뒤로 주어 없이 또 다른 동사가 이어지는 구조이므로 빈칸 이하의 절이 clarify의 목적어 역할을 하는 명사절이 되어야 한다. 따라서 명사절 접속사 (B) where와 (D) who 중에서 하나를 골라야 하는데, 주어가 빠진 불완전한 절을 이끌 수 있는 (D) who가 정답이다. (B) where는 완전한 절을 이끌기 때문에 정답이 될 수 없다.

어휘 permit 허가증 application form 신청서, 지원서 clarify ~을 분명히 보여주다, 말하다 perform 공연하다, 연주하다 nature 특징, 본질 performance 공연, 연주(회)

113.

정답 (D)

해석 시장은 비교적 높은 입장권 가격에도 불구하고 시내에서 열리는 신년 축하 행사 참석자 수가 높을 것으로 예상한다.

해설 빈칸 바로 뒤에 위치한 명사구 the relatively high cost of tickets를 목적어로 취할 전치사가 빈칸에 쓰여야 하므로 전치사인 (D) despite가 정답이다. (A) although는 접속사, (B) namely와 (C) actually는 부사이다.

어휘 mayor 시장 anticipate ~을 예상하다 attendance 참석(자의 수) downtown 시내 celebration 축하 행사, 기념 행사 relatively 비교적, 상대적으로 although 비록 ~이기는 하지만 namely 즉, 다시 말해 actually 실은, 사실은 despite ~에도 불구하고

114.

정답 (D)

해석 과학자들은 빠르게 변화하는 세계 기후 문제를 다루는 데 있어 여러 정부에 조치를 취하도록 요청해왔다.

해설 부사 rapidly와 명사구 global climate 사이에 위치한 빈칸은 명사구를 수식할 형용사 자리이므로 형용사인 (D) changing이 정답이다.

어휘 call for A to do: A에게 ~하도록 요청하다 take action 조치를 취하다 address (문제 등) ~을 다루다, 처리하다 rapidly 빠르게 global 세계적인 climate 기후

115.

정답 (A)

해석 여러 차례의 공사 지연 끝에, 헐리 스트리트에 위치한 완전히 새로운 기차역이 마침내 일반 대중에게 개방되었다.

해설 각 선택지가 모두 부사이므로 해석을 통해 의미가 적절한 것을 찾아야 하는데, '여러 번의 지연 끝에 마침내 개방되었다'와 같은 의미가 되어야 알맞으므로 '마침내, 결국'을 뜻하는 (A) finally가 정답이다.

어휘 several 여럿의, 몇몇의 construction 공사 delay 지연 brand-new 완전히 새로운 railway station 기차역 be opened to ~에게 개방되다, 공개되다 the public 일반 대중 finally 마침내, 결국 formerly 이전에, 예전에 rarely 좀처럼 ~않다 heavily (양, 정도 등이) 심하게, 크게, 많이

116.

정답 (C)

해석 최고의 코미디 프로그램 상이 제니퍼 보이드와 톰 헌터를 주연으로 하는 인기 텔레비전 프로그램 <더 패밀리 어페어>에 돌아갔다.

해설 빈칸 앞뒤에 각각 위치한 두 명사구 사이의 의미 관계를 나타낼 분사가 빈칸에 쓰여야 한다. 따라서 현재분사 (C) starring과 과거분사 (D) starred 중에서 하나를 골라야 하는데, 빈칸 뒤에 위치한 명사구를 목적어로 취해야 하므로 이 역할이 가능한 현재분사 (C) starring이 정답이다.

어휘 star v. ~을 주연으로 하다 n. (연극·영화·가수 따위의) 스타

117.

정답 (A)

해석 주주들은 회사의 모든 지난해 재무 관련 서류에 대한 회계 감사가 실시되도록 요청했다.

해설 각 선택지가 모두 명사이므로 해석을 통해 의미가 적절한 것을 찾아야 하는데, 회사의 재무 서류와 관련해 실시되는 일을 나타내야 하므로 '회계 감사'를 뜻하는 (A) audit이 정답이다.

어휘 shareholder 주주 request that ~하도록 요청하다 conduct ~을 실시하다, 수행하다 financial 재무의, 재정의 past 지난 audit 회계 감사 employment 고용, 취업 application 신청(서), 지원(서)

118.

정답 (A)

해석 우리의 새 콜센터에 있는 전화 교환원들을 위한 상급 교육 시간이 다음 달이나 되어야 개최될 것이다.

해설 각 선택지가 모두 과거분사이므로 해석을 통해 의미가 적절한 것을 찾아야 하는데, '교육이 다음 달이나 되어야 개최될 것이다'와 같은 의미가 되어야 자연스러우므로 '~을 개최하다'를 뜻하는

hold의 과거분사 (A) held가 정답이다.

어휘 **advanced** 상급의, 발전된 **training** 교육 **session** (특정 활동을 위한) 시간 **telephone operator** 전화 교환원 **not A until B**: B나 되어야 A하다 **hold** ~을 개최하다 **carry** ~을 나르다, 휴대하다, (매장 등에서) ~을 취급하다 **forward** ~을 전송하다 **recruit** ~을 모집하다

119.

정답 (D)

해석 상대적으로 젊은 나이에도 불구하고, 구티에레즈 씨는 그 자신이 중요한 비즈니스 거래에 능숙한 협상가임을 보여 주었다.

해설 빈칸은 동사 has shown의 목적어 자리이며, 여기서 목적어로 쓰일 대명사는 주어와 동일 인물을 가리켜야 의미가 자연스럽다. 따라서 행위 주체와 대상이 동일할 때 사용하는 재귀 대명사가 쓰여야 하며, 사람을 나타내야 하므로 (D) himself가 정답이다.

어휘 **despite** ~에도 불구하고 **relatively** 상대적으로, 비교적 **show oneself to be A**: 자기 자신이 A임을 보여 주다 **skilled** 능숙한, 숙련된 **negotiator** 협상가 **important** 중요한 **deal** 거래 (제품), 계약

120.

정답 (C)

해석 지역 주민의 필요 사항을 처리하는 것에 대한 에크하르트 시장의 동정 섞인 접근 방식이 그의 인기를 상당히 높여 주었다.

해설 각 선택지가 모두 명사이므로 해석을 통해 의미가 적절한 것을 찾아야 하는데, 빈칸 앞에 위치한 형용사 compassionate과 어울려 '~에 대한 에크하르트 시장의 동정 섞인 접근 방식이 인기를 높여 주었다'와 같은 의미가 되어야 자연스러우므로 (C) approach가 정답이다.

어휘 **compassionate** 동정 섞인 **address** v. (문제 등) ~을 처리하다, 다루다 **local** 지역의, 현지의 **resident** 주민 **boost** ~을 높이다, 증대하다, 촉진하다 **popularity** 인기 **significantly** 상당히 **gathering** 모임 **arrival** 도착 **approach** 접근 방식 **display** 전시(품), 진열(품)

121.

정답 (A)

해석 이사진은 위치 이전 제안에 대한 최종 결정을 내리기 위해 이달 말에 다시 모일 것이다.

해설 자동사 reconvene과 시점 부사구 this month 사이에 위치한 빈칸은 또 다른 부사가 쓰여야 알맞은 자리이다. 따라서 부사인 (A) later와 (B) lately 중에서 하나를 골라야 하는데, this month와 어울려야 하므로 this month와 함께 사용되어 '이달 말에'라는 의미를 구성하는 (A) later가 정답이다.

어휘 **board members** 이사진, 이사회 **reconvene** 다시 모이다 **make a final decision on** ~에 대한 최종 결정을 내리다 **relocation** 위치 이전 **proposal** 제안(서) **lately** 최근에 **latest** 최근의, 최신의 **lateness** 늦음, 지각

122.

정답 (C)

해석 오직 VIP 출입증을 지닌 사람들만 오늘 저녁에 열리는 파이브 비전스 콘서트 후에 무대 뒤쪽 공간에 출입하도록 허용된다.

해설 각 선택지가 모두 과거분사이므로 해석을 통해 의미가 적절한 것을 찾아야 하는데, '오직 VIP 출입증을 지닌 사람들만 출입하도록 허용된다'와 같은 의미가 되어야 알맞으므로 '~을 허용하다'를 뜻하는 permit의 과거분사 (C) permitted가 정답이다.

어휘 **individual** 사람, 개인 **pass** 출입증 **backstage area** 무대 뒤쪽 공간 **following** ~후에 **share** ~을 공유하다 **permit** ~을 허용하다 **afford** (금전적 또는 시간적) ~에 대한 여유가 있다, 형편이 되다

123.

정답 (C)

해석 우리의 최신 자동 진공 청소기가 여전히 예비 시험 단계에 있으며, 추가 변경을 거칠 가능성이 있을 것이다.

해설 각 선택지가 모두 명사이므로 해석을 통해 의미가 적절한 것을 찾아야 하는데, 빈칸 앞에 위치한 preliminary testing과 어울려 '예비 단계에 있는'이라는 의미가 되어야 자연스러우므로 '단계'를 뜻하는 (C) stage가 정답이다.

어휘 **latest** 최신의 **automated** 자동의 **vacuum cleaner** 진공 청소기 **preliminary** 예비의 **likely** ~할 가능성이 있는, ~할 것 같은 **undergo** ~을 거치다, 겪다 **further** 추가의, 한층 더 한 **modification** 변경, 수정, 개조 **grade** 등급, 점수, 성적 **instance** 사례, 경우 **stage** 단계 **degree** 학위, 정도, (온도 등의) 도

124.

정답 (B)

해석 주택 증축이나 콘크리트 벽 또는 높은 담장에 대한 것이든 상관없이 신청되는 허가증은, 모두 도시 기획부에 의해 처리된다.

해설 빈칸은 전치사 of의 목적어 자리이므로 목적격 대명사 (B) them 이 정답이다. 재귀 대명사인 (C) themselves도 전치사의 목적어로 쓰이기는 하지만, all of의 수식을 받지 않는다.

어휘 **whether A, B, or C**: A나 B, 또는 C에 상관없이 **permit** 허가증 **request** ~을 신청하다, 요청하다 **extension** 증축, 연장, 확장 **handle** ~을 처리하다, 다루다

125.

정답 (A)

해석 노스웨이 에어를 이용해 25,000킬로미터 넘게 여행하는 탑승객들께서는 1회의 무료 국내 항공편 또는 500달러 상당의 상품권 둘 중 하나에 대한 자격을 얻으시게 될 겁니다.

해설 빈칸 뒤에 두 개의 명사구가 'A or B'의 구조로 쓰여 있으므로 이 구조와 함께 사용되어 'A 또는 B 둘 중의 하나'라는 의미를 나타내는 상관접속사를 구성하는 (A) either가 정답이다.

어휘 **passenger** 탑승객 **more than** ~가 넘는 **be entitled to** ~에 대한 자격이 있다 **free** 무료의 **domestic** 국내의 **flight** 항공편 **gift** certificate 상품권 **either A or B:** A 또는 B 둘 중의 하나 **usual** 평상시의, 보통의 **addition** 추가(되는 것)

126.

정답 (C)

해석 컨퍼런스 참석자들께서는 행사장에 제시간에 그리고 편리하게 도착할 수 있도록 무료 셔틀 버스를 이용하는 것이 권장됩니다.

해설 빈칸 앞뒤로 주어와 동사가 각각 포함된 절이 하나씩 위치해 있으므로 빈칸은 이 두 개의 절을 연결할 접속사 자리이다. 따라서 접속사인 (B) whereas와 (C) so that 중에서 해석을 통해 의미가 알맞은 것을 찾아야 하는데, '제시간에 그리고 편리하게 도착할 수 있게 무료 셔틀 버스를 이용하는 것이 권장된다'와 같은 의미가 되어야 알맞으므로 '~할 수 있도록'이라는 뜻으로 쓰이는 (C) so that이 정답이다. (A) due to와 (D) despite은 전치사이다.

어휘 **attendee** 참석자 **be encouraged to do** ~하는 것이 권장되다 **make use of** ~을 이용하다 **complimentary** 무료의 ~에 **reach** 도착하다, 이르다 **venue** 행사장 **promptly** 제시간에 **conveniently** 편리하게 **due to** ~로 인해 **whereas** ~인 반면 **so that** (목적) ~할 수 있도록, ~하기 위해서 **despite** ~에도 불구하고

127.

정답 (D)

해석 많은 지역 기업 소유주들이 사업을 번창시키기 위해 18세에서 30세 사이의 연령대 있는 사람들의 마음을 끌 수 있는 제품과 서비스를 맞춤 제공해 왔다.

해설 각 선택지가 모두 동사이므로 해석을 통해 의미가 적절한 것을 찾아야 하는데, '사업을 번창시키기 위해 제품과 서비스를 맞춤 제공해왔다'와 같은 의미가 되어야 알맞으므로 '사업을 번창시키다, 번성하다' 등을 뜻하는 (D) thrive가 정답이다.

어휘 **local** 지역의, 현지의 **owner** 소유주 **tailor** (특정 요구나 목적 등에 대해) ~을 맞춤 제공하다, 맞춤 제작하다 **appeal to** ~의 마음을 끌다 **in order to do** ~하기 위해 **waive** (요금 등) ~을 받지 않다, 철회하다 **prolong** ~을 연장하다 **extend** ~을 확장하다, 연장하다, (범위 등이) 이르다, 미치다 **thrive** 사업을 번창시키다, 번성하다

128.

정답 (C)

해석 라일렉스 시스템즈 사의 모든 직원들은 출장으로 인해 부재중이었다 하더라도 반드시 주간 업무 보고서를 제출해야 한다.

해설 빈칸 앞뒤로 주어와 동사가 각각 포함된 절이 하나씩 위치해 있으므로 빈칸은 이 두 개의 절을 연결할 접속사 자리이다. 따라서 선택지에서 유일한 접속사인 (C) even if가 정답이다. (A) between과 (B) because of는 전치사, (D) aside는 부사이다.

어휘 **employee** 직원 **submit** ~을 제출하다 **weekly** 주간의, 주 1회의 **away** 부재중인, 자리에 없는 **on a business trip** 출장 중인 **between (A and B):** (A와 B) 사이에 **because of** ~때문에 **even if** ~한다 하더라도 **aside** 옆에, 따로, 떨어져서

129.

정답 (B)

해석 주택 임대 계약서에 따르면, 세입자는 필요한 모든 배관 또는 난방 유지 관리에 대한 책임을 지게 될 것이다.

해설 각 선택지가 모두 전치사이므로 해석을 통해 의미가 적절한 것을 찾아야 하는데, '주택 임대 계약서에 따르면, ~에 대한 책임을 지게 될 것이다'와 같은 의미가 되어야 하므로 '~에 따르면'이라는 말로 출처 또는 근거를 말할 때 사용하는 (B) According to가 정답이다.

어휘 **lease** 임대 계약(서) **tenant** 세입자 **be responsible for** ~에 대한 책임을 지다 **necessary** 필요한, 필수의 **plumbing** 배관 **heating** 난방 **maintenance** 유지 관리 **except for** ~을 제외하고 **according to** ~에 따르면 **such as** ~와 같은 **other than** ~외에

130.

정답 (D)

해석 박물관 방문객들께서는 가이드 동반 견학에 함께 하시거나 오디오 가이드 헤드폰을 대여하실 수 있으며, 어느 쪽이든 선호하시는 것으로 하시면 됩니다.

해설 빈칸 앞뒤로 주어와 동사가 각각 포함된 절이 하나씩 위치해 있으므로 빈칸은 이 두 개의 절을 연결할 접속사 역할을 할 수 있는 단어가 필요하다. 따라서 접속사 역할을 할 수 있는 (B) whose와 (D) whichever 중에서 하나를 골라야 하는데, 빈칸 앞에 제시된 두 가지 선택 사항을 수식하는 의미가 되어야 알맞으므로 '어느 쪽이든 ~하는 것'이라는 의미로 선택 대상을 가리킬 때 사용하는 (D) whichever가 정답이다. (B) whose는 사람에 대해 사용한다.

어휘 **visitor** 방문객 **join** ~에 함께 하다, 참가하다 **guided** 가이드가 동반된 **tour** 견학 **rent** ~을 대여하다 **prefer** ~을 선호하다 **whichever** 어느 쪽이든 ~하는 것

131-134 다음 이메일을 참조하시오.

> 수신: 등록된 GAO 이용자
> 발신: cservice@gao.com
> 날짜: 3월 30일
> 제목: 최근의 문제점들
>
> 글로벌 어페어 온라인(GAO)에서는, 독자들께 가장 정확한 뉴스 서비스를 전해 드리는 데 **131** 전념하고 있습니다. 그렇기는 하지만, 때때로 저희가 자체적으로 정해 놓은 높은 기준에 미치지 못하기도 합니다. 일부 독자들께서 최근에 게시된 많은 사진들이 그에 동반되는 기사와 어울리지 않는다는 점을 지적해 주셨습니다. **132** 유감스럽게도, 이는 일부 기술적인 문제들로 인한 것이었습니다. 그 결과, 웹 사이트가 긴급 유지 보수 작업으로 폐쇄될 예정입니다. 걱정하지 마십시오, 이는 **133** 일시적인 상황입니다. 저희 기술자들이 문제를 바로잡기 위해 열심히 노력하고 있습니다. **134** 사실, 저희는 24시간 이내에 다시 온라인 상태로 돌아올 것으로 예상하고 있습니다. 여러분의 이해에 감사드리며, 이 시간 동안 양해해 주시기를 요청 드립니다.
>
> 안녕히 계십시오,

해리엇 월시
콘텐츠 부장, GAO

어휘　recent 최근의 bring A B: A에게 B를 전하다, 가져다주다 accurate 정확한 with that said 그렇기는 하지만, 말이 나온 김에 occasionally 때때로 fall short of ~에 미치지 못하다 for oneself 자체적으로, 스스로, 혼자 p0oint out that ~라는 점을 지적하다 post ~을 게시하다 recently 최근에 match ~와 어울리다 accompanying 동반되는 article 기사 as a result 그 결과, 결과적으로 close down 폐쇄되다 urgent 긴급한 maintenance 유지 보수, 시설 관리 situation 상황 technician 기술자 rectify ~을 바로잡다 expect to do ~할 것으로 예상하다 within ~이내에 appreciate ~에 대해 감사하다 ask A to do: A에게 ~하도록 요청하다 bear with ~을 양해하다, 참고 기다리다 during ~동안

131.

정답　(C)

해설　주어 we 뒤로 빈칸과 to 전치사구가 이어져 있으므로 빈칸은 문장의 동사 자리이다. 그런데 빈칸 뒤에 위치한 'to -ing' 형태와 결합하려면 동사 commit이 수동태로 쓰여야 하므로 (C) are committed가 정답이다.

어휘　be committed to -ing ~하는 데 전념하다, 헌신하다

132.

(A) 유감스럽게도, 이는 일부 기술적인 문제들로 인한 것이었습니다.
(B) 안타깝게도, 저희는 개별 기사에 대한 사본을 제공해 드릴 수 없습니다.
(C) 많은 논의 끝에, 저희는 귀하의 사진을 받아들이기로 결정했습니다.
(D) 애석하게도, 모든 웹 사이트 이용자들께서는 반드시 이 새로운 서비스에 재등록하셔야 합니다.

정답　(A)

해설　빈칸 앞 문장에 일부 독자들이 최근에 게시된 사진들이 기사와 어울리지 않는다는 점을 지적한 사실이 쓰여 있으므로, 이와 같은 문제점을 this로 지칭해 그 원인을 말하는 것으로 유감을 표하는 (A)가 정답이다.

어휘　regrettably 유감스럽게도 due to ~로 인해 technical 기술적인 difficulty 문제 unfortunately 안타깝게도, 아쉽게도 be unable to do ~할 수 없다 provide ~을 제공하다 individual 개별적인 article 기사 discussion 논의 decide to do ~하기로 결정하다 accept ~을 받아들이다 re-register for ~에 재등록하다

133.

정답　(C)

해설　빈칸 뒤에 위치한 명사 situation을 수식해 한 가지 상황이 지닌 특성을 나타낼 형용사가 빈칸에 쓰여야 한다. 뒤에 이어지는 내용을 보면 24시간 내에 다시 온라인 상태가 될 것이라고 예상하는 말이 있는데, 이를 통해 '일시적인 상황'이라는 의미가 되어야 자연스럽다는 것을 알 수 있으므로 '일시적인, 임시의'라는 뜻으로 쓰이는 (C) temporary가 정답이다.

어휘　profitable 수익성이 있는 limited 제한된 temporary 일시적인, 임시의 similar 유사한

134.

정답　(D)

해설　빈칸 앞에는 기술자들이 문제를 바로잡기 위해 열심히 노력하고 있다는 말이, 빈칸 뒤에는 24시간 이내에 다시 온라인 상태로 돌아올 것으로 예상한다는 말이 쓰여 있다. 이는 노력에 따른 구체적인 결과를 말하는 흐름에 해당되므로, '사실, 사실상' 등의 의미로 구체적인 정보를 덧붙일 때 사용하는 (D) As a matter of fact가 정답이다.

어휘　in contrast 대조적으로, 그에 반해서 previously 이전에, 과거에 on the other hand 다른 한편으로는, 반면에 as a matter of fact 사실, 사실상

135-138 다음 편지를 참조하시오.

> 6월 29일
> 조이스 브라운 씨
> 다이아몬드 시스템즈 사
> 피터 스트리트 133번지
> 영국 던디
> DD2 RT5
>
> 브라운 씨께,
>
> 스코틀랜드와 웨일즈, 그리고 북아일랜드에서 귀하께서 보여주신 인상적인 **135** 노력에 대해 축하의 말씀드리고자 합니다. 귀하께서는 이 지역들에 위치한 저희의 각 지점에서 직원 생산성을 거의 두 배로 높여 주셨습니다. **136** 이와 같은 업적은 주목받지 않고 넘어간 적이 없었습니다.
>
> 영국을 기반으로 하는 모든 업무 운영에 대해 귀하를 인사부장으로 승진시키기로 결정했다는 사실을 알려 드리게 되어 기쁩니다. 이 직책은 영국의 맨체스터를 **137** 기반으로 합니다. 이것이 영국으로 이사하셔야 하는 불편함을 수반할 것이라는 사실을 알고 있습니다. **138** 하지만, 이 흥미로운 기회를 진지하게 고려해 보시기를 바랍니다. 계약 세부 사항을 논의하기를 원하실 경우에 주저하지 마시고 본사에 있는 저에게 곧장 연락 주십시오.
>
> 다이아몬드 시스템즈 사가 성장과 발전을 지속하도록 도와주셔서 감사드립니다.
>
> 안녕히 계십시오,
>
> 데이빗 브랜스턴, 대표이사
> 다이아몬드 시스템즈 사

어휘　congratulate A on B: B에 대해 A에게 축하의 말을 전하다 impressive 인상적인 almost 거의 double v. ~을 두 배로 만들다 productivity 생산성 branch 지점, 지사 region 지역 pleasure 기쁨 inform A that: A에게 ~라고 알리다 decide to do ~하기로 결정하다 promote ~을 승진시키다 Human Resources

Director 인사부장 A-based: A를 기반으로 하는, 바탕으로 하는 operation 운영, 가동, 작동 position 직책 involve ~을 수반하다, 포함하다 inconvenience 불편함 relocate to ~로 이사하다, 이전하다 give A serious consideration: A를 진지하게 고려하다 opportunity 기회 hesitate to do ~하기를 주저하다 contact ~에게 연락하다 directly 곧장, 직접 headquarters 본사 discuss ~을 논의하다 contract 계약(서) details 세부 사항, 상세 정보 continue ~을 지속하다 growth 성장 evolution 발전, 진화

135.

정답 (D)

해설 빈칸에 쓰일 명사는 바로 앞에 위치한 형용사 impressive의 수식을 받음과 동시에 전치사 on의 목적어로서 편지의 작성자가 축하 인사를 하는 이유를 나타낸다. 바로 다음 문장에 직원 생산성을 두 배로 늘려 주었다고 말한 것과 관련되어야 의미가 자연스러우므로 이와 같은 일을 하나로 나타낼 수 있는 명사로서 '노력'을 뜻하는 (D) efforts가 정답이다.

어휘 degree 학위, 정도, (각도, 온도의) 도 trait 특성 candidate 후보자, 지원자 effort 노력

136.

(A) 이와 같은 업적은 주목받지 않고 넘어간 적이 없었습니다.
(B) 필요 시에 신입 직원들을 고용하시도록 허용됩니다.
(C) 우리는 반드시 가능한 한 빨리 이것을 바로잡도록 해야 합니다.
(D) 저는 이번 주 말까지 스코틀랜드에 있을 것입니다.

정답 (A)

해설 앞선 문장에 축하 인사와 함께 그 이유로 직원 생산성을 거의 두 배로 높여 준 사실이 언급되어 있다. 따라서 이와 같은 성과를 Such accomplishments로 지칭해 그것이 어떤 의미를 지니는 일인지를 나타내는 (A)가 정답이다.

어휘 accomplishment 업적, 성취 go unnoticed 주목받지 않고 넘어가다 be permitted to do ~하도록 허용되다 hire ~을 고용하다 if necessary 필요 시에 rectify ~을 바로잡다 as soon as possible 가능한 한 빨리 by (기한) ~까지

137.

정답 (B)

해설 주어와 빈칸 뒤로 전치사구만 위치해 있으므로 빈칸이 문장의 동사 자리임을 알 수 있다. 따라서 준동사의 형태인 (C) basing을 우선 제외해야 하며, base가 전치사 in과 결합해 '~을 기반으로 하다'라는 의미를 나타낼 때 수동태로 쓰이므로 (A) was based와 (B) is based 중에서 하나를 골라야 한다. 한 직책이 특정 지역을 기반으로 한다는 것은 일반적인 사실에 해당되므로 이를 나타낼 때 사용하는 현재 시제 동사 (B) is based가 정답이다.

어휘 be based in ~을 기반으로 하다, 바탕으로 하다

138.

정답 (C)

해설 빈칸 앞 문장에는 이사를 해야 하는 불편함이 있다는 말이, 빈칸 뒤에는 승진 기회를 진지하게 고려해 보도록 당부하는 말이 쓰여 있다. 즉, 이사를 해야 하는 불편함이 있기는 하지만, 승진 기회를 진지하게 고려해 보라는 말이 와야 자연스러우므로 '하지만'이라는 의미로 대조 또는 반대 등을 나타낼 때 사용하는 (C) However가 정답이다.

어휘 similarly 유사하게 for example 예를 들어 however 하지만 in addition 추가로, 게다가

139-142 다음 이메일을 참조하시오.

> 수신: 전 직원
> 발신: 드미트리 아시모프
> 날짜: 10월 11일
> 제목: 새로운 건물 출입 절차
> 첨부: 이용 가능한 시간들
>
> 11월 1일부터, 옴니 실험실이 중앙 출입구에서 일반적인 보안 검색대가 아닌 생체 망막 인식 기기를 이용하는 것으로 **139** 바뀔 예정입니다. 이 **140** 혁신적인 접근 방식을 통해, 우리 시설이 더욱 안전해질 것이며, 직원 여러분께서는 매일 아침에 출입 등록을 위해 보안 관리실에 들르셔야 하는 불편함을 겪지 않게 될 것입니다.
>
> 직원 여러분께서는 반드시 회사에 도착하시는 때와 교대 근무 종료 후 퇴근하실 때 모두 이 망막 스캐너를 이용하셔야 합니다. 이는 우리가 어떤 사람들이 현재 건물 내에 있는지에 대한 정확한 기록을 유지하도록 해 줄 것입니다.
>
> 비록 이 스캐너가 상대적으로 이용하기 쉽기는 하지만, 경영진에서는 다음 주 내내 몇몇 간단한 교육 시간이 개최되도록 조치해 두었습니다. **141** 추가 정보를 보시려면 첨부된 시간표를 확인하시기 바랍니다. 배정된 **142** 시간대에 참석할 시간이 나지 않을 것으로 생각되시는 경우, 내선 전화번호 114번으로 저에게 전화 주십시오.
>
> 감사합니다.
>
> 드미트리

어휘 entry 출입 procedure 절차 attachment 첨부 available 이용 가능한 session (특정 활동을 위한) 시간 normal 일반적인, 보통의 security 보안 biometric 생체의 retinal 망막의 recognition 인식 device 기기, 장치 approach 접근 방식 facility 시설(물) secure 안전한 employee 직원 have the inconvenience of -ing ~하는 불편함을 겪다 stop at ~에 들르다 sign in (서명하여) 등록하다 ensure that 반드시 ~하도록 하다, ~하는 것을 확실히 하다 retina 망막 both A and B: A와 B 둘 모두 arrive 도착하다 leave 떠나다, 나가다 shift 교대 근무(조) allow A to do: A가 ~할 수 있게 해 주다 maintain ~을 유지하다 accurate 정확한 record 기록 individual 사람, 개인 currently 현재 although 비록 ~일지라도 relatively 상대적으로, 비교적 easy 쉬운 management 경영(진) arrange A to do: A가 ~하도록 조치하다, 마련하다 brief 간단한, 잠시 동안의 training 교육 hold ~을 개최하다

throughout ~동안 내내 be free to do ~할 시간이 나다 attend
~에 참석하다 allocated 배정된, 할당된 extension 내선 전화(번호)

139.

정답 (B)

해설 각 선택지가 모두 동사의 형태이고 능동태에 시제만 다르므로
시점 관련 단서를 찾아야 한다. 이 문장에서 변화가 일어나는
시점으로 말하는 Starting from the 1st of November은 이
메일 상단의 작성 날짜 October 11보다 미래 시점에 해당되므로
미래 시제인 (B) is going to change가 정답이다.

140.

정답 (A)

해설 빈칸에 쓰일 형용사는 바로 앞에 위치한 this와 함께 '접근 방식'
을 의미하는 명사 approach를 수식해 그 특성을 나타내야 한
다. 여기서 this와 approach를 통해 말하는 대상은 바로 앞
문장에서 말한 생체 망막 인식 기기를 이용하는 일을 가리키는데,
이와 같은 방식의 특성을 나타내기에 적절한 형용사로 '혁신적인'
을 의미하는 (A) innovative가 정답이다.

어휘 innovative 혁신적인 occasional 때때로 발생되는, 가끔 있는
tedious 지루한, 싫증 나는 customary 관례적인, 습관적인

141.

(A) 설치 작업은 내일 진행될 예정입니다.
(B) 건물 보안 문제가 한동안 우려의 원인이었습니다.
(C) 어떤 문제든 있을 경우, 조립 설명서를 참고하시기 바랍니다.
(D) 추가 정보를 보시려면 첨부된 시간표를 확인하시기 바랍니다.

정답 (D)

해설 앞 문장에 기기 이용과 관련된 교육 일정을 잡아 두었다는 사실을
알리는 말이 쓰여 있으므로 이 교육 시간과 관련된 추가 정보를
확인할 수 있는 방법을 언급하는 (D)가 정답이다.

어휘 installation 설치 be scheduled to do ~할 예정이다 take
place (일, 행사 등이) 발생되다, 일어나다 security 보안 cause 원인,
이유 concern 우려, 걱정 for some time 한동안 refer to
~을 참고하다 assembly 조립 instructions 설명(서), 안내(서)
attached 첨부된 timetable 시간표

142.

정답 (A)

해설 선택지가 모두 명사이므로 빈칸 바로 앞에 위치한 time과 복합
명사를 구성하기에 적절한 또 다른 명사가 필요하다는 것을 알 수
있다. 이 문장에서 time과 빈칸은 교육 시간에 참석하도록 배정
된 시간과 관련된 것을 나타내므로 time과 함께 사용되어 '시간
대'라는 의미를 구성하는 (A) slot이 정답이다.

어휘 slot 시간대, (시간이 나는) 틈 absence 부재, 결근 priority 우선 사항,
우선권, 우선 순위 limit 제한, 한도

143-146 다음 회람을 참조하시오.

발신: 수 보어히즈, 인사부장
수신: 전 직원
날짜: 8월 18일
제목: 회신: 출장 관련 정책

143 비용 지출을 제한하기 위해, 이사회는 출장에 대한 회사 정책
을 변경하는 것으로 만장일치로 표결하였습니다. 업데이트된 정책
이 9월 1일에 **144** 시작될 것입니다. 그때부터, 오하이오 지역 내로
출장을 떠나는 직원들은 연료 지출 경비에 대해 더 이상 보조금을
받지 못하게 되지만, 숙박 시설에 대한 수당은 여전히 제공될 것입니
다. **145** 주 외부 지역으로 출장을 떠나는 분들은 교통비로 소액
의 비용을 받게 될 것입니다.

출장을 떠나기 최소 일주일 전에 요청 사항 및 설명이 서면으로 제
출되는 경우에는 이사진에 의해 이 새로운 정책에 대한 **146** 어떠한
예외 사항이든 고려될 것입니다.

어휘 business trip 출장 policy 정책 in order to do ~하기 위해
curb ~을 제한하다, 억제하다 board members 이사회, 이사진
unanimously 만장일치로 vote to do ~하기로 표결하다
no longer 더 이상 ~않다 be subsidized for ~에 대한 보조금을
받다 fuel 연료 expense 지출 경비 allowance 수당
accommodation 숙박 시설 provide ~을 제공하다 exception
to ~에 대한 예외 (사항) rule 정책, 규칙 consider ~을 고려하다
request 요청 explanation 설명 submit ~을 제출하다
in writing 서면으로 at least 최소한, 적어도 prior to ~전에, ~에
앞서

143.

정답 (D)

해설 빈칸은 to부정사로 쓰인 동사 curb의 목적어 역할을 할 명사
자리이므로 명사인 (D) spending이 정답이다.

어휘 spending 비용 지출, 소비

144.

정답 (C)

해설 빈칸 앞뒤에 위치한 주어와 시점 표현으로 보아 새 정책이 시행
되는 특정 시점을 알리는 의미가 되어야 자연스럽다는 것을 알 수
있다. 따라서 '~을 시작하다'를 뜻하는 institute의 과거분사 (C)
instituted가 정답이다.

어휘 reject ~을 거절하다, 거부하다 purchase ~을 구입하다 institute
~을 시작하다 reimburse ~의 비용을 환급해 주다

145.

(A) 회사가 호텔 비용에 도움을 줄 만한 입장이 되지 못할 것입니다.
(B) 우리는 출장 횟수가 내년에 감소할 것으로 예상하고 있습니다.
(C) 렌터카는 연료를 가득 채워 반납되어야 합니다.
(D) 주 외부 지역으로 출장을 떠나는 분들은 교통비로 소액의 비용을
받게 될 것입니다.

정답 (D)

해설 빈칸 앞 문장을 보면, 새로운 정책으로서 비용 지원에 대한 변경 사항이 언급되어 있다. 따라서 이와 같은 비용 지원 정책과 관련해 교통비 지불 여부에 관한 정보를 담은 (D)가 정답이다.

어휘 be in a position to do ~할 입장에 있다 assist with ~에 도움을 주다 anticipate A to do: A가 ~할 것으로 예상하다 decrease 감소하다, 줄어들다 rental car 렌터카, 대여 차량 return ~을 반납하다 full 가득 찬 those (수식어와 함께) ~하는 사람들 state (행정 구역) 주 receive ~을 받다 sum 액수, 총계 transportation 교통(편, 수단)

146.

정답 (A)

해설 빈칸이 속한 문장은 새 정책에 대해 예외 사항이 고려될 수 있다는 사실을 알리면서 그 조건을 언급하고 있다. 따라서 이 조건이 충족되는 어떠한 예외 사항이든 고려될 것이라는 의미가 되어야 가장 자연스러우므로 '어떠한 ~든'을 뜻하는 (A) Any가 정답이다. 앞서 언급된 것에 대한 추가 사항 또는 과거 시점의 일과 관련된 내용을 말하는 문장이 되면 앞 단락과 흐름상 맞지 않으므로 나머지 선택지는 모두 오답이다.

어휘 additional 추가의 previous 이전의, 과거의

Part 5&6 실전 모의고사 TEST 2

101. (B)	102. (D)	103. (A)	104. (C)	105. (B)
106. (A)	107. (B)	108. (A)	109. (C)	110. (A)
111. (C)	112. (A)	113. (D)	114. (B)	115. (B)
116. (B)	117. (C)	118. (C)	119. (B)	120. (A)
121. (B)	122. (D)	123. (C)	124. (C)	125. (B)
126. (C)	127. (C)	128. (A)	129. (B)	130. (C)
131. (B)	132. (C)	133. (A)	134. (A)	135. (D)
136. (C)	137. (A)	138. (D)	139. (D)	140. (C)
141. (D)	142. (B)	143. (B)	144. (D)	145. (C)
146. (D)				

101.

정답 (B)

해석 라이트 씨는 발표 중에 신제품을 시연할 만한 충분한 시간이 있을 것으로 확신하고 있다.

해설 각 선택지가 모두 전치사이므로 해석을 통해 의미가 알맞은 것을 찾아야 하는데, 빈칸 뒤에 위치한 명사 the presentation과 어울려 '발표 중에'라는 의미가 되어야 자연스러우므로 '~중에, ~동안'을 뜻하는 (B) during이 정답이다.

어휘 be confident that ~임을 확신하다, ~라고 자신하다 adequate 충분한, 적절한 presentation 발표(회) demonstrate ~을 시연하다 between (A and B): (A와 B) 사이에 during ~중에

102.

정답 (D)

해석 베르만 씨는 고객 문제를 해결하는 데 있어 자신의 효과적인 접근 방법으로 잘 알려져 있다.

해설 전치사 for와 명사를 수식하는 형용사 effective 사이에 위치한 빈칸은 형용사와 함께 명사를 수식할 단어가 필요한 자리이므로 명사 수식이 가능한 소유격 대명사 (D) her가 정답이다.

어휘 be well known for ~로 잘 알려져 있다 effective 효과적인 approach to -ing ~하는 것에 대한 접근 방법 solve ~을 해결하다 customer 고객

103.

정답 (A)

해석 하이랜드 호텔의 연회실이 딜린저 주식회사의 연말 주주 연회를 위해 예약되었다.

해설 각 선택지가 모두 과거분사이므로 해석을 통해 의미가 알맞은 것을 찾아야 하는데, '연회실이 연말 주주 연회를 위해 예약되었다'와 같은 의미가 되어야 자연스러우므로 '~을 예약하다'를 뜻하는 reserve의 과거분사 (A) reserved가 정답이다.

어휘 ballroom 연회실 year-end 연말의 shareholder 주주 banquet 연회 reserve ~을 예약하다 postpone ~을 연기하다 decide ~을 결정하다 inform ~에게 …을 알리다

104.

정답 (C)

해석 웰포드에 있는 아주 많은 제조 공장들이 테이 강을 따라 위치해 있다.

해설 빈칸 뒤에 위치한 명사구 the River Tay를 목적어로 취할 전치사가 빈칸에 쓰여야 알맞으므로 선택지에서 유일한 전치사인 (C) along이 정답이다. 나머지는 모두 부사이다.

어휘 a large number of 아주 많은 (수의) manufacturing plant 제조 공장 be situated 위치해 있다 apart 떨어져, 따로 along (길 등) ~을 따라 sideways 옆으로, 옆에서

105.

정답 (B)

해석 오리엔테이션 참석자들은 오전 10시 30분에서 11시 사이에 다과를 즐길 기회를 갖게 될 것이다.

해설 각 선택지가 모두 전치사이므로 해석을 통해 의미가 알맞은 것을 찾아야 하는데, 빈칸 뒤에 'A and B'의 구조로 쓰인 두 시점과 어울려 'A와 B 사이에'라는 의미를 나타낼 때 사용하는 (B) between이 정답이다.

어휘 attendee 참석자 have an opportunity to do ~할 기회를 갖다 enjoy ~을 즐기다 refreshments 다과, 간식 between A and B: A와 B 사이에 within ~이내에

106.

정답 (A)

해석 드러먼드 성의 입구 홀에 대한 복원 작업이 6월 1일까지 모두 완료될 것이다.

해설 빈칸은 바로 뒤에 위치한 of 전치사구의 수식을 받을 명사 자리이므로 명사인 (A) Restoration이 정답이다.

어휘 fully 모두, 완전히, 충분히 complete 완료된, 끝난 by (기한) ~까지 restoration 복원, 복구, 회복 restore ~을 복원하다, 복구하다, 회복시키다 restorable 복원할 수 있는

107.

정답 (B)

해석 길포드 의료 진료소가 현재 문을 닫은 상태이지만, 어떠한 긴급한 도움이든 필요하실 경우에 길포드 의사 선생님께 곧장 연락하실 수 있습니다.

해설 각 선택지가 모두 형용사이므로 해석을 통해 의미가 알맞은 것을 찾아야 하는데, '어떠한 긴급한 도움이든 필요할 경우에'와 같은 의미가 되어야 적절하므로 '긴급한'을 뜻하는 (B) urgent가 정답이다.

어휘 currently 현재 contact ~에게 연락하다 directly 곧장, 직접 require ~을 필요로 하다 assistance 도움, 지원 cancel ~을 취소하다 urgent 긴급한 substitute a. 대용의, 대체의 n. 대용품 v. ~을 대신하다 accurate 정확한

108.

정답 (A)

해석 마리오 바레티 씨는 재활용 재료로 만들어진 모든 크기의 매력적인 조각품을 공들여 만든다.

해설 주어 뒤에 쓰인 crafts가 문장의 동사이므로 created는 바로 앞에 위치한 명사구를 수식하는 과거분사이다. 과거분사와 명사구 recycled materials 사이에 빈칸이 위치한 구조이므로 빈칸은 명사구를 목적어로 취할 전치사 자리이며, '재활용 재료로 만들어진'과 같은 의미가 되어야 적절하므로 '~로, ~로부터'라는 의미로 재료나 출처를 나타낼 때 사용하는 전치사 (A) from이 정답이다.

어휘 craft v. ~을 공들여 만들다 n. 솜씨, 공예 attractive 매력적인 sculpture 조각품 create ~을 만들다 recycled 재활용의 material 재료, 자재, 물품

109.

정답 (C)

해석 패스트푸드는 빠르게 동남 아시아에서 가장 경쟁적인 업계들 중 하나가 되었다.

해설 각 선택지가 모두 명사이므로 해석을 통해 의미가 알맞은 것을 찾아야 하는데, '패스트푸드는 동남 아시아에서 가장 경쟁적인 업계들 중의 하나'와 같은 의미가 되어야 알맞으므로 '업계, 산업' 등을 뜻하는 (C) industries가 정답이다.

어휘 rapidly 빠르게 competitive 경쟁적인 proposal 제안(서) circumstance 환경, 상황 industry 업계, 산업 benefit 이득, 혜택

110.

정답 (A)

해석 여러분의 새 플라이맨 5000 러닝 머신을 사용하기에 앞서, 동봉된 사용 설명 안내서를 참고하시기 바랍니다.

해설 정관사 the와 명사구 instruction guide 사이에 위치한 빈칸은 명사를 수식할 형용사 자리이므로 '동봉된'을 뜻하는 형용사 (A) enclosed가 정답이다. 명사 (B) enclosure는 instruction guide와 복합명사를 구성하지 않으므로 정답이 될 수 없으며, 동명사는 관사 the의 수식을 받지 않으므로 (C) enclosing도 오답이다.

어휘 refer to ~을 참고하다 instruction 설명, 지시 enclose ~을 동봉하다 enclosure 동봉(된 것)

111.

정답 (C)

해석 3월에 새턴 텔레콤 사에 입사한 이후로, 데일리 씨는 자신의 모든 주간 판매 목표를 성공적으로 달성해왔다.

해설 현재완료 시제 동사를 구성하는 has와 reached 사이에 위치한 빈칸은 과거분사를 수식할 부사 자리이므로 부사인 (C) successfully가 정답이다.

어휘 since ~한 이후로 join ~에 입사하다, 합류하다 reach ~을 달성하다, ~에 이르다 weekly 주간의 sales 판매(량), 영업, 매출 goal 목표 succeed 성공하다 successfully 성공적으로 successful 성공적인

112.

정답 (A)

해석 그 제조 공장은 조립 라인 기계가 설치되는 대로, 전면 가동 상태가 될 것이다.

해설 빈칸 앞뒤로 주어와 동사가 각각 포함된 절이 하나씩 위치해 있으므로 빈칸은 이 절들을 연결할 접속사 자리이다. 선택지에서 접속사는 (A) once, (B) until, 그리고 (C) yet인데, '조립 라인 기계가 설치되는 대로, 전면 가동될 것이다'와 같은 의미가 되어야 알맞으므로 '~하는 대로, ~하자마자'를 뜻하는 (A) once가 정답이다.

어휘 manufacturing plant 제조 공장 fully 전적으로, 완전히 functional 가동되는, 기능하는 assembly 조립 machinery 기계 install ~을 설치하다 once ~하는 대로, ~하자마자 until (지속) ~할 때까지 yet 하지만 rather 다소, 좀, 오히려

113.

정답 (D)

해석 50퍼센트의 만족도 또는 그 미만을 기록한 고객 서비스 직원들만 반드시 교육 워크숍에 참석해야 한다.

해설 빈칸 뒤에 위치한 lower는 앞에 언급된 50 percent approval rating보다 낮은 수준을 나타낸다. 따라서 '50퍼센트의 만족도 또는 그 미만'과 같은 선택의 의미가 되어야 적절하므로 '또는'을 뜻하는 (D) or가 정답이다.

어휘   customer 고객 agent 직원, 대리인 approval rating 만족도, 지지도 attend ~에 참석하다 training 교육

114.

정답   (B)

해석   극장에 도착하자마자, 사전에 구입한 입장권을 받기 위해 곧장 매표소로 가시기 바랍니다.

해설   각 선택지가 모두 부사이므로 해석을 통해 의미가 알맞은 것을 찾아야 하는데, '사전에 구입한 입장권을 받기 위해 곧장 매표소로 가십시오'와 같은 의미가 되어야 자연스러우므로 '곧장, 직접' 등을 뜻하는 (B) directly가 정답이다.

어휘   upon ~하자마자 arrival 도착 proceed to ~로 나아가다 collect ~을 받아 가다, 수거하다, 수집하다 pre-purchased 사전에 구입한 closely 면밀히, 밀접하게, 단단히, 꽉 directly 곧장, 직접 affordably (비용 등이) 알맞게, 감당할 수 있게 reliably 신뢰할 수 있게

115.

정답   (B)

해석   공간 제한으로 인해 행사 주최측이 어쩔 수 없이 그 영화제를 로스앤젤레스 바로 외곽에 있는 다른 장소로 옮겨야 했다.

해설   주어와 빈칸 뒤로 명사구와 to부정사구가 이어지는 구조이므로 빈칸에 문장의 동사가 필요하다는 것을 알 수 있다. 선택지에서 동사의 형태는 (B) forced와 (D) are forced인데, 빈칸 바로 뒤에 위치한 명사구 event organizers를 목적어로 취해야 하므로 능동태인 (B) forced가 정답이다.

어휘   space 공간 limitation 제한, 한정 force A to do: 어쩔 수 없이 A가 ~하게 만들다 organizer 주최자, 조직자 site 장소, 부지, 현장 just outside ~바로 외곽에

116.

정답   (B)

해석   <빌딩스 인 포커스>는 <아메리칸 저널 오브 아키텍처>에 대한 부록으로 3개월마다 한 번씩 발간된다.

해설   부정관사 a와 전치사 to 사이에 위치한 빈칸은 가산 단수명사가 쓰여야 하는 자리이므로 가산 단수명사의 형태인 (B) supplement가 정답이다.

어휘   publish ~을 발간하다, 출판하다 supplement n. 부록, 보충(물) v. ~을 보충하다, 추가하다 supplementary 보충의, 추가의

117.

정답   (C)

해석   최우수 여배우상 수상자가 입은 드레스는 세계적으로 유명한 패션 디자이너 그레타 본 마스에 의해 만들어졌다.

해설   각 선택지가 모두 명사이므로 해석을 통해 의미가 알맞은 것을 찾아야 하는데, '최우수 여배우상 수상자'라는 의미가 되어야 적절하므로 '수상자, 수령인' 등을 뜻하는 (C) recipient가 정답이다.

어휘   worn by ~가 입은 create ~을 만들다 famous 유명한 associate n. (사업 등의) 동료 recipient 수상자, 수령인 panel 위원단, 토론자단

118.

정답   (D)

해석   시에서 가장 큰 두 곳의 제조사들이 세인트 마크 대성당의 복원 작업에 자금을 조달하기 위해 서로 협력하여 돈을 모금했다.

해설   동사 raised의 목적어 money와 to부정사 사이에 위치한 빈칸은 동사를 뒤에서 수식할 부사 자리이므로 부사인 (D) cooperatively가 정답이다.

어휘   manufacturing 제조 raise money 모금하다, 돈을 마련하다 finance v. ~에 자금을 조달하다 restoration 복원, 복구, 회복 cooperation 협조, 협력 cooperate 협조하다, 협력하다 cooperative 협조적인, 협력하는 cooperatively 협력하여, 협조적으로

119.

정답   (B)

해석   1번 터미널 내에 있는 충전대는 모든 모바일 기기에 적합하며, 무료로 이용하실 수 있습니다.

해설   각 선택지가 모두 전치사이므로 해석을 통해 의미가 알맞은 것을 찾아야 하는데, '1번 터미널 내에 있는 충전대'라는 의미가 되어야 적절하므로 '내부에, ~안에'를 뜻하는 (B) inside가 정답이다.

어휘   charging station 충전대, 충전소 be suitable for ~에 적합하다 device 기기, 장치 for free 무료로 following ~후에 inside ~내부에, 안에 during ~중에, ~동안 against ~에 반대하여, 맞서, 기대어

120.

정답   (A)

해석   그 건물 측량사는 뉴포드 스트리트에 있는 빈 연립 주택의 토대에서 상당한 부식을 발견했다.

해설   각 선택지가 모두 형용사이므로 해석을 통해 의미가 알맞은 것을 찾아야 하는데, '주택의 토대에서 상당한 부식을 발견했다'와 같은 의미가 되어야 적절하므로 '상당한'을 뜻하는 (A) significant가 정답이다.

어휘   surveyor 측량사 detect ~을 발견하다, 감지하다 rot 부식, 부패 foundation 토대, 기초 vacant 빈, 사람이 없는 townhouse 연립 주택 significant 상당한 conserved 보존된 proposed 제안된 opposite 반대의, 맞은편의

121.

정답   (B)

해석   인도네시아에 있는 그 회사의 제조 시설에서 근무하기 위해, 존 윌렛 씨는 18개월마다 취업 비자를 갱신해야 한다.

해설   빈칸 뒤에 기간을 나타내는 명사구 18 months가 쓰여 있으므로

기간 명사구와 결합 가능한 것으로 '~마다'라는 의미를 나타낼 때 사용하는 (B) every가 정답이다. Every는 '~마다'라는 의미를 나타내는 경우에만 복수명사와 결합될 수 있다.

어휘 manufacturing 제조 facility 시설(물), 설비 be required to do ~해야 하다, ~할 필요가 있다 renew ~을 갱신하다 whenever ~할 때는 언제든지 less a. 더 적은, 덜한 ad. 더 적게, 덜하게 even a. 평평한, 고른 ad. 심지어 (~도), (비교급 수식) 훨씬

122.

정답 (D)

해석 총무부장으로서의 역할로, 조안나 킴 씨는 주기적으로 자신의 직원들에게 책무를 위임한다.

해설 각 선택지가 모두 동사이므로 해석을 통해 의미가 알맞은 것을 찾아야 하는데, '직원들에게 책무를 위임한다'와 같은 의미가 되어야 자연스러우므로 '~을 위임하다'를 뜻하는 (D) delegates가 정답이다.

어휘 general operations manager 총무부장 regularly 주기적으로, 정기적으로 responsibility 책무, 책임 employee 직원 organize ~을 조직하다, 마련하다 fulfill (의무, 약속 등) ~을 다하다, 이행하다 initiate ~을 시작하다, 개시하다 delegate ~을 위임하다

123.

정답 (D)

해석 그 회계사는 여러 미지불 부채에 대한 정리 후에 그 회사의 재정에 대해 더 잘 이해하고 있다.

해설 정관사 the와 전치사 of 사이에 위치한 빈칸은 이 둘의 수식을 동시에 받을 명사 자리이므로 명사인 (D) consolidation이 정답이다.

어휘 accountant 회계사 have a better understanding of ~을 더 잘 이해하다 finance 재정, 재무 following ~후에 several 여럿의, 몇몇의 outstanding 미지불된 debt 부채, 빚 consolidate ~을 통합하다, 강화하다 consolidation (부채 등의) 정리, 통합

124.

정답 (C)

해석 작가 마가렛 바이스 씨는 모든 팬들에게 자신의 소설을 각색한 새 영화를 관람하는 것을 피하도록 단호하게 촉구했다.

해설 주어와 동사 urged 사이에 위치한 빈칸은 동사를 앞에서 수식할 부사 자리이므로 부사인 (C) assertively가 정답이다.

어휘 author 작가 urge A to do: A에게 ~하도록 촉구하다, 강력히 권고하다 avoid -ing ~하는 것을 피하다 adaptation 각색(한 작품) assert ~을 주장하다 assertively 단호하게 assertive 적극적인, 확신에 찬

125.

정답 (B)

해석 쉘피시 셀렉션이 와프 레스토랑의 네 가지 다른 세트 메뉴들 중에서 가장 비싸다.

해설 정관사 the와 'of 복수명사구' 사이에 위치한 빈칸은 이 둘의 수식을 동시에 받는 최상급 형용사 자리이므로 (B) costliest가 정답이다.

어휘 cost n. 비용 v. ~의 비용이 들다 costly 비싼, 비용이 많이 드는

126.

정답 (C)

해석 골웨이 공원의 시설 관리자들이 이번 주말에 있을 가족 운동회 행사에 앞서 침수 문제를 해결하기 위해 노력하고 있다.

해설 각 선택지가 모두 전치사이므로 해석을 통해 의미가 알맞은 것을 찾아야 하는데, '가족 운동회 행사에 앞서 침수 문제를 해결하기 위해'와 같은 의미가 되어야 자연스러우므로 '~에 앞서'를 뜻하는 (C) ahead of가 정답이다.

어휘 groundskeeper 시설 관리자 try to do ~하기 위해 노력하다 solve ~을 해결하다 flooding 침수, 홍수 issue 문제, 사안 instead of ~대신에 along with ~와 함께 ahead of ~에 앞서 across from ~맞은편에

127.

정답 (C)

해석 SNK 테크 사에서 제조된 여러 기기들의 널리 알려진 제품 회수 현상이 전자제품 시장에서 이것의 경쟁력 있던 평판을 약화시켜 왔다.

해설 각 선택지가 모두 형용사이므로 해석을 통해 의미가 알맞은 것을 찾아야 하는데, '제품 회수 현상이 전자제품 시장에서 경쟁력 있던 평판을 약화시켰다'와 같은 의미가 되어야 적절하므로 '경쟁력 있는, 경쟁적인' 등을 뜻하는 (C) competitive가 정답이다.

어휘 highly-publicized 널리 알려진, 공표된 recall (결함 제품에 대한) 회수, 리콜 several 여럿의, 몇몇의 device 기기, 장치 manufacture ~을 제조하다 diminish ~을 약화시키다, 줄이다 standing 평판, 지위 electronics 전자제품 cautious 조심스러운 excessive 과도한 competitive 경쟁력 있는, 경쟁적인 various 다양한

128.

정답 (A)

해석 그 은행의 웹 사이트는 고객들이 각자의 거래 내역을 더 쉽게 볼 수 있도록 만들기 위해 상당히 많이 재설계되었다.

해설 각 선택지가 모두 부사이므로 해석을 통해 의미가 알맞은 것을 찾아야 하는데, '거래 내역을 더 쉽게 볼 수 있도록 만들기 위해 상당히 많이 재설계되었다'와 같은 의미가 되어야 자연스러우므로 '상당히 (많이)'를 뜻하는 (A) considerably가 정답이다.

어휘 | redesign ~을 재설계하다 make it A for B to do: B가 ~하는 것을 A하게 만들다 view ~을 보다 transaction history 거래 내역 considerably 상당히 (많이) randomly 무작위로 consecutively 연속하여 optionally 선택적으로

129.

정답 (B)

해석 매니토바와 사스카츄완에 창고들을 설립함으로써, 인디고 가구 주식회사는 캐나다 내에서 자사의 유통 범위를 확대할 것이다.

해설 By 전치사구 뒤로 주어 Indigo Furnishings Inc.과 빈칸이 있고, 그 뒤에는 명사구와 in 전치사구가 이어지는 구조이다. 따라서 빈칸에 문장의 동사가 필요하다는 것을 알 수 있으며, 빈칸 뒤에 위치한 명사구를 목적어로 취해야 하므로 능동태 동사의 형태인 (B) will be expanding이 정답이다.

어휘 by (방법) ~함으로써, ~해서 establish ~을 설립하다, 확립하다 warehouse 창고 distribution 유통, 배부 range 범위 expand ~을 확대하다, 확장하다

130.

정답 (C)

해석 린튼 씨는 골든 에이커스 자선 모금 행사에서 연설하는 것이 비교적 스트레스가 많은 일이라고 생각했다.

해설 문장의 동사로 쓰인 find는 『find + 목적어 + 목적격보어』의 5형식 구조로 쓰인다. 이 문장에서는 목적어로 쓰인 동명사구 speaking at the Golden Acres charity fundraiser와 목적격보어로 쓰인 형용사 stressful 사이에 빈칸이 위치해 있으므로 빈칸은 형용사를 수식할 부사 자리이다. 따라서 부사인 (C) comparatively가 정답이다.

어휘 find A 형용사: A를 ~하게 생각하다 charity 자선 (단체) fundraiser 모금 행사 stressful 스트레스가 많은 comparable 비교할 만한, 필적할 만한 compare ~을 비교하다 comparatively 비교적

131-134 다음 이메일을 참조하시오.

수신: 전 직원

발신: 스콧 퍼거슨

제목: 엘리베이터 유지 관리 작업에 관한 알림 메시지

날짜: 4월 19일

작업팀이 연례 엘리베이터 유지 관리 작업을 [131] 실시하기 위해 우리를 방문할 예정임을 모든 분께 상기시켜 드리기 위해 이메일을 씁니다. [132] 이 과정은 이틀 후에 진행될 것입니다. 로비에서부터 1층과 7층 사이를 운행하는 엘리베이터들은 4월 21일 정오부터 오후 3시까지 운행이 중단될 것이며, 8층에서 14층까지 운행하는 것들은 오후 4시부터 오후 7시까지 폐쇄될 것입니다. 게다가, 부속 건물에 있는 서비스용 엘리베이터는 같은 날 오후 3시부터 오후 4시까지 이용할 수 없을 것입니다. 이 예정된 유지 관리 작업 [133] 중에, 건물 북쪽 및 남쪽 측면에 위치한 계단을 이용하셔야 할 것입니다. 직원 여러분께서는 걸어서 원하시는 층에 도달하는 데 있어 추가 시간을 감안하셔야 합니다. 우리는 여러분께서 겪으시게 될 모든 불편함에 대해 [134] 유감스럽게 생각합니다.

어휘 | reminder (상기시키기 위한) 알림 메시지 maintenance 유지 관리, 시설 관리 remind A that: A에게 ~임을 상기시키다 work crew 작업팀 visit ~을 방문하다 annual 연례적인, 해마다의 run (기계 등) 운행하다, 가동되다 out of service 운행이 중단된, 작동하지 않는 between A and B: A와 B 사이에 additionally 게다가 annex building 부속 건물 out of use 이용할 수 없는 scheduled 예정된 stairways 계단 located at ~에 위치한 allow ~을 감안하다 extra 추가의, 별도의 desired 원하는, 바라는 on foot 걸어서 inconvenience 불편함 experience ~을 겪다, 경험하다

131.

정답 (B)

해설 빈칸은 작업팀이 방문하는 목적을 나타낼 to부정사구에 해당되며, 빈칸 뒤에 위치한 명사구 annual elevator maintenance를 목적어로 취해 엘리베이터 유지 관리와 관련할 수 있는 일을 나타낼 동사가 쓰여야 한다. 따라서 '~을 실시하다, 수행하다'라는 의미를 지닌 (B) perform이 정답이다.

어휘 request ~을 요청하다 perform ~을 실시하다, 수행하다 prevent ~을 방지하다, 막다 refer ~을 참고하다, 위탁하다

132.

(A) 후속 이메일을 통해 시작 시간을 알려드리겠습니다.

(B) 반드시 미리 작업물을 백업해 두시기 바랍니다.

(C) 이 과정은 이틀 후에 진행될 것입니다.

(D) 여러분의 협조가 없었다면 우리는 이것을 완료할 수 없었을 것입니다.

정답 (C)

해설 바로 앞 문장에 작업팀이 엘리베이터 유지 관리 작업을 위해 방문할 예정이라고 알리는 말이 쓰여 있다. 따라서 이 작업 과정을 The process로 지칭해 작업이 실시되는 시점을 알리는 의미로 쓰인 (C)가 정답이다.

어휘 let A know B: A에게 B를 알리다 follow-up 후속의 make sure that 반드시 ~하도록 하다 in advance 미리, 사전에 process 과정 take place (일, 행사 등이) 발생되다, 일어나다 in+기간: ~후에 could have p.p. ~할 수 있었을 것이다 complete ~을 완료하다 without ~가 없었다면, 아니었다면 cooperation 협조

133.

정답 (A)

해설 빈칸 뒤에 위치한 명사구 this scheduled maintenance work를 목적어로 취할 전치사가 빈칸에 쓰여야 알맞으므로 선택지에서 유일하게 전치사인 (A) During이 정답이다.

어휘 during ~중에, ~동안 finally 마침내, 결국

134.

정답 (A)

해설 주어 We 뒤로 빈칸이 있고, 그 뒤로 명사구 any inconvenience

와 이 명사구를 수식하는 관계대명사가 생략된 관계사절 you may experience가 이어져 있다. 따라서 주절의 동사가 빈칸에 쓰여야 알맞은 구조가 되므로 동사인 (A) regret이 정답이다.

어휘 regret ~을 유감스럽게 생각하다 regrettable 유감스러운 regrettably 유감스럽게도

135-138 다음 고객 후기를 참조하시오.

> 저는 최근에 차고에서 오래된 제 록 해머 등산화 한 켤레를 찾게 되어 기뻤습니다. 제가 2년 전에 새 집으로 이사를 했고 이 등산화를 완전히 잊고 있었는데, **135** 놀랍게도, 여전히 그것들은 아주 좋은 상태입니다. 뻣뻣한 가죽을 부드럽게 만들기 위해 제가 사는 지역 주변에서 몇 번 잠깐 걸을 때 이 등산화를 신어야 했으며, 방수용 왁스를 구입해 다시 발라야 했습니다. **136** 그렇지 않았다면, 제대로 된 등산을 위해 그것들을 신었을 때 물집이 생기거나 발이 젖은 상태가 되었을 지도 모릅니다. 현재, 이 등산화는 새 것만큼 좋게 느껴집니다. **137** 이와 같은 훌륭한 신발에 대해 노력을 들일 만한 가치가 있었습니다.
>
> 제가 처음에 등산화 구입을 위해 매장을 둘러보고 다녔을 때, 록 해머 등산화를 선택한 이유는 등산객을 위한 가장 내구성이 좋은 신발 브랜드로 광고되었기 때문이었습니다. 저는 구매 가능한 **138** 가장 튼튼한 등산화를 원했으며, 이것들이 최근의 20킬로미터 등산 동안 완벽히 기능했다는 사실을 알려 드리게 되어 기쁩니다. 저는 진심으로 이 등산화를 추천해 드릴 수 있습니다.
>
> 제리 메인

어휘 recently 최근에 be delighted to do ~하게 되어 기쁘다 hiking boots 등산화 garage 차고 completely 완전히, 전적으로 forget about ~을 잊다 still 여전히 in great condition 아주 좋은 상태인 wear ~을 신다 neighborhood 지역, 인근 in order to do ~하기 위해 soften ~을 부드럽게 만들다 stiffened 뻣뻣해진 leather 가죽 purchase ~을 구입하다 re-apply ~을 다시 바르다 waterproof 방수의 might have p.p. ~했을 지도 모른다 blister 물집 proper 제대로 된, 적절한 as A as B: B만큼 A한 originally 처음에, 애초에 choose ~을 선택하다 advertise ~을 광고하다 durable 내구성이 좋은 hiker 등산객 available 구매 가능한, 이용 가능한 be happy to do ~하게 되어 기쁘다 report ~을 알리다, 보고하다 perform 기능하다, 수행하다 during ~동안 recent 최근의 wholeheartedly 진심으로, 진정으로 recommend ~을 추천하다

135.

정답 (D)

해설 접속사 and와 and절의 주어 they 사이에 위치한 빈칸은 문장 전체를 수식할 부사 자리이므로 부사인 (D) surprisingly가 정답이다.

어휘 surprised 놀란 surprising 놀라게 하는 surprise ~을 놀라게 하다 surprisingly 놀랍게도

136.

정답 (C)

해설 빈칸 앞에는 뻣뻣해진 가죽을 부드럽게 만들기 위해 등산화를 신은 일과 방수용 왁스를 구입해 다시 바른 일이 언급되어 있고, 빈칸 뒤에는 물집이 생기거나 발이 젖은 상태가 되었을 것이라는 말이 쓰여 있다. 이는 특정 조치를 취하지 않은 것에 따른 부정적인 결과를 추측한 말에 해당된다. 따라서 '그렇지 않았다면'이라는 의미로 부정적인 결과를 나타낼 때 사용하는 (C) Otherwise가 정답이다.

어휘 instead 대신에 similarly 유사하게 otherwise 그렇지 않았다면 regardless (of) (~에) 상관없이

137.

(A) 이와 같은 훌륭한 신발에 대해 노력을 들일 만한 가치가 있었습니다.
(B) 다른 브랜드로 교환할 수 있기를 바랍니다.
(C) 더 이상 재고가 있지 않다는 점이 실망스럽습니다.
(D) 등산을 갈 때 준비가 되어 있는 것이 중요합니다.

정답 (A)

해설 빈칸 앞 문장들을 읽어 보면, 다시 찾은 등산화를 신기 위해 취한 조치와 함께 그에 따라 새 것만큼 상태가 좋아졌다고 말하는 내용이 쓰여 있다. 따라서 이와 같이 자신이 한 일을 the effort로 지칭해 신발에 대해 노력을 들일 만한 가치가 있었다는 말로, 앞에 언급된 긍정적인 결과가 발생한 것에 대한 반응을 언급한 (A)가 정답이다.

어휘 worth+명사: ~할 만한 가치가 있는 effort 노력 be able to do ~할 수 있다 exchange A for B: A를 B로 교환하다 be disappointed that ~라는 점에 실망하다 no longer 더 이상 ~않는 in stock 재고가 있는 important 중요한 be prepared 준비가 되어 있다

138.

정답 (B)

해설 빈칸 앞 문장에 가장 내구성이 뛰어난 신발 브랜드로 광고되었다고 언급한 사실이, 빈칸 뒤에 20킬로미터 등산 중에 완벽히 기능했다고 말한 것과 의미가 통하는 최상급 형용사가 빈칸에 쓰여야 자연스럽다. 이 빈칸 앞뒤의 내용들은 모두 튼튼한 신발이라는 특징을 나타내므로 '가장 튼튼한'이라는 뜻을 지닌 (B) strongest가 정답이다.

어휘 light 가벼운, 경량인 cheap 싼, 저렴한 wide 넓은

139-142 다음 회람을 참조하시오.

수신: 리 파이낸셜 서비스 직원
발신: 브리짓 걸리버, 사무실 관리 책임자
제목: 회신: 아놀드 리
날짜: 2월 13일

전 직원 여러분께,

모두 아시리라 확신하지만, 우리 회사의 설립자이자 회장이신 아놀드 리 님께서 3월 10일에 **139** 은퇴하실 예정입니다. 리 회장님께서 소기업 소유주들과 사업가들에게 도움을 드리기 위해 고안하신 금융 컨설팅 회사를 설립하기로 시작하신 이후로 거의 40년이 지났습니다. **140** 그분께서는 회사가 얼마나 규모가 커질지 예상하지 못하셨을 수도 있습니다. 리 파이낸셜 서비스는 5천 명이 넘는 고객들께 소중한 도움을 제공해 왔으며, 이분들 중 대부분은 각자 속한 업계에서 성공을 이루실 수 있게 되었습니다.

지난 12년 동안 리 파이낸셜 서비스 부회장으로 재직해 오신 에디슨 왕 님께서 리 회장님의 **141** 뒤를 이으실 것입니다.

리 회장님께서 이루신 **142** 성공적인 경력의 마지막을 기리기 위한 기념 행사가 3월 3일로 마련된 상태입니다. 제가 일주일 전에 미리 행사 세부 정보를 돌리도록 하겠습니다. 여러분 모두 그곳에서 뵐 수 있을 것으로 확신합니다.

브리짓

어휘 employee 직원 sure 확신하는 founder 설립자, 창립자 chairman 회장, 의장 almost 거의 decade 10년 since ~한 이후로 set out to do ~하기 시작하다, ~하는 것에 착수하다 establish ~을 설립하다, 확립하다 financial 금융의, 재정의 firm 회사 designed to do ~하기 위해 고안된, 마련된 owner 소유주 entrepreneur 사업가, 기업가 provide ~을 제공하다 invaluable 소중한 assistance 도움 more than ~가 넘는 go on to do ~하게 되다 find success 성공을 이루다 respective 각각의 industry 업계 serve as ~로 재직하다, 근무하다 vice chairman 부회장 past 지난 celebration 기념 행사, 축하 행사 arrange ~을 마련하다, 조치하다 mark ~을 기리다, 기념하다 career 경력 circulate (자료, 정보 등) ~을 돌리다, 유포하다 details 세부 사항, 상세 정보 in advance 미리, 사전에

139.

정답 (B)

해설 각 선택지의 단어들이 모두 동사의 형태이고 시제만 다르므로 시점 관련 단서를 찾아야 한다. 빈칸 바로 뒤에 쓰여 있는 날짜 March 10은 이메일 상단의 작성 날짜 February 13보다 미래 시점에 해당되므로 미래 시제인 (B) will be retiring이 정답이다.

어휘 retire 은퇴하다, 퇴직하다 be to do ~할 예정이다

140.

(A) 여러분께 조언을 제공해 드릴 준비가 되어 있는 경험 많은 팀이 있습니다.
(B) 이 행사는 버나비 스트리트에 있는 한 레스토랑에서 개최될 것입니다.
(C) 그분께서는 회사가 얼마나 규모가 커질지 예상하지 못하셨을 수도 있습니다.
(D) 저희는 귀하께서 회장으로의 승진을 받아들여 주셔서 기쁘게 생각합니다.

정답 (C)

해설 빈칸 앞에는 회사가 거의 40년 동안 운영되어 온 사실이, 빈칸 뒤에는 5천 명이 넘는 고객들에게 도움을 제공해 온 사실이 쓰여 있다. 이는 모두 회사 운영 및 규모와 관련된 내용에 해당되므로 '회사가 이렇게 커질지 예상하지 못했을 것'이라는 뜻으로 회사 규모와 관련해 놀라움을 나타내는 의미를 담은 (C)가 정답이다.

어휘 experienced 경험 많은 ready to do ~할 준비가 된 offer A B: A에게 B를 제공하다 advice 조언 take place (일, 행사 등이) 개최되다, 발생되다 could have p.p. ~할 수 있었을 것이다 anticipate ~을 예상하다 be delighted that ~해서 기쁘다 accept ~을 받아들이다 promotion 승진 chairman 회장

141.

정답 (D)

해설 빈칸 앞에 위치한 Mr. Lee는 앞서 은퇴할 것이라고 언급한 사람이므로 빈칸 뒤에 12년 동안 부회장으로 재직해 왔다고 쓰여 있는 Edison Wang이 그 후임인 것으로 판단할 수 있다. 따라서 '~의 뒤를 잇다'라는 의미를 지닌 succeed의 과거분사 (D) succeeded가 정답이다.

어휘 achieve ~을 달성하다, 성취하다 resume ~을 재개하다 position ~을 위치시키다 succeed (지위 등과 관련해) ~의 뒤를 잇다

142.

정답 (B)

해설 빈칸에 쓰일 형용사는 바로 뒤에 위치한 career를 수식해 리 씨의 경력이 지닌 특성을 나타내야 한다. 앞서 40년 동안 운영되어 오면서 5천 명이 넘는 고객들에게 서비스를 제공한 사실을 언급한 것과 의미가 통해야 자연스러우므로 '성공적인 경력'이라는 의미를 나타낼 수 있는 (B) distinguished가 정답이다.

어휘 tentative 잠정적인 distinguished 성공한, 뛰어난 beneficial 유익한, 도움이 되는 experienced 경험 많은

143-146 다음 공지를 참조하시오.

아이스버그 푸드 사에서 품질 관리 책임자를 찾고 있습니다. 이 품질 관리 책임자는 디트로이트에 위치한 저희 제조 공장의 품질 보증 관리부를 **143** 감독합니다. 이 직책의 주요 업무에는 품질 관리 직원들로 구성된 팀 관리와 모든 제품에 대한 높은 품질 보장, 그리고 제품 개선에 필요한 전략 개발이 포함됩니다. 이 직책은 매주 다른 시간대로 구성된 교대 근무를 수반하며, 저녁 및 주말 근무를 포함할 수 있으므로, 지원자는 반드시 **144** 유연하고 헌신적이어야 합니다. 지원자들은 식품 제조 환경에 있어 경력을 보유하고 있어야 하며, 품질 보증 업무에 대한 증명서를 소지하고 있어야 합니다. **145** 하지만, 관련 분야에 대한 자격이 있는 지원자들 또한 고려될 것입니다. 지원을 원하시는 분은, 자기소개서와 이를 동반한 이력서를 아이스버그 푸드 사로 보내 주시기 바랍니다. **146** 제출하시는 모든 서류에 직무 참조 번호 3349를 추가해 주시기 바랍니다.

어휘 seek ~을 찾다, 구하다 quality control 품질 관리 quality assurance 품질 보증 division 부서 manufacturing 제조 plant 공장 main 주요한 duty 업무, 임무 role 직책 include ~을 포함하다 manage ~을 관리하다 ensure ~을 보장하다 develop ~을 개발하다 strategy 전략 improvement 개선, 향상 involve ~을 수반하다, 포함하다 shift work 교대 근무 candidate 지원자, 후보자 dedicated 헌신적인, 전념하는 experience 경험 setting 환경, 배경 certification 증명서 qualification 자격(증) related 관련된 subject 분야, 주제 consider ~을 고려하다 apply 지원하다, 신청하다 résumé 이력서 accompanying 동반한 cover letter 자기소개서

143.

정답 (B)

해설 주어와 빈칸 뒤로 명사구와 전치사구들만 이어져 있으므로 빈칸이 이 문장의 동사 자리임을 알 수 있다. 따라서 동사의 형태인 (A) oversee와 (B) oversees 중에서 하나를 골라야 하는데, 주어 The QC Manager가 3인칭 단수이므로 수 일치가 되는 형태인 (B) oversees가 정답이다.

어휘 oversee ~을 감독하다, 감시하다 overseer 감독(관)

144.

정답 (D)

해설 빈칸 앞에 제시된 내용을 보면, 해당 직책이 시간대가 서로 다른 교대 근무 및 저녁 근무, 그리고 주말 근무를 포함할 수 있다고 쓰여 있다. 이와 관련해 지원자가 갖춰야 할 요건을 나타낼 형용사가 필요한데, 다양한 시간대에 근무하는 일은 시간 활용의 유연함과 관련된 것이므로 '유연한, 탄력적인' 등을 뜻하는 (D) flexible이 정답이다.

어휘 authoritative 권위적인, 권위 있는 successful 성공적인 accurate 정확한 flexible 유연한, 탄력적인, 융통성 있는

145.

정답 (C)

해설 빈칸 앞 문장에는 지원자들이 갖추고 있어야 하는 자격 요건이, 빈칸 뒤에는 추가로 고려될 수 있는 대상자를 언급하는 말이 쓰여 있다. 특정 자격 요건을 갖추고 있어야 한다는 말과 그에 해당되지 않아도 고려될 수 있다는 말은 서로 상반되는 내용이므로 '하지만'이라는 의미로 대조 또는 반대 등을 나타내는 (C) However가 정답이다.

어휘 as a result 결과적으로 in particular 특히 however 하지만 then 그렇다면, 그 후에, 그때

146.

(A) 많은 직책들이 이미 충원되었다는 점에 유의하시기 바랍니다.

(B) 그 프로젝트의 목적에 관한 모든 상세 정보는 저희 웹 사이트에서 찾으실 수 있습니다.

(C) 저희는 귀하께서 제공해 주신 첫 번째 추천인에게 연락할 수 없었습니다.

(D) 제출하시는 모든 서류에 직무 참조 번호 3349를 추가해 주시기 바랍니다.

정답 (D)

해설 빈칸 앞 문장에 지원을 원하시는 분은 이력서와 자기소개서를 보내 지원하도록 요청하는 말이 쓰여 있으므로 이와 관련된 것으로서 제출 서류에 추가해야 하는 정보를 언급하는 (D)가 정답이다.

어휘 note that ~임에 유의하다, 주목하다 already 이미 fill ~을 충원하다, 채우다 full details 모든 상세 정보 aim 목적 be unable to do ~할 수 없다 make contact with ~에게 연락하다 reference 추천인, 추천서, 참조 provide ~을 제공하다 add ~을 추가하다 submit ~을 제출하다

시원스쿨 토익 기출 문법 공식

119
동영상 강의

토익 RC
이윤우

문법, 이제 자주 출제되는 공식만 배우자!

저자 직강! 10년 이상 강의 경력 전문가
토익 문법 강자 이윤우 선생님의 간단명료한
문법 공식을 지금 확인해보세요!

토익 문법 만점에 필요한
119개 공식만

간단 명료하게 전달

PART 5&6에서 자주 나오는
최빈출 문법 공식으로

빈칸 앞뒤만 보고 정답 도출

대표 기출 변형 문제로
실전 감각까지 길러주는

실전형 문법 강의

출제 빈도순 문법 공식
강의로 시작 단계부터

점수 향상이 가능한 강의

시원스쿨LAB 강사 라인업

20년 노하우의 토익/토스/오픽/지텔프/텝스/아이엘츠/토플/SPA/듀오링고
기출 빅데이터 심층 연구로 빠르고 효율적인 목표 점수 달성을 보장합니다.

시험영어 전문 연구 조직

시원스쿨어학연구소

 시험영어 전문	기출 빅데이터	264,000시간
TOEIC/TOEIC Speaking/ TEPS/OPIC/G-TELP/IELTS/ TOEFL/SPA/Duolingo 공인 영어시험 콘텐츠 개발 경력 20년 이상의 국내외 연구원들이 포진한	본 연구소 연구원들은 매월 각 전문 분야의 시험에 응시해 시험에 나온 모든 문제를 철저하게 해부하고, 시험별 기출문제 빅데이터 분석을 통해 단기 고득점을 위한	각 분야 연구원들의 연구시간 모두 합쳐 264,000시간 이 모든 시간이 쌓여 시원스쿨어학연구소가 탄생했습니다.

토익 시작할 땐 시원스쿨LAB

성적 NO, 출석 NO! 사자마자 50%,
지금 토익 시작하면 최대 300%+응시료 2회 환급

토익 실전 길잡이
길지연

토익만점 여신
최서아

토익 입문 마스터
켈리 선생님

New
시작이 반
토익환급

**사자마자
50% 환급**

성적 NO, 출석 NO

**100% 환급
+ 응시료 0원**

하루 1강
or 목표 성적 달성

**200% 환급
+ 응시료 0원**

하루 1강 & 성적

**300% 환급
+ 응시료 0원**

하루 1강 & 목표성적
+ 100점

* 지금 시원스쿨LAB 사이트(lab.siwonschool.com)에서 유료로 수강하실 수 있습니다

* 환급 조건 : 성적표 제출 및 후기 작성, 제세공과금&교재비 제외, 유의사항 참고, *[1위]2022-2023 히트브랜드 토익·토스·오픽 인강 부문 1위,
* [300%] 650점반 구매자, 출석&750점 달성 시, 유의사항 참고, *[750점만 넘어도] 650점반 구매자 첫토익 응시 기준, 유의사항 참고

히트브랜드 토익·토스·오픽 인강 1위
시원스쿨LAB 교재 라인업
*2020-2024 5년 연속 히트브랜드대상 1위 토익·토스·오픽 인강

시원스쿨 토익 교재 시리즈

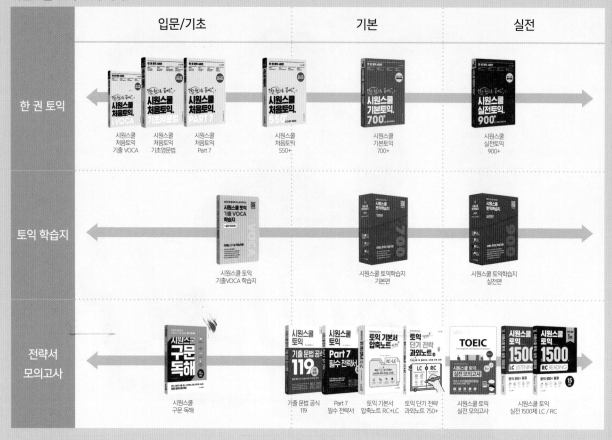

	입문/기초	기본	실전
한 권 토익	시원스쿨 처음토익 기출 VOCA / 시원스쿨 처음토익 기초영문법 / 시원스쿨 처음토익 Part 7 / 시원스쿨 처음토익 550+	시원스쿨 기본토익 700+	시원스쿨 실전토익 900+
토익 학습지	시원스쿨 토익 기출VOCA 학습지	시원스쿨 토익학습지 기본편	시원스쿨 토익학습지 실전편
전략서 모의고사	시원스쿨 구문 독해	기출 문법 공식 119 / Part 7 필수 전략서 / 토익 기본서 압축노트 RC+LC / 토익 단기 전략 과외노트 750+	시원스쿨 토익 실전 모의고사 / 시원스쿨 토익 실전 1500제 LC / RC

시원스쿨 토익스피킹 교재 시리즈

10가지 문법으로 시작하는 토익스피킹 기초영문법 | 28시간에 끝내는 토익스피킹 START | 5일 만에 끝내는 토익스피킹 실전모의고사 | 15개 템플릿으로 끝내는 토익스피킹 필수전략서 | 시원스쿨 토익스피킹 IM - AL | 시원스쿨 토익스피킹 실전 모의고사 | 시원스쿨 토익스피킹 학습지

시원스쿨 오픽 교재 시리즈

시원스쿨 오픽 IM-AL | 시원스쿨 오픽 실전 모의고사 | 시원스쿨 오픽학습지 실전전략편 IH-AL | 멀티캠퍼스X시원스쿨 오픽 진짜학습지 IM 실전 | 멀티캠퍼스X시원스쿨 오픽 진짜학습 IH 실전 | 멀티캠퍼스X시원스쿨 오픽 진짜학습지 AL 실전 | OPIc All in one PACKAGE IM-AL

Day 11

✅ 읽기만 해도 점수가 쑥쑥! 오르는 기출 포인트

197

overwhelming
형 ❶ 압도적인(= overpowering), ❷ 불가항력의(= irresistible)

□ due to **overwhelming** demand for kids' swimming lessons
어린이 수영 강좌에 대한 압도적인 수요 때문에

□ The volume of spam e-mail they receive every day has become **overwhelming**.
그들이 매일 받는 스팸 메일의 양이 불가항력적인 수준이 되었다.

overwhelmingly ★
부 ❶ 압도적으로
❷ 불가항력적으로(= irresistibly)

198

possess
동 ~을 소유하다, 보유하다
(= own, hold)

□ The successful candidates should **possess** at least four years of experience in human resources.
합격자가 되시려면 인사 분야에서 최소 4년의 경력을 지니고 있어야 합니다.

199

reflect
동 ❶ ~을 반영하다 ❷ ~을 보여주다
(= indicate, show)

□ The name of our new product **reflects** a growing trend among young adults.
우리 신제품 이름은 젊은이들 사이에서 늘어나고 있는 추세를 반영한다.

□ renovate stores to **reflect** the revised marketing strategy
수정된 마케팅 전략을 반영하기 위해 매장들을 개조하다

reflection ★ 명 반영
reflective ★ 형 ❶ 반사하는 ❷ 반영하는

200

collaboratively
부 협력하여(= cooperatively)

□ have to work **collaboratively** to meet the deadline
마감일을 맞추기 위해 협력하여 일해야 하다

□ work **collaboratively** to produce the best outcomes
최상의 결과를 내기 위해 협력하여 일하다

collaborative ★ 형 협력적인
(= cooperative)

collaboration ★ 명 협력
collaborate ★ 동 협력하다
(= cooperate)

201

automatically
부 자동적으로

□ be **automatically** placed on the waiting list
대기자 명단에 자동적으로 오르다

□ shut off **automatically**
자동적으로 꺼지다

automatic ★ 형 자동의

202

valuable
형 ❶ 소중한 ❷ 값비싼 ❸ 유용한

□ **valuable** information
소중한 정보

□ **valuable** tool
유용한 수단

value ★ 명 가치
동 ~을 소중히 여기다

valued ★ 형 소중한

203

equally
부 ❶ 똑같이, 대등하게, 평등하게
(= evenly, justly, impartially)

□ will be distributed **equally** between team members
팀원들 사이에서 똑같이 분배될 것이다

□ The three car stereos that were tested performed **equally** well.
테스트 받은 세 가지 자동차 오디오 제품들이 똑같이 잘 기능했다.

equal ★ 형 동등한, 대등한, 평등한

204

briefly
부 간략히, 잠시

□ **briefly** review the results
결과를 간략히 검토하다

□ **briefly** explain the agenda
안건을 간략히 설명하다

205

selection
명 ❶ 선택 ❷ 선택된 것

□ The shop offers **a selection of** gift items.
그 매장은 엄선된 선물 제품을 제공한다.

□ carry **a large selection of** gardening tools
다양하게 엄선된 원예 도구를 취급하다

select ★ 동 ~을 선택하다
selective ★ 형 ❶ 선택적인 ❷ 엄선된

206

relevant
형 관련된, 적절한(= pertinent)

□ with at least three years of **relevant** work experience
최소 3년의 관련 직종 경력을 가진

□ contain information **relevant to** an upcoming workshop
다가오는 워크숍과 관련된 정보를 담고 있다

---

207 accordingly
명/부 ❶ 그에 맞춰 ❷ 따라서
▶ Part 5에서 주로 일반부사로 출제
▶ Part 6에서 접속부사로 주로 출제

□ be adjusted **accordingly**
그에 맞춰 조정되다

□ Your application has been approved. **Accordingly**, $1,000 will be deposited into your bank account.
귀하의 신청이 승인되었습니다. 따라서, 전 달러가 귀하의 은행 계좌로 입금될 것입니다.

208 effort
명 ❶ 노력 ❷ 수고
effortlessly ★ 부 쉽게, 무난하게

□ an ongoing **effort** to expand into international markets
해외 시장으로 사업을 확장하기 위해 계속 진행 중인 노력

숙어 in an **effort** to do ~하기 위한 노력의 일환으로

209 variety
명 ❶ 여러 가지 ❷ 다양성
various ★ 형 다양한

□ add a greater **variety** to the menu
메뉴에 더 많은 다양성을 더하다

□ a wide **variety** of healthcare services
매우 다양한 건강 의료 서비스

숙어 a (wide) **variety** of (매우) 다양한

210 exceed
동 (한도, 양을) ~을 초과하다, 넘어서다

□ **exceed** the yearly sales targets
연간 매출 목표치를 초과하다

□ **exceed** one's expectations
~의 기대치를 넘어서다

211 acquire
동 ❶ ~을 얻다, 획득하다 ❷ (기업 등) ~을 인수하다
acquired ★ 형 ❶ 획득한 ❷ 인수된
acquisition ★ 명 ❶ 획득 ❷ 인수

□ **acquire** valuable experience in the marketing field
마케팅 분야에서 귀중한 경험을 얻다

□ **acquire** Parker Inc.
파커 주식회사를 인수하다

192 comparable
형 ❶ 비교할 만한(to) ❷ 비슷한 ❸ 필적할
compared ★ 형 비교된
comparatively ★ 부 비교적

□ find someone with **comparable** experience
비슷한 경험을 가진 사람을 찾다

□ be **comparable** in quality
품질이 비슷하다

193 product
명 제품
production ★★ 명 ❶ 생산 ❷ 생산물
produce ★ 동 ~을 생산하다 명 농산물
productive ★ 형 생산적인
productively ★ 부 생산적으로

□ a **product** that does not meet one's expectations
~의 기대에 미치지 못하는 제품

□ This e-mail contains only a small list of our **products** currently available to retailers.
이 이메일은 현재 소매점들이 구매할 수 있는 저희 제품들의 일부 목록만 있습니다.

194 success
명 성공
successful ★ 형 성공적인
succeed ★ 동 ❶ 성공하다 ❷ ~의 뒤를 잇다

□ a notable **success**
주목할 만한 성공

□ to ensure the continued **success** of our service
우리 서비스의 지속적인 성공을 보장하기 위해

195 oversee
동 ~을 감독하다, 관리하다 (= manage, supervise)
oversight 명 감독

□ **oversee** a team responsible for~
~을 담당하는 팀을 감독하다

□ **oversee** the release of a new line of laptop computers
새로운 노트북 컴퓨터 제품군 출시를 감독하다

196 challenging
형 ❶ 힘든(= difficult, hard, demanding) ❷ 해볼 만한(= stimulating)
challenge ★ 명 ❶ 도전 ❷ 난제 동 ~에 도전하다

□ a **challenging** task
힘든 업무

□ fulfill the demands of the **challenging** role of CEO
대표이사라는 힘든 역할의 요구 사항들을 이행하다

186 accommodate
동 ❶ ~을 수용하다 ❷ ~에게 숙소를 제공하다
accommodation ★ 명 숙박 (시설)
- accommodate up to 40 people 최대 40명까지 수용하다
- in order to accommodate an increasing number of employees 점점 늘어나는 직원들을 수용하기 위해

187 decline
동 ❶ 하락하다 ❷ 줄어들다 ❸ ~을 거절하다
명 ❶ 하락 ❷ 물락
declining ★ 형 기우는, 쇠퇴하는
- decline applications for jobs 일자리 지원서를 거절하다
- in spite of the decline in revenue 수익 감소에도 불구하고

188 process
명 ❶ 처리 ❷ 공정 ❸ 과정 동 ~을 처리하다
- check the manufacturing process for efficiency 효율성을 위해 제조 과정을 점검하다
- process your online order 귀하의 온라인 주문을 처리하다

189 current
형 현재의
명 ❶ 경향 ❷ 흐름
currently ★★ 부 ❶ 현재 ❷ 지금
- all expenses for the current year 올해의 모든 지출 비용
- add new members to the current staff of 50 50명의 현 직원 규모에 신임 사원들을 추가하다

190 opportunity
명 기회
- have the opportunity to interview~ ~을 인터뷰할 기회를 갖다
- career opportunity in advertising 광고 업계에서 경력을 쌓을 기회

191 reserve
동 ❶ ~을 예약하다 ❷ ~을 보유하다 ❸ ~을 남겨두다
명 ❶ 보호 구역 ❷ 신중함 ❸ 비축(물)
reservation ★ 명 예약
reserved ★ 형 ❶ 보류된 ❷ 예약된
- We reserve the right to refuse services. 저희는 서비스를 거부할 권리를 보유하고 있습니다.

212 concerning
전 ~에 관하여
concern ★ 명 ❶ 우려, 걱정 ❷ 관심사 동 ❶ ~을 우려시키다 ❷ ~와 관련되다
- hold a press conference concerning the merger 합병에 관한 기자 회견을 열다
- send a reminder to all employees concerning the upcoming training seminar 전 직원에게 곧 있을 교육 세미나에 관해 상기시키는 메시지를 보내다

213 competition
명 ❶ 경쟁 ❷ (경연) 대회
competitive ★★ 형 경쟁력 있는
competitiveness ★ 명 경쟁력
competitively ★ 부 경쟁적으로
- amid rising[increasing] competition 치열해지는 경쟁 속에서
- the cooking competition 요리 경연 대회

214 defective
형 결함이 있는, 불완전한
defect ★ 명 결함
- return defective merchandise 결함이 있는 상품을 반품하다
- ship the defective item back 결함이 있는 제품을 반송하다

215 comprehensive
형 광범위한, 포괄적인, 종합적인
comprehensively ★ 부 포괄적으로, 광범위하게
- gather comprehensive data 광범위한 데이터를 수집하다
- provide a comprehensive list of local artists 광범위한 지역 예술인 목록을 제공하다

216 dependent
형 ❶ 의존적인(= reliant) ❷ 달려 있는(= depending)
depend ★ 동 의존하다
dependable ★ 형 ❶ 의존할 만한 ❷ 믿을 만한
- find oneself dependent on one's colleagues 스스로 ~의 동료들에게 의존하고 있음을 깨닫다
- The success of the new marketing project is dependent on the teamwork. 새로운 마케팅 프로젝트의 성공은 팀워크에 달려있다.

217

accurately

(부) 정확하게

accurate ★ (형) 정확한

inaccurately ★ (부) 부정확하게

☐ enter the client information **accurately** into the database

고객 정보를 데이터베이스에 정확하게 입력하다

218

hold

(동) ❶ (행사, 회의 등) ~을 열다

❷ ~을 개최하다

☐ **hold** a press conference

기자 회견을 열다

☐ A reception party will **be held** tomorrow evening.

환영 파티가 내일 저녁에 열릴 것이다.

219

indicate

(동) ❶ (연구, 조사가) ~을 보여주다

❷ ~을 나타내다

indicative ★ (형) ~을 나타내는(of)

indication ★ (명) 암시, 조짐

☐ Customer surveys **indicate** a need to revise the refund policy.

고객 설문 조사는 환불 정책을 수정해야 할 필요성을 보여준다.

☐ check the box on the form **indicating** your choice

서식에서 여러분의 선택 사항을 보여주는 네모 칸에 체크하다

220

periodically

(부) 주기적으로, 정기적으로

☐ be **periodically** updated based on sales figures

매출 수치를 바탕으로 주기적으로 업데이트되다

☐ Check the Web site **periodically** and correct any errors if needed.

웹사이트를 주기적으로 확인에 필요한 경우에 어떤 오류든 바로 잡으십시오.

✓ 읽기만 해도 점수가 쑥쑥! 오늘도 기출 포인트

181

emphasize

(동) ~을 강조하다, 역설하다(= stress)

emphasis ★ (명) 강조(= stress, focus)

☐ **emphasize** its fuel efficiency and affordability

연료 효율성과 가격 적정성을 강조하다

182

designed

(형) ❶ ~을 의도된

design ★ (동) ❶ ~을 디자인하다

❷ ~을 고안하다

(명) ❶ 디자인 ❷ 설계

☐ **be designed** specifically for~

~을 위해 특별히 고안되다

☐ **be designed** to be more energy-efficient

더욱 에너지 효율적이도록 고안되다

183

affordable

(형) 가격이 저렴한, 알맞은

affordably ★ (부) 알맞은 가격에

☐ offer customers **affordable** vacation packages

고객들에게 저렴한 휴가 패키지를 제공하다

☐ at an **affordable** price

저렴한 가격에

184

considerably

(부) 상당히

consideration ★ (명) 고려

considerable ★ (형) 상당한

☐ The sales increased **considerably** this quarter.

이번 분기에 매출이 상당히 증가했다.

☐ The revised report is **considerably** more detailed than the original one.

수정된 보고서는 원본보다 훨씬 더 자세하다.

185

routine

(형) ❶ 정기적인 ❷ 일상적인

(명) 일상

routinely ★ (부) ❶ 정기적으로

❷ 일상적으로

☐ conduct **routine** maintenance checks on~

~에 대해 일상적인 관리 점검을 실시하다

☐ perform **routine** tasks

일상적인 업무를 수행하다

178

detail
- 뗑 상세 정보, 세부 사항
- 톰 ~을 상세히 설명하다
- detailed ★ 뗑 상세한 설명된

☐ for more **details** on the discount program
할인 프로그램에 대해 더 많은 상세 정보가 필요하면

☐ a report which **details** the company's performance
회사의 실적을 자세히 설명하는 보고서

179

anticipate
- 톰 ❶ ~을 예상하다 ❷ ~을 기대하다
- anticipation ★ 뗑 ❶ 예상 ❷ 기대

☐ earlier than **anticipated**
예상보다 빨리

☐ We **anticipate** that the sales will increase significantly.
우리는 판매량이 상당히 증가할 것으로 예상한다.

180

competitive
- 뗑 경쟁력 있는
- competition 뗑 경쟁, 경연대회
- competitiveness ★ 뗑 경쟁력
- competitor ★ 뗑 경쟁자, 경쟁업체

☐ offer **competitive** rates for auto insurance
자동차 보험에 대해 경쟁력 있는 요금을 제공하다

☐ offer its employees **competitive** compensation
직원들에게 경쟁력 있는 보상을 제공하다

☑ 읽기만 해도 점수가 쑥쑥 오르는 기출 포인트

☐ be well ahead of their **competitors**
그들의 경쟁자들보다 월등히 앞서다

☐ continuously surpass one's **competitors** in product quality
제품 품질에서 ~의 경쟁업체들을 계속 능가하다

221

competitor
- 뗑 ❶ 경쟁자(= rival) ❷ 경쟁업체
- competitive ★★ 뗑 경쟁력 있는
- competition ★ 뗑 ❶ 경쟁 ❷ 경연 대회
- competitiveness ★ 뗑 경쟁력
- compete ★ 톰 경쟁하다

222

financially
- 뛤 재정적으로

☐ do well **financially**
재정적으로 잘 운영하다

☐ **financially** sound
재정적으로 튼튼한

- finance ★ 톰 ~에게 자금을 제공하다 뗑 재정
- financial ★ 뗑 재정의, 금융의

223

conduct
- 톰 ~을 실시하다, 수행하다
- 뗑 행동, 처신

☐ **conduct** an inspection
점검을 실시하다

☐ **conduct** a consumer survey
소비자 설문 조사를 실시하다

224

enable
- 톰 ~가 ...을 가능하게 하다
- ▲ 주로 enable + 목적어 + to부정사 구조로 출제

☐ **enable** the architects **to** complete building plans much faster
건축가들이 건물 도면들을 훨씬 더 빠르게 완성할 수 있게 하다

☐ **enable** employees **to** be more efficient at work
직원들이 직장에서 더 효율적인 상태가 되게 하다

225

recruit
- 톰 ~을 모집하다(= hire)
- 뗑 신입 사원(= newcomer)
- recruiter ★ 뗑 모집 담당자

☐ decide **to recruit** additional technicians
추가 기술자들을 모집하기로 결정하다

☐ assign individual mentors to **recruits**
개별 조언자들을 신입 사원들에게 배정하다

226 acknowledge
동 ❶ ~을 인정하다(= accept)
❷ ~을 시인하다(= admit, concede)
❸ ~을 받았음을 알리다(= confirm)
❹ ~에 감사를 표하다
(= appreciate, recognize)

□ to **acknowledge** receipt of your application
for the sales manager position
영업부장 직책에 대한 귀하의 지원서를 받았음을 알려 드리기 위해
□ **acknowledge** everyone who has contributed
to the publication
출판에 기여한 모든 사람들에게 감사를 표하다

227 discontinue
동 ~을 중단하다
(= stop, cease, terminate)
discontinued ★ 형 ❶ 중단된 ❷ 단종된

□ **discontinue** one's contract with local
vendors
지역 판매 업체들과의 ~의 계약을 중단하다
□ will **discontinue** one's overseas operations
~의 해외 사업 운영을 중단할 것이다

228 caution
명 주의(= attention, care)
cautious ★ 형 주의하는
cautiously ★ 부 주의하여

□ use **caution** when sending files through an
unsecured network
안전하지 않은 네트워크를 통해 파일을 전송할 때 주의를 기울이다

229 approve
동 ~을 승인하다
approval ★★ 명 승인

□ **approve** one's transfer request
~의 전근 요청을 승인하다
□ **approve** a building plan
건축 계획을 승인하다

230 revision
명 ❶ 수정 ❷ 개정 ❸ 변경(= alteration)
revise ★ 동 ❶ ~을 수정하다
❷ ~을 변경하다
revised ★★ 형 ❶ 수정된 ❷ 변경된

□ so that the necessary **revisions** can be made
on time
필요한 수정이 제때 이뤄질 수 있도록
□ Any thorough **revisions** to the contract
should be made before it is signed.
계약서에 대한 어떤 꼼꼼한 수정이든 서명되기 이전에 이뤄져야 한다.

231 reputation
명 명성, 평판

□ develop a **reputation** for excellent service
뛰어난 서비스로 명성을 쌓다
□ a brand with a **reputation** for~
~에 대한 명성을 지닌 브랜드

---

172 responsible
형 책임 있는

□ be **responsible** for marketing planning
마케팅 기획을 책임지고 있는
□ Mr. Kagawa was **responsible** for the
completion of the hotel renovation.
카가와 씨가 그 호텔 개조 공사 완료에 대한 책임이 있었다.

173 expensive
형 비싼(= costly), 비용이 많이 드는
inexpensive ★ 형 비싸지 않은

□ a less **expensive** alternative to~
~에 대한 덜 비싼 대안
□ the need for **expensive** repairs
비용이 많이 드는 수리의 필요성

174 beneficial
형 유익한, 이로운

□ be **beneficial** to the community
지역 사회에 유익하다
□ have a **beneficial** effect on performance
성과에 이로운 효과가 있다

175 negotiation
명 협상, 협의
negotiate ★ 동 ~을 협상하다

□ ongoing **negotiations**
계속 진행중인 협상
□ be engaged in **negotiations** over the contract
계약 협상에 관여하고 있다

176 vacant
형 비어 있는, 사람이 없는(= unoccupied)
vacate ★ 동 ❶ (장소 등) ~을 비우다,
~에서 떠나다
vacancy ★ 명 공석, (채용 중인) 일자리

□ plan to demolish the **vacant** old station
building
비어 있는 구 역사를 철거할 계획이다
□ have many **vacant** positions to fill
충원해야 할 일자리가 많이 있다

177 consultation
명 ❶ 상담 ❷ 상의 ❸ 참조
consult ★ 동 ❶ (사람) ~와 상담[상의]하다
❷ (자료) ~을 참조하다
consultant ★ 명 ❶ 컨설턴트
❷ 자문 위원

□ a complimentary health **consultation**
무료 건강 상담
□ two-hour initial **consultation**
두 시간의 초기 상담

166 disruption
명 ❶ 중단 ❷ 지장 ❸ 방해
(= interruption, disorder)
disrupt ★ 동 ~을 중단시키다, ~에 지장을 주다
(= interrupt)
- a temporary **disruption** in our order processing system
  우리 주문 처리 시스템의 일시적 중단
- apologize for the recent **disruption** in the power supply caused by the severe storm
  극심한 폭풍우로 야기된 최근의 전력 공급 중단에 대해 사과하다

167 desirable
형 바람직한, 매력적인, 호감 가는
(= attractive, enviable, charming)
desired ★ 형 바라는, 희망하는
- It would **be desirable to** share ideas and experiences with colleagues.
  동료들과 생각 및 경험을 공유하는 것은 바람직할 것이다.
- David is the most **desirable** person to work with.
  데이비드는 써는 같이 일하고 싶은 가장 호감 가는 사람이다.

168 place
동 ❶ ~을 놓다 ❷ ~을 배치하다
명 ❶ 장소 ❷ 굿
- **place** an advertisement in the newspaper
  신문에 광고를 내다
- name a **place**
  한 장소의 이름을 말하다

169 market
명 시장
동 ~을 마케팅하다
marketing ★ 명 마케팅
- stay on the **market**
  시장에서 살아남다
- **market** the new line of clothing in Asia
  아시아 시장에서 의류 신제품 라인을 마케팅하다

170 interest
명 ❶ 관심 ❷ 흥미 ❸ 이자
동 ❶ ~의 관심을 끌다
interested ★ 형 관심이 있는
- express great **interest** in~
  ~에 아주 큰 관심을 나타내다
- Thank you for your **interest** in~
  ~에 대한 귀하의 관심에 감사드립니다

171 updated
형 최신의
- the **updated** version of the employee manual
  직무 안내서의 최신 버전
- We have received your **updated** contact information.
  저희는 업데이트된 귀하의 연락처를 받았습니다.

232 distinct
형 ❶ 독특한(= unique) ❷ 뚜렷한(= clear)
distinctive ★ 형 독특한
- produce several **distinct** brands of outdoor clothing
  몇 가지 독특한 브랜드의 아웃도어 의류를 생산하다
- Some images printed on the T-shirts are not **distinct** enough.
  티셔츠에 인쇄된 일부 이미지들이 충분히 뚜렷하지 않다.

233 unavailable
형 ❶ (물건을) 구할 수 없는 ❷ (물건을) 이용할 수 없는 ❸ (사람이) 시간이 나지 않는
available ★★
형 ❶ (물건을) 구할 수 있는 ❷ (물건을) 이용할 수 있는 ❸ (사람이) 시간이 나는
- currently **unavailable** due to minor technical problems
  사소한 기술적 문제로 인해 현재 이용할 수 없는
- If you are **unavailable** on these dates, please contact me directly at 563-9672.
  만약 이 날짜들에 시간이 나지 않으시면, 563-9672번으로 저에게 바로 연락 주십시오.

234 reduce
동 ❶ ~을 감소시키다 ❷ ~을 낮추다 ❸ ~을 할인하다
reduced ★ 형 ❶ 감소된 ❷ 할인된
reduction ★ 명 ❶ 감소 ❷ 할인
- **reduce** waste by 40 percent
  쓰레기를 40퍼센트 감소시키다
- **reduce** energy costs
  에너지 비용을 낮추다

235 donate
동 ~을 기부하다
donation ★ 명 ❶ 기부(금) ❷ 기부 물품
- **donate** used laptop computers to a local school
  지역 학교에 중고 노트북 컴퓨터를 기부하다

236 relocate
동 이전하다, 이사하다(= move)
relocation ★ 명 이전, 이사
- **relocate** the company headquarters from Seoul to Beijing
  회사 본사를 서울에서 베이징으로 이전하다
- consider the pros and cons of **relocating** the production facility
  생산 시설을 이전하는 일의 장단점을 고려하다
숙어 relocate to + 장소: ~로 이전하다

237

undergo
[동] ~을 가지다, 겪다,
(= experience, go through)

☐ must **undergo** an onsite inspection every month
매달 현장 점검을 거쳐야 하다

☐ will be **undergoing** renovations soon
곧 보수 공사를 거칠 것이다

238

addition
[명] ❶ 추가(물) ❷ 추가인력

additional ★★ [형] 추가적인
additionally ★ [부] 추가적으로, 게다가

☐ **the addition of** a new dish to the special menu
특별 메뉴에 대한 새로운 요리의 추가

☐ will be **a valuable addition to**~
~에게 소중한 보충 인력이 될 것이다

239

applicant
[명] 지원자, 신청자

application [명] ❶ 지원(서) ❷ 적용
applicable ★ [형] ❶ 적용할 수 있는 ❷ 해당되는
apply ★ [동] 지원하다, 신청하다

☐ Most **applicants** possess~
대부분의 지원자들은 ~을 가지고 있다

☐ very knowledgeable **applicants**
매우 박식한 지원자들

240

serve
[동] ❶ 재직하다
❷ ~에게 서비스를 제공하다

☐ **serve as** a financial manager
재무부장으로 재직하다

☐ to **better serve** our clients
우리 고객들에게 더 나은 서비스를 제공하기 위해

161

inspect
[동] ~을 점검하다, 검사하다

inspection ★ [명] 점검, 검사
inspector ★ [명] 조사원

☑ 읽기만 해도 점수가 쑥쑥! 오르는 기출 포인트
☐ be thoroughly **inspected** by a certified technician
공인된 기술자에 의해 철저하게 점검받다

☐ **inspect** billing statements for any error
청구서에 오류가 있는지 검사하다

162

participant
[명] 참가자, 참석자(= attendee)

participate ★ [동] 참가하다

☐ limit the number of **participants** to 200
참가자 수를 200명으로 제한하다

☐ All **participants** will receive gift vouchers.
모든 참가자들이 상품권을 받을 것이다.

163

qualification
[명] 자격 요건, 능력(= quality, ability)

qualified ★ [형] 자격을 갖춘
qualify ★ [동] 자격을 갖추다

☐ **meet the qualifications for** the position of~
~의 직책에 대한 자격 요건을 충족하다

☐ lack the appropriate **qualifications for** the head technician position
수석 기사 직책에 적합한 자격이 부족하다

164

adequate
[형] 충분한, 적절한
(= enough, sufficient, satisfactory)

adequately ★ [부] ❶ 충분히 ❷ 적절히
(= sufficiently, properly)

☐ will be more than **adequate for** your needs
당신의 요구에 충분하고도 남을 것이다

☐ find one's qualifications **adequate for** the position
~의 자격이 해당 직책에 적합하다고 생각하다

165

influence
[동] ~에 영향을 미치다(= impact)
[명] 영향, 효과(= effect, impact)

☐ positively **influence** market trends
시장 추세를 긍정적으로 영향을 미치다

☐ have little **influence on** the sales volume
판매량에 거의 영향을 미치지 않다

Day 13

☑️ 읽기만 해도 점수가 쑥쑥 오르는 기출 포인트

241 leading
형 ① 선도적인 ② 손꼽히는

- □ a **leading** role
  선도적인 역할
- □ one of the **leading** suppliers of computer equipment
  손꼽히는 컴퓨터 장비 공급업체들 중의 하나

leader ★ 명 ① 지도자 ② 대표

lead ★ 동 ① 이어지다, 연결되다(to)
  ② ~을 이끌다
  명 ① 선두 ② 우위

242 operate
동 ① 영업하다 ② ~을 운영하다
  ③ ~을 작동하다

- □ **operate** on one's schedule
  ~의 일정에 따라 운영되다
- □ A new bus route begins **operating** next week.
  새 버스 노선이 다음 주에 운영되기 시작한다.

operation ★ 명 ① 운영 ② 작동
  ③ 사업 ④ 수술

operator ★ 명 조작자, 기사

operational ★ 형 가동되는, 작동하는

243 preference
명 ① 선호(도) ② 선호하는 것 ③ 취향

- □ an increasing **preference** for online shopping
  증가하는 온라인 쇼핑 선호
- □ indicate one's food **preference** on the form
  양식에 ~의 음식 취향을 표기하다
- 숙어 preference for A over B: B보다 A에 대한 선호

244 cooperation
명 ① 협조, 협력

- □ Thank you for your **cooperation**.
  협조해 주셔서 감사합니다.
- □ promote **cooperation**
  협력을 증진하다
- 숙어 in cooperation with ~와 협력하여

cooperative ★ 형 협력하는

cooperatively ★ 부 협조적으로

245 interruption
명 ① 중단 ② 방해

- □ a brief **interruption** in~
  ~의 짧은 중단
- □ continue without **interruption**
  중단 없이 계속하다

interrupted ★ 형 가로막힌, 중단된

---

156 accessible
형 ① 접근 가능한 ② 이용 가능한

- □ be **accessible** only to customers with identification
  오직 신분증이 있는 고객들만 이용 가능하다
- □ be **accessible** by all major bus routes
  모든 주요 버스 노선으로 접근 가능하다

inaccessible ★ 형 ① 접근할 수 없는
  ② 이용할 수 없는

157 benefit
명 ① 혜택 ② 이득 ③ 수당
동 ① 혜택을 얻다(주다)
  ② 이득을 얻다(주다)

- □ include healthcare in employee **benefits**
  직원 복리 후생에 의료 서비스를 포함하다
- □ **benefit** from the growing local tourism industry
  성장하는 지역 관광 산업으로부터 이득을 보다

beneficial ★ 형 ① 이로운 ② 유용한

158 seek
동 ① ~을 찾다 ② ~을 구하다

- □ **seek** qualified candidates
  자격을 갖춘 지원자들을 찾다
- □ **seek** advice about housing regulations
  주택 규정에 대해 조언을 구하다

159 ahead
부 ① 앞에 ② 미리

- □ plan **ahead**
  미리 계획하다
- □ call **ahead**
  미리 전화하다
- 숙어 ahead of ~보다 앞서

160 alongside
전 ① ~옆에(= beside)
  ② ~와 함께(= together with)
부 나란히(= side by side)

- □ work **alongside** one another on a regular basis
  주기적으로 서로 함께 일하다

along ★ 부 따라서, 계속
  전 (길 등) ~을 따라

246　encounter
통 ❶ (우연히) ~와 마주치다(= run into)
　❷ ~에 직면하다(= confront, face)
명 우연한 마주침, 접촉, 만남

- if you **encounter** any problem with our products
  저희 제품에 있는 어떤 문제라도 마주하게 되신다면
- prepare for any challenges you may **encounter** while on duty
  근무 중에 직면할 수 있는 모든 난관에 대비하다

247　payment
명 ❶ 지불 ❷ 지불 금액

- avoid delays in **payment**
  지불 지연을 피하다
- until full **payment** is received
  모든 지불 금액을 받을 때까지

248　renovate
통 ~을 개조하다, 보수하다
renovation ★ 명 개조, 보수
renovated ★ 형 개조된, 보수된

- **renovate** houses and apartments at **reasonable** prices
  주택과 아파트를 합리적인 가격에 개조하다

249　reasonable
형 합리적인, 적당한, (가격이) 너무 비싸지 않은, 괜찮은

- provides services at **reasonable** prices
  합리적인 가격에 서비스를 제공하다
- a **reasonable** amount of time
  적당한 분량의 시간

250　regarding
전 ~에 관하여

- have questions **regarding** the new product
  신제품에 관해 질문이 있다
- information **regarding** reimbursement procedures
  상환 절차에 관한 정보

251　assistance
명 지원, 도움
assistant ★ 명 조수, 보조

- give financial **assistance** to first time homebuyers
  처음으로 주택을 구매하는 사람들에게 재정 지원을 해준다
- call the help desk for **assistance** with any technical difficulties
  어떤 기술적인 문제에 대한 도움이든 받기 위해 안내 데스크로 전화하다

151　productivity
명 생산성
produce ★ 통 ~을 생산하다 명 농산물
product ★ 명 제품
productive ★ 형 생산적인
productively ★ 부 생산적으로
production ❶ 생산 ❷ 생산물

- see a dramatic increase in employee **productivity**
  직원 생산성의 급격한 증가를 경험하다
- improve product quality as well as employee **productivity**
  직원 생산성 뿐만 아니라 품질도 향상시키다

152　expand
통 ❶ ~을 확대하다 ❷ ~을 확장하다
expansion ★ 명 ❶ 확대 ❷ 확장

- **expand** its delivery service into the northern region of the city
  그 도시의 북부 지역으로 배송 서비스를 확대하다
- Morgan Industries will **expand** its business into the African market.
  모건 산업은 아프리카 시장으로 사업을 확대할 것이다.

153　responsibility
명 ❶ 책임, 책무 ❷ 책임감
responsible ★★ 형 책임 있는

- It is your **responsibility** to back up all the computer files after work.
  근무 후에 컴퓨터 파일을 백업하는 것은 당신의 책무이다.
- The details of your new **responsibilities** are attached.
  당신의 새 업무에 대한 세부 정보가 첨부되어 있다.

154　convenient
형 편리한
conveniently ★★ 부 편리하게
convenience ★ 명 ❶ 편리, 편의 ❷ 편의 시설

- The manager proposed a meeting time that would be **convenient** for all staff.
  관리자는 전 직원에게 편리한 회의 시간을 제안했다.
- Please let me know whenever it is **convenient** for you.
  언제든 편하실 때 저에게 알려 주시기 바랍니다.

155　significant
형 ❶ 중요한 ❷ 상당한
significantly ★★ 부 ❶ 상당히 ❷ 중요하게
significance ★ 명 ❶ 중요성 ❷ 의미

- individuals who have **made significant contributions** to~
  ~에 상당한 기여를 해왔던 사람들
- The publishing company experienced **significant** growth in 2016.
  그 출판사는 2016년에 상당한 성장을 경험했다.

□ increased **dramatically** after a recent advertising campaign
최근의 광고 캠페인 이후에 급격히 증가했다

□ will rise **dramatically** over the next few years
향후 몇 년간 급격히 상승할 것이다

252　dramatically
(부) ❶ 급격히, 극적으로
❷ 인상적으로

□ have no **intention** of retiring this year
올해 은퇴할 생각이 없다

□ announce one's **intention** to retire
~의 은퇴 의사를 발표하다

253　intention
(명) 생각, 의사, 의도, 목적
intentionally ★ (부) 의도적으로, 고의로
intentional ★ (형) 의도적인
intended ★ (형) 의도된

□ saw a **gain** in the value of its stock
주식 가치의 증가를 봤다

□ **gain** access to~
~에 대한 접속 권한을 얻다

254　gain
(명) ❶ 이득(= profit)
❷ 증가(= increase)
❸ 진전(= progress)
(동) ~을 얻다(= obtain, acquire)

□ **finalize** a contract
계약을 마무리 짓다

□ **finalize** next year's budget plan
내년 예산안을 최종 확정하다

255　finalize
(동) ❶ ~을 마무리 짓다
❷ ~을 최종 확정하다
finally ★★ (부) 마침내, 마지막으로

□ **suspend** one's operations
~의 작동/영업을 일시 중단하다

□ be temporarily **suspended** due to weather conditions
기상 상황 때문에 일시적으로 보류되다

256　suspend
(동) ~을 일시 중단하다, 보류하다
suspension ★ (명) 정지, 보류

□ surpass[exceed] one's **expectations**
~의 기대를 넘어서다

□ meet one's **expectations**
~의 기대를 충족하다

257　expectation
(명) 기대, 예상(= anticipation)
expect ★ (동) ~을 기대하다, 예상하다
expected ★★ (형) 예상된

146　emphasis
(명) 강조(= stress, focus)
emphasize ★ (동) ~을 강조하다 (= stress)

□ place greater **emphasis on** customer services
고객 서비스에 더욱 중점을 두다

□ with an emphasis on ~에 중점을 두고

147　urgent
(형) 긴급한, 시급한(= imperative)

□ due to your **urgent** need for technical support
기술 지원에 대한 당신의 긴급한 요구 때문에

□ handle an **urgent** matter
긴급한 사안을 다루다

148　enthusiastic
(형) 열정적인(= devoted, eager, keen)
enthusiasm ★★ (명) 열정, 열광
enthusiastically ★ (부) 열정적으로
enthusiast ★ (명) ❶ 애호가 ❷ 열성팬

□ expresses its deep appreciation for the city's **enthusiastic** support
시의 열정적인 지원에 깊은 감사를 표하다

□ be pleased with the **enthusiastic** volunteers at~
~에서 열정적인 자원봉사자들에게 만족하다

149　develop
(동) ❶ ~을 발전시키다 ❷ ~을 발달시키다
❸ ~을 개발하다
developer ★ (명) 개발업자, 개발업체
development ★★ (명) ❶ 발전 ❷ 발달
❸ 개발

□ **develop** good relation with~
~와 좋은 관계를 발전시키다

□ **develop** a new residential area
새로운 주택 지구를 개발하다

150　requirement
(명) 자격 요건
require ★ (동) ~을 필요로 하다
required ★ (형) 필수적인, 필요한

□ the **requirements** for the open position
공석인 직책에 필요한 자격 요건

□ meet the **requirements** for the position
직책에 필요한 자격 요건을 충족하다

258 exhibit
명 ① 전시회 ② 전시품
동 ① ~을 전시하다
② ~을 공개하다, 내보이다
exhibition ★ 명 전시회

□ tickets to special **exhibits**
특별 전시회 입장권

□ **exhibit** his new designs for the company logo
회사 로고에 대한 그의 새로운 디자인을 공개하다

259 rapidly
부 빠르게, 신속히; 순식간에
rapid ★ 형 빠른; 신속한

□ in the **rapidly** growing field of medical research
빠르게 성장하는 의학 연구 분야에서

□ grow **rapidly**
빠르게 성장하다

260 unexpected
형 예상치 못한
unexpectedly ★ 부 뜻밖에, 갑자기

□ due to the **unexpected** delay
예상치 못한 지연 때문에

□ for **unexpected** circumstances
예상치 못한 상황에 대비해

141 reliable
형 ① 믿을 수 있는 ② 의지할 만한
rely ★ 동 ① 의존하다 ② 신뢰하다
reliably ★ 부 믿을 수 있게
reliance ★ 명 의존
reliant ★ 형 의지하는
reliability ★ 명 신뢰도

✓ 읽기만 해도 점수가 쑥쑥! 오늘 꼭 외울 기출 포인트

□ more **reliable** test results
더욱 믿을 만한 실험 결과

□ the most **reliable** technician in this area
이 지역에서 가장 믿을 수 있는 기술자

142 replace
동 ① ~을 교체하다
② ~을 대체하다, ~의 후임이 되다

□ **replace** our current e-mail system
우리의 현재 이메일 시스템을 교체하다

□ Sarah will **replace** John as marketing manager.
Sarah가 마케팅부장으로서 John 씨의 후임자가 될 것이다.

143 consistently
부 한결같이, 꾸준히
consistent ★ 형 한결같은, 일관된

□ **consistently** excellent[outstanding] performance
한결같이 훌륭한[뛰어난] 성과

144 rental
명 임대, 임대료
형 임대하는, 임대용의

□ **rental** appliances
임대용 가전제품

□ a leading provider of residential and commercial **rental** services
가정용 및 상업용 임대 서비스의 선도적 공급업체

145 efficiently
부 효율적으로
efficient ★ 형 효율적인

□ track shipments more **efficiently**
배송품을 더 효율적으로 추적하다

□ so that customer requests can be handled more **efficiently**
고객 요청 사항들이 더욱 효율적으로 처리될 수 있도록

Day 14

134 recent
형 최근의
□ one's **recent** purchase of~
~에 대한 … 의 최근의 구매

135 refund
명 환불
□ for a full **refund**
전액 환불을 받으려면
동 ~을 환불하다
□ to receive a **refund**
환불을 받기 위해서는
refundable ★ 형 환불 가능한

136 charge
명 청구 요금
□ at no extra **charge**
추가 요금 없이
동 ~을 청구하다, 부과하다
□ **charge** fees for all vehicles
모든 차량에 대해 요금을 청구하다

137 postpone
동 ~을 연기하다
□ **postponed** the event because of bad weather
악천후 때문에 행사를 연기했다

138 early
부 ❶ 일찍 ❷ 초기에
□ renew one's subscriptions **early**
~의 정기구독을 일찍 갱신하다
형 ❶ 이른 ❷ 초기의
□ an improvement on the **early** version
초기 버전에 대한 개선

139 regardless
부 상관하지 않고
□ Shipping is free **regardless of** the customer's address.
고객의 주소에 상관없이 배송은 무료이다.
숙어 **regardless of** ~에 상관없이

140 issue
명 ❶ (잡지) 호, 권 ❷ 문제 ❸ 사안
□ to obtain a free **issue** of the first edition
무료 초판본을 받기 위해서
동 ❶ ~을 발급하다 ❷ ~을 지급하다
□ **issue** employee identification badges
사원증을 발급하다

✓ 읽기만 해도 점수가 쑥쑥 오르는 기출 포인트

261 already
부 이미
▲ 주로 현재완료와 함께 출제
□ if you have not **already** done so
이미 그렇게 하지 않았다면
□ employees who have **already** turned in a registration form
이미 등록 양식을 제출한 직원들

262 attract
동 ~의 마음을 끌다, 끌어들이다 (= appeal to, draw)
□ **attract** new customers
신규 고객들을 유치하다
□ **attract** tourists to the area
관광객들을 지역으로 끌어들이다

263 policy
명 ❶ 정책 ❷ 방침
□ update the company **policy** relating to~
~와 관련된 회사 정책을 업데이트하다
□ change one's **policy**
~의 정책을 변경하다

264 express
동 ❶ ~을 표현하다 ❷ ~을 나타내다
□ **express** concerns about the new regulations
새 규정에 대해 우려를 표하다
형 ❶ 급행의 ❷ 속달의
□ **express** shipping
속달 배송
expressly ★ 부 분명히

265 advise
동 ❶ ~에게 조언하다 ❷ ~을 권고하다 ❸ ~에게 알리다
□ **be advised to** register in advance
미리 등록하도록 권고되다
□ **advise** Ms. Tovar of the changes
토바 씨에게 변경사항들을 알리다
숙어 advise A of B: A에게 B를 알리다
advisable ★ 형 권할 만한, 바람직한

266 unable
형 ~할 수 없는
□ **be unable to** attend the meeting
회의에 참석할 수 없다

267 retain
동 ❶ ~을 유지하다 ❷ ~을 보관하다

□ **retain** one's current position even after the merger
합병 후에도 ~의 현 직책을 유지하다

□ **retain** a copy of all sales documents
모든 영업 서류의 사본을 보관하다

268 adjust
동 ❶ ~을 조정하다(= change) ❷ 적응하다(= adapt)

adjustment ★ 명 조정, 적응

□ request to **adjust** the order of assignments
할당된 업무 순서를 조정하도록 요청하다

□ You may **adjust** the height of~
~의 높이를 조정할 수 있다

269 persuasive
형 설득력 있는
(= plausible, convincing)

persuade ★ 동 ~을 설득하다

□ present **persuasive** arguments for raising the minimum wage level
최저 임금 수준을 높이기 위해 설득력 있는 주장을 하다

270 delegation
명 대표단

delegate ★ 동 ❶ ~을 대표로 파견하다 ❷ (업무 등) ~을 위임하다
명 ❶ 대표 ❷ 특사

□ A **delegation** from the British Business Chamber is in Tokyo for the 10th International Commerce Forum.
영국 상공회의소 대표단이 10차 국제 상업 포럼 참석을 위해 도쿄에 있다.

271 measure
명 ❶ 조치
동 ~을 측정하다

measurement ★ 명 치수, 측정

□ implement strict security **measures**
엄격한 보안 조치를 시행하다

□ **measure** the exact dimensions of the office
사무실의 정확한 치수를 재다

272 appointment
명 ❶ 약속 ❷ 예약

appoint ★ 동 ~을 임명하다
appointed ★ 형 임명된

□ schedule[arrange] an **appointment**
약속을 잡다[예약을 하다]

□ reschedule one's **appointment** for next Monday
~의 약속[예약]을 다음 주 월요일로 재조정하다

---

127 provided
접 ~라면(=if)

□ **provided (that)** you have the original receipt
원본 영수증을 가지고 있다면

□ **provided (that)** it shows no sign of damage
손상의 흔적을 보이지 않는다면

128 upcoming
형 ❶ 다가오는 ❷ 곧 있을

□ I am writing regarding the **upcoming** conference.
저는 다가오는 총회에 관해 글을 씁니다.

□ inquire about the **upcoming** renovation
곧 있을 개조 공사에 대해 문의하다

129 aim
명 ❶ 목적 ❷ 목표 ❸ 표적
(= goal, object, target)
동 ❶ ~을 목표로 하다 ❷ ~을 대상으로 삼다(= target)

□ The **aim** of this seminar is to share effective marketing strategies.
이 세미나의 목적은 효과적인 마케팅 전략을 공유하는 것입니다.

□ **aim** to boost production by 30% within the next 2 years
앞으로 2년 내에 생산량을 30% 증가시키는 것을 목표로 하다

130 effectively
부 효과적으로

effective ★★ 형 효과적인
effect ★ 명 효과, 영향
effectiveness ★ 명 유효, 효과적임

□ market home appliances **effectively**
효과적으로 가전제품을 마케팅하다

□ perform one's duties **effectively**
~의 직무를 효과적으로 수행하다

131 diverse
형 다양한(= varied, assorted)

□ a **diverse** line of products
다양한 제품군

참고 a diverse range of 다양한

132 obtain
동 ~을 얻다, 획득하다

□ **obtain** approval from the head office
본사로부터 승인을 받다

133 tentative
형 잠정적인, 임시의

tentatively ★ 부 임시로, 잠정적으로
(= temporarily, provisionally)

□ discuss a **tentative** agreement with the city council
시의회와 잠정 계약을 논의하다

□ The upcoming workshop schedule is still considered **tentative**.
다가오는 워크숍 일정은 여전히 잠정적인 상태로 여겨지고 있다.

Day 7

121 necessary
형 필요한, 필수적인

take the **necessary** steps
필요한 단계를 밟다

It is **necessary** to make a reservation in advance.
미리 예약을 하는 것이 필수적이다.

necessitate ★ 동 ~을 필요로 하다
necessarily ★ 부 반드시

122 clearly
부 1 분명한 2 또렷하게

describe the nature of the problem **clearly**
문제의 본질을 분명히 설명하다

123 suggestion
명 제안, 의견, 암시

make a **suggestion**
제안하다

seek **suggestions** from~
~로부터 의견을 구하다

suggested ★ 형 제안된

124 including
전 ~을 포함한

all members **including** the director
부장을 포함한 전 구성원

office supplies **including** pens and staples
펜과 스테이플을 포함한 사무용품

include ★★ 동 ~을 포함하다

125 confidential
형 기밀의

strictly **confidential** information
엄격히 기밀 상태인 정보

remain **confidential**
기밀 상태를 유지하다

confidentiality ★ 명 기밀성

126 available
형 1 (물건을) 구할 수 있는
2 (물건을) 이용할 수 있는
3 (사람이) 시간이 나는

be **available** beginning next week
다음 주부터 이용 가능하다

Free tickets are **available** for~.
~에 대한 무료 티켓이 이용 가능하다.

unavailable ★
형 1 (물건을) 구할 수 없는
2 (물건을) 이용할 수 없는
3 (사람이) 시간이 나지 않는

✓ 읽기만 해도 점수가 쑥쑥! 오르는 기출 포인트

---

273 transfer
동 1 (교통편) 갈아타다
2 (직장) 전근하다
3 ~을 옮기다
명 1 환승 2 전근 3 이동

transfer to the Beijing office
베이징 사무소로 전근하다

transfer funds to another account
자금을 다른 계좌로 옮기다

274 establish
동 ~을 설립하다, 확립하다

establish a committee
위원회를 설립하다

establish a close relationship
긴밀한 관계를 확립하다

established ★ 형 1 확립된 2 자리를 잡은
establishment ★ 명 1 설립
2 (학교, 병원, 회사 등의) 시설

275 initiative
명 1 계획 2 주도(권) 3 솔선수범

be involved in the **initiative** to do
~하려는 계획에 동참하다

show **initiative**
솔선수범을 보이다

숙어 take the initiative 주도권을 잡다, 솔선수범하다

initiate ★ 동 1 ~을 개시하다 2 ~에 착수하다

276 skillfully
부 능숙하게, 솜씨 있게

perform one's task **skillfully**
~의 직무를 능숙하게 수행하다

skillfully design a new line of office furniture
신형 사무용 가구 라인을 솜씨 있게 디자인하다

skillful ★ 형 숙련된, 솜씨 좋은

277 renovation
명 보수, 개조(= repair, renewal)

be undergoing **renovations**
보수 공사를 거치는 중이다

be currently closed for **renovations**
보수 공사로 인해 현재 폐쇄되어 있다

renovate ★ 동 ~을 개조하다, 보수하다
renovated ★ 형 개조된, 보수된

278 direction

图 ❶ 방향(들기/선) ❷ 길 안내
　❸ 지시(가선) ❹ 감독, 지휘

direct ★ 图 ❶ ~을 안내하다
　　❷ ~에게 지시하다
　　❸ ~을 보내다, 지향하다
　　❹ 图 ❶ 직접의 ❷ 곧장의

director ★ 图 ❶ 감독, 전달자
　　❷ 작책임자

☐ follow the **directions** on the package
포장지에 적힌 지시를 따르다

☐ under the **direction** of~
~의 감독 하에

279 handle

图 ~을 처리하다, 다루다

handling ★ 图 처리

☐ **handle** customer complaints efficiently
고객 불만을 효율적으로 처리하다

☐ **handle** a variety of issues
다양한 문제를 다루다

(= deal with, treat, manage,
take care of)

280 remove

图 ❶ ~을 제거하다, 삭제하다
　　(= eliminate, get rid of)
　❷ ~을 치우다
　　(= take out)

removal ★ 图 제거

☐ use a dry cloth to **remove** dirt
먼지를 제거하기 위해 마른 헝겊을 사용하다

☐ **be removed** from the list
목록에서 삭제되다

117 feature

图 ❶ ~을 특징으로 하다 ❷ ~을 포함하다
图 ❶ 특징 ❷ 기능

☐ **feature** a famous jazz band
유명 재즈 밴드를 특징으로 하다

☐ have more useful **features** than any other brands
다른 어떤 브랜드들보다 유용한 특징들이 더 많다

118 representative

图 ❶ 대표자 ❷ 직원
图 ❶ ~을 대표하는
　　❷ 전형적인

represent ★ 图 ❶ ~을 대표하다
　　❷ ~을 나타내다

☐ sales **representatives**
영업 직원들

119 productive

图 생산적인(= fruitful, successful)

productivity ★ 图 생산성
productively ★★ 图 생산적으로, 유익하게
　　(= profitably)

☐ be more **productive** than expected
예상보다 더 생산적이다

☐ to remain **productive**
생산적인 상태를 유지하기 위해

120 approximately

图 약, 대략

☐ It will take **approximately** 5 to 7 business days to arrive.
도착하는 데 영업일로 약 5일에서 7일 걸릴 것이다.

Day 15

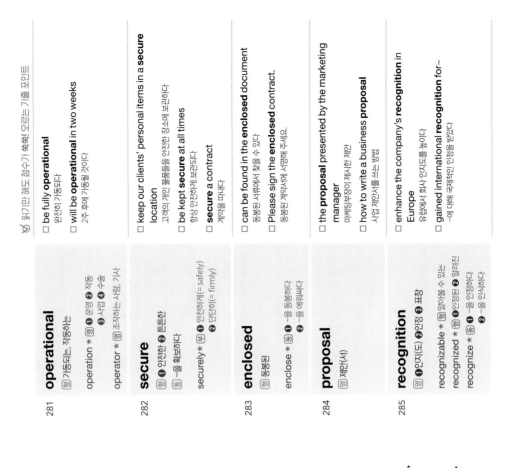

☑ 읽기만 해도 점수가 쑥쑥! 오르는 기출 포인트

281 operational
혱 가동되는, 작동하는

□ be fully **operational**
완전히 가동되다

□ will be **operational** in two weeks
2주 후에 가동될 것이다

operation ★ 몡 ❶ 운영 ❷ 작동
❸ 사업 ❹ 수술
operator ★ 몡 조작하는 사람, 기사

282 secure
혱 ❶ 안전한 ❷ 튼튼한
동 ~을 확보하다

□ keep our clients' personal items in a **secure** location
고객의 개인 물품들을 안전한 장소에 보관하다

□ be kept **secure** at all times
항상 안전하게 보관되다

□ **secure** a contract
계약을 따내다

securely★ 閉 ❶ 안전하게(= safely)
❷ 단단히(= firmly)

283 enclosed
혱 동봉된

□ can be found in the **enclosed** document
동봉된 서류에서 찾을 수 있다

□ Please sign the **enclosed** contract.
동봉된 계약서에 서명해 주세요.

enclose ★ 동 ❶ ~을 동봉하다
❷ ~을 에워싸다

284 proposal
몡 제안(서)

□ the **proposal** presented by the marketing manager
마케팅부장이 제시한 제안

□ how to write a business **proposal**
사업 제안서를 쓰는 방법

285 recognition
몡 ❶ 인지(도) ❷ 인정 ❸ 표창

□ enhance the company's **recognition** in Europe
유럽에서 회사 인지도를 높이다

□ gained international **recognition** for~
~에 대해 국제적인 인정을 받았다

recognizable ★ 혱 알아볼 수 있는
recognized ★ 혱 ❶ 인정된 ❷ 일반적인
recognize ★ 동 ❶ ~을 인정하다
❷ ~을 인식하다

111 implement
동 ~을 시행하다

□ **implement** new policies on hiring
채용에 관한 새로운 방침을 시행하다

□ will be **implemented** as planned
계획대로 시행될 것이다

implementation ★ 몡 시행

112 distribution
몡 ❶ 배포 ❷ 유통 ❸ 분배

□ ensure a fair **distribution** of~
~의 공정한 분배를 보장하다

distributor ★ 몡 ❶ 판매자(판매 업체)
❷ 공급자(공급 업체)
distribute ★ 동 ❶ ~을 분배하다
❷ ~을 유통하다

113 comparison
몡 비교, 대조

□ Sales have gone up considerably **in comparison with** the same period last year.
지난해 같은 기간에 비해 매출이 상당히 증가했다.

익힘 in comparison with ~와 비교해 볼 때
(= in comparison to, compared to)

114 delivery
몡 배송(품)

□ **await delivery** of~
~의 배송을 기다리다

□ **confirm delivery** of~
~의 배송을 확인하다

deliver ★ 동 ~을 배송하다

115 location
몡 ❶ 장소 ❷ 지점

□ have recently opened a **location** in New York
최근 뉴욕에 지점 하나를 개장했다

□ often travels to overseas **locations**
종종 해외 지점으로 출장 가다

locate ★ 동 ❶ 위치시키다
❷ ~의 장소를 찾아내다
located ★ 혱 위치한

116 successful
혱 성공적인

□ become the most **successful** convention so far
지금까지 가장 성공적인 총회가 되다

□ **successful** candidates
성공적인 지원자(= 합격자)

successfully ★★ 閉 성공적으로
success ★ 몡 성공
succeed ★ 동 ❶ 성공하다
❷ ~의 뒤를 잇다

286 determine

동 ① ~을 확정하다 ② ~을 결정하다
③ ~을 알아내다

☐ **determine** whether to proceed with the plan
계획을 계속 진행할지 말지를 결정하다

☐ **determine** what caused the damage
무엇이 손상을 야기했는지 알아내다

287 reach

동 ① (장소, 목표, 정의 등) ~에 도달하다
② (전화) ~에게 연락하다 ③ ~을 뻗다
명 ① 도달 ② (손이 닿는) 범위

☐ **reach** an agreement
합의에 도달하다

☐ **reach** a goal
목표에 도달하다

288 permission

명 허락, 허가(=허가서)
permit ★ 명 허가증(가서)
동 ~을 허가하다, 허용하다

☐ obtain[get] **permission** from one's supervisor
~의 상사로부터 허락을 받다

☐ after receiving one's (written[prior])
permission
~의 (서면[사전]) 허락을 받은 후에

289 appropriate

형 적절한

☐ wear the **appropriate** safety gear
적절한 안전 장비를 착용하다

☐ the **appropriate** handling of client information
고객 정보의 적절한 처리

290 rising

형 증가하는, 상승하는

☐ a **rising** demand for sportswear
스포츠 의류에 대해 증가하는 수요

☐ due to **rising** production costs
증가하는 생산 비용 때문에

rise ★ 동 상승하다
명 상승, 증가(=growth)

291 relocation

명 이전, 재배치

☐ the **relocation** of our operations to Rochester
우리 사업체의 로체스터로의 이전

relocate ★ 동 이전하다

292 originally

부 원래, 애초에

☐ be **originally** scheduled to be completed by
December 1
원래 12월 1일까지 완료되도록 예정되다

☐ higher than **originally** predicted
원래 예상했던 것보다 더 높은

original ★ 형 ① 원래의 ② 원본의
③ 독창적인
명 원본

---

106 contribution

명 ① 기여, 공헌 ② 기부 ③ 기부금

☐ make a **contribution** to the firm
회사에 기여하다

contribute ★ 동 ① ~을 기부하다
② ~을 기여하다

contributing ★ 형 기여하는

107 specify

동 ~을 명시하다(=detail)

☐ **specify** the number of attendees
참석자 수를 명시하다

☐ The product warranty **specifies** that any
defective item must be returned to the
manufacturer to be tested.
제품 보증서는 모든 불량 제품이 반드시 제조사로 반품되어 검사
받도록 명시하고 있다.

specifically ★ 부 구체적으로
specific ★ 형 ① 구체적인 ② 특정한
명 세부 사항
specification ★ 명 세부 사항, 명세(서)

108 encouraging

형 고무적인, 희망을 주는(= promising)

☐ be not as **encouraging** as the architects had
hoped
건축가들이 바랐던 것만큼 고무적이지는 않다

☐ Interest in the upcoming marketing seminar is
very **encouraging**.
다가올 마케팅 세미나에 대한 관심이 아주 고무적이다.

encourage ★ 동 ~을 격려하다,
~에게 희망을 주다

109 apply

동 ① 지원하다 ② ~을 작용하다
③ ~을 바르다

☐ **apply** for a position
한 직책에 지원하다

☐ **apply** different ideas to the new marketing
strategy
새로운 마케팅 전략에 다른 아이디어를 적용하다

application ★ 명 ① 지원(서) ② 적용
applicant ★ 명 지원자, 신청자
applicable ★ 형 ① 적용할 수 있는
② 해당되는

110 join

동 ① ~에 입사하다 ② ~에 합류하다
③ ~을 기업하다

☐ **join** the company
회사에 입사하다

☐ express interest in **joining** the marketing
team
마케팅 팀 합류에 대한 관심을 표하다

jointly ★ 부 공동으로

Day 6

☑ 읽기만 해도 점수가 쑥쑥! 오르는 기출 포인트

101

facility
📓 시설, 시설물

□ sign up for a guided tour of the **facility**
가이드 동반 시설 견학을 신청하다

□ The sports complex has a swimming pool
and other **facilities**.
종합운동장에 수영장과 기타 시설들이 있다.

facilitator ★ 📓 ❶ 조력자 ❷ 촉진자
facilitate ★ 📗 ~을 용이하게 하다

102

recommend
📗 ❶ ~을 추천하다 ❷ (~하도록) 권고하다

□ **recommend** Mr. Higgins as a candidate for
the position
히긴스 씨를 그 직책의 후보자로 추천하다

□ **recommend** that all customers change their
passwords once a month
모든 고객들에게 한 달에 한 번씩 비밀번호를 변경하도록 권고
하다

recommendation ★ 📓 ❶ 추천(서) ❷ 권고

103

confirmation
📓 확인(서), 승인

□ serve as **confirmation** of~
~에 대한 확인서 역할을 하다

□ send **confirmation** of your hotel booking
귀하의 호텔 예약 확인서를 보내다

confirm ★ 📗 ~을 확인해주다
confirmed ★ 📘 확인된

104

extremely
📙 극도로(= excessively),
몹시(= exceptionally, remarkably)

□ It is **extremely** important that
~라는 점이 극도로 중요하다

□ prove to be **extremely** attractive to its
customers
고객들에게 몹시 매력적인 것으로 드러나다

105

extend
📗 ❶ ~을 연장하다 ❷ ~을 확장하다

□ will be **extending** its operating[business]
hours
영업시간을 연장할 것이다

□ **extend** the warranty
품질 보증기간을 연장하다

extended ★ 📘 연장된
extension ★ 📓 ❶ 연장 · 확장 ❷ 내선 전화(번호)

□ be currently **on display**
현재 전시 중이다

□ **display** new models in the store window
신형 모델들을 매장 진열창에 전시하다

293

display
📓 ❶ 전시, 진열 ❷ 전시품, 진열품
📗 ❶ ~을 전시하다 ❷ ~을 보여주다

□ **install** new lighting in the lobby
로비에 새 조명을 설치하다

□ **install** new software
새로운 소프트웨어를 설치하다

294

install
📗 ~을 설치하다

installation ★ 📓 설치
installment ★ 📓 ❶ 할부(금)
❷ (연속물의) 1회분,
한 권

□ We are **fortunate** to have many gifted local
musicians here at~
이곳 ~에 여러 재능 있는 지역 음악가들을 모시게 되어 저희는
운이 좋습니다

295

fortunate
📘 운이 좋은, 다행인(= lucky)

fortunately ★ 📙 다행히, 운 좋게

□ **rarely** make special deals
좀처럼 특별 판매를 실시하지 않다

□ **rarely** invest in~
~에 좀처럼 투자하지 않다

296

rarely
📙 좀처럼 ~않는, 드물게
(= hardly, seldom)

rare ★ 📘 드문, 희귀한

□ do not **necessarily** reflect the feedback from~
반드시 ~의 의견을 반영하는 것은 아니다

□ will not **necessarily** increase sales figures
반드시 매출 수치를 증가시키지는 않을 것이다

숙어 not necessarily 반드시 ~한 것은 아니다

297

necessarily
📙 반드시, 꼭(연적으로
(= definitely, naturally)

necessary ★ 📘 필요한, 필수적인
necessitate ★ 📗 ~을 필요로 하다

□ ease[relieve] traffic **congestion**
교통 정체를 완화하다[경감시키다]

□ avoid **congestion** on major roads
주요 도로에서 혼잡을 피하다

298

congestion
📓 정체, 혼잡(= jam, overcrowding)

299 recover

[동] ① ~을 회복하다[회복되다] ② 되찾다
(= restore, retrieve, regain)

□ fully **recover** from the recent economic difficulties
최근의 경기 불황에서 완전히 회복되다

□ greatly reduce the time it takes to **recover** from a health problem
건강 문제에서 회복되는 데 걸리는 시간을 대폭 줄여주다

300 presentation

[명] 발표(회)

present ★ [동] ① ~을 제시하다, 제공하다 ② 현재의 ③ 출석한
presence ★ [명] 존재(감), 출석

□ give[make, deliver] a **presentation**
발표하다

□ prepare a **presentation** on workplace policies
직장 내 정책에 대한 발표를 준비하다

98 respectfully

[부] 정중히, 공손하게
(= politely, courteously)

□ decline the invitation **respectfully**
초대를 정중히 거절하다

□ We therefore **respectfully** ask that everyone be punctual so that the meeting begins on time.
따라서 회의가 정시에 시작될 수 있게 시간을 엄수하도록 정중히 요청드립니다.

respect ★ [명] ① 존경, 경의 ② 존중
[동] ① ~을 존경하다 ② ~을 중요시하다

respectively ★ [부] 각각

99 correctly

[부] ① 정확하게(= rightly) ② 제대로(= properly)

correct ★ [형] 정확한(= right)
incorrectly ★ [부] 부정확하게
(= wrongly)

□ fill out a document **correctly**[incorrectly]
문서를 정확하게[부정확하게] 작성하다

□ is labeled **correctly**
제대로 라벨이 부착되어 있다

100 heavily

[부] 심하게, 아주 많이(= greatly)

heavy ★ [형] 무거운, 많은

□ depend **heavily** on~
~에 심하게 의존하다

□ **heavily** traveled bridges
통행량이 극심한 다리들

Day 16

☑ 읽기만 해도 점수가 쑥쑥! 오르는 기출 포인트

301 fascinating
형 ① 매력적인
② 흥미로운(= interesting)

□ in a **fascinating** interview with famous reporter Chris Giovanni
유명 리포터 크리스 지오바니 씨와 가진 흥미로운 인터뷰에서

302 securely
부 ① 안전하게(= safely)
② 단단히(= firmly)

□ **securely** store one's belongings
~의 소지품을 안전하게 보관하다

□ be **securely** fastened
단단히 고정되다

secure ★★ **형 ①** 안전한 **②** 튼튼한
동 ~을 확보하다

용법 attach A securely to B: A를 B에 단단히 붙이다

303 supply
동 ~을 공급하다
명 ① 공급 **②** 용품(복수형)

□ **supply** all the materials needed for the construction project
공사 프로젝트에 필요한 모든 자재들을 공급하다

□ order office **supplies**
사무용품을 주문하다

supplier ★ **명** 공급자 **②** 공급업체

304 instruction
명 ① 설명(서) **②** 지시

□ provide step-by-step installation **instructions**
단계적인 설치 설명을 제공하다

□ read all the **instructions** in the manual
설명서에 있는 모든 지시사항을 읽다

instruct ★ **동 ①** ~에게 지시하다 **②** ~을 가르치다

instructive ★ **형** 유익한

305 various
형 ① 여러 가지의 **②** 다양한

□ load **various** sizes of paper into the printer
다양한 사이즈의 종이를 프린터에 넣다

□ descriptions of the **various** healthcare services
다양한 건강 의료 서비스에 대한 설명

vary ★ **동 ①** 다양하다, 변화하다
② 변동

variation ★ **명** 변동

variable ★ **형** 변하기 쉬운

---

92 access
명 ① 접근 **②** 접속 **③** 이용
동 ① ~에 접근하다 **②** ~에 접속하다
③ ~을 이용하다

□ **Access** to the construction site is not permitted.
공사장 접근이 허용되지 않는다.

□ have **access** to a number of recreation areas
많은 여가 활동 구역을 이용할 수 있다

accessible ★★ **형 ①** 접근 가능한 **②** 이용 가능한

inaccessible ★ **형 ①** 접근하기 어려운
② 접근할 수 없는

93 response
명 ① 대답 **②** 반응 **③** 대응

□ be pleased with the enthusiastic **response**
열광적인 반응에 기뻐하다

□ in **response** to your email on June 5
당신의 6월 5일 이메일에 응하여

responsive ★ **형** 반응하는

94 allow
동 ~을 허용하다

□ **allow** restricted access to~
~에게 제한적인 접근을 허용하다

□ No one is **allowed** in the lab after 7 P.M.
저녁 7시 이후에는 누구도 실험실 출입이 허용되지 않는다.

allowance ★ **명** 수당 **②** 할당액

95 strategic
형 전략적인

□ make **strategic** decisions
전략적 결정을 내리다

□ the **strategic** acquisition of~
~의 전략적인 인수

strategically ★ **부** 전략적으로

strategy ★ **명** 전략

96 complete
동 ① ~을 완성하다 **②** ~을 완료하다
형 ① 완전한 **②** 완비한(with)

□ **complete** the training course on~
~에 대한 교육 과정을 수료하다

□ send a **complete** order form to~
~로 작성 완료한 주문서를 보내다

completion ★★ **명** 완료

completely ★★ **부** 완전히

97 estimate
명 견적(서)
동 ① ~을 견적하다 **②** ~을 추산하다

□ provide an **estimate**
견적을 제공하다

□ request an **estimate** from~
~로부터 견적을 요구하다

306 reservation
형 예약

□ make a reservation
예약하다

□ confirm a reservation
예약을 확인해주다

307 frequent
형 ① 잦은 ② 빈번한
동 ~을 자주 방문하다

frequently ★★ 부 ① 자주 ② 흔히

□ by conducting frequent sales meetings
잦은 영업 회의를 실시함으로써

□ provide more frequent service
더 잦은 서비스를 제공하다

308 specific
형 구체적인, 특정한
명 세부 사항

specifically ★★ 부 구체적으로, 특히
specification ★★ 명 세부 사항, 명세(서)

□ provide a specific date
특정 날짜를 제공하다

□ without examining specifics
세부 사항을 검토하지 않은 채

309 investment
명 투자(금)

invest ★ 동 투자하다
investor ★ 명 투자자

□ several investment options
몇 가지 투자 옵션(선택권)

□ make investments that will be profitable
수익성이 있을 많은 투자를 하다

310 marginally
부 미미하게, 아주 조금
(= barely, slightly)

□ has been only marginally successful so far
지금까지 겨우 미미하게 성공적이었다

□ The winner of the App of the Year award last year was only marginally successful this year.
작년의 올해의 앱 수상 업체가 올해 겨우 미미하게 성공을 거뒀다.

---

87 effect
명 ① 효과
② 결과(= result, consequence, outcome)

□ will come into effect next year
내년에 효력이 발생될 것이다

숙어 go into effect 효력이 발생되다
in effect 사실상 (= actually, in fact, as a matter of fact)

effective ★★ 형 효과적인
effectively ★ 부 효과적으로

③ 효력(= force, validity)

88 approval
명 승인

approve ★ 동 ~을 승인하다

□ be subject to approval by the board of directors
이사회의 의해 승인받아야 하는 대상이다

□ require the final approval from the marketing director
마케팅 이사로부터 최종 승인을 필요로 하다

89 propose
동 ~을 제안하다

proposed ★★ 형 제안된

□ if you have ideas for new projects you would like to propose
제안하고 싶은 새로운 프로젝트에 대한 아이디어가 있다면

90 growth
명 성장, 증가

grow ★ 동 성장하다, 증가하다
growing ★ 형 성장하는, 증가하는

□ anticipate a 10% growth this quarter
이번 분기에 10% 성장을 예상하다

□ There has been tremendous growth in tourism.
관광산업에 있어 엄청난 성장이 있어왔다.

91 innovative
형 ① 혁신적인 ② 혁신적인

innovation ★ 명 혁신
innovatively ★ 부 혁신적으로

□ innovative advertising campaign
혁신적인 광고 캠페인

□ an innovative approach
혁신적인 접근법

Day 5

81 deliver
동 ❶ ~을 배송하다, 전달하다
❷ (연설 등) ~을 하다

delivery ★ 명 배송(품), 전달

✓ 읽기-파트 해도 점수가 쑥쑥! 오르는 기출 포인트

□ **deliver** a parcel on time
소포를 제 시간에 배송하다

□ **deliver** the keynote speech at~
~에서 기조연설을 하다

82 shortly
부 ❶ 마지않아 ❷ 곧

short ★ 형 ❶ 짧은 ❷ 단기의 ❸ 부족한
shorten ★ 동 ~을 짧게 하다
shortage ★ 명 부족
shortcoming ★ 명 결점, 단점

□ **shortly after** the awards ceremony
시상식 직후에

□ be expected to reopen **shortly**
곧 다시 문을 열 것으로 예상되다

83 given
전 ~을 감안하면(= considering)

□ **Given** the popularity of our business seminars
우리 사업 세미나의 인기를 감안하면

84 total
명 총량, 총액(= sum)
형 총~의

totally ★ 부 완전히(= completely)

□ have attracted a **total** of 230,000 tourists
총 23만 명의 관광객을 유치했었다

□ be expected to cut $30 million from the company's **total** annual production costs
회사의 연간 총 생산 비용에서 3천만 달러를 절감할 것으로 예상되다

85 quickly
부 빠르게, 신속하게

quick ★ 형 빠른, 신속한

□ be asked to finish the report **quickly**
보고서를 빨리 마치도록 요구받다

□ work **quickly** to finish the project by the deadline
마감일까지 프로젝트를 마치기 위해 신속하게 일하다

86 recommendation
명 추천(서), 권고

recommend ★★ 동 ~을 추천하다, ~을 권하다

□ have a **recommendation** for~
~에 대해 추천하다

□ submit two letters of **recommendation**
두 장의 추천서를 제출하다

311 consideration
명 고려

consider ★★ 동 ❶ ~을 고려하다
❷ ~을 …를 여기다

□ after careful **consideration**
신중한 고려 끝에

□ ATC Corporation's board of directors will take years of service into **consideration** when choosing a candidate for the promotion.
ATC 사의 이사회는 승진 후보자를 선정할 때 근속 연수를 고려할 것이다.

숙어 take A into consideration: A를 고려하다

312 dedication
명 헌신, 전념
(= commitment, devotion)

dedicate ★ 동 ❶ ~을 바치다,
❷ ~에 전념하다(to)

dedicated ★ 형 헌신하는, 전념하는

□ thanks to one's hard work and **dedication**
~의 노고와 헌신 덕분에

□ praise the **dedication** of~
~의 헌신을 칭찬하다

313 earn
동 ❶ ~을 벌다
❷ ~을 획득하다, 얻다, 받다
(= obtain, gain, win)

□ **earn** a reputation for~
~로 명성을 얻다

□ **earn** recognition for~
~로 인정을 받다

314 prolong
동 (기한 등) ~을 연장하다(= extend)

□ undergo regular maintenance to **prolong** the life of the vehicle
차량의 수명을 연장하기 위해 정기 관리 서비스를 받다

315 contract
명 계약(서)
동 ~을 계약하다

□ according to the terms of the **contract**
계약 조항에 따르면

□ be **contracted to** remodel the office
사무실을 개조하도록 계약되어 있다

316 locate
동 ❶ ~을 위치시키다
❷ ~의 장소를 찾아내다

□ The entrance to the parking garage is **located on** the east side of the building.
주차장 입구가 건물 동쪽에 위치해 있다.

□ help hotel guests to **locate** a nearby restaurant
호텔 손님들이 근처의 레스토랑을 찾도록 돕다

location ★ 명 ❶ 장소 ❷ 지점

▶ 주로 전치사와 함께 수동태 be located로 사용

317

instead

图 대신에

- □ choose **instead** to focus on~
  대신 ~에 집중하기로 결정하다
- □ take place next Monday **instead** of this Friday
  이번 주 금요일 대신 다음 주 월요일에 개최되다

숙어 instead of ~대신에, ~가 아니라

318

manufacturer

명 ① 제조업체(기계) ② 제조업자

manufacturing ★ 명 제조업(물가신)

- □ a leading **manufacturer** of kitchen appliances
  선도하는 주방기기 제조업체
- □ the world's largest **manufacturers** of power tools
  세계 최대의 전동 공구 제조업체

319

improve

图 ① ~을 향상시키다 ② ~을 개선하다

- □ **improve** overall production
  전반적인 생산량을 향상시키다
- □ **improve** one's customer service
  ~의 고객 서비스를 개선하다

320

expense

명 ① 지출 (비용) ② 경비

expensive ★ 图 비싼

- □ incur **expenses**
  지출 비용을 발생시키다
- □ reduce **expenses**
  지출 비용을 줄이다

78

eligible

图 자격이 있는

- □ be eligible for promotion
  승진 자격이 있다
- □ be eligible to participate
  참가 자격이 있다

79

promote

동 ① ~을 홍보하다
② ~을 촉진하다
③ ~을 승진시키다

promotion ★★ 명 ① 승진 ② 홍보
③ 촉진

promotional ★ 图 홍보의

- □ **promote** their ideas to potential customers
  잠재 고객에게 그들의 아이디어를 홍보하다
- □ Janice was **promoted** to store manager.
  재니스는 매장 관리자로 승진되었다.

80

notify

동 ① ~에게 알리다
② ~을 통지하다

notification ★ 명 고지, 통지

- □ **notify** Ms. Bromley of your decision
  브롬리 씨에게 당신의 결정을 알리다
- □ **notify** you that I plan to resign from my position
  내가 직책에서 물러날 계획임을 당신에게 알리다

Day 17

✓ 읽기만 해도 점수가 쑥쑥! 오르는 기출 포인트

---

321 cautiously
부 신중히, 조심스럽게

□ proceed **cautiously** with the project
신중하게 프로젝트를 진행하다

□ **cautiously** predict growth
조심스럽게 성장을 예상하다

---

322 promising
형 ① 장래성 있는, 전망이 밝은 ② 유망한
(= hopeful, potential, prospective)

□ quite **promising** results
상당히 전망이 밝은 결과

□ the most **promising** candidate
가장 유망한 후보자

---

323 accomplishment
명 성과, 업적, 성취, 달성

accomplished ★ 형 뛰어난, 재주가 많은

□ noteworthy **accomplishments**
주목할 만한 성과

□ be known for one's **accomplishments** in the field of~
~분야에서의 ~의 업적으로 알려지다

---

324 remind
동 ~에게 상기시키다

reminder ★ 명 (메시지 등) 상기시키는 것

□ I want to **remind** you that~
당신에게 ~임을 상기시켜 드리고자 합니다

□ **remind** visitors to be in the front lobby
방문객들에게 정문 로비에 있도록 상기시켜 주다

속에 be reminded to do ~하도록 상기되다,
~하는 것을 연상하다

---

325 view
명 ① 경관 ② 관점 ③ 시야, 보기
동 ~을 보다

□ reflect the **views** of the publisher
출판사의 관점을 반영하다

□ want a closer **view** of the stage
무대에 더 가까운 시야를 원하다

---

326 advantage
명 장점, 유리한 점

□ This printer has some **advantages** over the previous model.
이 프린터는 이전 모델보다 몇 가지 장점들이 있다.

속에 take advantage of ~을 이용하다

---

72 later
부 ① 늦은 시간에 ② 나중에
형 ① 늦은 시간의 ② 나중의

late ★ 형 ① 늦은 ② 후반의
부 ① 늦게 ② 후반에

lately ★ 부 최근에

□ three years **later**
3년 후에

□ reschedule the meeting for a **later** time
회의 일정을 나중으로 재조정하다

---

73 exceptional
형 ① 보기 드문(= extraordinary,
uncommon, unusual)
② 뛰어난(= superior)

exception ★ 명 예외

exceptionally ★ 부 대단히

□ the **exceptional** service at~
~에서 제공하는 뛰어난 서비스

□ make **exceptional** contributions to~
~에 뛰어난 공헌을 하다

---

74 submit
동 ~을 제출하다

□ **submit** an application to~
~에게 지원서를 제출하다

□ be **submitted** by e-mail
이메일로 제출되다

---

75 ensure
동 ① ~을 보장하다
② 반드시 ~하도록 하다

□ in an effort to **ensure** accuracy
정확성을 보장하기 위한 노력의 일환으로

□ Please **ensure** that all labels are printed correctly.
반드시 모든 라벨이 올바로 인쇄되도록 하십시오.

---

76 demand
명 수요, 요구
동 ① ~을 요구하다 ② ~을 필요로 하다

demanding ★ 형 ① (일이) 힘든
② 요구가 많은

□ meet the **demand for** the new product
신제품에 대한 수요를 맞추다

□ in response to a client's **demand**
고객의 요구에 응하여

---

77 currently
부 현재, 지금

current ★ 형 현재의

□ be **currently** understaffed
현재 인력이 부족하다

□ be **currently** inaccessible
현재 접속할 수 없다

---

327 probably
[부] 아마(도)

□ will **probably** take at least five business days
아마 영업일로 최소 5일이 걸릴 것이다

probable ★ [형] 있음직한

□ be most **probably** the cause of~
아마 ~의 원인일 것이다

328 complimentary
[형] ❶ 무료의 ❷ 칭찬하는
compliment ★ [명] 칭찬, 찬사 [동] ~을 칭찬하다

□ attach **complimentary** dinner coupons
무료 저녁 식사 쿠폰을 참부하다

□ have access to **complimentary** Internet service
무료 인터넷 서비스를 이용할 수 있다

329 essential
[형] 필수적인, 극히 중요한

□ be **essential** for maintaining routine work
일상 업무를 유지하는 데 필수적이다

□ **Essential** files should be backed up.
필수 자료들은 백업되어야 한다.

참고 be **essential** to -ing ~하는 데 필수적이다

330 alternatively
[부] 또는, 그 대신에
▶ 주로 마침표에서 접속부사로 출제

□ You may use our free shuttle service from the hotel. **Alternatively,** you can take a taxi.
호텔에서 저희 무료 셔틀 서비스를 이용하실 수 있습니다. 또는, 택시를 이용하실 수도 있습니다.

331 unlike
[전] ~와 달리

□ **unlike** the previous edition
이전 판과 달리

□ **Unlike** most other equipment, it is easily operated.
대부분의 다른 장비와 달리, 이것은 쉽게 작동된다.

332 primarily
[부] 주로

□ attribute its success **primarily** to television advertisements
성공의 원인을 주로 텔레비전 광고로 돌리다

□ be **primarily** responsible for quality control
주로 품질 관리를 맡고 있다

primary ★ [형] 주된, 중요한

333 precisely
[부] 정확히(= accurately, correctly)

□ follow the assembly instructions **precisely** to ensure safety
안전을 보장하기 위해 조립 설명서를 정확히 따르다

□ begin **precisely** at 8:30 in the morning
오전 8시 30분에 정확히 시작하다

precise ★ [형] 정밀한, 정확한

66 recently
[부] 최근에

□ has **recently** been updated
최근에 업데이트되었다

□ **recently** announced that~
최근에 ~라고 발표했다

67 thoroughly
[부] ❶ 완전히 ❷ 철저하

□ read the manual **thoroughly**
사용자 설명서를 철저하게 읽다

68 change
[동] ~을 변경하다, 변화시키다
[명] 변화, 변경

□ if you need to **change** your interview time
면접 시간을 변경할 필요가 있다면

□ Tonight's keynote speaker has been **changed.**
오늘 저녁의 기조연설자가 변경되었다.

69 following
[전] ❶ ~후에 ❷ ~에 따라
[형] ❶ 뒤따르는 ❷ 다음의

□ **following** the sessions
그 시간들이 끝난 후에

□ until the **following** business day
다음 영업일까지

70 opening
[명] 일자리, 공석

□ an **opening** in~
~의 공석

□ The CEO recommended Ms. Karen Bynes for the **opening** at the Longville branch.
대표이사는 롱빌 지사의 공석에 대해 카렌 바인즈 씨를 추천했다.

71 application
[명] ❶ 지원(서), 신청(서) ❷ 적용
applicant ★ [명] 지원자, 신청자
applicable ★ [형] ❶ 적용할 수 있는 ❷ 해당되는
apply ★ [동] 지원하다, 신청하다

□ accept **applications** for the position of~
~직책에 대한 지원서를 받다

□ an **application** for a bank loan
은행 대출을 위한 신청서

Day 4

extensive
형 ❶ 폭넓은 ❷ 대규모의

✓ 읽기만 해도 점수가 쑥쑥! 오르는 기출 포인트

☐ do **extensive** research for the project
프로젝트를 위해 폭넓은 조사를 하다

☐ must have **extensive** knowledge of all product lines
반드시 모든 제품 라인에 대해 폭넓은 지식이 있어야 한다

extensively ★ 튀 널리, 광범위하게

62
completely
튀 완전히, 전적으로

☐ **completely** free of charge
완전히 무료로

☐ **completely** unexpected[sold out, functional]
완전히 예상 밖인[다 팔린, 잘 작동하는]

complete ★★ 동 ~을 완성하다, 완료하다 형 완전한, 완비한(with)

completion ★★ 명 완료

63
enthusiasm
명 열정, 열광(= eagerness, excitement, passion)

☐ greet guests with **enthusiasm**
열정을 갖고 손님을 맞이하다

☐ There is noticeable **enthusiasm** among fans awaiting the release of the new album.
새 앨범 발매를 기다리는 팬들 사이에서 두드러진 열정이 존재한다.

enthusiastic ★ 형 열정적인
enthusiastically ★ 튀 열정적으로
enthusiast 명 ❶ 애호가 ❷ 열성팬

64
previous
형 이전의

☐ ignore the **previous** message
이전의 메시지를 무시하다

☐ be recommended by one's **previous** employer
~의 이전의 고용주로부터 추천받다

65
otherwise
튀 ❶ 그렇지 않으면 ❷ 다르게

☐ Please return the book by September 5. **Otherwise**, you'll be charged a late fee.
책을 9월 5일까지 반납하세요. 그렇지 않으면, 연체료가 부과될 것입니다.

☐ unless **otherwise** indicated
달리 명시되지 않으면

▶ Part 6에서는 접속부사로 자주 쓰이지만, Part 5에서는 일반부사로도 출제된다.

334
subsequently
튀 그 뒤에, 나중에 (= next, following)

☐ **subsequently** gain access to
그 뒤에 ~에 대한 이용[접근] 권한을 얻다

☐ will be **subsequently** implemented by~
그 뒤에 ~에 의해 시행될 것이다

subsequent ★ 형 뒤따르는, 다음의

335
remarkably
튀 ❶ 특이하게(= unusually) ❷ 눈에 띄게(= notably) ❸ 몹시(= greatly, highly) ❹ 놀랍게도(= surprisingly)

☐ There was **remarkably** little attention given to customer feedback.
고객 의견에 대해 눈에 띄게 적은 관심이 주어졌다.

☐ Our product quality has remained **remarkably** consistent since our establishment 20 years ago.
저희의 제품 품질은 20년 전 창업 이래로 놀랍게도 한결같은 상태로 유지되어 있습니다.

remarkable ★ 형 주목할 만한, 눈에 띄는

336
position
명 ❶ 위치 ❷ 직책, 자리 ❸ 입장 동 ~을 배치하다

☐ hold a **position** for three years
3년간 직책을 유지하다

☐ a marketing **position**
마케팅 직책

337
several
형 몇몇의, 여럿의

☐ be delayed by **several** days
며칠 정도 지연되다

☐ **several** of our employment policies
우리 고용 정책 중 몇몇

명 몇몇, 여러 개, 여러 명

338
candidate
명 ❶ 후보자 ❷ 지원자

☐ very promising **candidates**
매우 유망한 후보자들

☐ **Candidates** for the position must have~
그 직책에 대한 지원자들은 반드시 ~을 보유해야 한다

339
repair
동 ~을 수리하다, 수선하다 명 수리, 수선

☐ need to be **repaired**
수리를 받을 필요가 있다

☐ contact your nearest **repair** center
가장 가까운 수리 센터에 연락하다

340
almost
튀 거의(= nearly)

☐ after **almost** a year of construction
거의 1년의 걸린 공사 후에

☐ Their profits have **almost** doubled within six months.
그들의 수익은 6개월 안에 거의 두 배가 되었다.

☑ 읽기만 해도 점수가 쑥쑥! 오르는 기출 포인트

341

priority
[명] ❶ 우선순위 ❷ 우선과제

☐ a top **priority** for our division
우리 부서에 있어 최우선 과제

☐ make the fundraising project the highest
priority
모금 프로젝트를 최우선 과제로 삼다

342

standard
[명] ❶ 수준 ❷ 기준 [형] ❶ 일반적인 ❷ 표준의

☐ strict **standards**
엄격한 기준

☐ a **standard** procedure
표준 절차

343

temporary
[형] 임시의

☐ a **temporary** solution
임시 해결책

☐ a **temporary** password
임시 비밀번호

344

sufficient
[형] 충분한

☐ need a **sufficient** supply of paper
충분한 용지 공급이 필요하다

☐ until **sufficient** funds are available
충분한 자금이 이용 가능할 때까지

[숙어] have sufficient time to do ~할 시간이 충분하다

345

unique
[형] 독특한, 특별한

☐ develop a **unique** process for -ing
~하기 위한 독특한 공정을 개발하다

346

strictly
[부] 엄격히

strict ★ [형] 엄격한

☐ comply **strictly** to safety rules
엄격히 안전 규정을 준수하다

☐ be **strictly** implemented
엄격히 시행되다

347

mistakenly
[부] 실수로

☐ **mistakenly** remove important data from the
customer database
실수로 고객 데이터베이스에서 중요한 정보를 삭제하다

☐ be **mistakenly** filed in the wrong drawer
실수로 엉뚱한 서랍에 파일이 정리되다

57

proposed
[형] 제안된(= offered, presented)

propose ★ [동] ~을 제안하다
proposal ★ [명] 제안(서)

☐ review the **proposed** budget plan
제안된 예산안을 검토하다

☐ look over the **proposed** timetable for~
~에 대한 제안된 일정표를 살펴보다

58

return
[동] ❶ 반품하다 ❷ 돌아오다 [명] ❶ 반품, 반환 ❷ 수익

☐ **return** a defective item
결함이 있는 상품을 반품하다

[숙어] return A to B: A를 B에 반품하다, 반환하다

59

increasingly
[부] 점점 더

increasing ★ [형] 증가하는

☐ become **increasingly** concerned about~
~에 대해 점점 더 우려하게 되다

☐ became **increasingly** time-consuming
점점 더 시간 소모적인 상태가 되다

60

effective
[형] ❶ 효과적인 ❷ 발효되는

effectively ★ [부] 효율적으로
effect ★ [명] 효과, 영향
effectiveness ★ [명] 유효, 효과적임

☐ highly **effective** measures to reduce costs
비용을 줄일 매우 효과적인 조치들

☐ become **effective** starting next month
다음 달부터 유효하다

348 suit

동 ❶ ~에 어울리다
　　❷ ~을 충족하다(= satisfy)

suited ★ 형 어울리는, 적합한
suitable ★ 형 어울리는, 적합한
suitability ★ 명 어울림, 적합

- □ better **suit** one's business needs
  ~의 사업적 필요를 더 잘 충족하다

349 capable

형 할 수 있는, 가능한(= able)

capability ★ 명 능력, 역량

- □ be **capable** of significantly increasing a company's presence in the market
  회사의 시장 내 존재감을 상당히 높일 수 있다
- □ be **capable** of working both independently and as a team member
  독립적으로 그리고 팀원으로 일하는 것이 모두 가능하다

350 attendance

명 ❶ 출석, 참석 ❷ 참석률 참석자의 수

attend ★★ 동 ~에 참석하다
attendee ★ 명 참석자
attention ★ 명 주의, 주목, 관심

- □ in **attendance**
  참석한[출석한]
- □ maintain remarkably high **attendance** records
  놀라울 정도로 높은 참석률 기록을 유지하다

351 mutually

부 상호간에, 서로(= together, jointly)

- □ seek a **mutually** beneficial relationship
  상호간에 이로운 관계를 추구하다
- □ be **mutually** beneficial to both parties
  양측에 서로 도움이 되다

352 unusually

부 ❶ 특이하게
　　(= extraordinarily, exceptionally)
　　❷ 대단히, 몹시
　　(= remarkably, outstandingly)

- □ donate an **unusually** large amount of money
  대단히 많은 액수를 기부하다

---

51 require

동 ~을 요구하다

requirement ★ 명 필수 요건
required ★ 형 필수의

- □ **require** all employees to~
  모든 직원들이 ~하도록 요구하다

52 conveniently

부 편리하게

- □ **Conveniently** located next to the city hall
  시청 옆에 편리하게 위치하여
- □ The workshops are **conveniently** scheduled in the evenings.
  워크숍은 편리하게 저녁 시간대로 일정이 잡혀 있다.

53 request

명 요청
동 ~을 요청하다

- □ upon **request**
  요청 시에
- □ to **request** items for the event
  행사에 쓸 물품을 요청하기 위해

54 rather

부 ❶ 다소 ❷ 차라리 ❸ 약간

- □ would **rather** wait until then
  차라리 그때까지 기다리겠다
- □ develop new markets **rather than** downsizing
  규모 축소 대신 새 시장을 개척하다

숙어 rather than ~대신에, ~보다는

55 address

동 ❶ ~을 다루다 ❷ 연설하다
명 주소

- □ **address** customer complaints politely
  고객 불만사항들을 정중하게 다루다
- □ **address** a large audience
  대규모 청중에게 연설하다

56 carefully

부 주의 깊게

care ★ 명 ❶ 관리 ❷ 돌봄
　　동 ❶ 관심을 가지다 ❷ 돌보다
careful ★ 형 조심하는, 신중한

- □ will examine the report as **carefully** as he can
  보고서를 그가 할 수 있는 한 주의 깊게 검토할 것이다
- □ after **carefully** reviewing the plans
  계획을 주의 깊게 검토한 후에

353 accidentally
부 ❶ 우연히 (= unexpectedly, by chance)
　❷ 실수로 (= unintentionally)
accidental ★ 형 우발적인
☐ **accidentally** delete important files from one's hard drive
　실수로 ~의 드라이브에서 중요한 파일들을 삭제하다
☐ **accidentally** mispronounce the name of the guest speaker
　초청 연사의 이름을 실수로 잘못 발음하다

354 consecutive
형 연속적인, 연이은 (= successive, straight)
☐ win three **consecutive** Employee of the Year awards
　올해의 직원상을 연속 3회 수상하다
☐ Fuel prices are rising for the fifth **consecutive** quarter.
　연료 가격이 5분기 연속 상승하고 있다.

355 manageable
형 ❶ 감당할 수 있는, 관리할 수 있는
　❷ 다루기 쉬운, 처리하기 쉬운
management ★ 명 ❶ 관리 ❷ 경영진
managerial ★ 형 ❶ 관리의 ❷ 경영의
manager ★ 명 ❶ 관리자 ❷ 부장
☐ if the deadline is not **manageable**
　마감기한을 감당하지 못하는 경우에
☐ have become much more **manageable** since new spreadsheet software was installed
　새로운 스프레드시트 소프트웨어가 설치된 이후로 훨씬 더 관리하기 쉬워졌다

356 informative
형 ❶ 유익한, 유용한 ❷ 교육적인 (= helpful, instructive)
information ★ 명 정보
☐ an **informative** meeting[presentation] on~
　~에 대한 유익한 회의[발표]
☐ include an **informative** article about~
　~에 관한 유익한 기사를 포함하다

357 attentive
형 ❶ 사려 깊은, 배려하는(= thoughtful) ❷ 주의하는(= watchful)
attentively ★ 부 사려 깊게, 주의하여
☐ be very **attentive** to the needs of~
　~의 필요상에 대해 매우 신경을 쓰다
☐ be likely to be less **attentive** during the daytime
　낮 시간대에 주의력이 더 떨어지기 쉽다

46 successfully
부 성공적으로
success ★ 명 성공
successful ★ 형 성공적인
succeed 동 ❶ 성공하다 ❷ ~의 뒤를 잇다
☐ **successfully** complete one's first six months of employment
　~의 첫 6개월의 근무를 성공적으로 마치다
☐ **successfully** negotiate the long-term maintenance contract with Heritage Global Inc.
　헤리티지 글로벌 주식회사와 장기 유지보수 계약을 성공적으로 협상하다

47 favorably
부 유리하게, 호의적으로
favor 명 호의
favorable ★ 형 ❶ 호의적인 ❷ 유리한
favorite ★ 형 선호하는
☐ be very **favorably** acknowledged
　매우 유리하게 인식되다
☐ be **favorably** received by customers
　고객들에게 호의적으로 평가받다

48 delay
동 ~을 지연시키다, 연기하다
명 연기, 지연
☐ The production has **been delayed.**
　생산이 지연되었다.
☐ apologize for the **delay**
　지연에 대해 사과하다

49 exclusively
부 오로지, 오직, 독점적으로
exclusive ★ 형 배타적인, 독점적인
☐ deal almost **exclusively** with~
　거의 오로지 ~만 취급하다
☐ be available **exclusively** to + 사람
　~만 독점적으로 이용 가능하다

50 accordance
명 ❶ 일치, 합의(= agreement) ❷ 조화(= harmony)
accordingly ★ 부 그에 따라서 (= therefore)
☐ **in accordance with** company policy
　회사 정책을 준수하여
숙어 **in accordance with** ~을 준수하여, ~에 따라서

Day 3

☑ 읽기만 해도 점수가 쑥쑥! 오르는 기출 포인트

41 finally
(부) 마침내, 드디어

□ The proposal was **finally** accepted.
제안이 마침내 받아들여졌다.

□ Ms. Nelson's retirement was **finally** announced.
넬슨 씨의 은퇴가 마침내 발표되었다.

final ★ (형) 최종적인, 마지막의
finalize ★ (동) ~을 마무리 짓다

42 separately
(부) 별도로, 개별적으로(= individually)

□ as a collection or **separately**
묶음으로 또는 별도로

□ be sold **separately**
별도로 판매되다

separate ★ (형) 개별적인, 별도의

43 limited
(형) ❶ 제한된 ❷ 한정된

□ be **limited** to 20 people
20명으로 제한되다

□ for a **limited** time only
오직 한정된 시간에만

limit ★ (명) 한도
(동) ~을 제한하다, 한정하다
limitation ★ (명) 제한, 한정, 규제

44 evaluation
(명) 평가, 견적(= assessment, estimate, rating, appraisal)

□ send us some samples of new products for **evaluation**
평가를 위해 우리에게 몇몇 신제품 표본을 보내다

□ be determined by staff performance **evaluations**
직원 업무 평가에 의해 결정되다

evaluate ★ (동) ~을 평가하다
(= assess, estimate, rate, appraise)

45 specialize
(동) 전문으로 하다

□ **specialize** in serving freelance writers in the Chicago area
시카고 지역의 자유 기고가들에게 서비스를 제공하는 것이 전문이다

□ the rental store that **specializes** in multifunctional office devices
다용도 사무 기기들을 전문으로 하는 대여점

special ★ (형) 특별한
specially ★ (부) 특별하게

---

358 respect
(동) ~을 존중하다, 존경하다
(명) 경의, 존중

respectfully ★ (부) 공손하게, 정중하게 (형) 각각
respectively ★ (부) 각각

□ express one's **respect** for~
~에 대해 ~의 경의를 표하다

□ treat all employees equally and with **respect**
모든 직원을 공평하게 그리고 존중하는 마음으로 대하다

359 overwhelmingly
(부) ❶ 압도적으로
❷ 불가항력적으로
(= irresistibly)

overwhelming ★ (형) 압도하는

□ have become **overwhelmingly** positive
압도적으로 긍정적이 상태가 되다

□ be **overwhelmingly** in favor of constructing~
~을 짓는 것에 대해 압도적으로 찬성하다

360 efficient
(형) 효율적인

efficiently ★★ (부) 효율적으로

□ be designed to be more **efficient**
더욱 효율적이도록 고안되다

□ in a consistently **efficient** manner
계속해서 효율적인 방식으로

✓ 읽기만 해도 점수가 쑥쑥! 오늘의 기출 포인트

361

arrange
[동] ❶ ~을 준비하다 ❷ ~을 조치하다
❸ ~의 일정을 잡다 ❹ ~을 배치하다
arrangement ★ [명] ❶ 준비 ❷ 조치
❸ 배치

☐ **be arranged for** sales representatives
영업 사원의 일을 준비가 되다

☐ **arrange** a meeting
회의 일정을 잡다

362

environment
[명] 환경
environmentalist ★ [명] 환경 운동가
environmentally ★ [부] 환경적으로

☐ a quiet working **environment**
조용한 근무 환경

☐ conserve the **environment**
환경을 보존하다

363

admission
[명] ❶ 기입 ❷ 입장 허가 ❸ 승인

☐ be considered for **admission** to + 프로그램[단체]
~의 기입에 대해 고려되다

☐ receive free **admission** to + 장소
~에 대한 무료 입장 허가를 받다

364

prevent
[동] ❶ ~을 예방하다 ❷ ~을 못하게 하다
preventable ★ [형] 예방할 수 있는
preventive ★ [형] 예방의, 예방을 위한

☐ check the equipment regularly to **prevent** unexpected failure
예기치 못한 고장을 예방하기 위해 장비를 정기적으로 점검하다

☐ **prevent** us from attending the event
우리를 그 행사에 참석하지 못하게 하다

365

inconvenience
[명] 불편
[동] ~을 불편하게 하다

☐ We apologize for any **inconvenience**.
모든 불편함에 대해 사과 드립니다.

☐ We do not want to **inconvenience** you.
저희는 당신에게 불편을 드리고 싶지 않습니다.

366

properly
[부] 제대로, 적절히
proper [형] 적절한

☐ not work[function] **properly**
제대로 작동하지 않다

☐ should be disposed of **properly**
적절히 처분되어야 하다

38

except
[전] ~을 제외하고(= except for)
exception ★ [명] ❶ 예외 ❷ 이례적인 일
exceptional ★ [형] ❶ 예외적인 ❷ 우수한
exceptionally ★ [부] 우수한, 예외적으로

☐ all forms of payment **except** credit cards
신용카드를 제외한 모든 지불 방식

☐ All lights should be turned off **except** the ones in the main lobby.
중앙 로비에 있는 것들을 제외하고 모든 불을 꺼야 한다.

39

therefore
[부] 그러므로(= as a result, thus)

☐ have more functions, **therefore** increasing the cost
더 많은 기능이 있으므로 비용이 올라간다

☐ We value our customers. **Therefore**, we will respond to their requests promptly.
저희는 저희 고객을 소중히 여깁니다. 그러므로, 저희는 그들의 요청 사항에 즉각적으로 응답할 것입니다.

40

accept
[동] ❶ ~을 받아들이다 ❷ ~을 수락하다
acceptable ★ [형] 받아들일 수 있는

☐ **accept** applications from thousands of job candidates
수천 명의 구직 지원자들로부터 지원서를 받다

☐ **accept** one's invitation
~의 초대를 수락하다

367 equipment
명 장비, 기구

- an inventory of the electronic **equipment**
  전자 장비 재고 목록
- bring proper **equipment**
  적절한 장비를 가져오다

equipped ★ 형 ❶ (장비·도구) 갖춘
❷ (사람이) 준비된

368 inform
통 ~에게 알리다

- Please **inform** the accounting department of your working hours before the end of the week.
  이번 주가 끝나기 전에 귀하의 근무 시간을 회계부에 알려 주시기 바랍니다.

속에 inform A that: A에게 ~임을 알리다
inform A of B: A에게 B를 알리다

informative ★ 형 ❶ 유익한, 유용한
❷ 교육적인

information ★ 명 정보

369 employment
명 ❶ 고용 ❷ 채용

- be looking for **employment**
  일자리를 찾는 중이다
- our offer of **employment** with + 회사명
  ~에서의 근무에 대한 우리의 제의

employee ★ 명 직원

370 procedure
명 ❶ 절차 ❷ 과정

- follow the standard **procedures**
  표준 절차를 따르다
- laboratory safety **procedures**
  실험실 안전 절차

371 expansion
명 ❶ 확대 ❷ 확장

- **expansion** into overseas markets
  해외 시장으로의 확장
- discuss the company's **expansion** into Brazil
  브라질로의 회사 사업 확장을 논의하다

372 advancement
명 ❶ 승진 ❷ 발전 ❸ 진보

- be considered for **advancement** to management positions
  관리직으로의 승진에 대해 고려되다
- numerous **advancements** in social media
  소셜 미디어 부문의 수많은 발전

advanced ★ 형 ❶ 상급의 ❷ 발전된
❸ 진보한

---

33 experience
명 ❶ 경험 ❷ 경력
통 ~을 경험하다

- have a lot of **experience** in customer service
  많은 고객 서비스 경험이 있다

experienced ★ 형 ❶ 숙련된
❷ 경험이 많은

34 consider
통 ❶ ~을 고려하다 ❷ ~을 …로 여기다

- in order to **be considered** for the position
  그 직책에 (채용 대상자로) 고려되기 위해서
- Late applications will not **be considered**.
  늦게 접수된 지원서는 고려되지 않을 것이다.

속에 consider A B(형용사): A가 B하다고 여기다
consider A as B(명사): A를 B로 여기다

consideration ★★ 명 고려

35 performance
명 ❶ 성과 ❷ 실적 ❸ 수행 ❹ 공연

- receive the award for outstanding **performance**
  뛰어난 성과에 대해 상을 받다
- a **performance** with three different musicians
  3명의 다른 음악가들이 함께 하는 공연

perform ★ 통 ❶ ~을 수행하다
❷ ~을 연주하다

36 detailed
형 상세히 설명된

- **detailed** descriptions of~
  ~에 대한 상세한 설명
- provide **detailed** information about~
  ~에 대한 상세한 정보를 제공하다

37 pleased
형 ❶ 기쁜 ❷ 즐거운 ❸ 만족하는

- be very **pleased** to announce that~
  ~라고 발표하게 되어 매우 기쁘다
- be **pleased** to receive positive reviews
  긍정적인 평가를 받아서 매우 기쁘다

pleasure ★ 명 즐거움
pleasant ★ 형 쾌적한, 즐거운

remain
동 ❶ 남아 있다 ❷ 계속 ~한 상태이다
remaining ★ 형 남아 있는, 남은
remainder ★ 명 나머지

□ The profits **remain** the same.
수익이 계속 같은 상태이다.
□ **remain** open for a limited time only
오직 한정된 시간 동안만 문을 연 상태로 있다

374
further
부 ❶ 더 멀리(= a greater distance)
❷ 그 밖에(= moreover, furthermore)
형 추가의, 더 많은(= more, additional)

□ until **further** notice
추가 공지가 있을 때까지
□ if you have **further** questions
질문이 더 있다면

375
exhibition
명 전시회
exhibit ★ 명 전시회 형 전시품
동 ❶ ~을 전시하다
❷ ~을 내보이다

□ attend a recent art **exhibition**
최근의 미술 전시회에 참석하다
□ the **exhibition** of textiles currently on display
현재 전시 중인 섬유 전시회

376
brief
형 짧은, 간단한 명 짧은 시간

□ The power failure was **brief**.
정전된 시간은 짧았다.
□ write a **brief** report
간단한 보고서를 작성하다

377
relatively
부 ❶ 상대적으로 ❷ 비교적

□ The company provides quality services at **relatively** affordable prices.
그 회사는 상대적으로 저렴한 가격의 양질의 서비스를 제공한다.
□ **relatively** low cost
비교적 낮은 비용

378
protect
동 ~을 보호하다
protective ★ 형 보호하는
protection ★ 명 보호

□ **protect** sensitive data with confidential codes
민감한 데이터를 기밀 코드로 보호하다
□ in order to **protect** the company's intellectual property
회사의 지적 재산권을 보호하기 위해

26
interested
형 (사람이) 관심 있는

□ be **interested** in the sales position
영업직에 관심이 있다
□ anyone **interested** in learning about~
~에 대해 배우는 것에 관심 있는 누구라도

27
immediately
부 즉시, 당장
immediate ★ 형 즉각적인

□ **immediately** after the items went on sale
제품들이 판매에 돌입한 직후에
□ report to the security desk **immediately** upon arrival
도착 즉시 보안 창구에 알리다

28
qualified
형 ❶ 자격이 있는 ❷ 적격인
qualification ★ 명 자격 요건, 자질

□ highly **qualified** applicants
고도로 자격을 갖춘 지원자들
□ be the most **qualified** (for)
(~에) 가장 적격이다

29
result
동 결과로 발생하다
명 결과(물)

□ **result** in a higher quality product
결과적으로 더 높은 품질의 제품을 만들다
□ the **results** of the recent survey
최근 설문 조사 결과
동의어 result in/from] ~을 야기하다[~로부터 야기되다]

30
announce
동 ❶ ~을 발표하다 ❷ ~을 알리다
announcement ★ 명 ❶ 발표 ❷ 공지

□ **announce** the appointment of~
~의 임명을 발표하다
□ **announce** a major change to~
~에 대한 큰 변화를 발표하다

31
attend
동 ~에 참석하다
attendance ★ 명 ❶ 출석, 참석 ❷ 참석률, 참석자 수
attendee ★ 명 참석자
attention ★ 명 주의, 주목, 관심

□ will **attend** tomorrow's meeting
내일 회의에 참석할 것이다
□ be invited to **attend** the dinner reception
저녁 연회에 참석하도록 초대되다

32
promotion
명 ❶ 승진 ❷ 홍보 ❸ 촉진

□ Mr. Garcia received the **promotion**.
가르시아 씨는 승진했다.
□ This **promotion** ends on May 31.
이 홍보 행사는 5월 31일에 끝납니다.

☑ 읽기만 해도 점수가 쑥쑥 오르는 기출 포인트

21

nearly
[부] 거의(= almost, approximately)

☐ accommodate **nearly** 500 guests a day
하루에 거의 500명의 손님을 수용하다

☐ has worked at the city library for **nearly** 10 years
거의 10년간 시립도서관에서 일해왔다

near ★ [형] 가까운
[전] ~ 근처에
[동] ~에 접근하다

22

review
[동] ❶ ~을 검토하다 ❷ ~을 평가하다
[명] ❶ 검토 ❷ 평가 ❸ 후기

☐ **review** the company newsletter
사보를 검토하다

☐ receive positive **reviews** from~
~로부터 긍정적인 평가를 받다

reviewer ★ [명] 검토자 ❷ 평가자

23

present
[동] ~을 제시하다, 보여주다
[형] 현재의, 출석한

☐ be required to **present** photo identification
사진이 부착된 신분증을 제시해야 하다

☐ Mr. Franco Vanucci, the **present** chairperson
현 의장인 프랑코 바누치 씨

presentation ★ [명] 프리젠테이션, 발표
presence ★ [명] 존재(감), 출석

24

easily
[부] 쉽게, 수월하게

☐ be **easily** accessible by bus
버스로 쉽게 접근이 가능하다

☐ can **easily** accommodate 100 people at once
한번에 100명의 인원을 거뜬히 수용할 수 있다

ease ★ [명] 쉬움, 용이함, 안락함

25

frequently
[부] ❶ 자주 ❷ 흔히

☐ be **frequently** delayed
자주 지연되다

☐ **frequently** hold its management meetings
경영진 회의를 자주 열다

frequent ★ [형] ❶ 자주 ~하는 ❷ 빈번한
[동] ~을 자주 방문하다

379

attribute
[동] ~에 대한 원인을 돌리다

☐ **attribute** the decrease in sales to fierce competition
매출 하락의 원인을 치열한 경쟁 탓으로 돌리다

숙어 attribute A to B: A의 원인을 B로 돌리다

380

arrangement
[명] ❶ 준비(= planning, preparation)
❷ 조치
❸ 배치

☐ **make an arrangement**
준비하다[조치하다], 일정을 잡다

☐ **make arrangements for** a company outing
회사 야유회를 준비하다

arrange ★ [동] ❶ ~을 준비하다
❷ ~을 조치하다
❸ ~이 일정을 잡다
❹ ~을 배치하다

☑ 읽기만 해도 점수가 쑥쑥! 오늘도 기출 포인트

381 regulation
[명] 규정, 규칙, 규제(= rule)

regularly ★★ [부] 정기적으로, 규칙적으로
regular ★ [형] 규칙적인, 정기적인
regulate ★ [동] ~을 규제하다

☐ follow the **regulations** in the work safety **manual**
작업장 안전 규정에 나온 규정들을 준수하다

☐ observe all safety **regulations** when using **the fitness equipment**
피트니스 장비를 이용할 때 모든 안전 규정을 준수하다

382 technician
[명] 기술자, 전문가(= expert)

technical ★ [형] 기술적인

☐ call in a **technician**
기술자를 부르다

☐ an experienced **technician**
숙련된 기술자

383 restrict
[동] ~을 제한하다, 한정하다(= limit)

restriction ★ [명] 제한, 규제, 제약
restricted ★ [형] 제한된

☐ **restrict** access to~
~에 대한 접근(이용)을 제한하다

384 deteriorating
[형] 악화되는(= declining, worsening)

deteriorated ★ [형] 악화된
deteriorate ★ [동] 악화되다, 저하되다

☐ be in **deteriorating** condition
악화 상태에 있다

☐ learn how to prevent dairy products from **deteriorating**
유제품이 상하지 않도록 예방하는 방법을 배우다

385 direct
[동] ❶ ~에게 안내하다 ❷ ~을 지시하다
❸ ~을 보내다, 전달하다
[형] ❶ 직접적인 ❷ 직행의

direction ★ [명] ❶ 방향(불가산) ❷ 길 안내
❸ 지시(가산) ❹ 감독, 지휘

director ★ [명] ❶ 감독 ❷ 책임자

☐ should **be directed** to the personnel manager
인사부장에게 보내져야 하다

☐ **direct** all questions to the customer service **department**
모든 질문들을 고객 서비스부로 보내다

19 highly
[부] 매우, 고도로

☐ a **highly** regarded businessman
매우 존경받는 기업가

☐ a **highly** qualified candidate
고도로 자격을 갖춘 지원자

20 additional
[형] 추가적인

addition ★ [명] ❶ 추가(물) ❷ 추가 인원
additionally ★ [부] 게다가

☐ If you need **additional** information
추가 정보가 필요하면

☐ be charged with an **additional** fee for~
~에 대한 추가 요금이 청구되다

14 directly
분 ❶ 직접적으로 ❷ 바로

□ speak **directly** into the microphone
마이크에 대고 직접 말하다

□ contact A **directly**
A에게 직접 연락하다

direct ★★ 동 ❶ ~을 안내하다 ❷ ~을 지시하다 ❸ ~을 보내다
형 ❶ 직접의 ❷ 곧장가는

direction ★ 명 ❶ 방향(불가산) ❷ 길안내 ❸ 지시(가산) ❹ 감독, 지휘

15 specifically
분 특히

□ be designed **specifically** to meet the needs of small firms
특히 소규모 회사들의 필요에 맞추기 위해 고안되다

specify ★ 동 ~을 명시하다
specification ★ 명 ❶ 세부 사항 ❷ 명세(서)

16 increase
명 ❶ 증가 ❷ 인상
동 ❶ 증가시키다 ❷ 인상하다

□ a significant **increase** in sales
매출의 상당한 증가

□ **increase** the rate of production
생산율을 높이다

increasingly ★★ 분 점점 더
increasing ★ 형 증가하는
increased ★ 형 증가된

17 include
동 ~을 포함하다

□ **include** expected costs 예상 비용을 포함하다

□ **include** A in B: A를 B안에 포함하다

including ★ 전 ~을 포함하여

18 expect
동 ~을 예상하다

□ **expect** some problems with~
~에서 문제가 발생할 것을 예상하다

expected ★★ 형 예상되는
expectation ★ 명 예상

---

386 distributor
명 ❶ 유통업체, 유통업자 ❷ 배급업체, 배급업자

□ the major **distributor** of medical equipment in the northwest region
북서 지역의 주요 의료 장비 유통업체

□ one of Europe's leading **distributors** of organic foods
유럽의 주요 유기농 식품 유통업체 중 하나

distribute ★ 동 ❶ ~을 배포하다, 분배하다 ❷ ~을 유통하다
distribution ★★ 명 ❶ 배포 ❷ 유통 ❸ 분배

387 assist
동 ~을 돕다

□ the employees assigned to **assist** you
당신을 돕도록 배정된 직원들

□ **assist** Mr. Hudson in managing accounts
허드슨 씨가 계정을 관리하는 것을 돕다

388 initial
형 ❶ 처음의 ❷ 초기의
명 첫 글자

□ the **initial** shipment of your order
귀하의 주문에 대한 첫 배송 물품

□ **initial** investment
최초의 투자

initially ★ 분 처음에, 초기에

389 permit
명 허가증(가산)
동 ~을 허가하다, 허용하다

□ a parking **permit**
주차 허가증

□ be **permitted** to use the exercise facility
운동 시설을 이용하도록 허용되다

permission ★ 명 허가(불가산)

390 particularly
분 특히, 특별히

□ even in **particularly** stressful situations
심지어 특히 스트레스가 심한 상황에서조차

□ **particularly** among start-up companies
특히 신생 기업들 사이에서

391 equipped
형 (시설, 장비 등을) 갖춘(= furnished)

□ be fully **equipped with**~
~을 완비하게 갖추다

□ be **equipped with** an energy-efficient system
에너지 효율이 높은 시스템을 갖추다

숙어 be equipped with ~을 갖추다

equipment ★ 명 기구, 장비
equip ★ 동 ❶ (장비 등) ~을 갖추다 ❷ (능력 등을) ~에게 갖춰주다

392 profit
명 수익, 이익
동 ~의 수익[이득]을 두 배로 늘리다
profitable ★ 형 수익을 얻는
profitability ★ 명 수익성

☐ double one's **profit** margin
~의 수익률을 두 배로 늘리다
☐ an increase in net **profits**
순이익의 증가

393 completion
명 완료, 완성, 답안
complete ★★ 부 완전히
동 ~을 완료하다, 완성하다
형 완전한; 완비한(with)

☐ **completion** of the questionnaire
설문지 작성 완료
☐ following the **completion** of~
~을 완료한 후에

394 negotiate
동 ~을 협상하다
negotiation ★ 명 협상, 협의 (= compensation)

☐ **negotiate** salaries with~
~와 임금 협상을 하다
☐ skillfully **negotiate** a contract
능숙하게 계약 협상을 하다

395 reward
명 보답, 보상, 사례 (= compensation)
동 ~에게 보답하다

☐ as a **reward** for~
~에 대한 보답으로
☐ **reward** employees with~
직원들에게 ~로 보상하다

396 attempt
동 ~을 시도하다, 꾀하다(= try)
명 시도(bid, effort)

☐ **attempt** to mix conventional and advanced
sales techniques
기존의 영업 기법과 고급 영업 기법을 결합하려고 시도하다
☐ the marketing team's recent **attempt** to do
~하려는 마케팅팀의 최근 시도
암기 in an attempt to do ~하려는 시도로
make an attempt to do ~하려고 시도하다

397 existing
형 기존의, 현재 사용되는

☐ an **existing** building
기존의 건물
☐ update its **existing** policies
기존의 정책을 새롭게 하다

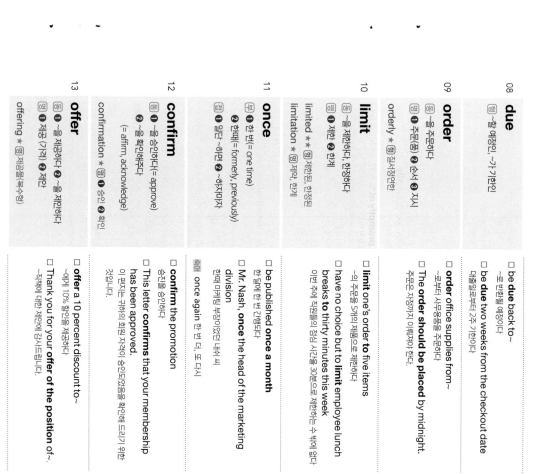

08 due
형 ~할 예정인, ~가 기한인

☐ be **due** back to~
~로 반납될 예정이다
☐ be **due** two weeks from the checkout date
대출일로부터 2주 기한이다

09 order
동 ~을 주문하다
명 ① 주문(품) ② 순서 ③ 지시
orderly ★ 형 질서정연한

☐ **order** office supplies from~
~로부터 사무용품을 주문하다
☐ The **order should be placed** by midnight.
주문은 자정까지 이뤄져야 한다.

10 limit
동 ~을 제한하다, 한정하다
명 ① 제한 ② 한계
limited ★★ 형 제한된, 한정된
limitation ★ 명 제약, 한계

☐ **limit** one's **order to** five items
~의 주문을 5개의 제품으로 제한하다
☐ have no choice but to **limit** employee lunch
breaks **to** thirty minutes this week
이번 주에 직원들의 점심 시간을 30분으로 제한하는 수 밖에 없다

11 once
부 ① 한 번(= one time)
② 한때(= formerly, previously)
접 ~하면 ② ~하자마자

☐ be published **once a month**
한 달에 한 번 간행되다
☐ Mr. Nash, **once** the head of the marketing
division
한때 마케팅 부장이었던 내쉬 씨
암기 once again 한 번 더, 또 다시

12 confirm
동 ① ~을 승인하다(= approve)
② ~을 확인해주다
(= affirm, acknowledge)
confirmation ★ 명 ① 승인 ② 확인

☐ **confirm** the promotion
승진을 승인하다
☐ This letter **confirms** that your membership
has been approved.
이 편지는 귀하의 회원 자격이 승인되었음을 확인해 드리기 위한
것입니다.

13 offer
동 ① ~을 제공하다 ② ~을 제안하다
명 ① 제공 (가격) ② 제안
offering ★ 명 제공품(복수형)

☐ **offer** a 10 percent discount to~
~에게 10% 할인을 제공하다
☐ Thank you for your **offer of the position** of~
~직책에 대한 제안에 감사드립니다.

☑ 읽기만 해도 점수가 쑥쑥! 오르는 기출 포인트

01 within
전 (시간, 기간, 공간) ~이내에
□ within walking distance of~
걸어서 ~에 갈 수 있는 거리 이내에
□ be delivered within three business days
영업일로 3일 이내에 배송되다

02 promptly
부 ❶ 즉시 ❷ 정확히 (제 시간에)
□ should be revised promptly
즉시 개정되어야 하다
□ will begin promptly at 9 A.M. on Monday
정확히 월요일 오전 9시에 시작할 것이다

03 despite
전 ~에도 불구하고
(= notwithstanding)
□ despite a budget reduction
예산 감축에도 불구하고
□ despite the short deadline
짧은 마감기한에도 불구하고

04 throughout
전 ❶ ~전역에 ❷ ~동안 내내
□ be available in stores throughout the country
전국에 있는 매장에서 구할 수 있다

05 purchase
명 구매(품)
동 ~을 구입하다
□ Thank you for your recent purchase of~.
최근의 ~구매에 대해 감사드립니다.
□ purchase drinks from the convenience store
편의점에서 음료수를 구입하다

06 provide
동 ~을 제공하다
provider ★ 명 제공자, 제공업체
□ provide free installation for~
~에 대한 무료 설치 서비스를 제공하다
□ provide the results of one's quarterly sales
~의 분기별 매출 결과를 제공하다

07 regularly
부 정기적으로, 규칙적으로
regular ★ 형 규칙적인, 정기적인
regulation ★ 명 규칙, 규정, 규제 (= rule)
regulate ★ 동 ~을 규제하다
□ at the next regularly scheduled meeting
정기적으로 예정된 다음 회의에서
□ be checked regularly to ensure that~
~을 확실히 하기 위해 정기적으로 검사받다

398 correspondence
명 서신, 편지
correspondent ★ 명 통신원
□ correspondence from~
~에서 온 서신
□ all outgoing correspondence
외부로 나가는 모든 서신

399 particular
명 ❶ 개별 사항 ❷ 명세
형 ❶ 특정한 ❷ 개개의
□ read the particulars of its business plans
사업 계획의 개별 사항들을 읽다
□ expertise in a particular area
특정 분야에 대한 전문 지식
속어 in particular 특히

400 presence
명 출석, 존재(감)
present ★ 동 ~을 제시하다, 제공하다
형 ❶ 현재의 ❷ 출석한
presentation ★ 명 발표(회)
□ request your presence at a meeting
귀하의 회의 참석을 요청하다
□ establish[reestablish, expand] our presence in~
~에서 우리의 존재감을 확립하다[재확립하다, 확대하다]

기출 빅데이터 Part 5&6
초빈출 정답 어휘 400

지난 3년간 토익에서 정답으로 가장 자주 출제되었던 어휘들을 빈출순으로 모아 Day별로 구성하였습니다.

특히, 최빈출 단어가 앞부분에 오도록 배치하여

절반만 공부해도 점수를 많이 올릴 수 있도록 하였습니다.

기출 별행 예시를 포함한 단어들을 하루에 20개씩 매일 외운다면,

단 20일 만에 최빈출 정답 어휘 400개를 모두 정복할 수 있습니다.

토익 파생어 어휘 정답 출제 빈도

7회 이상 ★★

1-6회 ★

시원스쿨 LAB

시원스쿨 토익 기본문법 공식
기본문법 119

기출 빅데이터 Part 5&6
초빈출 정답 어휘 400

시원스쿨 LAB